HISTORIA DE LA
MÚSICA POP
Del gramófono a la beatlemanía

HISTORIA DE LA
MÚSICA POP

Del gramófono a la beatlemanía

Peter Doggett
Traducción de Ismael Belda

MA
NON
TROPPO

Un sello de Redbook ediciones
información bibliográfica
Indústria 11 (Pol. Ind. Buvisa)
08329 - Teià (Barcelona)
info@redbookediciones.com
www.redbookediciones.com

Diseño de cubierta: Amanda Martínez y Daniel Domínguez
Diseño interior: Cifra

ISBN: 978-84-946961-8-3
Depósito legal: B-23.851-2017

Impreso por Sagrafic, Plaza Urquinaona 14, 7º-3ª 08010 Barcelona

Impreso en España - *Printed in Spain*

Para Rachel

índice

introducción

I

Si en 1973 enviabas un giro de 2,50 libras a cierto apartado postal de Merseyside, podías recibir de vuelta un disco en una funda sin marcar, de color amarillo huevina o rosa salmón. O quizás tu dinero desaparecía y nadie contestaba tus siguientes reclamaciones.

Mi paquete solo llegó dos veces de tres; mal porcentaje para un escolar sin dinero, aunque el trofeo justificaba el riesgo. Aquello era algo ilícito, secreto, una experiencia fuera del alcance de la desprovista tienda de discos de mi ciudad natal, en la que algunos de mis compañeros de clase hurtaban singles de la sección de ofertas a la hora del almuerzo. Aunque yo era demasiado moral, o tenía demasiado miedo, como para imitarlos, aun así estaba dispuesto a robar a las corporaciones y a los millonarios. Así que escribía a aquella gente misteriosa que se ganaba la vida vendiendo LPs ilegales —piratas, como eran conocidos— a través de anuncios redactados de forma oblicua en las últimas páginas de las revistas musicales de Londres.

Así es cómo, a la edad de dieciséis años, oí por primera vez una grabación de Bob Dylan con los futuros miembros de The Band actuando en el Royal Albert Hall en 1966. Al menos eso decía la fotocopia amarilla que estaba metida dentro de la funda, única confirmación de su contenido.

Al adquirir *Royal Albert Hall*, contra los deseos del artista y de su compañía discográfica, había comprado mi pertenencia a una sociedad secreta: aquello era información privilegiada, si se quiere, en la mitología del rock 'n' roll. Yo ya sabía que mucha gente consideraba aquel disco como la cúspide artística de la carrera de Dylan y, además, para mí su valor estético se multiplicaba a causa de su exclusividad. Pero lo que no había previsto era su fuerza sónica, liberada con la furia y el desprecio de un hombre que sonaba como si estuviera mirando el apocalipsis a los ojos.

El clímax del álbum se ha convertido en un fragmento de la mitología de
los años sesenta. Documenta la confrontación entre miembros de la audiencia
que se habían convencido a ellos mismos, contra toda evidencia sonora, de
que Dylan solo era válido con una guitarra acústica y que era un hombre que
había puesto en juego su cordura al vivir en extremos tales como el volumen
aplastante de una banda eléctrica. «Judas», gritó alguien desde el patio de butacas. Dylan, con voz cansina, lanzó una respuesta desdeñosa antes de dar la
señal a sus músicos para comenzar «Like a Rolling Stone».

Ningún adjetivo puede empezar a describir el efecto que tuvo para mí su-
mergirme en aquella música a lo largo de los meses siguientes. Mientras me
hundía en una crisis nerviosa adolescente, aquella música no me ofrecía exactamente salvación (pues mi destino estaba sellado) y tampoco trascendencia,
porque cuando dejaba de sonar aún tenía que enfrentarme a mi propia existencia; pero sí me ofrecía reconocimiento, el indicio de que quizá no estaba
entrando yo solo en la oscuridad, de que quizá uno podía descender al abismo
con una actitud desafiante, con entereza, de que alguien más había estado allí
antes. Más tarde, después del apocalipsis, asombrado de haber sobrevivido,
obtuve de aquella misma actuación la esperanza de la renovación, de la misma
forma que Dylan había capeado el temporal (en otro relato mitológico) y había encontrado alivio en un sótano de Woodstock.

Treinta años después, tras regresar a la escena de mi colapso adolescente
—al cabo de una surrealista serie de circunstancias románticas—, me encontré deambulando por el refrigerado limbo del centro comercial de mi ciudad
natal, digiriendo impresiones nuevas y viejas. Entre el eco de las conversaciones se oía el distante sonido de la música: destinada a encaminar nuestros
consumistas pasos hacia el interior de los grandes almacenes o de los establecimientos de comida rápida, a suavizar nuestra entrada sin ser oída. Pero yo
nunca puedo registrar la presencia de música sin tratar de reconocerla, así que
me concentré y me di cuenta de que ya había oído antes aquel sonido. Y es
que el contrabando de 1973 era ahora legal: remezclado, remasterizado y con
una nueva envoltura (y relocalizado, en aras de la exactitud histórica, de Londres al Free Trade Center de Manchester). Lo vendía una corporación multinacional como un pedazo de historia auténtico y completamente autorizado
(aún trascendente, pero despojado de su lustre clandestino). La banda sonora
de mi descenso a los infiernos bisbiseaba ahora a un volumen casi subliminal
en aquel desangelado centro comercial. La música que, años atrás, yo habría
elegido como una representación de mi propia identidad, compuesta por un
artista que caminaba sobre el abismo por una cuerda floja a punto de romper-
se y que había declarado la guerra a su propia psique y a la sociedad, podía por
fin reproducirse con perfecta calidad de sonido y servir de fondo para la venta

de hamburguesas y de pantalones vaqueros. La música era la misma, pero su estatus había cambiado de forma tan radical como aquel hombre de mediana edad que ahora se esforzaba por comprender qué significaba todo aquello.

Si la banda sonora del deterioro psicológico y de la depresión clínica se había convertido en *muzak*, entonces sin duda nada estaba a salvo a una metamorfosis tan chocante y, quizás, tan cómica como el destino del Gregor Samsa creado por Kafka. Otra escena me vino a la mente. El Dominion Theatre de Londres, 1991: el cartel prometía tres famosas bandas de los años sesenta, The Merseybeats, Herman's Hermits y The Byrds. O, para ser más exactos: la mitad de los Merseybeats originales; algunos de los añejos Hermits pero sin Herman, y una formación de los Byrds reunida por su primer batería y acompañada de dos hombres que, en la época de la primera visita del grupo a Inglaterra en 1965, debían de ir aún en pantalones cortos.

Eran solo el telón de fondo de un extraño choque de culturas. Los músicos se hacían pasar, de forma poco convincente, por la élite de 1965 y tocaban ante una audiencia dominada por adolescentes vestidos con imitaciones de las ropas de Carnaby Street con las que una vez se vistieron sus padres. Los jóvenes respondían a aquel sucedáneo de nostalgia lanzándose a una exhibición de bailes hippies que solo podían haber aprendido viendo noticiarios antiguos. El *collage* era surrealista: música, movimiento y vestimentas completamente desfasados. Aquello indicaba una vana búsqueda de una edad de oro por parte de una generación que había mamado la idea de que los años sesenta eran superiores a cualquier otra época de la historia del ser humano.

O, de nuevo, un incidente que se repite a diario: estoy haciendo cola para pagar en la gasolinera y por los altavoces empieza a sonar «The Game of Love», de Wayne Fontana and The Mindbenders. Me relajo gracias a su familiaridad, la coreo en mi cabeza y de pronto me doy cuenta de lo que está ocurriendo: en 2015, una música que tiene casi cincuenta años proporciona una banda sonora casi permanente a nuestras transacciones comerciales y obsesiones consumistas. Por encima de nuestras cabezas es siempre 1958, 1965 o 1972, y la música de la revolución del rock 'n' roll —dos décadas de éxitos radiofónicos, desde Bill Haley hasta Fleetwood Mac— es una moneda de cambio que ha sido tan despojada de su valor que ya no significa nada, ya no evoca ninguna sorpresa, ya no nos provoca nada sino cierto sentido de pertenencia, seamos o no lo suficientemente viejos como para recordar cuando era nueva y significaba algo. Es una música que está ya culturalmente vacía y que, aun así, resulta familiar tanto para los hijos como para los padres. Es un ingrediente de nuestras vidas diarias tan constante y fiel como el logo de McDonald's o el de Tesco. En 1965, «The Game of Love» fue número uno en la lista de éxitos. En 1966, había sido ya olvidada, barrida por las implacables oleadas de novedades. A comienzos de los setenta, mis amigos pensaban que yo era raro —y lo era— porque complementaba mi dieta de música nueva con machacados singles de los sesenta que compraba en tiendas de segunda mano. Yo trataba de mantener vivo el pasado, pero no tenía por qué haberme molestado: el pasado no iba a morir nunca. Es fácil imaginar que si viajáramos a los espacios comunes del siglo XXII seguiríamos oyendo en el aire «Walk On By», «Lola» y, sí, incluso «The Game of Love», justo al volumen suficiente para calmar los miedos de nuestros tataranietos y contribuir a su deseo de comprar.

II

En algún lugar entre estos inquietantes encuentros con el pasado musical se encuentran las semillas de este libro. Durante la mayor parte del último medio siglo, he sido un consumidor activo de música popular en una variedad de formas cada vez mayor. Durante, quizás, el 70% de ese tiempo, he estado escribiendo sobre el mismo tema o al menos sobre una estrecha representación del mismo. He sido lo suficiente afortunado como para que me paguen por investigar la historia del pop durante varias décadas, lo que me ha llevado a experimentar música que se encontraba muy alejada de mi estética personal.

Aun así, he impuesto esa estética personal a todo lo que he escuchado, definiéndome a mí mismo como alguien a quien le gusta Bob Dylan pero no Tom Waits; Crosby, Stills, Nash & Young pero no Emerson, Lake & Palmer; Sonic Youth pero no The Smiths; el soul pero no el metal; algo de MOR pero no la mayor parte del AOR... Un vasto diagrama de Venn de elecciones y prejuicios en cuyo entrelazado corazón se encuentra solamente un hombre hecho de la música que ama.

Como sugiere mi experiencia en la gasolinera local, vivimos en un mundo en el que las personas como yo hemos creado y aprobado un canon de la música popular que está abierto a una constante revisión a medida que nuestra revista de rock clásico favorita publica la lista de «Los mejores álbumes que jamás has oído» o desliza una selecta rareza en «Los cien mejores singles de punk de todos los tiempos». Hay una lista autorizada de los más importantes eventos de la historia musical, que todos coincidimos en reconocer, desde Elvis Presley en el estudio de Sun Records en 1954 hasta, sí, Bob Dylan y «Judas» en 1966, etcétera, etcétera, y una galería de álbumes clásicos y de singles capaces de cambiarnos la vida, de géneros vitales, de añoradas eras —eternamente nuevas, eternamente maduras— listas para ser descubiertas.

Pero esta también es una época en la que cualquier sentido de consenso crítico o de legado cuidadosamente conservado ha sido demolido, casi de un solo golpe, por el alcance de internet. Cualquier persona con una conexión de banda ancha puede acceder a casi cualquier grabación realizada desde la invención del sonido grabado. Es verdad que los éxitos de Beyoncé ocupan un lugar preeminente en YouTube, iTunes y Spotify en comparación con sus equivalentes de comienzos del siglo XX, como Mamie Smith o Marion Harris, pero lo único que nos separa de la música de 1920 es el mismo clic del ratón o el mismo deslizar del dedo por la tableta con los que accedemos a Beyoncé. La elección es completamente personal.

Por tanto, este es un momento único: por primera vez, la tecnología moderna nos permite construir nuestra propia ruta a través de la historia documentada, aunque también despoja esa historia de contexto. Los sitios web de descargas y *streaming* nos ofrecen la música, pero no nos dan ni un indicio de cuándo o porqué o para quién se compuso y se grabó esa música. También falta una explicación de por qué nos gusta la música que escogemos, de cómo hemos aprendido, a lo largo de las generaciones, a reaccionar como lo hacemos cuando la granizada de los soportes contemporáneos nos abruma con jazz, hip hop o punk.

III

La invención del sonido grabado hizo que la música pasara de ser una experiencia a convertirse en un artefacto, algo que tuvo consecuencias físicas y psicológicas cuyo eco resuena aún hoy. El sonido grabado imponía una distancia entre el momento de creación de la música y el momento de la escucha y permitía infinitas repeticiones de lo que antes era una interpretación única. También facilitó la creación de toda una industria —ahora de alcance global— dedicada a producir, vender y diseminar grabaciones, y la invención de la tecnología para llevar esa música a todo el mundo.

Esta revolución en la forma de grabar música ha alterado todo y a todos los que ha tocado: el intérprete, la audiencia y la propia música. La naturaleza de ese cambio ha sido de largo alcance: ha dejado su marca en la forma en que pensamos, la forma en que sentimos e incluso la forma en que nos movemos. (Hasta ha liberado nuestra ropa interior, o eso relataban los horrorizados comentadores de los años veinte cuando las mujeres se desabrochaban el corsé para bailar el charlestón). Los cambios más poderosos han sido aquellos que han conllevado un cambio en las cadencias que gobiernan nuestras vidas, desde la sincopación del ragtime y del jazz hasta el implacable ritmo computarizado de los ritmos de baile actuales. Esos cambios han alterado la forma en que interactuamos los unos con los otros. Han alterado el lenguaje del amor y la retórica del odio. Han permitido que razas enteras se comuniquen y se asimilen más fácilmente y han proporcionado el combustible que podría hacer que las llamas devoren esas relaciones.

A cada paso del camino, la música ha representado la modernidad, siempre opuesta a lo convencional y lo tradicional (ese viejo mundo que perpetuamente intimida y hostiga a los jóvenes). Pero una de las características de la música, independientemente de sus orígenes, es que sus placeres son inagotables. Cada revolución musical ha alterado la banda sonora de la época y ha dejado a todos sus predecesores intactos. Lo dominante de ayer se convierte en la memoria cuidadosamente conservada de mañana, que revivirá nuestro pasado individual y colectivo cada vez que el oyente saque un disco favorito de su estante (o abra la descarga correspondiente).

La tecnología y la música nos han alterado en tándem: las revoluciones en un campo impulsan cambios en otro, hacia atrás y hacia delante, hasta el punto de que es difícil distinguir a Pavlov de sus perros. El desarrollo de nuevas técnicas de grabación en los años veinte permitió que los *crooners* pudieran susurrar sus dulces naderías en nuestros oídos, poniéndoselo más difícil a cualquier mortal que, sin ser Bing Crosby, tuviese a una chica entre los brazos. La invención del Walkman y del iPod nos permitió convertirnos en representaciones vivientes de la música que amábamos, desfilando a lo largo del camino al son de la gloriosa agitación rebelde del metal, del punk o del hip hop. Antes del advenimiento de la tecnología moderna, la música se tocaba en el hogar o se presenciaba en las salas de conciertos o en los teatros. Ahora es tan omnipresente que apenas nos damos cuenta de su existencia. Es literalmente la banda sonora de nuestras vidas: constituye tanto nuestra placa de identidad como el ruido de fondo cada vez que encendemos la televisión o caminamos por un supermercado. Y ese es solo uno de los temas dominantes de este libro: lo que ha cambiado no es solo la música y la tecnología, sino el papel que juega en nuestras vidas la combinación de esos dos inestables elementos.

Es también el relato de cómo un mundo dedicado a los saludables placeres de la música de music hall y vodevil de la época victoriana quedó cautivado por los ritmos afroamericanos del ragtime, el primero de una larga línea de géneros musicales que han entrado en nuestras vidas desde el espacio exterior. Cada llegada ha sido recibida como una intolerable amenaza a la cordura y la santidad de inocentes mujeres y niños y, por contra, ha sido aceptada por los jóvenes como un símbolo de gozosa independencia respecto de la autoridad parental y adulta. Después, el invasor es gradualmente aceptado y domado, justo a tiempo para que el ciclo comience de nuevo. El revolucionario de una generación se convierte en el conservador de la siguiente; cada innovación musical es por una parte la muerte de la civilización tal y como la conocemos y el amanecer de un mundo nuevo y multidimensional.

IV

Esta era del acceso universal al pasado y al presente merece una historia abierta, no estrecha de miras. En las artes, como en la política, no hay nada más peligroso y engañoso que la unanimidad, que fácilmente puede tornarse en tiránica. También existe tiranía en escuchar solo a las masas, como reconocerá cualquiera que esté condenado a un mundo en el que los concursos de talentos de la televisión definen la música. Pero esa tiranía palidece en comparación con la arrogancia de la camarilla de críticos que dictaminan que solo ellos son capaces de decidir qué es lo que merece la atención del resto del mundo. Yo, que he sido parte de esa camarilla, conozco la seducción de exponer los propios gustos artísticos para que se los acepte de forma universal.

En mi encarnación previa como periodista musical, fui tan culpable como cualquiera de imponer mis gustos a mis lectores y de usar lenguaje elaborado para justificar decisiones estéticas que, en último término, eran arbitrarias y enteramente personales. Pero, de forma gradual, la hipocresía de mi actitud se me reveló como ineludible. Políticamente, yo era un radical (y desde luego no era el único entre los críticos de rock o de jazz del siglo pasado), pero culturalmente era un esnob. Con una mano sostenía una pancarta que decía «El poder para el pueblo» y, con la otra, un letrero algo más discreto donde se leía «¿Por qué el pueblo tiene un gusto tan espantoso?».

De modo que mi primera tarea al escribir este libro ha sido deshacerme de décadas de prejuicio, por muy bien argumentado y formulado que estuviese, y regresar a una serie de preguntas engañosamente simples: ¿Qué escucha la gente? ¿De dónde viene lo que escuchan? ¿Por qué les gusta? ¿Qué añade a sus vidas? Aproximarse a la música con un espíritu parecido a la genuina democracia me proporcionó algo parecido a una revelación: si me quitaba las anteojeras y abría bien los oídos, podía encontrar placer en música que antes no me aportaba ninguno. Para un crítico cínico y tendencioso como yo (pero ¿es que hay otro tipo de críticos?), esto fue como nacer de nuevo. Así es cómo me encontré a mí mismo por primera vez escuchando con genuino aprecio a (por citar algunos nombres al azar) Bing Crosby, Glenn Miller, Mantovani, Queen, Kylie Minogue y Metallica, en lugar de cerrar mi mente en cuanto veía sus nombres.

Pero no fue suficiente con ajustar mi enfoque. También tuve que retroceder lo suficiente para ver todo el paisaje entero. Varias líneas de falla atraviesan la historia de la música del siglo XX. La más ancha de ellas, la correspondiente a llegada del rock 'n' roll, constituyó una revolución musical, social y psicológica. Las coordenadas exactas de esta gran línea divisoria son objeto de debate, y los refugiados de uno y otro lado de la frontera son conducidos a menudo más allá de las líneas enemigas. Pero la importancia de ese momento es evidente en las dos narraciones rivales que se han empleado más a menudo para explicar la evolución del pop a lo largo del siglo. La primera recuerda los años treinta —la era de Cole Porter y de Rodgers y Hart, de Benny Goodman y de Louis Armstrong— como una edad dorada y considera la cacofonía adolescente de los años cincuenta como una lamentable caída del paraíso. La segunda describe el rock 'n' roll como una salvación tras años de elegante aburrimiento: un triunfo de la excitación juvenil sobre décadas de represión parental.

Cuando me propuse hacer una crónica de la música popular y su eterna búsqueda de la modernidad, sabía cuándo debía terminar la historia, en el aquí y el ahora, pero ¿dónde debía empezar? ¿Con Elvis Presley? ¿Con Frank Sinatra? ¿Con Louis Armstrong? Había una justificación válida para cada uno. Pero cuanto más escuchaba y me zambullía en el extraño panorama del pasado, más me daba cuenta de que los dos momentos más revolucionarios de la música del siglo XX en realidad precedían al propio siglo XX: eran, por una parte, la creación del sonido grabado como artefacto comercial y, por otra, el nacimiento del ragtime, y ambos tuvieron lugar en la década de 1890. Fue entonces cuando los ritmos afroamericanos se apoderaron del entretenimiento popular y se extendieron al otro lado del Atlántico; cuando los himnos de la juventud se enfrentaron y horrorizaron a las generaciones anteriores; cuando la música, que hasta entonces era una especie de entretenimiento, se convirtió en un negocio que, con el tiempo, tocaría las vidas de todos nosotros de formas que hubieran sido inimaginables cuando nació el ragtime. Fue entonces cuando comenzó el mundo moderno, con dos conmociones tan profundas que todavía hoy podemos sentir sus ecos haciendo temblar el suelo bajo nuestros pies.

Hay que descartar un último conjunto de prejuicios, que forman algo así como el uniforme de un crítico de rock. Mientras escribía este libro, yo ya no creía de forma automática que la música provocadora es mejor que la música reconfortante, que lo experimental siempre gana a lo convencional, que lo áspero vence a lo suave, que la espontaneidad está por encima del artificio, que lo elitista cuenta más que lo populista. Eso no significa que haya abandonado por completo mis referencias estéticas, pero, en lo posible, he tratado de extirparlas de este libro para así poder contar una historia popular en lugar de una personal. Al mismo tiempo, este es un libro muy personal: está basado en años de documentación, en mis intensas escuchas, en los saltos mentales con los que realizo conexiones entre temas aparentemente dispares, en mi experiencia del más de un siglo de música de todos nuestros ayeres.

El primer requisito de la música popular, por supuesto, es que debe ser popular (y musical, aunque la precisa definición de esa cualidad está enterrada en un campo de peligrosas minas). Por mucho que admire la astucia del crítico neo-yorquino Robert Christgau cuando usa el término «música semipopular» para describir la música que le gusta, los gustos de una audiencia de masa nos dicen más sobre una sociedad que las preferencias de una élite. Así que este libro trata, sin complejos, sobre música que ha demostrado ser popular —globalmente, ra-cialmente, generacionalmente— en lugar de sobre música a la que los críticos y otros idiotas adscriben el máximo valor estético.

Este libro tiene también una perspectiva descaradamente británica sobre un mundo y una historia dominados cada vez más por la música y la cultura de los Estados Unidos de América. La circunstancia de una lengua (en gran medida) compartida ha hecho que sea más fácil que los sonidos, las imágenes y las ideas estadounidenses se infiltren en las vidas de los británicos y las dominen. Pero uno de los temas de este libro es que ese mismo proceso de colonialismo casi invisible ha tenido lugar en todo el mundo y se ha acelerado hasta su inevita-ble clímax en las décadas finales del pasado siglo. Si hubiéramos viajado por el mundo en la época en que estalló la Primera Guerra Mundial y hubiéramos visitado ciudades al azar en todos los continentes de la Tierra, habríamos esta-do expuestos a una deslumbrante multitud de sonidos y sensaciones. Cada país engendraba y cuidaba su propia cultura —o culturas, para ser más exactos—, pues la ausencia de transporte rápido anterior al siglo XX garantizaba que cada región del planeta poseía su propia visión distintiva del mundo, con su banda sonora correspondiente.

Ahora podemos pararnos en una esquina de Europa, Sudamérica, África o Asia y oír a Jay-Z o a Rihanna, a Elton John o a los Rolling Stones, o, quizás, a sus equivalentes locales, que reprimen sus tradiciones nacionales en favor de los todopoderosos ritmos del hip hop o del rock de estadios, de los musicales de Broadway o de los temas originales de Hollywood. Las diferencias religio-sas y culturales puede que sean tan salvajes como siempre —y los medios de transportarlas por todo el mundo han llevado los problemas de cada continen-te a todos sus vecinos—, pero la estructura global del marketing multinacional y la escala mundial de internet garantizan que los iconos dominantes y los sucesos que provienen de la sede del entretenimiento mundial se transmiten al instante a todo el planeta. Puede que casi cada nación esté en guerra o en riesgo de estarlo, pero cuando se trata de la cultura, somos finalmente un solo mundo, quizás no la hermandad universal concebida por los fundadores de las Naciones Unidas, pero sí una raza unida por la ubicuidad de nuestros héroes y por el ritmo de nuestras vidas.

Ese legado global de la música popular es el producto de ciento veinticinco años de innovación artística y científica. Representa una búsqueda constante de modernidad que ha de renovarse sin cesar. Esta es la historia de esa búsqueda: de los músicos, de las generaciones a las que deleitaron y dividieron y de la tecnología que capturó su música en el momento de su creación y la preservó para nuestro disfrute colectivo y nuestro asombro. Esta es su historia, y la nuestra.

DOS CASI DISCULPAS Y UNA INFORMACIÓN

1. Relatar la historia de la música popular conlleva el uso de lenguaje que es, y era, irrespetuoso e insultante hacia los afroamericanos (y a veces también hacia otras razas). El racismo ha estado siempre tan atrincherado en la cultura popular como en cualquier otra área de la vida. Pero omitir o censurar ese lenguaje solo habría oscurecido ese racismo y habría presentado un relato engañoso de nuestro pasado colectivo.

2. Es bastante posible que tus artistas o tus discos favoritos no se mencionen en este libro. Antes de que protestes, por favor recuerda lo siguiente: tampoco se menciona a la mayoría de los míos.

3. El lector podrá encontrar el desarrollo de las notas aclaratorias (n) al final del libro.

HABLANDO DEL PASADO

«Hay ciudades donde uno puede disfrutar de todo tipo de espectáculos histriónicos desde la mañana hasta la noche. Y, es necesario admitirlo, cuantas más canciones perniciosas y lascivas oye la gente, más quiere oír.»

Santo del siglo V [n1]

«De esas tonadas, aunque todo el mundo las silba y las canta, se cree erróneamente que se han apoderado profundamente de la mente popular [...] pero quienes las tararean y las silban lo hacen sin emoción musical [...]. Acosan y hostigan los sensitivos nervios de las personas muy musicales, de forma que estas también las tararean y las silban de forma involuntaria, odiándolas incluso mientras las tararean [...]. Tales melodías afloran de vez en cuando, como una irritación mórbida de la piel.»

John S. Dwight, periodista y compositor de himnos, 1853 [n2]

«El escarabajo de California no puede soportar la música [grabada]. Esta lo mata. Tres repeticiones de una pieza lenta como «Home Sweet Home» terminan con su vida, pero el ragtime lo mata con unos pocos compases. La mortal tarántula cae en un estupor. A las mariposas no les afecta. El abejorro se pone a volar en un ataque de nervios. A las avispas se les paralizan las alas y son incapaces de volver a volar, aunque no les afecta de otra forma. Los gusanos tratan de reptar hacia la bocina del gramófono, contoneándose como si les gustase la música. Evidentemente quieren bailar al último ritmo de moda.»

Entomólogo aficionado, California, 1913 [n3]

«[El catedrático de música de 79 años] escuchó unos minutos a la banda de jazz tocando a un ritmo furioso, se volvió hacia su sobrino y declaró: '¡Esto no es música! ¡Haz que pare!'. Después se tambaleó y cayó muerto.»

Daily Mirror, 1926 [n4]

«El jazz surge de un desorden del sistema nervioso. Pruebas cardiacas han demostrado que los compositores originales de jazz padecían arritmias cardiacas.»

Neurólogo norteamericano, 1929 [n5]

«La música comienza a atrofiarse cuando se aleja demasiado de la danza».

Ezra Pound, *El ABC de la lectura*, 1934

«Con el tiempo oiremos música solamente con medios mecánicos.»

Daily Mirror, 22 de diciembre de 1903

CAPÍTULO 1

LA·VOZ·DE·LOS MUERTOS

«Y con las melodías que tanto significan solo para ti,
Melodías comunes que hacen que te atragantes y te suenes la nariz,
Melodías vulgares que te hacen reír y después llorar,
Con ellas te puedo romper todas las fibras del corazón [...]
Yo, la eterna Canción Maravillosa de la Juventud.»

Rudyard Kipling, «La canción del banjo», 1895 [n6]

Entre los jueces, es una cuestión de honor fingir ignorancia en todo lo concerniente a la cultura popular. Y aunque la frase «¿Quiénes *son* los Beatles?», tantas veces repetida, nunca haya sido pronunciada en realidad en el Alto Tribunal de Justicia de Inglaterra, comentarios parecidos no han escaseado: un juez llamado Bicknill, al oficiar un divorcio en 1903, interpeló así a una de las más celebradas intérpretes de music hall del Reino Unido, Vesta Victoria: «¿Le puedo preguntar qué es lo que *hace* usted? ¿Usted *canta*?»[n7].

Los jueces de la época eduardiana se deleitaban mostrando su desprecio por los entretenimientos populares. En mayo de 1904, el juez Darling fue convocado para arbitrar sobre la propiedad de una canción olvidada hace mucho, «Oh Charlie, Come to Me». Gracie Grahame, de veintinueve años, estimada por su vivacidad y por sus rizos dorados, había acudido a la circunscripción de King's Bench de los tribunales londinenses para obtener un mandamiento judicial. Quería impedir que otra intérprete —Katie Lawrence, siete años mayor que ella, recordada por la canción «Daisy Bell» y su bicicleta para dos— cantase «Oh Charlie», alegando que era una composición original suya. El juez Darling no intentó ocultar su irrisión: «No puedo imaginar nada menos distinguido» que la canción en cuestión, clamó, y procedió a burlarse del esquema rítmico, la métrica y la gramática de la pieza, para terminar declarando que «es una circunstancia bastante triste que existan derechos legales para basura como esta»[n8] y sentenciando contra Grahame.

El caso tuvo un desenlace trágico. Una semana después de su aparición en el tribunal, Grahame encabezaba un cartel de variedades en el teatro de su marido, el Empress, en Brixton. Su actuación terminó de forma abrupta cuando se puso de repente a cantar el estribillo de la canción en disputa, momento en el que su marido ordenó que se bajara el telón. Según declaró más tarde

Grahame, aquello era «lo peor que le puede pasar a un artista. Sentí que me arrebataban mi propio sustento»[n9]. Gracie se dirigió más tarde con sus compañeros de reparto a un mesón cerca del puente de Waterloo, pero se separó de sus amigos, bajó corriendo las escaleras que conducían a los bajíos del río y se lanzó de cabeza al agua. Había marea baja y el Támesis no tenía allí más de un metro de profundidad, pero la voluminosa falda de Grahame contribuyó a arrastrarla bajo la superficie hasta que la sacó del agua un policía que había presenciado su desesperada zambullida.

Grahame fue llevada a una enfermería local, donde se comprobó que no había sufrido lesiones. Pasó la noche esperando la inevitable comparecencia del tribunal que la iba a acusar de intento de suicidio. Quizá los magistrados tenían una opinión más amable del music hall que sus colegas judiciales de mayor rango, pues cuando un tal Fenwick examinó las patéticas circunstancias del caso, rehusó imponerle la habitual sentencia de cárcel. En lugar de eso, le exigió a la acusada 20 libras (equivalentes a 2.000 de hoy) como garantía de su buen comportamiento en los siguientes seis meses y le hizo prometer de que no volvería a aventurarse de nuevo en los bajíos.

La disputa sobre los derechos de autor dejó su marca también sobre la ganadora. Días después de que apareciese en la prensa la noticia del fallido intento de suicidio de Grahame, Katie Lawrence salió a escena en el Bedford Music Hall, en Camden. Fue recibida como la malvada de la historia, con un coro de abucheos tan prolongado que ni siquiera pudo empezar a cantar. Ella creía que se habría ganado a la audiencia de haber podido exponer los hechos del caso, pero el productor del espectáculo le prohibió estrictamente que hablase. Lawrence murió menos de una década más tarde y hoy solo se la recuerda por un retrato 1887 obra de Walter Sickert.

Solo los artistas más célebres o notorios podían esperar sobrevivir en la memoria colectiva más allá de su propia vida. Y lo mismo valía para el material de sus actuaciones. Es un hecho, por ejemplo, que nadie recuerda hoy canciones como «Good Morning Carrie» o «It's Up to You Babe». Ambas fueron objeto en 1902 de otra disputa de derechos de autor, dirimida por el juez Lacombe en el tribunal de circuito de la ciudad de Nueva York. Las dos canciones eran descritas como ragtime, género sobre el cual un editorial del *New York Times* declaraba: «Su sistemática falta de coincidencia armónica sugiere al oído musical que ese camino conduce a la locura [...]. Como hábito, está al mismo nivel que la cocaína y la morfina». El periódico añadía que las canciones de ragtime debían restringirse «al banjo y a otras parodias de instrumentos musicales», lo cual garantizaría que cualquiera que portase un banjo —al igual que alguien que poseyera instrumentos para robar una casa— podría ser tratado como si ofreciese «evidencia *prima facie* de su intención de cometer un crimen»[n10].

Lo que diferenció este caso de todas las resoluciones legales previas sobre plagio musical fue la evidencia ofrecida en el tribunal. Los abogados llevaron discos de fonógrafo de ambas canciones para probar la similitud —o disimilitud, de darse el caso— entre ellas. El juez Lacombe descartó con una carcajada aquellos artefactos y declaró que su tiempo era demasiado precioso como para malgastarlo con un «concierto musical, por muy bueno que sea»[n11]. Cuando un asistente judicial se ofreció a traer un violín en el que pudieran demostrarse las melodías, Lacombe recogió sus papeles y salió corriendo del tribunal.

El *New York Times* felicitó calurosamente al juez por sus acciones: nadie que no tuviera nervios de acero podía soportar una canción de ragtime en un fonógrafo. En su cinismo, al periódico se le pasó por alto el significado del fonógrafo y de sus rivales. Aquellas máquinas no solo ofrecían una solución instantánea al debate sobre derechos de autor musicales, sino que también garantizaban que tanto los intérpretes como sus composiciones durarían más allá de su esperanza de vida natural de un ser humano. Más importante aún fue su papel como democratizadores de la distribución de música, que ahora era accesible, en su propia casa, para cualquiera —independientemente de su habilidad musical— que pudiera permitirse comprar una grabación de fonógrafo o cilindro.

«Ahora usted puede estudiar a los grandes artistas. No es mera música mecánica: es la voz viva del cantante.»

Anuncio de gramófono, 1904 [n12]

«En su propio hogar, a kilómetros y kilómetros de Londres, durante las largas y oscuras tardes que ahora nos acompañan, a cambio un pequeño desembolso, usted puede estar sentado frente a la chimenea escuchando las mejores canciones, las mejores bandas y lo mejor del talento musical del mundo».

Anuncio de la compañía Anglophone, 1904 [n13]

El nacimiento del sonido grabado, a pesar de lo rudimentario de sus primeras manifestaciones, representa un profundo desplazamiento en la naturaleza de la existencia humana, tan profundo, se podría argumentar, como la representación del habla y el pensamiento humanos en papiro, pergamino, papel y, finalmente, la pantalla de un ordenador. Thomas Edison concibió su invención como un medio para documentar conversaciones y debates, para preservar los discursos y las ocurrencias de los grandes hombres y como una herramienta para la educación de los jóvenes. Le habría divertido enterarse de que en 1903 una esposa recelosa usó su fonógrafo para grabar las conversaciones entre su marido y otra mujer, que después presentó como evidencia durante el proceso de divorcio.

Incluso antes de que aquel aparato llegase al público, un científico estadounidense anticipaba su capacidad para conjurar el pasado: «¡Qué sorprendente será reproducir y oír a voluntad la voz de los muertos!»[n14]. El propio Edison creía que «el fonógrafo estará sin duda ampliamente dedicado a la música. Una canción cantada en el fonógrafo se reproduce con precisión y poder maravillosos»[n15]. Sin embargo, parece que no consideró una consecuencia más filosófica de su máquina: que una interpretación musical podría no solo ser capturada y conservada, sino también cambiada en esencia y en forma.

El compositor Claude Debussy reflexionó sobre la extrañeza de esta transformación en 1913: «En una época como la nuestra, en la que el genio de los ingenieros ha alcanzado proporciones no soñadas, uno puede oír piezas musicales tan fácilmente como se pide una cerveza. ¡Y además cuesta diez céntimos, como una balanza automática! ¿No deberíamos temer esta domesticación del sonido, esta magia preservada en un disco que cualquiera puede despertar a voluntad? ¿No significará esto acaso una disminución de las fuerzas secretas del arte, que hasta ahora se consideraban indestructibles?»[n16]. Sin embargo, eran las interpretaciones lo que se había vuelto indestructible (siempre que el artefacto en el que estaban almacenadas permaneciera incólume).

Estos artefactos eran a menudo frágiles y asumían muchas formas. El primer fonógrafo de Edison, inventado en 1877, se exhibió por todo Estados Unidos como «el milagro del siglo XIX [...] el prodigio parlante». En su interior había un cilindro de metal envuelto en una capa de papel de latón sobre el cual se «inscribía» al hacer la grabación. Después se usaba un estilo para recuperar el sonido mientras el cilindro se giraba manualmente. El público acudía en manada a verlo en acción, pero la novedad se agotó pronto y Edison abandonó su aparato para concentrarse en la luz eléctrica. Alexander Graham Bell y Charles Tainter elaboraron en 1887 una máquina rival, el grafófono, que sustituía el papel de latón por cera. Edison contraatacó añadiendo un motor eléctrico y, en 1888, se formó una compañía para vender ambos modelos.

En un adelanto de las «guerras de formatos» que habrían de marcar cada etapa del desarrollo tecnológico subsiguiente, el fonógrafo de cilindro de Thomas Edison pronto entró en guerra con el gramófono de Emil Berliner. Las grabaciones de Berliner eran capturadas en un disco —originariamente hecho de metal, aunque pronto creó una alternativa más barata de goma dura—. El cilindro, en su forma virgen, era único: cada ejemplar representaba una interpretación individual y el músico que quisiera obtener ganancias comerciales debía repetir su pieza tan a menudo como requiriese el mercado. Para competir con el disco de gramófono de Berliner, que permitía múltiples duplicados de una interpretación original, el equipo de Edison se vio obligado a confeccionar su propio medio de producción en masa, en perjuicio de la ya dudosa calidad de sonido de su máquina.

El disco de gramófono, de este modo, sacó provecho de la ventaja comercial y sobrevivió —a pesar de los cambios de técnica de grabación, formato de disco y contenido musical— hasta el breve triunfo de la cinta de casete y el posterior, y más aplastante, dominio del disco compacto digital. El éxito de Berliner impuso, sin embargo, una crucial limitación a la conservación de la música. El cilindro de Edison no solo permitía que cualquiera pudiera reproducir grabaciones existentes, sino también realizar grabaciones propias. Los vendedores llevaban de puerta en puerta su fonógrafo de demostración y los asombrados clientes podían oír el sonido de sus propias voces, captadas en un momento y reproducidas fielmente al siguiente. El gramófono de *Herr* Berliner, por su parte, garantizaba que las grabaciones seguirían estando en manos de profesionales, imponiendo así tabiques entre intérprete, distribuidor y consumidor que, para cualquiera entre 1900 y 1960, parecían no solo naturales sino también inevitables.

Solo en un campo pudo triunfar la tecnología de Edison. En los primeros días del cilindro, muchos de los mejores intérpretes se negaban a perder el tiempo desplazándose a un lejano estudio para crear algo tan efímero como un disco. En cambio, insistían en que el ingeniero los visitase en sus casas, donde le permitían atrapar a la naturaleza salvaje y en su propio hábitat: fueron las primeras de la larga tradición de lo que se llamaría grabaciones in situ.

Sin el cilindro, no tendríamos la grabación más temprana de una voz papal. El papa León XIII fue grabado a la edad de noventa y dos años, en 1903, salmodiando frágilmente un avemaría y una bendición. Estas dos grabaciones —ninguna de más de un minuto— se pusieron a la venta en 1905 en forma de cilindros —y más tarde en discos— al precio de ocho chelines cada uno, el equivalente del salario diario de un trabajador. El fabricante concedía que «el papa estaba envejecido y débil cuando se hicieron las grabaciones», pero insistía en que «para los coleccionistas, el valor de estas es casi incalculable».

El impulso religioso fue canalizado aquel mismo año en lo que se cree que es la primera grabación musical de afroamericanos: grabaciones de «*shouts* de negros por el Dinwiddie Colored Quartet: estos son los genuinos *shouts* de celebración y de reunión cantados como solo los negros pueden hacerlo». Lo que sorprende de estos espirituales, más de un siglo después —con su genuino equilibrio entre el solista y el apoyo armónico—, es la sensación que producen de existir más allá del tiempo, como si —dejando a un lado las deficiencias de la grabación— se hubieran grabado hace cientos de años... u hoy mismo[1].

Esas deficiencias técnicas convencieron a la «gente con sensibilidad de que el gramófono era solo un instrumento que producía ruidos de dudoso gusto» y de que el cilindro de Edison «no podía producir música que no fuese desvergonzada o vulgar»[n17]. Los más generosos de espíritu estaba dispuestos a conceder que las grabaciones podían ofrecer una fiel reproducción de la forma y la duración de una pieza musical, pero como observó un periodista: «Se dará usted cuenta de que el efecto de cualquier canción de un disco mejora inmensamente si toca por encima el acompañamiento al piano mientras suena en la máquina»[n18].

Aparte de su atractivo como novedad, el sonido grabado necesitaba ofrecer sustancia que trascendiera los chirridos de alambrada y el siseo neblinoso, el tono de hojalata y el volumen de lejanía que aquejaban a la mayoría de los discos primitivos. En 1894, la Edison Kinetoscope Company añadió grabaciones en cilindros a sus entrecortadas películas de «linterna mágica», para contemplar las cuales el espectador debía mirar a través de un visor e insertarse unos tubos de estetoscopio en los oídos. La combinación de sonido inadecuado y visión indistinta era, presumiblemente, más atractiva que cualquiera de las dos cosas por separado.

Otra iniciativa exploratoria en la unión de ciencia y música implicaba los primeros experimentos con telefonía sin cable, también llamada «radio». En 1906, apenas cinco años después de que Marconi enviase su primer mensaje telefónico a través del Atlántico, un ingeniero de Massachusetts llamado Reginald Fessenden fue capaz de «radiar» a barcos cercanos a la costa sus propios solos rudimentarios de violín y lecturas del Nuevo Testamento. Fessenden también anticipó el papel del locutor radiofónico cuando emitió un disco de gramófono con el «Largo de Jerjes», un aria de Händel, para su puñado de oyentes. (Lee de Forest, de Nueva York, reivindicó más tarde el mismo logro, después de radiar en 1907 la obertura de *Guillermo Tell* desde el neoyorquino Parker Building; su arrogancia fue recompensada unas semanas más tarde cuando el edificio al completo se hundió como consecuencia de un incendio).

Casi un siglo antes de que la conexión de banda ancha se considerara un requisito indispensable de la vida civilizada, a los suscriptores telefónicos de

---

1. La melodía de una de estas grabaciones de 1903, «Poor Mourner», reapareció sesenta años más tarde en «I Shall Be Free», de Bob Dylan, un llamativo ejemplo del proceso del folk en acción.

Wilmington, Delaware, se les ofrecía un servicio de fonógrafo de «marcado»: «Adosada a la pared junto al teléfono hay una caja que contiene un receptor especial, adaptado para proyectar un gran volumen de sonido en la habitación [...] En la oficina central, las líneas de los suscritores musicales se conectan en un tablero manual al cargo de un operario. Hay un número de fonógrafos disponibles y una selección representativa de grabaciones al alcance de la mano [...] Cuando se desea entretener a unos amigos, el usuario llama al departamento de música y solicita que se reproduzca cierta canción. Después deja el auricular y procede a ajustarlo a la bocina. Al mismo tiempo, el operador musical conecta un fonógrafo libre a su línea, introduce la grabación y pone en marcha la máquina. Al concluir la pieza, la conexión se corta, a no ser que se hayan solicitado más piezas»[n19]. Por muy milagroso que pudiera parecer este servicio en 1909, cualquier valor estético era superado por su prestigio como símbolo de estatus.

Hay un hombre que puede reivindicar haber aportado a la música grabada un lustre que ninguno de estos proyectos tecnológicos puede igualar. En una carrera como autor de grabaciones que abarcó casi veinte años, llegó a ser —por tomar prestado un término de décadas posteriores— la primera «superestrella» que produjo la industria de la música y el artista mejor pagado del mundo. Su fama no estaba basada en baladas sentimentales o en monólogos cómicos —los elementos esenciales de la época—, sino en piezas genuinas de lo que ahora llamamos música «clásica»: arias extraídas de las óperas más famosas del mundo.

Enrico Caruso tenía veintinueve años en 1902, cuando dejó su nativo Nápoles por Estados Unidos, precedido por su reputación como el mejor tenor operático de Europa. Su primera grabación en Estados Unidos para la compañía Victor —«Vesti la giubba» (1904), de la ópera *Pagliacci*, de Leoncavallo— expresaba una pasión tan sincera que estableció el nombre de Caruso como un superlativo vocal. Ocho años más tarde, sobrepasaría aquella épica interpretación con su portentosa lectura de lamento de sir Arthur Sullivan por su hermano muerto, «The Lost Chord», en la que miraba al dolor a los ojos con tal coraje que aún desafía al oyente a permanecer impasible. A su muerte en 1921, Caruso se había garantizado unas ganancias anuales de 100.000 dólares, incrementadas por un generoso porcentaje de las ventas de sus discos.

Victor podía permitirse recompensar tan espléndidamente al napolitano porque este les había permitido transformar el gramófono de una curiosidad en una marca de sofisticación y riqueza. Caruso se convirtió en el centro de atracción de los discos del sello Red Seal, perteneciente a Victor —en general, de una sola cara, por lo que contenían solamente una pieza de menos de cuatro minutos de duración—. Mientras que los discos comunes de Victor, de dos caras y con efímeras canciones populares, se vendían al pormenor por 75 centavos, las ofertas de Red Seal costaban hasta siete dólares por disco —la diferencia estaba justificada no solo por el contenido musical, sino también por el prestigio social que confería poseer uno de estos exclusivos artículos—. Por supuesto, los entusiastas de la ópera no pertenecían únicamente a la élite adinerada, por lo que muchas familias menos privilegiadas prescindían de productos esenciales a cambio del gozo vitalista de unos pocos y preciosos minutos de Caruso en su mejor época.

Por muy lucrativa que fuera la carrera de Caruso, la industria de la grabación, aún en pañales, no podía sobrevivir solo a base de arias de ópera y de baladas compuestas por distinguidos compositores. Por cada extracto de Verdi o de Puccini, había varias docenas de canciones de las que no se esperaba que sobrevivieran a la temporada. De hecho, por primera vez en la historia, las canciones estaban diseñadas para desaparecer tras el inicial estallido de entusiasmo. El propio Thomas Edison había experimentado el abismo entre el arte efímero y el arte duradero. Cuando estaba probando sus aparatos, eligió la grabación de una tonada popular en tiempo de vals. «Poníamos aquel vals todo el día», recordaba. «El segundo día comenzó a aburrirnos un poco. Al final del cuarto día los hombres comenzaron a estar terriblemente irritados. Al final de la semana no podían estar en la habitación. Creo firmemente que es esta cuestión de la reiteración lo que hace posible oír a Beethoven o a Wagner una y otra vez sin cansarse. La música de estos grandes compositores es tan complicada que no agota los centros nerviosos, mientras que una tonada más simple, por muy melodiosa que sea, finalmente provoca desagrado y disgusto»[n20]. Un siglo más tarde, sus hallazgos inspirarían involuntariamente una bárbara forma de tortura sónica durante la llamada «guerra contra el terrorismo».

Ninguna persona relacionada con la producción de canciones voluntariamente populares —diseñadas para atraer instantáneamente y ser reemplazadas en seguida por algo igualmente adictivo— podía prever que alguien sería tan insensato como para castigarse como los ingenieros de Edison. Tampoco se engañaban a sí mismos pensando que estaban creando arte trascendente digno de Caruso. Pero en torno a 1890, en Nueva York surgió un negocio que aspiraba a perpetuarse y que estaba dedicado, como el propio capitalismo de consumo, a crear un deseo que el público no sabía que sentía y, después, a satisfacerlo con tal eficiencia que el deseo se convertiría en obsesión. El resultado fue la elaboración de música popular a través de un sistema equivalente a la ganadería industrial. La gran suerte para esta industria fue que emergió justo cuando la innovación científica había producido un método para distribuir productos por todo el mundo: las dos ramas de la producción y la reproducción de música crearon una industria global que, en el curso del siglo XX, colorearía y transformaría el día a día de generaciones de ansiosos consumidores.

«A los hombres jóvenes les gusta la canción popular sentimental. Les ayuda al comienzo del cortejo. Pueden cantar un estribillo popular que puede significar mucho o poco para la muchacha, pero que es lo suficientemente directo como para que se entienda y lo suficientemente oblicuo como para que pueda ser ignorado con facilidad y delicadeza si ella así lo desea. En los miles de canciones que publicamos, hay cientos de estribillos apropiados que sé que los amigos se cantan unos a otros, ¡y de esta forma a la muchacha se le hace 'entender'!».

Editor musical de Londres, 1912[n21]

«El público [...] debe de ser muy fiel a los viejos ideales, a juzgar por el invariable torrente que sobre él vierten los autores de canciones y los editores musicales [...]. Prácticamente cada letra trata sobre el mismo tema: el amor».

Editorial del *Daily Mirror*, 1904[n22]

El crédito de la invención de la canción popular moderna fue reivindicado por Charles K. Harris, que en 1891 compuso uno de los éxitos más duraderos de la era anterior al jazz: «After the Ball». A lo largo de tres largas y sensibleras estrofas, cada una de ellas contestada por el mismo estribillo patético, Harris retrataba a un anciano solitario al que su sobrino, un niño, pregunta: «¿Por qué estás soltero? ¿Por qué vives solo? ¿No tienes hijos? ¿No tienes hogar?». El tío, entonces, revela el triste relato de la amada que perdió cuando la vio besar a otro hombre, para descubrir, tras su muerte, que el supuesto rival era solo el hermano de la amada. «After the Ball» «estuvo en un estante durante más de un año, pues ningún cantante se atrevía con ella debido a su extrema duración», relataba Harris. Finalmente encontró su lugar en el repertorio de la escultural artista canadiense de vodevil May Irwin y, desde entonces, fue «interpolada» —una práctica habitual mediante la cual canciones «de éxito» contemporáneas podían añadirse a un espectáculo preexistente— en el musical itinerante *Viaje a Chinatown*. La grabó, con acompañamiento de piano, George J. Gaskin, de Belfast, «el tenor irlandés de la voz de plata», y después el notorio silbador John Yorke Atlee. El éxito de la composición de Harris, sin embargo, no se medía ni en cilindros ni en discos, sino en la venta de partituras, que se estima llegaron a los millones.

En la era anterior a la comunicación de masas, un piano en casa era el único modo fiable de que una familia pudiera recrear las canciones que había oído en el teatro o en la sala de conciertos. Y la industria de la edición musical — que va desde Ottaviano dei Petrucci y su colección de *chansons* francesas en la Venecia de comienzos del siglo XVI pasa por el vendedor de canciones de *Un cuento de invierno* de Shakespeare y llega hasta los comerciantes de baladas y los vendedores de periódicos de la Inglaterra victoriana y la concentración de oficinas de editores musicales en el primero de los dos distritos de Nueva York designados como «Tin Pan Alley» en la década de 1880— existía para abastecer (y renovar) esa demanda. Para entonces, los editores estadounidenses estaban copiando la reciente tendencia inglesa de pagar a las estrellas de variedades y de music hall para que cantasen sus canciones con la esperanza de que de ello se derivarían lucrativas ventas de partituras.

Antes de la promulgación de leyes estrictas sobre derechos de autor a comienzos del siglo XX, los editores sufrían la plaga de los «piratas musicales». En lugar de vender CDs y DVDs falsos en los mercadillos, como ocurriría un siglo más tarde, estos malhechores se reunían a las puertas de los teatros y salas de conciertos y ofrecían a precios rebajados partituras de las canciones que acababan de sonar dentro. Solo en el Reino Unido, la Musical Copyright Association se incautaba todos los meses de unas 60.000 partituras de música pirateada. El comercio ilícito forzó gradualmente a los editores legítimos a bajar sus precios hasta un 75%, reduciendo así las ganancias del humilde compositor de canciones. La estrella del music hall Ellaline Terriss daba así cuenta del éxito de una nueva canción: «Me parece que al público le gusta, porque veo que el incontenible 'pirata musical' ya está vendiéndola en la puerta del teatro. Supongo que un día encontraré a un hombre en la calle con un fonógrafo en el que suene la canción con mi propia voz y recomendando al público no pagar para entrar al teatro ya que fuera pueden oírla igual de bien por solo un penique»[n23].

Entre los artistas, como la señorita Terriss, y los compositores de canciones, como Harris, existían varios niveles de la industria: los propios editores y sus arreglistas; los demostradores, que trataban de interesar en su material a artistas de gira en la ciudad, y los viajantes de comercio, cuyo trabajo consistía en vender puerta a puerta o en exhibiciones de fervor «espontáneas» en lugares públicos. En su adolescencia, el celebrado compositor Irving Berlin arañaba unos ingresos como músico callejero a la puerta de los bares, cantando en un coro de vodevil y trabajando como reclamador de canciones o *boomer*. Los editores lo contrataban para que se sentara entre la audiencia de un teatro de vodevil y reaccionara con exagerado entusiasmo cuando sonaba una canción en particular. Los expertos en este dudoso arte animaban a los otros espectadores a pedir un bis y así, a raíz de prácticas como esta, podía surgir una canción de éxito. Solo cuando Berlin consiguió un trabajo como camarero cantante —igual que un músico callejero, pero *dentro* del establecimiento, en lugar de merodear fuera— pudo demostrar su habilidad para componer parodias improvisadas de canciones conocidas y, más tarde, exhibir sus composiciones originales.

En la década de 1890, pocas personas tenían acceso a un fonógrafo o a un gramófono y, más allá de las páginas de las partituras de seis peniques, la música solo existía en las actuaciones en vivo. Había bandas de viento —a menudo con conexiones militares— en los eventos municipales y en los quioscos de los parques (una tradición que sobrevive en el Reino Unido hasta el día de hoy); conciertos respetables de música ligera o seria, y óperas cómicas, que iban desde lo sentimental a las farsas afiladamente satíricas de Gilbert y Sullivan. Mientras W. S. Gilbert ensartaba a los pilares de la sociedad victoriana (desde los miembros del Parlamento, en *Iolanthe*, hasta los estetas de Oscar Wilde, en *Paciencia*), Arthur Sullivan exhibía el genio compositivo que le había permitido publicar varios himnos y canciones duraderas antes de cumplir treinta años —notablemente, «Onward Christian Soldiers» y «It Came Upon a Midnight Clear»—. Y sin embargo, Sullivan fue una víctima temprana del tira y afloja entre popularidad y refinamiento, entre comercio y arte. Su fuerte era el entretenimiento sofisticado, pero sus contemporáneos lo animaron a intentar formas de composición más serias y menos acordes con su genio particular.

En un escalafón por debajo de las óperas cómicas de Gilbert y Sullivan estaban las operetas y las comedias musicales, pocas de las cuales han perdurado más allá de su permanencia en cartel. Una excepción fue una importación austríaca, *La viuda alegre* (*Die lustige Witwe*), de Franz Léhar, que llegó a Londres en 1904, a París dos años después y después al resto del mundo. La fiebre londinense por las obras austriacas se detuvo solo con la Gran Guerra, en 1914, en la que la nación de *Herr* Léhar, desafortunadamente, estaba en el bando opuesto.

Pero por muy populares que fueran *La viuda alegre*, *Los piratas de Penzance* y otras obras de esa clase, estaban lejos de ser la forma dominante de interpretación musical a finales del siglo XIX. La gente común —la que carecían de medios para frecuentar los mismos locales que los duques y la joven nobleza— acudía a teatros y salas de conciertos para disfrutar de ese polifacético entretenimiento que en el Reino Unido se conoce como *variedades* (o *music hall*, por los establecimientos que lo albergaban: las «salas de conciertos») y como *vodevil* en Estados Unidos.

Lo que comenzó como un popurrí de elementos musicales y teatrales, desde baja comedia a extractos de ópera culta y de Shakespeare, se fue estabilizando gradualmente hasta convertirse en un modo de representación que variaba ampliamente en calidad y tono pero que era cómodamente familiar para la audiencia. Ofreciendo variedad en su naturaleza y hasta en su nombre, los carteles de vodevil o de music hall prometían un constante flujo de tono y estilo. Un momento la audiencia se carcajeaba de las procaces insinuaciones sexuales, al siguiente lloraba con la balada de un niño moribundo y al siguiente se maravillaba del valor y la destreza de los lanzadores de cuchillos o los saltimbanquis. Controlando esta mezcla ecléctica estaba el moderador, que, con sus mejillas rubicundas, vociferaba de forma estentórea alardes y burlas polisilábicos mientras hiperbolizaba sobre los encantos de una actuación o denigraba los fallos de otra[2]. Sus excesos verbales provocaban vítores —o abucheos, según fuera apropiado— por parte de una audiencia que esperaba participar en el entretenimiento, alzando sus voces como un coro popular o lanzando réplicas a los cómicos y cantantes. Ciertos locales, como el Glasgow Empire, gozaban de reputación de ferocidad entre los artistas, pero ninguno podía rivalizar con la virulencia de una audiencia francesa en Marsella, como recordaba la estrella de cabaret Mistinguett: «Una cantante adolescente asustada y desmoralizada se enfrentó a gritos de '¡más alto, más alto, zorra!' porque su voz no llegaba al gallinero. Ella se subió la falda hasta que enseñó todo lo que tenía y gritó: '¿Es esto lo suficientemente alto, bastardos?', y salió del escenario llorando y gesticulando»[(n24)].

El music hall francés era un medio mucho más duro que su equivalente inglés. Igualmente, sus *chansons* no dudaban en reflejar el lado más amargo de la vida. Sus fascinantes estrellas eran *réalistes* que representaban sus dramas personales en sus canciones, a veces insultando a la audiencia, otras veces echándose a llorar, al tiempo que describían argumentos demasiado vívidos para los delicados gustos de Londres o Nueva York.

Lo que llevaba al público al teatro británico o estadounidense no era una cruda confrontación con la realidad, sino la promesa de entretenimiento. El tirón provenía del brillo del nombre de una estrella: un artista tan fiable como Marie Lloyd, Harry Lauder, Albert Chevalier o Harry Champion, o algo tan exótico como las gemelas siamesas Rosa y Josefa Blažek, que tocaban, respectivamente, el salterio y el violín. Gran parte de su atractivo estaba en que resultaban familiares: de la señorita Lloyd se podía esperar que forzase los límites del buen gusto con su humor subido de tono; del señor Champion,

---

2. A los lectores británicos de cierta edad, este «moderador» les recordará inevitablemente a Leonard Sachs, el presentador del programa de televisión de la BBC *The Good Old Days*, que contribuyó a solidificar la imagen duradera del clásico music hall londinense. El programa se emitió durante treinta años, de 1953 a 1983, pero ya en 1939, Sachs presentaba un cartel de music hall clásico en el Player's Theatre de Londres.

que hiciera una crónica de los traumas de la vida de clase obrera con tonadillas
como «Have You Paid the Rent?» [«¿has pagado ya el alquiler?»]. Pero para
que perdurasen las reputaciones infalibles, los artistas necesitaban también
una constante renovación de material: pobre del cómico que regresase con
las mismos números y parodias que había ofrecido el año anterior. De ahí la
necesidad de los llamados «escribidores», autores de canciones que podían
producir cada año varios centenares de canciones cómicas o de baladas sentimentales casi idénticas, cada una de ellas articulada en torno a un gancho o estribillo accesible al instante y (o eso esperaban) único e inolvidable. Los temas
eran perennes —maridos errantes, mujeres molestas, viejas madres solitarias,
amantes fieles—, pero las variaciones eran infinitas. Un compositor londinense afirmaba haber compuesto no menos de 17.000 canciones de music hall,
«escribiendo hasta tres al día y vendiéndolas a un chelín cada una»[n25].

Una vez que una canción estaba «establecida» con el público, tenía asegu-
rada una decente esperanza de vida. «Un repertorio como el que podía acu-
mular Florrie Forde le duraba hasta un año o dos», recordaba el pionero de la
grabación Herbert Ridout en 1940, «añadiendo nuevos éxitos y abandonando
otros a medida que avanzaba. No había bandas de música de baile, tal como
las conocemos hoy, para adaptarlas a ritmos de baile. Ni radio para hacerlas
populares en una semana y matarlas en tres meses más o menos. Ni tampoco
existía ese culto al héroe hacia los compositores estadounidenses que ha creado la radiodifusión con sus 'propagandas' artificiales»[n26]. Para los artistas de
gira, había dos periodos clave: Navidad, cuando las canciones de la temporada
se incluían en las típicas pantomimas navideñas, y el verano, cuando las estrellas se exhibían en *tournées* por las ciudades de la costa —una tradición que aún
seguía viva cuando los Beatles salieron de gira por el Reino Unido en 1963.

En el apogeo del music hall, al final de la época victoriana, antes de que
consideraciones de seguridad obligaran a cerrar los locales más nefastos, solo
en Londres había casi 400 teatros, salas de conciertos y pubs que ofertaban
carteles de variedades, al menos uno en cada pueblo del país. Estos números
palidecían en comparación con los miles de teatros de variedades que había en
Estados Unidos antes de la Primera Guerra Mundial —muchos de los cuales
ofrecían solo material apropiado para caballeros—. El equivalente estadounidense del más selecto music hall londinense era el vodevil, que proporcionaba
entretenimiento para toda la familia con la cantidad justa de connotaciones
sexuales para satisfacer a los miembros más atrevidos de la audiencia.

La escena de vodevil forma la mayor parte de las primeras producciones de
la industria discográfica: los monólogos irlandeses de Steve Porter o Dan Kelly, las lúgubres canciones de Edward M. Favor (como «His Trousers Would
Bag at the Knee»), las audaces tonadillas contemporáneas del barítono J. W.

Myers («Come Take a Trip in My Air-Ship») o del tenor Harry Tally («Come, Josephine, in My Flying Machine»), las incontables grabaciones de Harry Lauder de sus dos canciones bandera: «Stop Your Ticklin', Jock» y «Roamin' in the Gloamin'», las delicadas baladas de Leslie Stuart («The Lily of Laguna» y «Tell Me, Pretty Maiden») y centenares más, algunas aún preservadas en el folclore nacional, la mayoría por completo desprovistas de novedad unas semanas después de su nacimiento.

El que fue seguramente el compositor de mayor éxito de la época, Charles K. Harris, publicó una breve guía de su oficio, *Cómo escribir una canción popular* (1906). «Hace solo unos años, un apartado de partituras en unos grandes almacenes era algo inaudito», escribió. «Hoy, tanto en los mayores emporios textiles y los grandes almacenes de Nueva York como en las tiendas más pequeñas de cada ciudad de Estados Unidos, se puede encontrar una sección musical donde se venden todas las canciones populares del momento»[n27]. ¿Qué requisitos necesitaba cumplir una canción para ser popular? Su «éxito o su fracaso», determinaba Harris, dependía del estribillo, que era «el meollo de la canción»[n28]. Igualmente urgente era un título llamativo: «Cuanto más corto y conciso», mejor. La audiencia de masas demandaba «una canción con una historia, una historia con moraleja». Para tal fin, el aspirante a compositor debía «evitar el argot y los equívocos. Pueden parecer recursos ingeniosos y astutos, pero arruinan las posibilidades de que la canción se venda bien. A la gente refinada no le gusta que los miembros de su familia escuchen o toquen canciones que contienen tales palabras o alusiones»[n29]. Había una restricción más: ninguna sílaba debía ocupar más de una nota[3]: el atractivo de la canción dependía de la dicción precisa y de la rápida inteligibilidad. El panfleto de Harris también constituye el primer intento conocido de categorizar la canción popular moderna por temas que eran, alternativamente, intemporales o destinados a pasar pronto de moda:

A – La canción del hogar o de la madre
B – La balada descriptiva o sensacional
C – El vals popular (sobre mil y un temas)
D – La *coon song*, o canción de negritos (dura, cómica, refinada, de amor o a modo de serenata)
E – La marcha (patriótica, de guerra, de muchachas, de carácter, etc.)
F – La canción cómica (tópica, de carácter, en dialecto, etc.)

---

3. Quizá Harris no sabía que el *Libro de oración común*, editado por la Iglesia de Inglaterra en 1549, establecía un edicto muy similar: «Por cada sílaba una nota, para que pueda cantarse con claridad y devoción».

G – La canción teatral (para interpolarse en grandes producciones musicales, por lo que conlleva el uso de un coro de hombres o de mujeres, o ambos, y cierta acción, vestuario y realización novedosos)[n30]

La descripción por parte de Harris del mercado no tenía en cuenta un cambio sísmico en el gusto del público que había tenido lugar entre la composición de «After the Ball» y la publicación de su manual. Ese cambio pasaría a la historia como el momento en que Estados Unidos creó su primer género musical genuino y lo envió a conquistar el mundo. Aquello ya era, aunque Harris prefiriera no verlo, la era del ragtime.

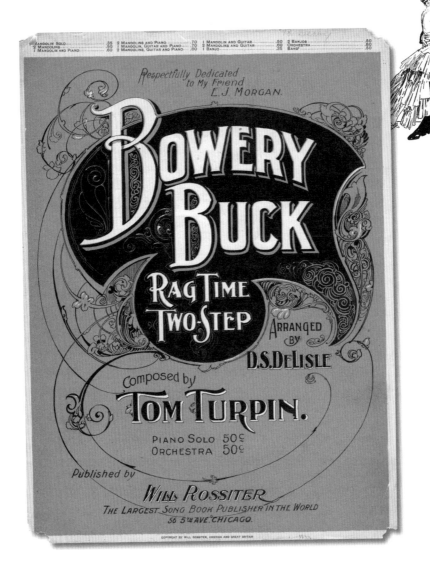

CAPÍTULO 2

AHORA TODO EL MUNDO LO HACE

«En cuanto al ragtime, no creo que la americanización de la música inglesa vaya a tener en absoluto una influencia permanente. Es solo una fase pasajera.» [n31]

Thomas Beecham, director de orquesta, 1912

«La fiebre del ragtime está solo en sus comienzos. Cada semana nos trae una nueva remesa de canciones con extraños nombres que sencillamente piden ser cantadas.» [n32]

Daily Express

Como ha sugerido una encuesta no científica, la palabra *ragtime* tiende a sugerir dos piezas: «Alexander's Ragtime Band», el éxito de Irving Berlin de 1911, y el instrumental para piano solo de Scott Joplin «The Entertainer», escrita en 1902 y elegida como tema principal de la película «El golpe» (1973). De las dos, la primera representa el epítome de la era del ragtime, pero tiene muy poco de ragtime; la segunda, por su parte, es ragtime genuino, pero no es lo que los ciudadanos de comienzos del siglo XX pensaban al oír esa palabra. El ragtime era un concepto elusivo incluso durante su apogeo. Además, fue el primer género de la música popular cuyo nombre se convirtió en una palabra peyorativa, en una advertencia de inmoralidad o indecencia desatadas.

El ragtime era al mismo tiempo un estilo de composición instrumental con estrictas reglas, concebido para tocarse al piano pero popularizado por el banjo y la banda de viento, y también el símbolo de una confluencia de influencias e impulsos que equivalía nada menos que a una revolución en la música americana. A la mayoría de los oídos, era algo chocantemente novedoso. Apestaba a exuberancia juvenil en lugar de a sobriedad victoriana; era evidente que tenía su origen en la población afroamericana, a pesar de que la mayoría de los que sacaron provecho del ragtime eran blancos (muchos procedentes de las más ricas familias inmigrantes procedentes de Europa), y, lo más sorprendente de todo, estaba construido alrededor de un recurso rítmico llamado sincopación, que reapareció en la música negra del siglo siguiente y entró en la corriente principal del pop de todo el mundo.

La sincopación no es algo intrínsecamente negro, o estadounidense, o ni siquiera popular: hay ejemplos en la música de Bach y de Beethoven, de Mozart y de Händel. Describe cualquier ritmo que desplaza el acento inesperadamente, que retrasa el compás, o lo suspende, o lo hace recaer entre dos pulsos. En su forma más básica, transfiere un ritmo de 4/4 desde el lugar fuerte (*un*-dos-*tres*-cuatro) al lugar débil (un-*dos*-tres-*cua*tro). De forma aún más sencilla, la sincopación es lo que hace que la música tenga *swing*. Se ha convertido en una parte tan natural de nuestras vidas a lo largo del siglo XX, trasladado desde el ragtime al jazz, al soul, al rock, al hip hop y más allá, que su ausencia nos chocaría.

Los últimos campeones de la música popular no sincopada fueron los cantantes de baladas victorianos, que sobrevivieron hasta la época eduardiana e incluso hasta después de la Gran Guerra. Cantaban como solistas o (si eran hombres) en cuartetos. Eran cantantes como Harry McDonough, componente habitual del Edison Male Quartet, del Haydn Quartet, del Lyric Quartet y de muchos otros. Su formación operística eliminaba el más mínimo impulso de cantar con *swing* o incluso de moverse mínimamente con la música. Se especializó en duetos con mujeres que carecían por completo de cualquier sensualidad y, aún en 1916, cuando los periodistas sugerían que el jazz estaba ya sustituyendo al ragtime, podía interpretar una canción de Irving Berlin como «The Girl on the Magazine» con un envaramiento que sofocaba cualquier intención erótica. Tampoco había ninguna anomalía rítmica en la música del silbador Joe Belmont, conocido como «El Pájaro Humano»; ni en la de Henry Burr, posiblemente el baladista más popular de Norteamérica anterior a Bing Crosby, y mucho menos en el voluminoso catálogo del barítono de Althone John McCormack, formado operísticamente en Italia, prominente baladista en Estados Unidos desde 1910 y aún disponible en la Segunda Guerra Mundial para prestar su aquietante voz a la tarea de reforzar la moral aliada.

Ellos eran la vieja guardia y su rígida voluntad de mantener sus puestos ejercería poca atracción para el nuevo siglo. Su audiencia —como la del fonógrafo, cuya posesión connotaba al menos cierto grado de riqueza— era principalmente adulta, aunque toda la familia podía disfrutar su música. Los baladistas nunca se propusieron dividir aquella audiencia y tampoco jugarse su identidad apelando a una élite: su meta era el entretenimiento universal. Lo que distinguía su música era su etnicidad: llevaban la herencia de Europa en los huesos. En cambio, los participantes en la era del ragtime, se dieran cuenta o no (y a menudo preferían no hacerlo), cantaban en un estilo más fácil, más relajado. En lugar de desfilar, se pavoneaban y su música mostraba las irreprimibles marcas distintivas de sus orígenes en la América negra.

En la era del ragtime, chocaron entre sí varias formas de entretenimiento, mordaces o benévolas. Se podría decir incluso que se aparearon entre ellas, pues gran parte del pánico que inspiraba el espíritu del ragtime consistía precisamente en la amenaza de sexualidad y de transgresión racial: un matrimonio culturalmente letal en los albores del siglo XX. Ciertas nociones de la enma-

rañada historia racial de la sociedad estadounidense del siglo XIX están suge-
ridas por la tradición de los *minstrels*, que, al tiempo que celebraba la cultura
afroamericana, se burlaba de ella de la manera más grosera imaginable. De los
minstrels, blancos y negros, proviene una de las fórmulas listadas por Charles
K. Harris: la «canción de negritos» (*coon song*). Si combinamos la canción de
negritos con la sincopación de los *rags* instrumentales, ya tenemos la canción
de ragtime: la primera generación de pop americano y (tanto en términos culturales como musicales) el reconocible ancestro de la tradición que va desde
Al Jolson hasta Bing Crosby y Elvis Presley: cada uno de ellos, a su manera,
fue un defensor de la música negra americana, y también cada uno de ellos fue
acusado de robársela a sus creadores.

El *minstrel* del siglo XIX tomaba prestada la tradición afroamericana del intérprete como cantante, cómico y acróbata al mismo tiempo —y que podía
exagerar sus supuestas características raciales para agradar a sus «superiores»
blancos— y la convertía en... bueno, ¿en qué exactamente? En burla cultural,
ciertamente; en entretenimiento, sin duda; en afectuoso tributo, ocasionalmente. Una función de *minstrels* era un espectáculo tan ambiguo que requería
que los actores negros caricaturizasen su propia cultura y acentuasen el color
de su piel pintándose la cara de negro, lo que se conoce como *blackface*. Esto
aseguraba que no sobresaltarían a la audiencia, acostumbrada a actores blancos que se maquillaban con corcho quemado, se pintaban exageradamente la
boca y se ponían pelucas negras y rizadas para transformarse en verdaderos
nigger minstrels.

El más famoso de los personajes de *minstrels* para blancos era «Jim Crow»,
creado por Thomas Dartmouth Rice alrededor de 1830 y llevado a Londres
seis años más tarde. Pero el impulso de los hombres blancos de pintarse de
negro se remonta a comienzos del siglo XVII, cuando Ben Jonson escribió una
mascarada que permitía que la reina de Inglaterra, Ana de Dinamarca, se pin-
tara la cara. Por su parte, *Otelo*, de Shakespeare, requería en la práctica que su
protagonista hiciera lo mismo. En la década de 1840, los Virginia Minstrels
—cuatro hombres blancos que tocaban el violín, el banjo, la pandereta y los
«huesos»— sentaron las bases de la función de *minstrels* blancos, «un rápido
programa de canciones, bailes y especialidades instrumentales»[33]. Después
de la Guerra Civil Norteamericana, en la década de 1860, este género teatral
se expandió para incluir a intérpretes afroamericanos. El racismo era algo tan
intrínseco a la sociedad de la que provenían los *nigger minstrels* (blancos o negros), que quienes lo perpetraban apenas lo percibían y quienes lo tenían que
soportar lo veían como algo inevitable.

Entre las contorsiones, morales y físicas, que tenían que realizar los intérpretes negros, había un baile en el que se levantaban mucho las rodillas y que

se llamaba *cakewalk*. Tomaba su nombre de una tradición —de origen desconocido— según la cual los espectadores blancos ofrecían como premio un pastel (*cake*, en inglés) al bailarín negro más dramático y energético. Hacia 1877, esta idea estaba lo suficientemente consolidada como para formar la base de toda una función de *minstrels*, «Walking for Dat Cake». Quince años más tarde, el *New York Times* denunciaba uno de estos concursos por «la sospecha de que su intención no era mostrar a los intérpretes como modelos para la reverente imitación de los espectadores, sino exponerlos a las burlas de una reunión de blancos sin compasión. Esto está muy mal»[n34]. Sin embargo, el cakewalk suponía para algunos pioneros intérpretes negros un vehículo para atraer atención. La música que lo acompañaba descubrió el arte de la sincopación a una audiencia para la que aquel irregular sentido del ritmo era a la vez exótico y extrañamente compulsivo.

«El futuro de la música en este país debe fundarse sobre las llamadas melodías de negros. Estas deben ser el fundamento de cualquier escuela de composición seria y original que se desarrolle en Estados Unidos [...]. Pueden ser patéticas, tiernas, apasionadas, melancólicas, solemnes, religiosas, audaces, joviales, festivas y cualquier otra cosa que se quiera. Es música que se adapta a cualquier ánimo o propósito».

Antonín Dořák, 1893[n35]

«Con todas esas 'canciones de negritos', rasgueos de banjo y 'cakewalks', la gente blanca se está quedando con todo aquello que la mejor gente de color intenta alejar de sí. ¿Demuestran estos gustos que la gente blanca está degenerando?».

Periódico *Baltimore Afro-American*, 1898[n36]

Además de los espectáculos de *minstrels* de finales del siglo XIX, los afroamericanos cantaban espirituales (la principal causa de la admiración de Dvořák), melodías tradicionales, canciones populares, monólogos cómicos y, al banjo o a veces al piano, danzas sincopadas que comenzaron a conocerse como *rags*. Cuando se documentó por primera vez la palabra, un *rag* quería decir una reunión (normalmente agitada), no una pieza musical: un periódico de Kansas se quejaba en 1891 de que los semanales *rags* en el ayuntamiento «son una molestia y debe ponérseles fin»[n37]. Inmediatamente los *rags* se asociaron con violencia y ebriedad. El *Leavenworth Herald* hacía notar en 1894 que «las muchachas de Kansas City solo saben tocar al piano *rags* y, por cierto, la peor clase de *rags*»[n38]. (Un diccionario de la época definía *rag-time girl* como «una querida o ramera»). Pero el mismo periódico también se refería favorablemente a un «baile campestre de *rag*»[n39], con sus estribillos, bailes y rítmicas palmas, como si no supusiesen mayor amenaza que una cuadrilla de los tiempos de Jane Austen. A comienzos de la década de 1890, el pianista negro Blind Boone, declarado uno de los padres del ragtime, realizaba recitales de piano (en ocasiones acompañado por un vocalista) para lo más elevado de la sociedad y su repertorio iba desde clásicos ligeros (Strauss y Liszt) a *rags* improvisados sobre melodías tradicionales o compuestas en un estilo similar, como por ejemplo «Old Folks at Home», de Stephen Foster. (Un excitado periodista en 1893 dijo de la forma de tocar de Boone que era «claramente lo nunca visto»[n40]).

En manos de Tin Pan Alley, esos *rags* se convirtieron en propiedad comercial, publicitados como una invitación a bailar el cakewalk —de ahí el título del instrumental de 1892 para banjo y piano »Kullud Koons' Kake Walk» [«El cakewalk de los negritos de color»]—. Era una época en la que, como han observado los historiadores del ragtime, «el mercado de la música popular estaba bombardeado por una sucesión de curiosidades etíopes, canciones de morenos *(darky songs)*, *coon songs* y canciones de plantación»[n41], y en la que un autor profesional de canciones podía labrarse una lucrativa carrera a base de canciones humorísticas y curiosas *(novelty songs)* como «Rastus on Parade» y «At a Georgia Camp Meeting». Un antiguo esclavo, George Washington Johnson, se anunciaba a sí mismo como «El auténtico negrito silbador y el moreno de la risa», inaugurando una larga tradición de discos de «risa» con su grabación de 1891 de «The Laughing Song» [«La canción de la risa»]. (El tema de Charles Penrose «The Laughing Policeman» [«El policía que ríe»] es probablemente la más memorable de estas curiosidades). Su interpretación —que se cree que tuvo que repetir unas 40.000 veces, para grabar un cilindro nuevo en cada ocasión— era ferozmente autoparódica, con habituales referencias a un «negrito de arándano» y a un «gran babuino».

En la lamentable historia de la indignidad racial en la música popular, pocas canciones pueden competir en notoriedad con una composición de 1895 de Ernest Hogan, un pseudónimo que ocultaba la identidad del artista negro Reuben Crowders. Tomó una tonada de una taberna de Chicago, titulada «All Pimps Look Alike to Me» [«Todos los chulos de putas me parecen iguales»], la desarrolló y la volvió apropiada para una audiencia decente al titularla «All Coons Look Alike to Me» [«Todos los negritos me parecen iguales»]. En seguida, como ha señalado el historiador David Suisman, «los blancos comenzaron a burlarse de los negros silbando unas pocas notas del estribillo, convirtiendo así el propio sonido en un arma de intimidación racial»[n42]. Parece ser que Reuben Crowders estaba atormentado por su papel en el asunto, aunque eso no le impidió componer al año siguiente un retrato igualmente caricaturesco de su raza, «My Coal Black Lady» [«Mi señora es más negra que el carbón»]. Canciones como estas eran suministradas a las masas por medio de partituras en las que aparecían grotescas caricaturas de afroamericanos de rasgos simiescos y expresiones salvajes.

Lo irónico es que esas notorias *coon songs* combinaban sus letras «cómicas» y degradantes con música que debía su encanto rítmico al atrevido estilo afroamericano del momento. Tanto si estas canciones-curiosidades se anunciaban como un cakewalk o como una *coon song*, como una canción «etíope» o como una *nigger song*, el acompañamiento estaba invariablemente sincopado en un estilo que se describía como *rag* o ragtime. Estos dos elementos iban tan estrechamente unidos, que Ben Harney, autor de canciones afroamericano de piel pálida, publicó en 1896 un libro titulado *El instructor de ragtime*, en el que afirmaba ser «el inventor del ragtime», aunque no era más que uno de sus explotadores más afortunados.

Ya en 1898, la revista estadounidense *The Etude* había determinado que *ragtime* «es un término que se aplica a las peculiares características peculiares rítmicas entrecortadas de la popular *coon song*. Produce un efecto poderosamente estimulante y deja los nervios y los músculos cosquilleantes de excitación. Su efecto estético es el mismo que el del monótono y repetitivo canto rítmico de las razas bárbaras. Desgraciadamente, las letras a las que se alía son por lo general decididamente vulgares, por lo que la gran boga que disfruta actualmente es más bien deplorable»[n43]. Tras definir así el estilo, se declaraba que su apelativo provenía bien del estado harapiento *(ragged)* de las ropas que vestían sus primeros practicantes negros; de su forma de tocar disonante *(ragged)* y autodidacta, en la que —como las simples criaturas por las que se los tomaba— cada músico cometía los mismos errores; o bien, más técnicamente, de la naturaleza impredecible e irregular *(ragged)* de la sincopación en torno a la cual se construían esas canciones.

El público blanco que escuchaba las *coon songs* y las canciones humorísticas de cakewalk quedaba satisfecho con estas explicaciones y disfrutaba con el efecto intoxicante de los ritmos. Sin embargo, para los compositores negros serios, la equiparación entre ragtime y *coon songs* era un «insulto difamatorio», según decía el *Negro Music Journal*. «El típico negro se sonrojaría ya solo al escuchar la feroz basura que aparece bajo títulos etíopes»[n44]. Mantenían que el nombre de *ragtime* debía reservarse para una clase de composiciones que más tarde han sido etiquetadas como «ragtime clásico». Inevitablemente, en el género se introdujeron imitadores blancos y fueron editores blancos los que lo manejaban. Pero, en los mejores casos, la tradición del ragtime estaba pensada para proporcionar no solo entretenimiento musical, sino también una experiencia estética comparable a las cimas de la composición europea «seria».

«Los autores y editores [...] han logrado demostrar por primera vez una teoría definitiva sobre la ahora famosa música 'RAG-TIME', que inventaron los negros y que es característica de ese pueblo. El negro, al tocar el piano, pulsa las teclas al mismo ritmo y compás con que, al bailar, zapatea el suelo con tacón y puntera, obteniendo de ese modo un efecto rítmico peculiarmente acentuado que él denomina 'RAG-TIME'».

Introducción de la partitura de «Syncopated Sandy», 1897[n45]

«Descripción de negros de Luisiana bailando», esa era la explicación que se ofrecía a los pocos que, en 1897, compraron el primer *rag* instrumental que se publicó en forma de partitura: «Louisiana Rag», de Theodore Northrup. A lo largo de los siguientes veinticinco años, aparecieron más de trescientas composiciones similares, con títulos seductores («The Fascinator» [«El velo»], «The Peach»[«El melocotón»]), cómicos («Car-Balick-Acid Rag-Time» [«Ragtime del ácido carbólico»], «Who Let the Cows Out» [Quién ha dejado las vacas sueltas»]), racialmente ofensivos («Pickaninny Capers» [«Cabriolas de un niño negrito»], «Jungle Time» [«La hora de la jungla»]) y sugerentes («A Tennessee Tantalizer» [«Una seductora de Tennessee»] y «St Louis Tickle» [«El cosquilleo de Saint Louis»], la cual, con solo silbarla, le podía costar a un joven ser abofeteado o incluso acabar en la cárcel, hasta tal punto era carnal la letra).

A oídos de los legos, estos *rags*, más allá de sus asociaciones, pueden sonar como una azarosa colección de temas para piano. Pero las composiciones del «ragtime clásico» estaban cuidadosamente estructuradas. Contenían cuatro (ocasionalmente tres) discretas secciones musicales, cada una de dieciséis compases de duración. Esos dieciséis compases podían estar a su vez divididos: los ocho primeros podían introducir un tema pero dejarlo en suspenso, y los ocho siguientes volver al tema con variaciones que lo «resolvían» (musical y emocionalmente). Además, a menudo los *rags* comenzaban con una introducción de cuatro compases que después, al repetirse a lo largo de la composición (en forma del llamado *vamp*, un breve pasaje ostinato de transición), permitía a un compositor ingenioso pasar de una sección melódica a la siguiente.

En comparación con, por ejemplo, la forma sinfónica, el *rag* era un medio simplista. Sin embargo, respecto a las canciones populares más familiares para el público, los *rags* eran más ingeniosos en todos los sentidos de la palabra:

estaban más trabajados y eran más artificiosos. En «After the Ball», la canción de moda de 1891, después de cada estrofa individual (la llamaremos sección A) venía un estribillo repetido (sección B). Su estructura podía por tanto descomponerse de la siguiente forma: A1; B; A2; B; A3; B. Este formato era tan predecible que el oyente apenas se daba cuenta, de la misma forma que un fan del pop de los años sesenta tampoco se sorprendería al oír una canción que siguiera la estructura de rigor de dos estrofas, un estribillo, un puente, otro estribillo, una estrofa final y, por último, el estribillo que proporciona el emocionante clímax.

Charles K. Harris insistía en que era el estribillo lo que vendía la canción, separando así los éxitos del resto de la multitud de canciones. Las *coon songs*, independientemente de sus supuestas conexiones con el ragtime, se adherían a estas normas y, por tanto, tenían un estribillo inmediatamente identificable. Sin embargo, las composiciones de «ragtime clásico» renunciaban a depender de una sola melodía pegadiza. Tomemos como ejemplo «The Entertainer», de Scott Joplin, que sigue la siguiente estructura: introducción; A; A; B; B; A; A; C; C; *vamp*; D; D. Mediada la composición, el oyente podía perfectamente pensar que la sección A era el estribillo, la melodía pegadiza, pero después de que apareciera por cuarta vez, que es cuando una canción popular ortodoxa habría terminado, la sección A desaparecía y se introducían dos temas completamente diferentes, conectados de forma casi imperceptible por un *vamp* de cuatro compases.

El ragtime, claramente, no era un refugio para quienes no poseyeran el don de la melodía. Cada composición contenía ideas suficientes para varias canciones populares y, además, el compositor a menudo introducía minúsculas variaciones en sus temas a medida que la pieza avanzaba, para así ganar en sutileza. Por añadidura, los músicos de ragtime improvisaban con frecuencia sobre una partitura publicada, para disgusto de los compositores, que creían que sus obras debían tratarse con la misma reverencia que merecía un concierto de Bach. Los *rags* se escribían *al* piano y *para* el piano. Cuanto más «serio» era un compositor y más «serias» sus ambiciones, más cuidadosamente quería que se interpretara su obra. John Stark, el editor de las obras de Scott Joplin, declaró atrevidamente que los *rags* que él editaba «no pueden interpretarse a primera vista. Deben estudiarse y practicarse despacio y no deben tocarse nunca deprisa»[n46]. Las sucesivas generaciones ignoraron estas instrucciones.

Quizás el *rag* más famoso de la época es «Maple Leaf Rag» (1899), de Joplin, por el cual John Stark le concedió al compositor el raro honor de un centavo de derechos de autos por cada partitura. Una década más tarde, Stark podía presumir de que se habían vendido medio millón de ejemplares. Radicado en Sedalia, Mississippi, Stark aglutinó a su alrededor a una camarilla de talentosos compositores. No solo era un hombre de negocios perspicaz y (para la época) poco explotador, también fue seguramente el primer gran empresario de la era de la música popular, el precursor de Andrew Loog Oldham, Malcolm McLaren y todos esos genios que no componían y que convirtieron la hipérbole en una forma de arte. Como McLaren, Stark era un visionario que moldeaba a sus clientes según su visión; como Oldham, era un publicista natural, siempre listo para componer ornamentados poemas o breves obras de teatro en sus textos publicitarios. Había un objetivo, sin embargo, que estaba fuera del alcance incluso de Stark: trasladar las piezas de ragtime para piano a una forma viable de sonido grabado. El problema no era económico o artístico, sino técnico. La tecnología de grabación de la época era tan primitiva que muchos sonidos musicales —incluida la voz femenina, los grandes conjuntos instrumentales y el piano— no podían reproducirse en disco con un mínimo de fidelidad. Por muy familiar que fuera «Maple Leaf Rag» en las primeras décadas del siglo XX, no se grabó en su forma original, como pieza de piano, hasta 1923.

Era un momento afortunado para los proveedores de un instrumento musical que podía haber sido diseñado específicamente para el ragtime (y viceversa): la pianola, llamada con el nombre de una marca comercial, de la misma forma que a las aspiradoras se las llamaba *Hoovers*. El instrumento parecía un piano normal, pero generaba música automáticamente a medida que giraba un rollo de papel (ocasionalmente de metal), el cual había sido previamente perforado con el patrón adecuado para producir una melodía. Los fabricantes apelaban a la vanidad de sus clientes subrayando la habilidad necesaria para controlar el tempo de la «interpretación» —«tocar la pianola es tocar *de verdad*»[n47], anunciaba uno— y muchos modelos permitían al «pianista» variar el volumen, alargar las notas y, en fin, hacerse pasar por un músico. Lo irrefutable es que un rollo de pianola podía llevar el sonido de un músico profesional al salón de cada casa, para así examinar de cerca la obra o por el puro placer de escucharla. Miles de melodías diferentes se trasladaron a los rollos de pianola antes de que la máquina perdiera su estatus comercial tras la Gran Depresión de 1929: desde las más complejas sonatas clásicas a las más banales y efímeras canciones de Tin Pan Alley. En el caso del ragtime, a menudo el propio compositor «interpretaba» los rollos, tocando la pieza en un teclado que perforaba agujeros en el rollo maestro. Después, asistentes cualificados corregían cualquier error y añadían florituras y adornos que estaban más allá de la capacidad de las manos humanas.

Sin embargo, la incompatibilidad entre el piano y el fonógrafo no impidió que se grabasen *rags* en las décadas de 1890 y de 1900. El intérprete de banjo Vess Ossman no solo acompañaba a la estrella del vodevil Len Spencer en cortes selectos como «A Hot Time in the Old Town», sino que además era el protagonista, con un ligero acompañamiento orquestal, de varios temas de ragtime, incluida una versión al galope de «Maple Leaf Rag» que habría exasperado al compositor con su obstinada negativa a respetar el tempo correcto.

Si la soltura de la técnica de banjo de Ossman podía ser equiparada a la destreza manual de un experto pianista, la otra salida principal de los *rags* dependía de una habilidad por completo diferente: la del arreglista. Hacia 1900, Estados Unidos era el hogar de unas 10.000 bandas de viento. Su repertorio estaba dominado por las marchas, pero podían recorrer el espectro musical desde el arte elevado a las canciones humorísticas, y su público pronto comenzó a disfrutar con la excitación rítmica y la propulsión sónica del ragtime interpretado con instrumentos de viento metal. El principal líder de banda de la época era John Philip Sousa, quien compuso más de cien marchas, entre ellas «Stars and Stripes Forever» y «The Liberty Bell» (más tarde el tema musical de *Monty Python's Flying Circus*). Como director de la United States Marine Band hasta 1892, fue responsable de la grabación más popular de los meses bautismales de la naciente industria: «Semper Fidelis» (1890).

Cuando, dos años más tarde, formó su propia banda, a Sousa le costó adaptarse a la modernidad. Despreciaba lo que llamaba «música enlatada» y permitía que su trombonista y arreglista, Arthur Pryor, condujese la banda en su lugar cuando tenían que grabar. Pryor también introdujo la sincopación en el conjunto de Sousa y sus arreglos de temas de cakewalk y ragtime eran los puntos culminantes de las apariciones públicas de la banda. Tan solicitadas estaban esas piezas contemporáneas que Sousa comenzó a dejarlas para después del intermedio, asegurándose así de que el público no se marchaba antes de que sonaran los títulos más «serios» de su repertorio: temas de óperas y oberturas clásicas.

Sousa no era el único que se mostraba reticente a entrar por completo en el espíritu comercial de su época. Como sir Arthur Sullivan en Londres, Scott Joplin —ampliamente considerado el compositor más elegante de *rags* para piano, aunque sus habilidades como pianista eran mediocres— no se contentaba con dominar un lenguaje popular. Entre sus objetivos había una cima más alta: nada menos que componer la primera ópera de ragtime. Había aprendido su oficio en burdeles y se había casado con una patrona de burdel. En su juventud, había contraído sífilis, la cual eventualmente le impediría tocar el piano e incluso hablar y acabaría con su vida a la edad de cuarenta y nueve años. Era un introvertido perdido en un ambiente de hombres salvajes y, a los treinta años, escapó de los pendencieros clubs de Sedalia. En Nueva York, sus composiciones se hicieron más sofisticadas, pero también perdieron su conexión con el gusto popular. Comenzó a encubrir sus piezas en grandilocuencia, como «Wall Street Rag», en la que describía el poder de la música para disipar las preocupaciones de los corredores de bolsa. Otros hombres con menos talento dominaban ahora el mercado.

La primera ópera de Joplin se representó brevemente, después quedó olvidada y más tarde se perdió cuando Joplin tuvo que huir de su casero, que le reclamaba los meses de alquiler atrasados. Después, en Nueva York, compuso la partitura de lo que quería que fuese su obra maestra: *Treemonisha*. Sin embargo, nadie quería financiar su publicación o su representación y los esfuerzos de Joplin terminaron en un debilitador fracaso. Un año después de que el harapiento esqueleto de *Treemonisha* recibieran su primera e inadecuada representación, lo internaron en un asilo a causa del agravamiento de su enfermedad. Tras su muerte, su mujer quiso tentar a posibles compradores con cuentos de maletas llenas de manuscritos inéditos, pero cuando ella también murió, treinta y tres años después de Joplin, no se encontró ningún papel. Scott Joplin sufrió la agonía agridulce de ser adorado por algo que podía hacer casi sin esfuerzo y despreciado por tratar de ampliar sus horizontes. Muchos otros que vendrían después —Stan Kenton y Artie Shaw, Joni Mitchell y Elvis Costello— se encontrarían igualmente divididos entre las demandas de su audiencia y el irresistible tirón de su creatividad.

Para un hombre negro, había formas más cómodas de abrirse paso durante los años dorados del ragtime. Anunciándose como «los AUTÉNTICOS negritos», el bailarín George Walker y el cantante Bert Williams fueron capaces de introducirse en los más altos escalafones del circuito de vodevil. Llegaron a personificar el cakewalk para los neoyorquinos blancos, a los que cautivaban con las canciones de ragtime originales de Williams. Incluso llevaron el cakewalk al Reino Unido, donde su atractivo como curiosidades cómicas se reforzó al aparecer anunciados, de forma grandilocuente, como «Los senegambianos de Tobasco». Su disposición para caricaturizarse a sí mismos estropeó su reputación entre su propia raza, al tiempo que Walker se agotaba gradualmente en sus esfuerzos para asegurar unas condiciones más humanas y mejores sueldos para los artistas afroamericanos. Williams continuó en solitario, escribiendo y grabando canciones cómicas y baladas, la más perdurable de las cuales es «Nobody» (1906). En su voz lúgubre y perezosa y su fraseo chulesco, es posible oír los ecos prematuros de posteriores artistas negros que emplearían las agudezas, el humor y la salvaje inteligencia de la calle para cautivar a una audiencia blanca potencialmente hostil —como Chuck Berry, por nombrar el ejemplo más obvio—. Hay una clara línea de descendencia que va desde la voz cansina de Bert Williams en «He's a Cousin of Mine» (1907) hasta los narradores —tan cómplices como Williams pero derrotados— de las descripciones de The Coasters de la vida urbana de los afroamericanos en los años cincuenta. Tristemente, este pre-modernista murió de neumonía en 1922, a la edad de cuarenta y siete años, tres antes de la llegada de las innovaciones tecnológicas que habrían permitido que las generaciones futuras apreciaran su talento.

> «Estos estúpidos bailes son malos tanto física como moralmente. El *turkey trot*, el *bunny hug*, el tango y otros bailes de la familia del ragtime causan que empeore la figura y también causan deformidades. Las posiciones de la cadera someten a la figura a todo tipo de posturas, fomentando así la carne superflua y desplazando los órganos internos. Dejan todo el cuerpo desequilibrado. La moraleja es: si usted desea tener una bonita figura, no baile el tango y absténgase del ragtime. El tango y el ragtime son bailes que destruirían la figura hasta de una diosa griega y la transformarían en un saco de patatas».

La doctora estadounidense Maude Dunn sobre «Las mujeres inglesas», 1914[n48]

> «Imitar a un oso pardo o a un pavo... eso puede ser cómico, grotesco incluso, pero ¿bello? ¡Jamás! No son bailes adecuados para una joven. Son, por decirlo con franqueza, bailes provocativos. Son el resultado de la actual necesidad de excitación, como el teléfono, el automóvil, la fotografía, los cines. Nos estamos volviendo incapaces de sensaciones sutiles. Necesitamos excitación».

La bailarina rusa Anna Pávlova, 1913[n49]

El público blanco del music hall y el vodevil estaba tan acostumbrado a las funciones de *minstrels* y a los cómicos con la cara pintada de negro que no ponían muchos reparos a que Bert Williams apareciera en escena, al igual que tampoco ponían objeciones a un hombre blanco que se anunciara como «El famoso negrito de color chocolate», como era el caso de G. H. Elliott. Las quejas sobre motivos raciales solo saldrían a la luz cuando los artistas negros comenzaron a negarse a caricaturizar a su raza. En la víspera de la Primera Guerra Mundial, lo que despertaba el interés del público —al tiempo que lo inquietaba y, en ocasiones, lo indignaba— era ver a la generación más joven lanzándose a la pista de baile al pulso sincopado del ragtime. A pesar de las frecuentes alusiones de la prensa a que el entusiasmo de la juventud por el ragtime se apagaría pronto y el vals volvería a ser muy pronto el ritmo natural de la pista de baile, los editores musicales lanzaban un torrente de canciones novedosas diseñadas para acompañar una variedad desconcertante de nuevos bailes. En el breve espacio de tiempo desde 1912 a 1913, la formalidad de la sala de baile sucumbió ante exhibiciones peligrosamente exóticas como el *bunny hug* [el abrazo del conejito], el *grizzly bear* [el oso pardo], el *turkey trot* [el trote del pavo], el *dog bite* [el mordisco del perro], el *hitchy-koo*, el *London lurch* [el tambaleo de Londres], el *fish walk* [el paso del pez] y el estilo que los sobrepasaría y finalmente los englobaría a todos: el foxtrot [el trote del zorro]. Algunos de estos bailes surgieron en bares clandestinos de Chicago o Harlem; otros eran invenciones de compositores y editores de Nueva York o Londres.

Los hombres y mujeres jóvenes ya no pasaban de un compañero de baile a otro, para así evitar el más mínimo riesgo de inmoralidad. Ahora se les animaba a emparejarse para toda la noche e incluso a apretar sus cuerpos de una forma que antes estaba reservada para parejas de casados en la intimidad de sus hogares. El editor del *Ladies' Home Journal*, de Manhattan, quedó tan consternado al descubrir que sus jóvenes mecanógrafas dedicaban su pausa del almuerzo a bailar el ragtime que despidió a quince de ellas nada más enterarse.

Pero ninguno de los llamados bailes de «ragtime» era tan controvertido como el tango. Había llegado a Francia hacia 1900, introduciéndose tanto en la alta sociedad de parís como en los burdeles de Marsella. Incluso esa nación, que había soportado y albergado las carnales revelaciones del cancán, se consternó por la lúbrica innovación. «¡El tango es un pseudo-baile que debería estar prohibido!», clamó un crítico. «Es realmente imposible describir con precisión lo que uno ve en París. Sin embargo, podría decirse que el tango se asemeja a una doble danza del vientre en la que se acentúa la lascivia con exageradas contorsiones. Uno podría pensar que está contemplando a una pareja mahometana bajo los efectos del opio»[n50]. Tan poderoso era su nombre que pronto la palabra *tango* comenzó a usarse para calificar cualquier danza de origen exótico.

En Alemania, el káiser desaconsejó a sus militares que frecuentasen familias que se permitieran practicar este baile. La familia real británica hizo saber que la reina María no lo aprobaba y una revista con el reconfortante nombre de *The Gentlewoman* [*La dama*] lo describió como «la danza de la muerte moral»[n51]. El arzobispo de París escribió una columna en un periódico denunciando las fallas morales del tango. Un hombre de mediana edad en Filadelfia fue arrestado después de propinarle una severa paliza a su hijo de treinta y cinco años. «Si lo pesco otra vez dándole al tango», dijo, desafiante, «repito la dosis»[n52]. Nadie era consciente del origen del baile en los burdeles y cafés de Argentina y Uruguay, o de su estatus allí como una dramática exploración de la sensualidad masculina y de la subversión femenina. Para cuando llegó al Reino Unido, era tan solo una nueva demostración de lo que Lady Helmsley llamaba «las características de los bailes de negros»[n53].

Afortunadamente, la sociedad británica encontró una forma de acomodar y suavizar los rasgos lascivos del tango. Una mujer llamada Gladys Beattie Crozier escribió un libro de etiqueta titulado *El tango, cómo bailarlo*. El Queen's Theatre de Londres organizó veladas de «té con tango», en las que los clientes contemplaban tranquilamente desde sus mesas una exhibición del baile seguida de un desfile de moda. Otros prestigiosos restaurantes pusieron de relieve un baile brasileño igualmente incitante, la machicha, que se bailaba al ritmo de una música que compartía la estructura cuatripartita del ragtime.

El matrimonio formado por Vernon y Irene Castle fue contratado para hacer una demostración de los últimos bailes en el Café de Paris, en la capital francesa. Tras trasladarse a su restaurante hermano en Nueva York, abrieron una escuela de danza y, después, una cadena de salones a lo largo y ancho de Estados Unidos. El sello discográfico Victor lanzó una serie de discos de baile con el nombre de los Castle, en los que el líder de banda negro James Reese Europe ofrecía música adecuada para el *turkey trot* y los demás bailes.

La civilización occidental, según parecía, estaba «loca por el baile». Las entradas de teatro más codiciadas de Londres —donde, en las navidades de 1912, aún era posible comprar una «muñeca negrita a cuerda»— eran para un espectáculo de variedades titulada *Hullo Ragtime*, estrenado originalmente en la temporada de pantomimas navideñas pero tan popular que se quedó en cartel durante dos años. (Una de las estrellas de su reparto, compuesto exclusivamente por actores blancos, se llamaba Bob Dillon). Cada pocos meses, se anunciaba una «nueva edición» del espectáculo, en la que se reemplazaban las canciones que habían pasado de moda. Finalmente se canceló, pero fue reemplazado por otro espectáculo extraordinariamente parecido titulado *Hullo Tango*. Ahora había canciones sincopadas sobre todos los temas imaginables, como por ejemplo «Ragtime Suffragette» [«Ragtime de la sufragista»] y «Let's Have Free Trade Amongst the Girls» [«Tengamos libre comercio entre las chicas»], que reflejaban las controversias políticas del momento. El dramaturgo George Bernard Shaw, siempre deseoso de reflejar los caprichos de la sociedad, hizo que los dos personajes protagonistas de su obra de 1913 *Androcles y el león* bailaran el ragtime. Al año siguiente, llevó a escena *La cura de música*, una sátira sobre la preocupación del país con la música importada de Estados Unidos.

Las posibles consecuencias de aquel baile continuo eran debatidas acaloradamente. Se culpó al ragtime del arresto de un joven al que se encontró borracho y alborotando en el norte de Londres, abrazado a una farola mientras cantaba a voz en grito un reciente éxito. En los periódicos se hablaba de bandas en los restaurantes de lujo que rompían a bailar ragtime cuando los establecimientos estaban a punto de cerrar para así animar a los comensales a comer más deprisa. Los ritmos hipnóticos, inquietantemente irregulares del ragtime, afectaban a la psique, de eso no había duda. El actor Gerald de Maurier declaró que todos los movimientos del ragtime eran «solo formas del baile más antiguo del mundo, el baile de san Vito»[n54]. Se hablaba de bailarines a los que «se les había inoculado la fiebre del ragtime», de un «veneno virulento», de «una epidemia malárica», del ragtime como «la sincopación enloquecida», cuyo «único tratamiento efectivo es el que corresponde al perro con rabia, es decir, una dosis de plomo»[n55]. Estas diferentes acusaciones fueron resumidas de forma eficaz por un crítico: «Cuando se lleva al exceso, sobreestimula e irrita»[n56]. Apenas velado tras estos veredictos despectivos estaba el miedo a que el impulso más vulnerable a aquella sobreestimulación fuera la inmoralidad. Los ritmos espasmódicos, los pasos de baile convulsivos y el contacto físico ocasionados por el ragtime conducían sin duda a la promiscuidad, a la libertad y, como vociferó un comentarista estadounidense, a «caer presa del alma colectiva del negro»[n57].

Hubo algunas personas, sin embargo, que recibieron la sacudida del ragtime como a un necesario despertar de la inercia cultural, como una oleada de adrenalina que garantizaba que «los nervios y los músculos cosquilleen de excitación»[n58]. El historiador del ragtime Edward Berlin descubrió un relato sobre la exposición a aquella música que contiene el fervor evangélico de las primeros personas que experimentaron con sustancias psicodélicas: «De pronto descubrí que mis piernas estaba en un estado de gran excitación. Daban sacudidas como si estuvieran cargadas de electricidad y delataban un deseo considerable, y más bien peligroso, de levantarme de mi asiento. El ritmo de la música, que al principio me había parecido tan antinatural, empezaba a ejercer su influencia sobre mí. No era ese sentimiento de soltura en los tobillos y en los dedos de los pies que causa un vals de Strauss, no, era algo mucho más energético, material, independiente, como si uno se encontrase con un caballo encabritado, imposible de dominar»[n59]. Independencia imposible de dominar: esa era exactamente la cualidad de la rebelión juvenil sincopada que sembraba el terror en los corazones adultos.

> «A lo largo de los lugares vacacionales de la costa atlántica y en los sitios de veraneo, etc., esta es la canción que todo el mundo canta y silba».
>
> *Edison Phonograph Monthly*, 1911[n60]

> «Como dicen en América, 'Alexander's Ragtime Band' es la canción *del momento*. Ahora tenemos éxitos de ragtime cada temporada, pero este pegadizo tema parece con mucho el mayor éxito que ha llegado a nuestras costas».
>
> *Phono Trader & Recorder*, 1912[n61]

Más pegadiza incluso que «All Alone» (llamada «la gran canción del teléfono») o que esa *novelty song* de ragtime «hebreo» titulada «Yiddle on Your Fiddle», «Alexander's Ragtime Band» arrasó rápidamente en el mundo de habla inglesa en 1911 y 1912. La introdujo en el vodevil Emma Carus y después la grabaron los principales artistas del momento: Billy Murray, que sonaba decididamente viejo a los treinta y cuatro años; Arthur Collins y Byron Harlan, que simulaban ser un dueto formado por un hombre y una mujer, y Billy Fay, que fue descrita por un crítico en una reseña tan cargada de estereotipos que merece citarse entera: «Uno de los hijos de Cam, de corazón tan ligero como oscura es su faz, apostrofa de forma encantadora a su amada de ébano, a la que se dirige como 'Ma Honey' ['Mi dulzura'] en numerosas ocasiones, de lo cual se deduce que nuestro 'hermano de color' debe de estar muy enamorado de su tiznada Dinah o Chloe, según sea el caso. El señor Fay canta con mucho ingenio, imitando la lengua vernácula de los negros como si hubiera nacido hablándola»[n62].

La canción, sin embargo, no había sido compuesta por un «hermano de color», sino por un joven de origen judío nacido en Rusia al que sus padres pusieron el nombre de Israel Baline, aunque más tarde él lo anglicanizó como Irving Berlin. Ya nos lo hemos encontrado antes como camarero cantante que trabajaba para «Nigger Mike» Saulter (otro judío ruso, premiado con ese afectuoso apelativo debido a su tez oscura). Berlin emanaba melodía e ingenio, a pesar de que escribía sus canciones solamente en lo que él llamaba las teclas *nigger* del piano. Cuando comenzó a tener éxito, compró un piano transpositor, que le permitía cambiar de tonalidad pulsando un interruptor para así no tener que usar también las notas «blancas». Durante más de cuatro décadas, siguió produciendo éxitos de forma regular. Muchos de ellos son reconocibles aún hoy, ciento treinta años después de su nacimiento: «White Christmas», «God Bless America», «Let's Face the Music and Dance», «Puttin' on the Ritz» y «Anything You Can Do, I Can Do Better». Nació antes del lanzamiento del gramófono como producto comercial y vivió lo suficiente como para oír a Madonna y el hip hop, aunque ya en 1962, con solo setenta y cuatro años, sabía que su tiempo como compositor de canciones con salida comercial había pasado: «No tienes que detenerte a ti mismo. La gente que tiene que escuchar tus canciones te dice que no sigas»[n63].

Más de medio siglo antes, sus canciones irreprimiblemente burbujeantes, optimistas de forma casi infalible, ensalzaban el gozo de crear música. La primera vez que captó la atención del público fue con «My Wife's Gone to the Country» [«Mi mujer se ha marchado al campo»] —«¡Hurra! ¡Hurra!», decía el estribillo—. Después revisó cierta vena familiar del repertorio clásico, por ejemplo con «That Mesmerizing Mendelssohn Tune» [«Esa fascinante canción de Mendelssohn»]. Pero fue «Alexander's Ragtime Band» la que llegó incluso al público que se las había arreglado hasta entonces para ignorar los quince años previos de locura por el ragtime. Berlin era un astuto crítico de su propio trabajo: «La letra, aunque era una tontería, era fundamentalmente adecuada. Las palabras del comienzo, subrayadas por la repetición inmediata —'¡Venid y escuchad! ¡Venid y escuchad!'—, eran una invitación a 'venir', a acercarse y a 'escuchar' al cantante y su canción. Y esa idea de invitar a cada oyente receptivo que se encontrase a la distancia de un grito se convirtió en parte de un feliz alboroto —una idea recalcada una y otra vez, de distintas formas, a lo largo de la canción— y fue el secreto del tremendo éxito de la canción»[n64].

En pocos meses, Berlin había compuesto una secuela igualmente estimulante, «Everybody's Doin' It Now» [«Ahora todo el mundo lo hace»], que dejaba a la imaginación del oyente la naturaleza de ese *lo*. Dejando aparte otros significados posibles, ese *lo* tenía que ver con bailar, de ahí que Berlin quedara asociado con el matrimonio Castle, cimentando así su reputación como rey de la canción de baile. Como Scott Joplin antes que él, perdió a su primera mujer pocos meses después de su boda, en 1912. De su duelo surgió una balada no sincopada, «When I Lost You» [«Cuando te perdí»], que vendió más de un millón de partituras. Una década más tarde, Berlin firmó dos canciones inspiradas por su pérdida, «What'll I Do?» [«¿Qué voy a hacer?»] y (otra) «All Alone», inaugurando así el género de las canciones que tratan sobre una persona sola en su habitación, que devendrían en el cliché de los sesenta y setenta del «cantante de baladas de dormitorio». La única ambición que no vio realizada fue una que compartía con Joplin: su determinación —expresada en una entrevista de 1913 en la que afirmaba escribir «cinco canciones al día»— de crear «una gran ópera de ragtime [...], una ópera real sobre un tema trágico»[n65].

El intérprete que mejor supo expresar el gozo de las canciones de Berlin era un poco mayor que él, judío también —aunque lituano en lugar de ruso— y con el nombre igualmente anglicanizado para consumo popular, de Asa Yoelsen a Al Jolson. Su reputación ha quedado estropeada por la pintura facial negra que comenzó a usar antes de cumplir veinte años, aunque él siempre mantuvo —deformando un poco la verdad— que un «ayudante de camerino negro»[n66] le había dicho que así conseguiría más risas. La afilada película satírica de Spike Lee *Bamboozled* (2000) clavó la estaca definitiva en el corazón del sospechoso ritual del *blackface*, pero despreciar a Jolson, un genio del entretenimiento, porque siguió una tradición estrictamente ortodoxa es imponer valores actuales a un medio artístico de hace un siglo.

Las innovaciones de Jolson fueron duraderas. Fue el primer cantante popular que se dio cuenta de que su audiencia exigía un *espectáculo* que brillara de principio a fin. Fue el primero que montó una compañía y la llevó de ciudad en ciudad, con coristas, iluminación, orquesta y demás. Cantaba no sobre el ritmo, sino alrededor de este, empujándolo, retrasándolo, teatralizando cada canción como si le surgiese del corazón. Igual que en el caso de los improvisadores compulsivos del rock —como Bob Dylan o The Grateful Dead— «existía la anticipación de descubrir cómo iba a cantar sus canciones», explica su biógrafo Michael Freedland.[4] «Incluso cuando las repetía en actuaciones consecutivas, cambiaba el modo de cantarlas. Los habituales del Winter Garden jugaban entre ellos a localizar la letra cambiada, el diferente tratamiento de un estribillo, la melodía sustituida»[n67].

Jolson era tan entusiasta, estaba tan cargado de energía, que cuando por primera vez le pidieron que grabara un disco, se puso a bailar mientras cantaba frente a la bocina de grabación de Victor, como si estuviese aún bajo los focos de Broadway. «Al final», escribe Freedland, «le echaron encima un abrigo, se lo abrocharon de arriba abajo, lo sentaron en una silla y le pidieron que cantara sin moverse»[n68]. El resultado fue «That Haunting Melody», interpretada con una chispa y una inflexión satírica que debieron de deslumbrar a sus coetáneos y que anunciaba las frenéticas actuaciones que estaban por venir.

Parece que las fuerzas unidas de Jolson y Berlin flexibilizaron la espina dorsal de la industria discográfica estadounidense (que entonces, como ahora, dominaba también el calendario de lanzamientos del Reino Unido). La exuberancia era el espíritu de 1912 y 1913: «Everybody Two-Step», «Ring-Ting-a-Ling», «The Gaby Glide» (otro baile más), «Ragtime Cowboy Joe», «Ragtime Jocky Man», «In Ragtime Land»... las permutaciones eran interminables. Collins y Harlan quisieron probar el potencial para las insinuaciones sexuales con «Row! Row! Row!» [«¡Rema, rema, rema!»], un relato cómico sobre el tema de la infidelidad; Jolson vituperaba a «The Spaniard That Blighted My Life» [«El español que me arruinó la vida»]; Elsie Janis, una estrella del vodevil de veintidós años, suplicaba «Fo' De Lawd's Sake, Play a Waltz» [«Por el amor de Dios, toca un vals»], porque si oía un ragtime más se iba a volver loca de remate.

Tan vibrante era la industria del ragtime, tan estimulados estaban los nervios de los aficionados, que un publicista de la compañía His Master's Voice anunció sus últimos lanzamientos con algo que sonaba como una súplica para que la locura tocase a su fin: «Y es que nada es sagrado para los compositores de Ragtime y uno ya tan solo espera la conversión al ragtime de un oratorio

4. En tres noches consecutivas en 2005, vi a Bob Dylan, con la voz reducida a una cáscara de su potencia y su registro de antaño, tocar tres versiones de «Positively 4th Street» tan diferentes entre sí en tono y en impacto emocional que resultaba difícil creer que fueran la misma canción. Me gusta imaginar a Jolson sonriendo de apreciación... aunque mejor no con la cara pintada de negro.

entero de Händel para que se ponga así un límite a la desvergüenza. Y a pesar de todo, es tremendamente fascinante, esta música sincopada —su agitación y su alegre ritmo tienen un encanto propio y no hay duda de que la moda durará—, pero uno no puede evitar preguntarse cuándo se detendrá»[n69].

En Europa, se detuvo con la guerra. No es que la cultura del *rag* se borrase por completo. Solo un mes después de su comienzo, un soldado británico se jactaba de que «ayer tuvimos nuestra primera batalla [...], los despedimos a ritmo de ragtime»[n70]. Pero a las diez semanas del comienzo del conflicto que estaba destinado a alargarse durante cuatro apocalípticos años, un titular del *Daily Mirror* afirmaba: «Las canciones hogareñas conmueven el alma de la nación. Las viejas baladas reemplazan al ragtime y a las canciones patrióticas»[n71]. Había poco apetito, según parecía, por composiciones que ridiculizaban a los alemanes o que trompeteaban la superioridad de los ingleses, como «We're Going to Hang That Kaiser under the Linden Tree» [«Vamos a ahorcar a ese káiser de un tilo»]. Eran la nostalgia, la familia y el recuerdo reconfortante del hogar y del jardín y de las ondulantes colinas lo que se ganaba el corazón de los que se dirigían a la carnicería de los campos de Francia y de los que se quedaban en Inglaterra: «Home Sweet Home» en lugar de la última sensación venida de Estados Unidos, como «Ballin' the Jack» y «The Memphis Blues».

Un reportero del *Daily Mail* describió a las tropas en Francia cantando «It's a Long Way to Tipperary», una canción de music hall de antes de la guerra, y su relato garantizó que otros también quisieran cantarla, para deleite del editor de la canción. Otras canciones se ganaron la fama de forma más natural, a través de su capacidad para conectar con el estado de ánimo colectivo. «Pack Up Your Troubles» [«Mete tus problemas en la maleta»], escrita para un espectáculo de variedades inglés, no consiguió convertirse en un éxito pero después ganó un concurso para encontrar una canción para desfilar en la guerra. (Su cocreador, Felix Powell, se suicidó con el uniforme de la Home Guard durante la Segunda Guerra Mundial). Los soldados reescribieron «Alexander's Ragtime Band» y la titularon «Lord Kitchener's Army» [«El ejército de Lord Kitchener»], una de las docenas de melodías de music hall e incluso de himnos de iglesia que sirvieron a las profanas necesidades de los combatientes. A medida que el horror de las trincheras se intensificaba, los que estaban en la línea del frente se reconfortaban con el humor negro de «Hanging on the Old Barbed Wire» [«Colgando del viejo alambre de espino»] o modificando los versos de una canción familiar: «Si fueras el único *boche* en la trinchera y yo tuviera la única bomba».

«Keep the Home Fires Burning» [«Que sigan ardiendo las chimeneas de nuestro hogar»], de Ivor Novello y Lena Guilbert Ford, era una de las canciones favoritas en la retaguardia. Las tropas la oían tocar a grupos de músicos que actuaban para subir la moral. También se enviaron a Francia cientos de gramófonos portátiles, a menudo por parte de la propia Cruz Roja, para que los soldados —cuando no estaban sufriendo feroces bombardeos o enterrando los restos mutilados de sus compañeros— pudieran engañarse pensando que compartían la misma cultura que sus seres queridos al otro lado del canal. «Cada caseta de la YMCA, cada cantina y cada hospital de campaña del frente tiene su gramófono», se jactaba un fabricante en 1917. «Cualquier capellán castrense le podrá decir que es una de las mayores influencias positivas que pueden encontrarse. En el comedor de oficiales de un laureado regimiento, existe la regla tácita de que cada oficial que se va de permiso, al volver debe traer al menos una docena de discos con las canciones de los espectáculos de éxito del momento»[n72].

Había un número suficiente de personas de origen europeo en Estados Unidos como para que el país se interesase vivamente por la Gran Guerra incluso antes de involucrarse en la matanza. El American Quartet ofrecía la versión más popular de «Tipperary», promocionada por un editor como «la canción que cantan al marchar», incluso antes de que aquello fuera cierto. El Trabalenguas de Billy Murray «Sister Susie's Sewing Shirts for Soldiers» [«La hermana Susie cose camisas para los soldados»] intentaba ser solidaria. Pero la batalla política interna sobre si Estados Unidos debería dejarse arrastrar a la guerra quedaba también reflejada en estas canciones. «I Didn't Raise My Boy to Be a Soldier» [«Yo no crié a mi hijo para que fuera un soldado»], del Peerless Quartet, apuntaba al corazón con su relato sobre una madre que lloraba pidiendo conciliación en lugar de acción militar. «Don't Take My Darling Boy Away» [«No os llevéis a mi querido hijo»] tiraba de las mismas delicadas cuerdas. El Peerless Quartet cambió de perspectiva con un himno a las cualidades pacifistas de su presidente, «I Think We've Got Another Washington (Wilson Is His Name)» [«Creo que tenemos otro Washington (Wilson es su nombre)»]. El papel de dar el grito de guerra le tocó a Frederick J. Wheeler en 1916 con «Wake Up America!» [«¡Despierta, América!»]: «Preparémonos para responder la llamada del deber [...] ¡América está lista!», decía la letra.

Finalmente, el 6 de abril de 1917, Estados Unidos declaró la guerra a Alemania y Tin Pan Alley *estaba* listo: «Let's All Be Americans Now» [«Ahora tenemos que ser americanos»], declaraba el American Quartet, añadiendo un estribillo del himno sureño «Dixie» para reforzar su posición. Sus colegas del Peerless Quartet olvidaron sus anteriores recelos y grabaron una canción que su compañía describió como «lo que sentía cada madre americana»: «America, Here's My Boy» [«América, toma a mi hijo»]. De pronto, la industria solo podía ofrecer canciones de guerra, desde lo esperanzador («Say a Prayer for the Boys Over There» [«Di una oración por los muchachos que están allí»]), a lo sentimental («Somewhere in France Is Daddy» [«En algún lugar de Francia está papá»] y a lo gloriosamente confuso («I Don't Know Where I'm Going, But I'm on My Way» [«No sé a dónde voy, pero estoy de camino»]). Sin embargo, la indiscutible campeona de los himnos de guerra era «Over There», lanzada originalmente por el American Quartet y bien recibida por las tropas, que quizá no habrían visto con tanta benevolencia la irreal comedia de «Life in a Trench in Belgium» [«La vida en una trinchera de Bélgica»], de Henry Burr. Como tampoco habrían apreciado la jovial propaganda de los periódicos británicos, que se jactaban de que las tropas aliadas eran «felices como niños en la playa»[n73] mientras pudieran cantar los estribillos de las últimas canciones cómicas y escuchar un poco de ragtime.

En Londres, los espectáculos de variedades *Hullo Ragtime* y *Hullo Tango* habían sido desbancados por *Hullo America*. La estrella era Elsie Janis y su gran número era «When I Take My Jazz Band to the Fatherland» [«Cuando llevo a mi banda de jazz a la madre patria»]. «Cada Fritz y cada Hermann», cantaba, «aprenderá a cantar jazz en alemán. Diremos, ahora es vuestra oportunidad, ¡a bailar!». El armisticio se declaró el 11 de noviembre de 1918 y los soldados lo bastante afortunados como para sobrevivir a los inhumanos traumas del Frente Occidental regresaron a un mundo que era a la vez extrañamente familiar e turbadoramente diferente. Las mujeres, esas flores delicadas que los soldados habían jurado proteger, estaban ahora ocupadas con el trabajo manual y profesional, exhibían su recién conseguida independencia y exigían los mismos derechos que los hombres. Igualmente chocante para las tropas británicas fue descubrir que, en su ausencia, su patria había sido invadida, y no por los malditos hunos, sino por una nueva oleada de ritmos exóticos provenientes de los Estados Unidos, una frenética mescolanza de excitación musical y nervios tintineantes que se conocía con el desconcertante nombre de «jazz».

CAPÍTULO 3

Llévame
a la tierra del
jazz

«¿Bailas el jazz? El último baile para los hombres llegados del frente, una invención americana».

Anuncio en el *Daily Mirror*, mayo de 1918 [n74]

«Los oficiales de servicio se quejan de que, tras conseguir dominar ciertos intrincados bailes, regresan unas semanas más tarde y esos pasos ya se consideran 'inapropiados' y 'pasados de moda'. La actual boga es bailar fuera de compás. Es fascinante verlo y practicarlo. Es algo que han introducido los americanos. Las presentaciones sobran, pues los ávidos *jazzers* las consideran una pérdida de tiempo».

Daily Mirror, febrero de 1919 [n75]

El jazz, según explicaba el *Daily Express* unos días después de que se firmase el armisticio, era «el nuevo ruido que hace feliz a la gente»[(n76)]. Estaba sincopado (de ahí que se bailase «fuera de compás»). Era americano, pues solo una sociedad tan joven y despreocupada podía inventar algo tan libre de espíritu. Requería una banda, si es que tal palabra podía aplicarse a la cacofónica unión de instrumentos de viento, banjos y varios utensilios de cocina que se entrechocaban, se aporreaban o se estrellaban en busca de nuevos efectos. Sin duda, era una amenaza para la sociedad que había existido antes de la guerra.

Su efecto puede encontrarse en los cuerpos de las mujeres y en el modo de usarlos. «No se puede bailar la retorcida y contoneante música de jazz con las estrechas y ajustadas fajas de 1840»[(n77)], señalaba un comentador. Al desechar los corsés, también se desecharon las carabinas que solían velar por la reputación de las jóvenes en los bailes anteriores a la guerra. Lo que importaba después de la guerra no era su buen nombre, sino su capacidad para encontrar pareja. Las mujeres bailaban de dos en dos hasta que un hombre apropiado intervenía. Ni siquiera las mujeres casadas eran inmunes a la fiebre del baile. Los oficiales a menudo regresaban del frente «quejándose de que apenas reconocían a la esposa por la que habían ido a la guerra, que ahora estaba loca por los restaurantes, las variedades, los tés danzantes, el jazz y el foxtrot»[(n78)].

Ahora había un 10% por ciento más de mujeres jóvenes que hombres jóvenes en Reino Unido, y miles de estos últimos estaban gravemente heridos o seguían ausentes en el servicio militar. De modo que de toda chica a la que se invitaba a bailar «se espera que lleve siempre con ella a su propio acompañante [...]. Y cuando lo encuentra, tanto si le gusta personalmente como si no, solo lo tolera si sus pasos de baile están en sintonía con los de su descubridora»[(n79)]. Un nuevo conjunto de personajes podía verse en la sociedad londinense: los llamados «serpientes de comedor» y «lagartos de salón», «pícaros» y «ratas de pista de baile»: «el joven bailarín elegante y bien vestido, con sus modales jabonosos, corteses y untuosos», y «la joven a la que invitan a todas partes porque baila bien»[n80]. Un observador se quejaba de que «algunas de estas chicas ni siquiera van muy bien vestidas y están obviamente fuera de lugar en los clubs y hoteles donde se organizan los bailes»[n81]. Pero la clase, según parecía, ya no importaba: todo se inclinaba ante el baile y la banda de jazz.

«El baile», aseguraba un columnista, «es la secuela natural de la guerra [...]. En unas pocas semanas, cuando las chicas se hayan acostumbrado a que los chicos hayan vuelto a casa, el baile será algo normal otra vez y solo aquellos que aman el baile por el baile llenarán nuestros salones y salas de baile. El bailarín de la guerra se recuperará y será el ciudadano sobrio y sensato que era antes»[n82]. Como vencedores del reciente conflicto, los jóvenes británicos serían los primeros en reanudar una vida de tranquilidad, según creían los psicólogos. En Múnich, sin embargo, donde la derrota había conducido a la revolución, la gente «bailaba noche tras noche hasta altas horas de la madrugada, pues la ciudad ha sido el escenario de la anarquía, el terror y el derramamiento de sangre. Han descubierto el anestésico más potente del mundo, pues el baile mata la preocupación, mata la inquietud, mata la infelicidad [...]. Los aterrorizados habitantes de las ciudades golpeadas por la anarquía, sin saber si mañana estarán muertos en una tumba improvisada, bailan salvajemente toda la noche, robándole un analgésico a la preocupación, bebiendo hasta las heces el glorioso opiáceo del olvido, tan solo conscientes de unos ojos brillantes, de la cadencia de la música, de una soñolienta embriaguez, olvidando, olvidando...»[n83]. En una revista satírica alemana, una viñeta titulada «Los demoníacos» mostraba a unos bailarines «jazzeando» al ritmo de la música de un hambriento campesino y un esqueleto. «¡En vuestro frenesí danzarín no veis que vuestros músicos son el Hambre y la Necesidad!»[n84], decía la leyenda al pie.

Pero el caos urbano no era suficiente para explicar aquella manía del jazz. La música era un «opiáceo mental», según el poeta Paul Bewsher, quien identificó la línea de combate en la guerra entre el jazz y la civilización: «La llamada de la música hipnotiza el cuerpo, que se mueve en exacta respuesta a cada pulso de la melodía. En cierto modo, el ritmo del dos, uniéndose en absoluta armonía, narcotiza los sentidos. En ocasiones me he vuelto casi inconsciente de la total satisfacción física del movimiento inspirado. El cerebro duerme. Solo vive el cuerpo, ya no dominado por la mente sino por la influencia externa del sonido»[n85].

No es de extrañar que los guardianes de la moral pública estuviesen alarmados por la amenaza que suponía el jazz. Canon Drummond explicó a la apropiadamente bautizada Maidenhead Preventive and Rescue Association [Asociación de Protección y Rescate de la Doncellez] que «la gente parece haberse perdido [...]. Bailar una danza de negros, al ritmo de una música tocada con todos los instrumentos posibles —que no tocan música sino que hacen ruido—, es un síntoma de una grave enfermedad que se extiende por el país»[n86]. Un magistrado de West Ham declaró que el jazz era sencillamente «un atajo de negros locos acompañados de ruido»[n87]. Distintos sacerdotes a ambos lados del Atlántico atacaron el jazz como parte de la gran conspiración bolchevique o, peor aún, como un símbolo de la selva africana que mancillaba el mundo del hombre blanco. El músico de jazz era «un fuera de la ley y un bandido musical. Como un pistolero, está fuera de control y debe ser ejecutado sin piedad»[n88].

Hubo atípicos defensores del jazz. El príncipe de Gales (el futuro Eduardo VIII) y su hermano el príncipe Albert (Jorge VI) eran aficionados a las bandas de jazz. Este último «tenía talento para aporrear canciones de jazz en el piano»[n89] y, por su parte, el primero raramente resistía la oportunidad de asaltar cualquier batería que se pusiera al alcance de sus reales y sincopados dedos. Eduardo fue pronto motejado como «el príncipe del jazz» y su presencia era un motivo de orgullo para cualquier baile de jazz y también una causa de profunda ansiedad, pues era propenso a acosar al director de la banda con instrucciones precisas sobre las canciones que debían tocar y todo músico al que se le pidiera acompañarle debía ajustarse de forma discreta a sus involuntarios cambios de tempo.

La élite de Londres parecía haberse rendido al invasor americano sin la menor resistencia. Ya en febrero de 1919, las salas de bailes de moda en Kensington y Knightsbridge presumían de sus bandas de jazz, y la reina de Rumanía fue persuadida de salir a la pista de baile con el príncipe de Gales en un baile de jazz celebrado en el Hyde Park Hotel. Había tés de jazz y también zapatos de jazz, que —a dos guineas el par— se gastaban más rápidamente de lo que la mayoría de las chicas podía permitirse reemplazarlos. Había incluso, en los grandes almacenes Dickins & Jones, un vestido de jazz «de tejido de oro y plata»[n90]. Muy pronto, los anuncios de moda de la prensa estaban llenos de sugerencias como esta: «Una sola pluma natural, simple y rizada, engastada en oro o en esmalte, denota a la aficionada al jazz, y ninguna fanática del jazz puede pasarse sin una. Estéticamente son adecuadas, pues los sonidos bárbaros piden adornos bárbaros, y una pluma de avestruz es la belleza salvaje misma»[n91]. Hacia 1920, *jazz* no solo se había convertido en sinónimo de *baile*, sino que era un término multiuso que se aplicaba a cualquier cosa brillante, tintineante, exótica, inesperada... cualquier cosa, en otras palabras, moderna. Cuando el funesto tratado de Versalles se firmó en 1919, Londres lo celebró con una «noche de jazz, una noche loca y jovial de locura y danza»[n92]. Unas semanas después, la prensa informaba confiadamente de que el jazz estaba muerto, o muriéndose, o al menos desapareciendo y ciertamente condenado: «Se ha abusado del jazz durante su reinado y todas las locuras de las que se abusa mueren deprisa»[n93]. Y sin embargo, la Era del Jazz estaba a punto de comenzar.

> «Algunos de usted se preguntarán qué significa *jazz*. Yo no lo sé exactamente. La palabra proviene de América, y significa... en fin, cada vez que os sentís especialmente 'bailongos' y excitados y no os importa que lluevan chuzos de punta, es que os sentís *jazzy*».
>
> Autor de libros para niños «Uncle Dick», 1919[n94]

Hay suficientes mitos de la creación del jazz para igualar a los de las grandes religiones del mundo. Incluso el nombre está abierto a múltiples interpretaciones y a diferentes opciones de escritura: *jazz*, por supuesto, pero también *jass* o *jaz*. El primer autor que escribió una historia del género, ya en 1926, se vio obligado a reconocer que la palabra, se escribiese como se escribiese, «no tenía relación alguna con el idioma inglés»[n95] y, por lo tanto, debía provenir de otra cultura, probablemente de África. Algunos aseguraban que hubo un músico, quizás en Nueva Orleans, que se llamaba Razz y que una confusión al oír «la banda de Razz» había resultado en la acuñación del término. Otros insistían en que el músico en cuestión era Chas Washington, un virtuoso de los tambores, o quizás James Brown, originario de Dixieland y residente en Chicago, cuyo nombre de pila se abreviaba habitualmente como «Jas». Se buscaron conexiones con el «jazzbo», que era o bien el clímax de una producción de vodevil o bien (según investigaciones más académicas) una trompeta con un mirlitón atado al pabellón. El verbo francés *jaser*, que significa charlar o cotillear, fue invocado como una posible fuente. Quizás se trataba de *jazz*, el término de argot que significaba «ruido» (así lo querían pensar los miembros de las distintas ligas anti-jazz). O quizás, de manera más convincente, *jazz* era (como más tarde *rock 'n' roll*) un término que connotaba las relaciones sexuales, en este caso usado como código por los afroamericanos durante la época de la esclavitud.

Si había poca unanimidad sobre los orígenes de la palabra, había aún menos acuerdo sobre el tipo de música que describía. Hoy en día, nos gusta pensar que reconocemos el jazz cuando lo oímos en un bar o en una banda sonora: es un lenguaje estilístico que podemos descifrar con bastante facilidad, tanto cuando el hablante es apacible (como Wynton Marsalis) como cuando está enloquecido (como Archie Shepp). Pero desde la década de 1910 en adelante, no se podía alcanzar ninguna unanimidad por el estilo. De hecho, los exactos límites del jazz eran algo (y aún lo son) que se discutía y disputaba acaloradamente. La distinción no era solo, como pretendían los primeros críticos, entre música *hot* [caliente o picante] (es decir, jazz) y *sweet* [suave o dulce] (es decir, no jazz), o entre música basada en la improvisación (jazz) o estrictamente escrita (no jazz, con excepciones...). Tan pronto como se inventó el jazz, lo que quiera que fuera y sea, demostró ser un concepto fascinante, que provocaba tal ferocidad de propiedad e identificación que la clasificación de la música en categorías de jazz y no jazz adquirió el aspecto de una cruzada moral.

El jazz fue el primer género musical que provocó tales discusiones y tal pasión. En ese sentido, fue la primera forma de música popular: la primera en dividir y conquistar a sus seguidores, en ser demonizada y celebrada en igual medida, en convertirse, ya solo por el nombre, en una insignia de orgullo y en un símbolo de libertad (creativa, moral y política).

Y sin embargo la mayor parte de la música que suscitaba la indignación de sacerdotes y políticos y provocaba aquel completo abandono de toda reserva entre los bailarines de los años siguientes al final de la Gran Guerra no era jazz, al menos según los estándares de hoy en día, o incluso de los de 1930. Sus creadores pueden haberse pensado músicos de jazz, pero las generaciones subsiguientes han preferido despojarlos de ese título. Aunque la gente creía fervientemente que estaba viviendo en la Era del Jazz, en realidad, de forma más precisa, y según las definiciones establecidas con posterioridad, aquella fue la era de las *big bands*, algunas de las cuales eran lo suficientemente audaces como para flirtear con el jazz «auténtico» entre las melodías repetidas de lo que los críticos pronto desecharon como «cursiladas».

«En el año 1915, el jazz explotó sobre la población blanca de Estados Unidos de forma tan súbita como una erupción volcánica».

R. W. S. Mendl, *The Appeal of Jazz*, 1927[n96]

«Algunos dicen que la banda de *jass* se inventó en Chicago. En chicago dicen que fue en San Francisco [...]. De cualquier forma, una banda de *jass* es la última moda en cabarets y aumenta enormemente la diversión de los mismos. Dicen que el primer instrumento de una banda de *jass* fue una lata de sebo vacía, al soplar en la cual se producían sonidos parecidos a los de un saxofón con anginas. Desde entonces, la banda de *jass* ha crecido en tamaño y en ferocidad».

Catálogo de Victor, 1917[n97]

Las exploraciones tentativas de Victor sobre el origen del jazz estaban pensadas para promover los primeros lanzamientos de los músicos que formaban (por consenso común, aunque no unánime) la primera banda de jazz en ser inmortalizada en disco: la Original Dixieland Jazz Band, o ODJB. (Como ejemplo de la identidad elusiva de su música, fueron la Original Dixieland *Jas* Band hasta 1917). El cornetista y fundador del grupo Nick LaRocca sostenía que «la invención del jazz fue el resultado de un error. Ocurrió porque otros cuatro tipos y yo no podíamos tocar lo que oíamos en los conciertos de bandas de Nueva Orleans porque no sabíamos leer música. Intentábamos tocar las canciones tal como las oíamos, pero no nos salían»[n98]. Es un relato deliberadamente ingenuo, diseñado para admitir que aunque la ODJB había copiado su música de mejores músicos negros de su ciudad natal, aun así sus miembros eran los verdaderos inventores del jazz.

Ni un solo historiador del jazz estaría de acuerdo con el relato de LaRocca, y con razón. Aun así la ODJB sorprendía a los que los oían en Nueva Orleans en torno a 1915, como relataba el *Talking Machine News*: «Los que visitan la ciudad podían oír una combinación de música de baile de un tipo que nunca antes habían oído y quedaban fascinados. Aquellos intérpretes eran futuristas de la música y expresaban las mismas ideas mediante el ruido que los futuristas en pintura expresaban a través de los colores». A finales de 1916, las estrellas del vodevil Arthur Collins y Byron Harlan grabaron una *novelty song* que sin duda les había inspirado la ODJB: «That Funny Jas Band from Dixieland» [«Esa extraña banda de *jas* de Dixieland»]. Aparte de algún aparte de tipo *minstrel* embarazosamente racista (a oídos modernos), la canción hablaba de «la insólita armonía» y de «locos músicos tocando el ritmo». Había incluso unos segundos de *hot jazz* para enfatizar el argumento. El dueto Collins/Harlan puede con alguna razón reivindicar que creó el primer disco comercial que contenía cierto talento musical para el jazz, aunque claramente su intención era cómica en lugar de pionera.

En junio de 1917, los compradores de discos estadounidenses podían adquirir «Havanola Fox-Trot», de la orquesta de Joseph C. Smith, una pieza de música de banda llena de estricto control y al mismo tiempo eminentemente bailable. La Prince's Orchestra —una banda de Columbia Records bautizada en honor de su creador y no por el príncipe de Gales fanático del jazz— lanzó «American Patrol», una marcha que se convertiría en una pieza de repertorio de la Glenn Miller Orchestra dos décadas más tarde. Por su parte, Victor inauguró el catálogo de la ODJB con una grabación a 78 rpm de «Livery Stable Blues».

¿En qué se diferenciaba de sus contemporáneos? Sugería una panda de músicos enloquecidos luchando por la supremacía y, al mismo tiempo, sumando sus voces a algo más grande que ellos mismos. El canon de la música clásica abundaba en ejemplos de interpretaciones de conjunto en las que los músicos individuales intercambiaban temas y variaciones sobre esos temas (leyendo fielmente una partitura, por supuesto), como por ejemplo en el movimiento inicial del primer concierto de Brandenburgo, de Bach. Para los incautos, «Livery Stable Blues» sonaba como una batalla campal, una melé de rugby en lugar de la educada repartición de pastas de té de Bach[5]. Lo que es obvio, en retrospectiva, es que la ODJB se ajustaba a una estructura recibida tan estrictamente como un sexteto de Bach: todos se detenían en el mismo momento, bajaban el volumen para permitir que el clarinete chillase o que la corneta graznase, mantenían una rígida estructura melódica, salían y llegaban perfectamente en punto. Hay momentos de espontaneidad en los que pintan por encima de las líneas, pero estas nunca llegan a disolverse. Sin embargo, para cualquiera no versado en la tradición hasta entonces no documentada de la que provenía la grabación, «Livery Stable Blues» representaba la anarquía, no la precisión. Era un choque de incomprensión que se repetiría cada vez que la música popular entrase en el futuro con una sacudida, tanto con «Heartbreak Hotel» como con «Anarchy in the UK» o «Jack Your Body»: todos aquellos momentos en los que eventos que han estado ocurriendo fuera del visor de pronto aparecen enfocados en la pantalla.

Hoy es fácil alejar la cámara y revelar el cuadro más amplio. En su Nueva Orleans natal, la ODJB fue capaz de aprovecharse de una mezcla de influencias, blancas y negras, inglesas y europeas, tradicionales y descaradamente comerciales, que en los albores del siglo XX habían evolucionado hasta convertirse en algo que podríamos reconocer como jazz. El pianista Jelly Roll Morton insistía en ser aclamado como «el inventor del jazz y de los *stomps*» y en que había inventado ambas cosas en 1902. Sus contemporáneos recordaban que el catalizador fue el trompetista Buddy Bolden, cuyo estatus es aún más mítico pues, por lo que sabemos, nunca fue grabado. Antes de que esta música pudiera ser grabada, se había desplazado desde Luisiana hasta la costa oeste y después, río arriba, hasta Chicago, donde los dueños de los clubes persuadieron a las bandas de jazz blancas de que vinieran en 1915 y 1916 y donde los periodistas del mundo del entretenimiento comenzaron a hablar del jazz como de «la última moda del vodevil»[n99]. En enero de 1917, una de esas bandas llegó a Nueva York, se estableció en el restaurante Reisenweber y, días después, fue contratada por el sello Victor, con los resultados que ya hemos visto. La ODJB podía ahora anunciarse como la banda mejor pagada de Es-

5. El trombonista de la ODJB, «Daddy» Edwards, afirmaba que las grabaciones de la banda habrían sido más explosivas aún si las primitivas técnicas de grabación de la época hubieran permitido capturar el impacto sónico de la caja y el bombo de Tony Spargo.

tados Unidos y —aunque no disponemos de las exactas cifras de ventas de su disco de debut, las cuales han sido absurdamente sobreestimadas—, «Livery Stable Blues» llevó sin duda el naciente sonido del jazz a varios cientos de miles de hogares estadounidenses.

Su éxito provocó litigios de forma inmediata: hubo disputas bien fundadas sobre derechos de autor acerca de ambas caras del disco, lo que hizo que los cínicos murmurasen que quizás la Dixieland Jazz Band no era tan original después de todo. Como ha resumido ingeniosamente el compositor de jazz Gunther Schuller, el atractivo de la ODJB estaba basado en su falta de originalidad: «La ODJB producía música de negros de Nueva Orleans con una fórmula simplificada. Tomó una idea nueva y la redujo al tipo de formato rígido y comprimido que podía atraer a una audiencia de masas. Como tal, contaba con un número de ingredientes para asegurarse un éxito, el principal de ellos un impuso rítmico que ejercía una atracción física, incluso visceral». Pero Schuller concluyó que su música no exhibía «nada de la flexibilidad y ocasional sutileza de las mejores bandas de negros del periodo»[n100]. Desgraciadamente, eso no podía comprobarlo nadie que no hubiera presenciado las actuaciones de las «bandas de negros» en persona. Entre las leyendas del jazz se dice que al cornetista negro Freddy Keppard le ofrecieron un contrato de grabación en 1916 pero lo rechazó con el siguiente argumento: «Nosotros no sacamos nuestra música en discos para que todo el mundo nos la robe»[n101]. El honor de grabar el primer disco de jazz negro no recayó, por tanto, sobre Keppard, sino sobre Wilbur Sweatman, aunque, de forma irónica, había menos pasajes improvisados en este disco que en el de la ODJB.

El conservadurismo de Keppard puede sonar ingenuo, pero reflejaba la suspicacia y la falta de interés con que los músicos veían el proceso de grabación antes de la explosión de ventas de los años veinte. La raza era un obstáculo casi constante. Como líder de una banda negra, Keppard salió perjudicado por el cierre en 1917 del barrio rojo de Nueva Orleans, conocido como Storyville, que previamente había ofrecido abundante trabajo a los músicos de jazz. Los trabajos disponibles para la ODJB quedaron vedados para Keppard: fines de semana en fraternidades de universidades de la prestigiosa Ivy League, por ejemplo, o bailes de gala para la tripulación del USS *Charleston*. La tensión racial en muchas ciudades de Estados Unidos crecía a medida que los soldados blancos regresaban de Europa y se encontraban con que los afroamericanos les habían «robado» sus trabajos. Las revueltas se sucedieron desde Texas hasta la capital de la nación en 1919. Como la ODJB no anunciaba su música como «negra», el público podía disfrutar libremente de aquella gloriosa barahúnda. Pocos de los que oían sus discos o asistían a sus conciertos hubieran podido distinguir qué elementos de su sonido eran improvisados y cuáles estaba cuidadosamente arreglados de antemano. La música de jazz era, para sus primeros aficionados blancos, salvaje, impredecible y cacofónica. La competición de la ODJB —y había abundantes bandas en las universidades deseosas de seguir su ejemplo— se ganaba su reputación usando utensilios de cocina a modo de percusión y poniéndose disparatados disfraces. La primera en ganarse una audiencia nacional fue la Earl Fuller's Famous Jazz Band, cuyo tema «Slippery Hank» (1917) reproducía toda la excitación externa de la ODJB sin un atisbo de sus momentos auténticamente espontáneos. Existía la sospecha de que si los intérpretes no seguían renovando su atractivo como novedades, el público se cansaría pronto de ellos. Un hastiado observador en 1919 escribió que «a medida que la popularidad del baile disminuye, los disfraces y la música se vuelven más estridentes. Una fiesta de jazz a la que asistí anoche era el pintoresco retrato de un manicomio. Uno de los instrumentistas tenía un extraño instrumento silbante entre los labios que me dijeron que era de origen hawaiano; otro apretaba una bocina de camión»[n102]. Este tipo de excentricidades simbolizaban el jazz para el público que no conocía los orígenes de la música.

Muchos de los primeros discos de jazz estaban basados únicamente en temas de ragtime previamente existentes, aunque la transición de un elemento melódico al siguiente estaba a menudo oculto bajo el estrépito y el clamor de la percusión y los instrumentos de viento. Otros, en un estilo que empezó a identificarse con Nueva Orleans, establecían un sistema de motivos que encajaban unos en otros (*riffs*, como pronto empezaron a conocerse) y después los repetían con crecientes demostraciones de energía. Pocos oyentes se daban cuenta de que una gran proporción de las incursiones del jazz tenían lugar ahora dentro de una estructura que se convertiría en el formato de canción más familiar de todo el siglo: el blues de doce compases.

«El año 1923 nos ha dado a todos —o, de forma más cortés, a algunos de nosotros— «el blues», que posee un nuevo ritmo indudablemente interesante, aunque monótono [...]. La mayoría de los que he visto bailarlo parecen percibirlo como un 'fox-trot' a cámara lenta, pero mi oído musical me dice que eso no puede existir».

El crítico musical Harry Melville, 1924[n103]

«Hace tiempo que dejaron de aparecer discos de blues».

Revista *Gramophone*, 1925[n104]

Ya en 1904, una canción de ragtime llamada «One O' Them Things» comenzaba no con un motivo de cuatro compases, como mandaba la tradición, sino con lo que ahora podemos reconocer como el estribillo de un blues de doce compases. Tres años después, el etnógrafo Howard Odum llevó sus exploraciones de la música «natural» africana a Lafayette County, Mississippi. Allí, según cuenta la historiadora del blues Marybeth Hamilton, «encontró algo curioso: canciones compuestas de un solo verso que se repetía dos o tres veces [...], los músicos adaptaban sus canciones a su estado de ánimo y podían alargarlas por un espacio de tiempo que parecía de horas, uniendo versos de diferentes canciones para pasar de una a otra y deslizando un cuchillo o un hueso a lo largo de las cuerdas de la guitarra para hacer que el instrumento 'hablase' en respuesta»[n105]. Tan turbado quedó Odum por la extrañeza de lo que oyó —y que sus creadores describían a veces como «rag times», otras veces como «knife songs» [canciones de cuchillo] en honor a lo que ahora reconocemos como la técnica de guitarra *bottleneck* [cuello de botella] y otras como *coon songs*—, que dedicó poco tiempo a analizar su contenido y, finalmente, destruyó los cilindros que había grabado en lugar de preservar su crudo e inquietante contenido para la posteridad. Si aquellos documentos sonoros hubieran sobrevivido, los estudiosos del blues del futuro se habrían quedado sin el placer de crear sus propios mitos inaugurales.

Para demostrar que la autenticidad es, en el mejor de los casos, un concepto precario en lo que respecta a la música popular, el proceso de transformar los orígenes en leyendas comenzó con el hombre que ha pasado a la historia como el padre y el inventor del blues. Se trata de W. C. Handy, el hijo de un predicador afroamericano comparativamente adinerado cuya estatua se alza en Beale Street, Memphis, y cuyo rostro apareció en un sello postal estadounidense de 1969. Su nombre se podía leer en la partitura de 1912 de «Dallas Blues», «Baby Seals Blues» y «The Memphis Blues» (también conocida como «Mr Crump»), y a él se le atribuye, como único autor, uno de los temas más interpretados del siglo XX, «St Louis Blues».

Es tan poco cierto que Handy fuera el inventor del blues como que Adán y Eva fueron los padres de la humanidad. Pero una tradición musical tan gloriosa como la del blues requiere una figura paterna y Handy encaja en el papel. En cierta ocasión, siendo líder de una pequeña banda, estaba ganando apenas unas propinas en una taberna de Cleveland, Mississippi, cuando vio con asombro cómo un trío local ganaba diez veces más tocando «uno de esos compases que se repetían una y otra vez». Gracias al dinero, como buen capitalista estadounidense, Handy «vio la belleza de la música primitiva [...]. Esa noche, nació un compositor, un compositor *americano*»[n106]. Ese era uno de los tipos de mitos sobre Handy. Otro nos lo presenta en la estación de tren de Tutwiler, Mississippi, donde oyó a un guitarrista itinerante tocar «la música más rara que había oído jamás»[n106]: un quejumbroso lamento hecho de breves estrofas de solo tres versos, el primero y el segundo idénticos. Según el propio Handy, guardó ese recuerdo hasta que le encargaron componer la canción de campaña para un candidato al ayuntamiento de Memphis en 1909. El resultado fue «The Memphis Blues», que se ganó un público a escala nacional en 1914 a través de las grabaciones de estilo ragtime de la Prince's Orchestra y de la Victor Military Band. Collins y Harlan, siempre receptivos a novedades provenientes de la comunidad negra, grabaron una interpretación vocal al año siguiente.

«The Memphis Blues» era, según Hardy, «un *rag* sureño». Sobre «St Louis Blues», publicitado por primera vez como una pieza instrumental por la Prince's Orchestra, escribió: «Mi objetivo era combinar la sincopación del ragtime con una auténtica melodía en la tradición espiritual»[n107]. Esa «tradición» era algo que reconocía como su inspiración, declarando sin ambages que cada una de sus composiciones estaba basada en un aire o una melodía que había rescatado de su propio pasado. No había ningún indicio de que se creyera el fundador de un género musical, y tampoco, a pesar de la falacia patética de que el blues equivalía a tristeza, se veía a sí mismo como el príncipe de la melancolía. Más bien al contrario: sobre una temprana interpretación de «St Louis Blues», escribió: «Los bailarines parecían electrificados. Algo dentro de ellos había despertado de pronto. Un instinto que quería insaciablemente vivir, agitar los brazos y extender su gozo se había adueñado de ellos»[n108].

Para la generación que, más tarde, quiso explorar las raíces de los guitarristas de los años sesenta, al caminar hacia atrás a través de la historia de la música, el blues significaba la desolación primigenia, cuyo origen era el grito de un pueblo esclavizado y menospreciado en su propia tierra. Pero el público original del blues, durante la época «clásica» de los años veinte y más allá, no habría reconocido esta descripción; de hecho, se habrían reído de lo confundido que estaba el hombre blanco. En palabras del historiador del blues Albert Murray: «El blues como tal es sinónimo de pesadumbre. Pero no la música de blues. A pesar de las llamadas *blue notes* y los matices de tristeza, la música de blues, en su propia naturaleza y en su función, no es otra cosa que diversión. A pesar de su preocupación con los aspectos más perturbadores de la vida, es algo elaborado específicamente para ser interpretado como un entretenimiento. No solo su expreso propósito es hacer que la gente se sienta bien, es decir animada, sino que, además, en el proceso de conseguirlo, se espera de ella que genere una disposición al mismo tiempo elegantemente burlona y heroica en su despreocupación»[n109].

Dos palabras destacan en esa descripción como la antítesis de la visión mítica del blues: «elaborado» y «entretenimiento». El blues, desde su gestación, estaba pensado como una música comercial —de hecho, fue moldeado así por el propio W. C. Handy—. No hay duda de que los verdaderos inventores de sus variados sonidos y estilos nos contarían un relato mucho más rico y amplio, pero la noción del blues como la propiedad de un solo afligido trovador, que tocaba su estropeada guitarra y deploraba sus desgracias a lo largo y ancho del sur profundo, es una ficción romántica.

Otros malentendidos han sido abandonados hace mucho: que todo el blues está basado en esa estructura de doce compases que asustó y desconcertó a Howard Odum, y que el cantante de blues arquetípico es un hombre negro con una guitarra acústica. Hay modos musicológicos de entender e identificar el blues (como esas *blue notes* o *worried notes* [notas tristes, notas afligidas], que son la tercera menor y la quinta menor), y es verdad que un gran porcentaje de canciones de intérpretes de blues siguen la cuadrícula de los doce compases (dejando a un lado el idiosincrático tempo de disidentes como John Lee Hooker). Pero, tal como demuestra un rápido examen de «St Louis Blues», esa estructura reconfortantemente sencilla está lejos de ser obligatoria.

Tampoco es ni remotamente definitiva la caricatura de un guitarrista afroamericano encontrándose con el Diablo en un cruce de caminos de Mississippi. El blues comercial de los años veinte —más tarde designado como «blues clásico», como para separarlo de lo que vino después— lo cantaban casi exclusivamente mujeres: Bessie Smith y Ma Rainey, sobre todo, pero antes Mamie Smith (que no era familia de Bessie). Como Handy, tampoco pensaban que estaban ocupando ni un gueto de blues ni un futuro panteón. Muchas de ellas, como Mamie Smith, provenían de la tradición del vodevil, casi siempre del circuito de variedades que proporcionaba artistas para una red de locales discretamente afroamericanos denominado con la sigla TOBA, que significaba Theatre Owners Booking Association [Asociación de Alquiler de Dueños de Teatros] (aunque algunos artistas preferían creer que en realidad quería decir «tough on black asses» [«duro con los culos negros»]). Otras estaban asociadas con bandas de jazz y quienes proporcionaban el acompañamiento de la gran mayoría de grabaciones de «blues clásico» de los años veinte (y más tarde) eran por lo general músicos de jazz. Si le hubieras preguntado a Bessie Smith qué era, después de abofetearte la cara por tu descaro e ignorancia, habría dicho con desprecio: «Soy una cantante de jazz». Ella y sus semejantes no habrían deseado ser recordadas exclusivamente por sus grabaciones, las cuales (particularmente en los años veinte) estaban hechas para reflejar las limitaciones técnicas del proceso. Tal como recordaba en 1957 Lizzie Miles, contemporánea de Bessie: «Si canto con una banda ruidosa, sueno como una pescadera, pero eso no es verdadera música de Nueva Orleans. El jazz de Nueva Orleans era musical. Tenía todo tipo de adornos y preciosas florituras y figuras, hermosos tonos y todo eso. Deberías haber oído los violines [...], la dulzura de aquellos primeros violines del jazz»[n110]. Su repertorio se extendía desde lo que hoy reconoceríamos como blues a canciones en francés criollo, aunque estas nunca estuvieron presentes en sus grabaciones. Hay una complicación final en la historia aceptada del blues. Mamie Smith, la primera en grabar de las cantantes negras «clásicas», entró en un estudio por primera vez en febrero de 1920, a la edad de treinta y seis años, y después en agosto, cuando grabó «Crazy Blues», que vendió 75.000 ejemplares en el primer mes y siguió vendiendo. Pero Mamie, o cualquiera de las Smiths que inundaron el mercado del blues de los años veinte, no fue quien grabó los primeros discos de blues vocal. Al igual que la ODJB fue la primera banda en lanzar el jazz en disco (o Collins y Harlan, dependiendo de la definición), los primeros cantantes de blues preservados para la posteridad fueron también blancos.

En agosto de 1916, cuando la mayor parte de sus contemporáneos estaban aprovechándose de la pasajera infatuación del público americano con las canciones sobre Hawái, una cantante de vodevil llamada Marion Harris entró en el establecimiento de grabación de Victor en Nueva York. «I Ain't Got Nobody Much» se convirtió en la cara única de su single de debut y, para febrero de 1917, era uno de los discos más vendidos de los Estados Unidos, compitiendo con las últimas canciones de Broadway. No era un blues de doce compases, pero era idéntica en estructura y ánimo a muchas de las canciones que serían clasificadas como «blues clásico». Además, Harris arrastraba las palabras y ralentizaba su fraseo de una manera que solo podía haber aprendido de intérpretes afroamericanos, aunque nunca caía ni en la caricatura ni en la imitación cómica. Era un trozo de blues tan «auténtico» como «That's All Right» cantada por Elvis Presley o como el cancionero de Robert Johnson revivido por Cream, Led Zeppelin o los Rolling Stones, y precedió la primera grabación de jazz de la ODJB en varios meses.

Marion Harris no estaba sola en su insospechada cruzada del blues, que la llevaría a grabar éxitos de finales de la década de 1910 como «Everybody's Crazy 'Bout the Doggone Blues» [«Todo el mundo está loco por el maldito blues»] y «Take Me to the Land of Jazz» [«Llévame a la tierra del jazz»] (que, según la canción, es Memphis) antes de que alcanzase su cumbre con una desolada interpretación de «St Louis Blues» en 1920. Billy Murray —quien, a lo largo de su prolífica carrera, se atrevió con *rags*, baladas sentimentales, una canción de coches («In My Merry Oldsmobile») que precedió las de Chuck Berry en exactamente medio siglo, duetos cómicos, canciones hawaianas de *hula* y la versión más famosa del himno de béisbol «Take Me Out to the Ball Game»— reflejó las miserias de la ley seca con la canción de 1919 «The Alcoholic Blues», una canción humorística, por supuesto, pero que de todas formas era un blues clásico. Al Bernard no solo había probado suerte con «St Louis Blues» un año antes que Marion Harris, sino que desmentía su tez caucásica al cantar, en su éxito de 1919 «Nigger Blues»: «Soy negro como un arándano y por mí se mueren las chicas». La voz de Bernard no mostraba la familiaridad que sí mostraba Harris con los rasgos distintivos del género, pero sus incursiones en lo levemente exótico dieron como fruto la primera composición con el título «Shake, Rattle and Roll». Y después estaba Nora Bayes, cuyo tema de 1918 «Regretful Blues» traicionaba el género, aunque ella se redimió (dejando a un lado su monólogo en *blackface*) con «Prohibition Blues», de 1920.

No es de extrañar que los artistas negros no quisieran ser clasificados solo como cantantes de «blues», pues el estilo podía degenerar fácilmente por culpa de los disfraces de vodevil de sus homólogos blancos. De hecho, solo la persistencia del compositor negro Perry Bradford permitió que naciera la tradición del «blues clásico» afroamericano. Bradford había presentado sus canciones a la compañía de discos Okeh Records, que le sugirió que las cantase la tormentosa cantante de vodevil de origen ruso Sophie Tucker. En lugar de eso, Bradford se presentó a Mamie Smith tras convencer al director de banda de jazz George Morrison de que le prestase algunos músicos. Según Morrison, Mamie vestía con ropas andrajosas y vivía en una casa desvencijada y fétida, por lo que le dio 150 dólares (más de lo que habría ganado con la sesión de grabación) y «la vestí por dentro y por fuera»[n111]. Una vez se hubo convertido en una estrella, Mamie Smith tenía un aspecto deslumbrante, como recordaba su casi contemporánea Victoria Spivey: «La señorita Smith salió al escenario y yo ya no pude respirar ni un instante. Nos miró con aquellos grandes ojos centelleantes y con aquella adorable sonrisa en cuyos nacarados dientes brillaba un diamante del tamaño de uno de sus dientes. Después miré su vestido. Todo lentejuelas y brillantes falsos, además de una capa de terciopelo con cuello de piel. Nos volvimos todos locos. Y después empezó a cantar y el local se vino abajo. Entre canción y canción, mientras la banda seguía tocando, se cambiaba por completo en un minuto y volvía en tiempo récord para su siguiente tema. Su generosa voz llenaba todo el auditorio sin los micrófonos que usamos hoy. ¡Aquello era cantar blues!»[n112].

Después de que Mamie Smith dejó establecido que una mujer negra podía ganar dinero cantando blues, la industria de la música respondió haciendo lo que cada vez que una moda o un nuevo truco encontraba su audiencia: saturó el mercado con sus coetáneas, competidoras e imitadoras. Había literalmente docenas de cantantes negras de blues grabando discos en los años veinte, hasta que la depresión de 1929 destruyó el negocio hasta casi hacerlo desaparecer. La más famosa de todas ellas, tanto entonces como ahora, era Bessie Smith[6]. Ella era, en palabras de Columbia Records, «la más querida de todas las cantantes de blues de la raza»[n113] —«la raza» evocaba un sentido de ro-

6. Murió en 1936 en un accidente de coche pero no, como reza la leyenda popular, porque la ambulancia que la atendió se negase a llevarla a un hospital para blancos.

busta identidad entre aquellos que estaban acostumbrados a que los llamasen «negros» o cosas peores—. Bessie Smith, como sus coetáneas, era promocionada para la audiencia afroamericana, que constituía la gran mayoría de los compradores, como alguien que podía comprender sus vidas y dar voz a sus emociones, quizás incluso quedarse con la tristeza que sentían ellos. Si la música espiritual ofrecía consuelo, el blues representaba una desafiante negativa a dejarse pisotear. «Te sentirás mejor», presumía Okeh sobre Margaret Johnson, «porque nadie podría estar tan triste y afligida como Margaret»[n114]. Ese mismo sello discográfico ofrecía salvación en la forma de la voz de Victoria Spivey: «¿Quieres ser feliz? ¡Entonces compra nuestro blues!»[n115]. La canción en cuestión era «TB Blues» [«El blues de la tuberculosis»], un escalofriante relato sobre una enfermedad que estaba devastando la comunidad afroamericana durante los años veinte.

Como recurso publicitario, el «blues» implicaba a una mujer negra de poderosa voz acompañada por una banda e jazz: una forma de cantar y también un estado de ánimo, que se combinarían para formar un género musical. Bessie, Mamie, Clara y Trixie Smith, Ma Rainey, Johnson, Spivey y las demás atraían, según se suponía, a una audiencia predominantemente femenina de «la raza»: cuando Bessie Smith cantaba «Nobody Knows the Trouble I've Seen» [«Nadie sabe los problemas que he tenido»], esto provocaba un reconocimiento al nivel racial y de género. Pero las grandes cantantes de blues de los años veinte estaban reuniendo también una audiencia secreta de blancos devotos, de los cuales el más elocuente era quizás el novelista Carl Van Vechten. En 1926, el mismo año que publicó una novela enormemente comprensiva sobre la vida de los negros en Harlem con un desafortunado título, *Nigger Heaven* [*El cielo de los negros*], Van Vechten escribió un retrato sobre la «Campeona mundial del lamento» de Columbia Records que rozaba lo estridente: «La voz de Clara Smith adopta a veces, asombrosamente, el color del saxofón y después del clarinete. Su voz es por turnos poderosa o melancólica. Hace que a uno le sangre el corazón. Uno se da cuenta de que el grito del negro hacia un cruel Cupido es tan emocionante y elemental como su grito a Dios, tal como se expresa en los espirituales»[n116].

Van Vechten era una voz aislada, sin embargo. La mayoría de los blancos creían que «el blues» no era más que una música de baile, una más de la desconcertante variedad que se exhibía en las salas de baile. Pues era allí donde la gente se encontraba con los nuevos sonidos, convertidos en un entretenimiento masivo por una de los cientos de bandas que dominarían la industria de la música durante los siguientes quince años.

«En las salas de baile, los bailes elegantes han muerto [...]. Deducimos que el foxtrot y el one-step expresan nuestras extrañas y feas costumbres, nuestro embrutecimiento. Demuestran que la rueda ha dado una vuelta completa: hemos regresado a lo polinesio, al círculo en torno a la hoguera, con el tam-tam.

»¿Acaso los casos diarios en el Tribunal de Divorcios, y en otros, no nos llevan a suponer que las costumbres se han vuelto incontrolables, como el foxtrot que las refleja en la pista de baile?»

Editorial del *Daily Mirror*, 1920 [n117]

CAPÍTULO 4

BAILE-
MANÍA

«Sería difícil encontrar en Londres un hotel u otro edificio público que no albergue bailes regularmente. El baile en el West End comienza a las tres de la tarde [...]. Los verdaderos maníacos del baile asisten a estos eventos vespertinos y después se van a un baile al anochecer —lo cual cuesta una media de una guinea por cabeza en el West End—, para más tarde acabar en uno de los muchos clubes nocturnos de Londres.»

«La orgía del baile en Londres», *Daily Express*, 1919 [n118]

El impacto físico y psicológico de la Primera Guerra Mundial había sido tan aplastante, especialmente en las naciones de Europa, que se asumió que la locura de bailar de forma incesante era una consecuencia inevitable. ¿Acabaría por desaparecer? ¿Volvería la etiqueta de antes de la guerra, con sus formales tés danzantes libres de sincopación y de disonancias musicales? «La guerra destruyó muchas de nuestras ilusiones y nos acercó a las cosas terrenales», escribía el autor Stanley Nelson en 1934. «Por eso la artificialidad de los victorianos y de sus bailes fue reemplazada por una música de baile que estaba desvergonzadamente orgullosa de su tosca tensión emocional»[n119].

La música de ese impulso orgulloso y tosco se llamaba siempre —cuando no se lo degradaba con epítetos abiertamente racistas— jazz. Lo cual, sin embargo, no estaba exento de confusión: el crítico de *Melody Maker* Edgar Jackson, que se convertiría en uno de los más ardientes defensores del *hot jazz* del Reino Unido, advertía en un principio de que nadie debía confundir el arte del jazz blanco con su bárbaro equivalente negro. Esta idea de la superioridad cultural era natural en un mundo donde (en el Reino Unido) apenas se veían personas negras y (en Estados Unidos) donde todo un completo sistema de discriminación actuaba como una barrera contra estas.

Estas sutilezas no significaban nada para los que bailaban. La palabra *jazz* describía cualquier música con la que los jóvenes bailaban y se relacionaban entre ellos y que despertaba inquietud entre sus mayores. Se reconocía no por su grado de sincopación o improvisación, sino por su tempo, su clamor percusivo y su estridente uso de los instrumentos de viento de metal y de los clarinetes. Un instrumento en particular, antes despreciado por los músicos clásicos, llegó a encarnar el jazz. Un juez del Tribunal Superior de Justicia de Londres, como si estuviera actuando en una farsa teatral del West End, lanzó la pregunta del momento: «Pero ¿qué es un saxofón?»[n120]. En 1927, un club de Mersyside obtuvo la licencia de sala de baile con la estricta condición de que no habría saxofones, por temor a molestar a los vecinos.

Había ocasionales distracciones a los juicios por saxofón. Mientras los jóvenes europeos eran masacrados en los campos de batalla de Verdún y del Somme en 1916, sus equivalentes estadounidenses tocaban serenatas para sus novias con un instrumento y un sonido que provenían de Hawái. Hicieron falta tres años para que el ukelele cruzara el Atlántico hasta el Reino Unido, donde fue recibido como «la antítesis del jazz», pues mostraba «la suave seducción y la calma de la isla del Pacífico de donde procede»[n121]. Venía acompañado de la «danza hula», idealmente bailada por mujeres hawaianas con faldas de hierba y miembros incitantemente desnudos. Cuando una banda de ukelele tocó en el hotel Savoy de Londres, un portero afirmó: «*Eso* es música. Y *no* el maldito jazz»[n122].

La guerra garantizó que el Reino Unido y el continente europeo llegaran tarde a experimentar las últimas novedades procedentes de Estados Unidos. A comienzos de 1918, James Reese Europe, director musical de la pareja danzante de los Castle, dirigió en Francia a la Banda del Regimiento de Infantería 369 (compuesta de setenta músicos y apodada «The Hellraisers» [los pendencieros]) para levantar la moral de las tropas y de los residentes locales con himnos teñidos de jazz. (Europe fue asesinado por uno de sus percusionistas al año siguiente, poniendo alto el listón para futuras querellas entre miembros de una banda). Discos de The Original Dixieland Jazz Band había llegado al Reino Unido hacia 1918, inspirando el primer disco de jazz hecho en casa: «I'm All Bound Round with the Maxon-Dixon Line», de Murray Pilcer, que suena como una explosión en una tienda de instrumentos musicales.

El Reino Unido pudo juzgar de primera mano los méritos de la ODJB en la primavera de 1919, cuando la banda se unió al reparto de *Joy Bells*, un espectáculo de variedades del Hippodrome. Su estancia duró solamente una noche, pues la estrella cómica del espectáculo, George Robey, lanzó un ultimátum: «O ellos o yo». Se trasladaron al Palladium, donde el público pareció confundido acerca de si la ODJB era un número cómico aunque ensordecedor: el Reino Unido no había escuchado nada tan estridente como los tres trombonistas y trompetistas de la primera fila de la banda. «Es el entretenimiento más discordante y menos interesante que he visto jamás en el Palladium», se lamentó un crítico. «La orquesta residente completamente dormida me divertiría más. Estos músicos de jazz tocaban como un enjambre de abejas que hubieran perdido su colmena y hubieran encontrado un nuevo hogar en el Palladium. Ahora tengo claro que si aprendo a golpear cualquier lata vieja, ya tengo el futuro resuelto»[n123].

Después de la ODJB llegó la mayoritariamente negra Southern Syncopated Orchestra, una banda de treinta músicos que interpretaba una mezcla de
temas clásicos, espirituales y lo que ahora reconoceríamos como jazz. Entre
los músicos se encontraba el primer gran instrumentista que visitó Europa: el clarinetista Sidney Bechet, cuya música fue descrita como «inaudita»
y «extraordinaria»[n124]. El *Daily Express* aclamó a la banda como «magos»
que ofrecían «ragtime en forma de gran arte», antes de continuar con un
chocante despliegue de estereotipos raciales: «Son todos de color café, tienen los dientes brillantes, los ojos giratorios de muñecos de trapo, el pelo
muy corto y cabezas como puestas sobre un cardán para que giren en todas
direcciones»[n125]. Ambas bandas resultaron ser tan alarmantes y abrasivas
para muchos asistentes que la prensa montó una campaña conjunta para declarar que el jazz estaba en declive, que había pasado de moda y que probablemente había muerto. Estas declaraciones se repitieron de forma casi
mensual, sin resultados aparentes, hasta que el jazz fue socialmente aceptable. El mismo patrón se repetiría durante el resto del siglo: la nueva música
no era de fiar, era probablemente inmoral y, sin duda, pronto sería reemplazada por algo más formal.

La raza, el sexo, la bebida y las drogas sin duda constituían un cóctel ve-
nenoso. En octubre de 1916, la policía hizo una redada en el club Ciro, en
Londres, detrás de la National Gallery, tras haber sido alertada de que allí se
vendía alcohol de forma ilegal (y un sábado por la noche, nada menos). Se encontraron con doscientas cincuenta personas, unas setenta de las cuales estaban «bailando al ritmo de la música ragtime de una banda musical de negros».
El inspector jefe Glass no era un aficionado al ragtime: «Era algo bastante
tosco. No era música clásica. Los músicos, evidentemente, tocaban las notas
como les daba la gana»[n126]. Una música tan espontánea sin duda debía de
ser inmoral. La prensa especulaba alocadamente sobre «personas eminentes»
que, en el momento de la redada, habían sido apartadas discretamente para
evitar su arresto, entre las que se rumoreaba que estaba el ubicuo príncipe de
Gales.

Muy pronto, sin embargo, Londres estaba inundado de bandas de baile y
de jóvenes aristócratas que danzaban enloquecidamente. El local más prestigioso era el hotel Savoy, en el Strand. En 1920, la dirección reclutó al director belga del Rector's Club, en Tottenham Court Road, para organizar un
entretenimiento dirigido a la clase alta. La banda residente del hotel ya era
el Savoy Quartet (una banda de banjos), al que W. F. De Mornys añadió una
orquesta hawaiana. El experimento falló después de que el director de la orquesta hawaiana llamase al baterista residente «maldito negro», a lo que el
insultado percusionista replicó: «Pero, señor De Mornys, si él es más negro

que yo»[n127]. En lugar de la orquesta hawaiana, De Mornys formó un combo sincopado, la Savoy Havana Band, y añadió un segundo conjunto más melifluo, los Savoy Orpheans, algo que explicó así: «Estoy seguro de que, aunque al público británico le gusta el ritmo, quieren oír la melodía y les disgusta la música demasiado movida: quieren melodía y calidad de tono». La formación original era una mezcla de músicos británicos y estadounidenses, «y algunos de los yankis tenían sus propias ideas sobre el jazz. Cuando tocaban de forma demasiado 'caliente' para el Savoy, los enviaba al Claridge, donde pronto tenían que calmarse: el director del restaurante de allí se volvía loco furioso si oía una sola nota de jazz»[n128].

Como director de banda, Ted Heath recordaba que «el jazz era una novedad y la gente quería bailar y olvidar los horrores de la Primera Guerra Mundial. Consecuentemente, cualquier músico bueno que tuviera ganas y habilidad para tocar la nueva música sincopada se encontraba en negocio lucrativo. En realidad, ese tipo de músicos no abundaba. La música era demasiado nueva, demasiado extraña y más bien ajena al temperamento inglés»[n129]. Había además un prestigio extra cuando venían de gira bandas americanas, cuya forma de tocar se creía que era más auténtica que la de sus equivalentes británicos.

Mientras los hoteles de Londres resonaban con los apagados sonidos del jazz americano, una generación de ricos americanos se había trasladado a Francia, llevando consigo el tango y el foxtrot. Las playas de Trouville y los casinos de Deauville reverberaban al ritmo de los bailes de jazz en el verano de 1920 y la oleada arrasó la Riviera, inaugurando la cultura decadente y hedonista que F. Scott Fitzgerald describió en su novela *Suave es la noche*[7]. Fitzgerald es el responsable de acuñar la expresión «la Era del Jazz» y ha sido ampliamente aclamado como su representante, a pesar de su relación ambivalente con el hedonismo y con su banda sonora. Aunque la Era del Jazz no necesitaba ningún promotor: su impulso se alimentaba de sí mismo, avivado por el alivio de que la guerra hubiera terminado y su sombra hubiera desaparecido para las futuras generaciones.

En las últimas semanas del conflicto, el enloquecido ritmo de «Tiger Rag», de la ODJB, presagiaba la hiperactividad que vendría a continuación. Docenas de conjuntos siguieron su estela. La variedad la proporcionaban los guiños a los seductores aromas de tierras lejanas, por medio de discos como «Arabian Nights» [«Noches árabes»], de la Waldorf-Astoria Dance Orchestra, con su hipnótica melodía pseudo-turca, y «Dardanella» (o «Turkish Tom Toms» [«Los tamtam turcos»]), que vendió millones de discos, de la Ben Selvin's

---

7. La pasión francesa por el jazz americano llevaría a la formación de bandas como The Quintet of the Hot Club, con el virtuoso de la guitarra Django Reinhardt a la cabeza.

Band, cuyos repetidos temas del xilófono y el banjo anticipaban la música se-
rial de medio siglo después. El éxito de esta última en enero de 1920 provocó
que aparecieran imitaciones tituladas «Afghanistan» y «Alexandria».

Todo el orden de la música popular estadounidense estaba en un momento
inestable. Con pocas excepciones, la época de los cantantes de baladas, que no
habían cambiado desde la época victoriana, había terminado. El jazz había absorbido el ragtime y ahora las estrellas del vodevil, a no ser que fuesen tremendamente graciosas, tenían que incorporar ritmos de baile de blues para evitar
sonar desastrosamente «como antes de la guerra». Con «I'll Say She Does» y,
después, con «Swanee» (compuesta por el joven George Gershwin), Al Jolson
se sumergió al nuevo orden con tal impulso que era imposible rechazarlo. Era
insuperable imprimiendo estilo a las canciones: estampaba su personalidad en
todo lo que grababa y la fuente de su encanto estaba en su exagerada interpretación vocal. Una efervescencia de parecida intensidad surgía del director
de banda Ted Lewis, que se creía el verdadero padre del jazz (a pesar de que
le echaron de su primera orquesta porque tocaba el clarinete como un aficionado) y cuyo fuerte eran los caóticos temas de jazz como «When My Baby
Smiles at Me». Aquello no era jazz desde ningún punto de vista técnico, pero
su valor como entretenimiento era innegable.

Las primeras estrellas de los años de las *big bands* fueron los miembros de
la Art Hickman Orchestra, conocidos por su incapacidad para leer música (lo
que parecía fomentar sus credenciales jazzísticas) y por su reputación como
contagiosos alborotadores. «La primera nota te sumerge en un abandono hilarante del que no hay salida hasta que la música se detiene»[n130], anunciaba
su compañía discográfica, aunque pocos de los discos de Hickman eran tan
emocionantes. Como los de sus otros colegas de los años veinte, sin embargo,
podían haberse manufacturado escribiendo sobre sus frágiles surcos las palabras: «Se garantiza que este disco impulsa a una pareja por la pista de baile».

A finales del verano de 1920, emergió una orquesta cuyo líder tenía pretensiones más importantes. Hijo de un director de orquesta de música clásica, Paul Whiteman había tocado el violín en la Orquesta Sinfónica de San
Francisco. En su petulante autobiografía, titulada simplemente *Jazz* (1926),
recordaba cómo se había encontrado por primera vez con aquella música intoxicante, «en un antro de baile de la costa de Berbería. Aquello me chillaba
y me gritaba [...] y todo mi cuerpo comenzó a darse cuenta. Era como salir
de la oscuridad a una luz muy brillante»[n131]. Su enamoramiento se consumó
en 1919, cuando conoció al director y arreglista Ferdie Gofré. Perteneciente
por un tiempo a la banda de Art Hickman, Gofré ha sido identificado por el
estudioso James Lincoln Collier como el hombre «que tuvo la idea del arreglo para *big band*. Hasta ese momento, las bandas tocaban los estribillos de las

canciones uno tras otro de la misma forma, durante el tiempo que fuera necesario. Fue idea de Gofré variar la música de estribillo a estribillo, poniendo unas veces el saxofón contra una línea del trombón y otras permitiendo que el banjo hiciera un solo o enfrentando a la trompeta contra los saxos»[n132].

Aquella innovación simple y (vista de forma retrospectiva) obvia transformó la historia de la música popular del siglo XX. Proporcionaba estructura donde antes atronaba la anarquía, aportaba sofisticación a los toscos ingredientes y permitía que cada líder de banda (junto con su arreglista) creara su propio sonido y estilo característicos. Cada combinación de instrumentos de viento metal, de viento madera y de cuerdas sería a partir de ahora tan reconocible para los aficionados como el timbre de voz de un cantante. En colaboración, Whiteman y Gofré tomaron una decisión crucial: aplicarían el refinamiento que habían mamado en su formación clásica al arte previamente espontáneo de la *big band*. Su creación, la Paul Whiteman Orchestra, cautivaría a Estados Unidos y después a Europa, estableciendo el modelo del sonido «suave» de baile que dominó los años veinte y treinta y que —en opinión de posteriores críticos y aficionados— causó un daño duradero a la reputación del jazz.

«Aquellos a quienes les gusta esta música se niegan a entrar en una sala de baile y a mezclarse con las masas, mientras que los habituales de las salas de baile no pagarían ni dos dólares por entrar en un concierto de Whiteman».

Periódico *New York Clipper*, 1922[n133]

«Paul Whiteman era conocido como el Rey del Jazz y nadie hasta ahora ha llevado ese título con tanta certeza y dignidad. Él 'vistió a la música de jazz con clarinetes y violines' y la convirtió en una dama».

Duke Ellington[n134]

Era una pena que quien se llamaba a sí mismo «el rey del jazz» se pareciera asombrosamente al cómico Oliver Hardy y que su apodo se convirtiera en el título de una película de 1930 que denigraba a la raza que había engendrado el jazz. Paul Whiteman no era, ciertamente, el rey del jazz o su inventor y, a pesar de los burdos dibujos animados de simiescos «nativos» de su controvertida película, tampoco era un racista. Según sus propias palabras: «Lo único que hice fue orquestar el jazz. Si no lo hubiera hecho yo, lo habría hecho otra persona»[n135].

El trágico fallo de Whiteman consistió en combinar el esqueleto de una banda de jazz con orquestaciones exquisitas. Obtuvo un sonido que era altamente comercial, creativo, coherente, lleno de hermosos toques melódicos y armónicos... pero que era tan solo una parodia del jazz.

Sus discos de más éxito fueron los primeros: singles como «Whispering», «Japanese Sandman» y «Wang Wang Blues», cada uno de los cuales tomaba los elementos de comedia exótica de las bandas blancas de jazz y los recubría de exuberante romanticismo. Con su nuevo arreglo de 1921 de un tema de Rimsky-Korsakov, «Canción de la India», la obra de Whitehead se deshacía incluso de su supuesta lealtad al jazz y anticipaba a los compositores de música *easy-listening*. En 1923, la melodía había suplantado al ritmo como el ingrediente más potente de esta música. Y sin embargo, Whiteman también lanzó a dos de los intérpretes americanos más significativos de la época: Bix Beiderbecke y Bing Crosby. Y como muestra de lo que podía conseguirse en la tierra de nadie entre la música popular, la música ligera, el jazz y la música clásica, ahí está su grabación de 1932 de la *Grand Canyon Suite*, de Ferdie Gofré, en parte obertura clásica y en parte modelo para las más expansivas baladas de Jimmy Webb de finales de los años sesenta.

Fue la comprensión épica de Whitehead de la música americana lo que lo convirtió probablemente en el único colaborador posible de un joven de veintitantos que, como el propio Whiteman, había quedado hechizado por el jazz pero quería pintar un lienzo más amplio. Jacob Gershvin —más conocido hoy en día por su nombre anglicanizado, George Gershwin— era un genio que, antes de su veinte cumpleaños, había ya grabado cientos de rollos de pianola y compuesto el musical de 1919 *La-La-Lucille!* Escribió «Swanee», un éxito para Al Jolson, e inconscientemente repitió la ambición de Scott Joplin de basar una ópera en música «negra».

Gershwin conoció a Whiteman en 1922, durante la producción de un espectáculo teatral de variedades. Al otoño siguiente, ofreció un ambicioso recital en Nueva York en el que mezclaba canciones americanas de la época (incluyendo algunas propias) con piezas de música clásica contemporánea de compositores como Arnold Schönberg. La actitud audaz de Gershwin inspiró a Whiteman para buscar su propia fertilización cruzada de estilos en forma de un concierto que demostraría la validez de una música que describió como «jazz sinfónico». El director de banda argumentaba así: «Pretendo mostrar, con ayuda de mi orquesta, los tremendos avances que se han hecho en la música popular desde los tiempos del jazz discordante, que surgió de la nada hace unos diez años, hasta la melodiosa música de hoy, a la que —por alguna razón— aún llamamos jazz»[n136].

Gershwin accedió a componer una nueva pieza «sinfónica» para el evento, que había sido bautizado como «Un experimento en música moderna». Después, se olvidó del encargo hasta tres semanas antes del concierto, momento en el cual compuso una mezcla de temas que tituló *American Rhapsody*. Fue su hermano Ira quien sugirió un título más pictórico: *Rhapsody in Blue* [*Rapsodia en azul*].

El debut de esta fascinante y por momentos brillante unión entre lo serio y lo popular tuvo lugar menos de dos semanas del estreno estadounidense de la intervención más dramática en el relato del siglo XX, *La consagración de la primavera*, de Stravinsky. Y sin embargo, *Rhapsody in Blue* no supuso una revolución del lenguaje musical, como sí había supuesto la obra de Stravinsky: Gershwin estaba solamente jugando con los colores, añadiendo tonos distintivamente estadounidenses (y sobre todo afroamericanos) a la forma concertante americana. Después mantuvo una actitud ambivalente sobre la naturaleza de su experimento, declarando al año siguiente: «No creo que la música seria vaya a estar nunca influida por el jazz, pero es posible que el jazz llegue a estar influido algún día por la música seria»[n137]. El crítico de la revista *Time* estaba alarmado por esa posibilidad: «Al hacerse seria, la música de jazz está descendiendo al último pozo de la banalidad»[n138]. Whiteman se mantuvo desafiante, declarando que el jazz era «el único genuino arte musical americano»[n139]. El *concerto de jazz* de Gershwin quedó incorporado a su repertorio y la orquesta de Whiteman vendió más de un millón de copias de *Rhapsody in Blue*, repartida en dos caras de un single de 78 rpm (aunque hubo que recortarla e interpretarla a velocidad enloquecida para que cupiese en un solo disco).

La presentación neoyorquina de Whiteman solo se recuerda hoy por el estreno de Gershwin. Sin embargo, el director quería que fuese un manifiesto radical: una apuesta para rescatar el jazz de sus orígenes ruidosos e indignos en los burdeles y los bares de Storyville y establecer su variación «sinfónica» como su sucesor natural. Comenzó su recital con lo que pretendía ser una recuperación burlona de «Livery Stable Blues», de la ODJB, y quedó escandalizado cuando la audiencia la recibió con entusiasmo. El programa también incluía dos arreglos del primer éxito de Whiteman, «Whispering», uno salvajemente sincopado y caótico y el otro apacible y sofisticado, con los violines en primer plano. Él mismo indicó cortésmente cuál de las dos versiones debía el público encontrar más meritoria.

El compositor y crítico Virgil Thompson se quejó de que Whiteman, al acercarse al jazz, había «alisado sus asperezas, ha añadido elegancia a sus ritmos y ha mezclado sus estridentes polifonías con un conjunto de suave unidad armónica [...]. Ha suprimido lo que era llamativo y original del jazz y le ha enseñado modales vieneses»[n140]. Podía haber añadido: en el jazz de Whiteman había poco lugar para la música de la América negra, excepto como folclore que podía ser refinado en forma de literatura. Al arrinconar el estrépito de latas y sartenes de la ODJB en favor de las elegantes florituras y las tersas transiciones rítmicas, Whiteman había creado música que no podía incomodar a ninguna audiencia potencial. De hecho, había vestido la rebelión juvenil del jazz con sensatas ropas adultas.

Al dar ese paso, Whiteman reparó el cisma que se había abierto brevemente entre jóvenes y mayores. El vodevil y el music hall estaban pensados para adultos, pero sus canciones y (con algunas excepciones subidas de tono) sus números cómicos podían ser disfrutados por toda la familia. Los tremendos bandazos de la ODJB y de sus coetáneos estaban diseñados para estimular a los jóvenes y para indignar a todos los demás. Incluso entre los más ávidos aficionados al jazz, la música no representaba una cultura alternativa o un estilo de vida diferente, era meramente una distracción de la rutina diaria, como todas las demás formas de entretenimiento. (Para aquellos que tenían el privilegio de no estar sujetos a las indignidades de un empleo a tiempo completo, el aliciente no era la música sino la agitación social de bailar jazz). Sin embargo, en el jazz sinfónico de Whiteman, había espacio para bailar, para la escucha casual e incluso para la sala de conciertos.

Cientos de *big bands* siguieron su ejemplo a lo largo y ancho de los Estados Unidos. Los directores de esas bandas tenían una gran cantidad de seguidores en su tiempo, pero hoy apenas se conocen sus nombres —como Vincent Lopez, Paul Specht, Leo Reisman, Isham Jones, Nat Shilkret y Fred Waring—. La sombra de Paul Whiteman pesaba sobre todos ellos en todos los sentidos: además de lo generoso de su personalidad y de su físico, se convirtió en una verdadera celebridad y multitudes de admiradores lo perseguían. Cuando regresó de una visita a Europa en 1923, su barco fue recibido por una vasta reunión de músicos que lo idolatraban, algunos de los cuales incluso se tiraron al agua en señal de aprecio. A pesar de ello, sus rivales eran también estrellas por derecho propio: se escribían reportajes sobre ellos en las revistas populares y sus mujeres e hijos eran contemplados con reverente curiosidad.

Se creó toda una industria para promocionarlos al tiempo que ellos atravesaban América tocando conciertos de una sola noche. Entre los bailes, los espectáculos de variedades y los ocasionales recitales, grababan discos, cientos de discos: las bandas más famosas a menudo lanzaban al mes tres o cuatro singles de dos caras. La novedad lo era todo: se requería de las bandas un aporte continuo de canciones. Al comienzo de los años veinte, era raro que una *big band* grabase un disco vocal, ya era suficiente desafío equilibrar el sonido de una orquesta en los días anteriores a la grabación eléctrica sin, además, tener que meter de alguna forma la voz humana en la «mezcla». Sin embargo, cuando estaban de gira, se invitaba a los cantantes más prometedores del autobús a que dejasen a un lado sus instrumentos durante una canción o dos y cantasen para la audiencia.

Los líderes también aprovechaban los recursos humorísticos y exóticos, como la percusión de cocos, las trompetas que imitaban animales (un recuerdo de los días del «Livery Stable Blues» [«El blues del establo»]) o sirenas de coche de bomberos, algo que permitía que los miembros de la orquesta se pusieran sombreros raros y tocasen flautas de émbolo: cualquier cosa con tal de que el público saliera con una sonrisa. En este mundo no existía un espíritu de progresión musical constante, ni la sensación de que se estaba poniendo un audaz rumbo hacia el futuro, tal como la tenían los pioneros del jazz y del rock en las décadas posteriores a la Segunda Guerra Mundial. Cualquier revolución en el sonido o en la escenografía era casi accidental y había sido ideada solo para aumentar el balance final a expensas de la competición. Y sin embargó la música cambiaba, sobre todo porque el tamaño medio de la *big band* se fue expandiendo de forma gradual. La ODJB había maravillado y escandalizado al público con solo seis músicos; hacia 1926, Whiteman salía de gira con casi treinta, la mayoría haciendo doblete en una gran variedad de instrumentos de viento metal y viento madera y media docena de ellos ofreciendo una suntuosa capa de violines.

Cada banda tenía sus efectos característicos; cada arreglista tenía su personal mezcla de instrumentos. Y sin embargo sus repertorios eran extrañamente similares, de la misma forma que cada banda de *beat* en el Liverpool de 1962 trabajaba con leves variaciones del mismo material. Todas esas bandas bebían de las mejores canciones que salían de Tin Pan Alley y una docena de conjuntos podían grabar de forma simultánea la canción más famosa del último musical de Broadway. A las bandas más populares, sin embargo, los editores deseosos de un éxito las inundaban de partituras. Cada semana, por ejemplo, los Savoy Orpheans, de Londres, recibían varios cientos de nuevas canciones. En cualquier momento, la banda podía tocar hasta 1.000 temas sin necesidad de consultar una partitura. (Entre ellos, *Rhapsody in Blue*, de Gershwin, que, según el director, era «recibida con frialdad»[n141].

Al desprevenido oyente del siglo XXI, que va a la deriva entre miles de discos de *big bands* de los años veinte, le puede resultar difícil encontrar un método fiable para determinar la calidad. Algunas canciones —esas a las que se denomina *standards* porque han sobrevivido casi un siglo— captan la atención debido a su familiaridad, el resto se difumina, a no ser que ofrezcan algo de crudeza o espontaneidad, cualidades que solemos esperar del jazz y del rock. Pero incluso si estos discos parecen haberse producido en masa según un único patrón, es fácil ver qué cautivaba al público hace noventa años. Cada interpretación de tres minutos introduce una melodía reconocible y un ritmo bailable y maneja ambas cosas con la suficiente variedad como para mantener el oído interesado y los pies en movimiento.

El estado de ánimo prevalente era, como lo expresó la Selvin's Novelty Orchestra en el título de su canción de 1920, una «Dance-O-Mania» [«Bailema-
nía»], y hacia el final de 1921 más de la mitad de los discos más vendidos en
Estados Unidos podían clasificarse como jazz. El resto abarcaba un abismo de
anchura casi inimaginable, desde el tributo de Sam Ash al difunto Enrico Caruso («They Needed a Song Bird in Heaven» [«Necesitaban un pájaro cantor
en el cielo»]) hasta la exhibición de piano ragtime de Zez Confrey titulada
«Kitten on the Keys» [«Un gatito sobre el teclado»], quizás el primer ejemplo
de un estilo pasado de moda resucitado en aras de una audiencia hambrienta
de nostalgia. En lugar de los baladistas de pies cuadrados de las eras victoriana
y eduardiana, los nuevos artistas debían tener algo excitante. Para Al Jolson,
cada canción era una oportunidad de provocar risa o lágrimas en su público.
Fanny Brice, con «My Man» y «Second Hand Rose», en 1922, se jugó la inmortalidad de Broadway que ya se había ganado. Sophie Turner convirtió el
blues y el jazz en un arte interpretativo. Por su parte, Eddie Cantor cantaba
a trompicones sus canciones cómicas como si, a fin de cuentas, nada impor-
tase demasiado. A veces Cantor fingía estar indignado por los inmigrantes,
en «The Argentines, the Portuguese and the Greeks» [«Los argentinos, los
portugueses y los griegos»], y otras su objetivo era la idiotez de Tin Pan Alley,
como en «Yes, I've Got the 'Yes We Have No Bananas' Blues» [«Sí, ya he
captado el Blues de 'No tenemos bananas'»]. Incluso ofrecía comentarios políticos en «Oh Gee! Oh Gosh! Oh Golly I'm in Love!», al revelar: «Me siento
tan débil y usado como un marco alemán». Y sin embargo, el mercado de los
placeres familiares no había muerto: seguía habiendo duetos cómicos de artistas como Ernest Hare y Billy Jones (cuya canción «Does the Spearmint Lose
its Flavour» [«¿Pierde la hierbabuena su sabor?»] perdió su sabor cuando fue
versioneada por Lonnie Donegan treinta y cinco años después) o Billy Murray y Ed Smalle. En el verano de 1923, cuando el jazz y aquella extraña agonía llamada blues estaban más en boga que nunca, el barítono irlandés John
McCormack reavivó el ánimo de su distante juventud con una interpretación
de «The Lost Chord», de sir Arthur Sullivan, tan refinada que todo lo demás
debió de haber sonado horriblemente intrusivo.

Pero el jazz y el blues eran los géneros que dominaban en Estados Unidos a medida que las compañías discográficas comprendían que el mercado
para sus productos no estaba limitado a una sola cosa. Muchos universitarios
disfrutaban con las variedades más calientes de jazz, hasta el punto de que la
universidad de Cornell, de la Ivy League y situada en el norte del estado de
Nueva York, prohibió el baile a sus mejores atletas para que no se agotaran en
frenesíes de toda la noche. La banda sonora de estas orgías podía ser «Bow
Wow Blues», de la ODJB, en la que las imitaciones de perros eclipsaban los

fraseos de jazz, o el homenaje de la Club Royal Orchestra a la tórrida película de Rodolfo valentino *El jeque*, o bien una de las bandas que se dirigían sin escrúpulos al público universitario, como The Pennsylvanians, dirigidos por Henry Burr. Mientras que se considerable aceptable que los hombres bailaran ragtime y jazz en la pista de baile, las mujeres tenían que oír la advertencia lanzada por «Just a Girl That Men Forget» [«Tan solo una chica que los hombres olvidan»], de Henry Burr, en la que se avisaba a las *flappers* que se pasaban el día de fiesta de que, al llegar el momento de casarse, los chicos las dejarían a un lado en favor de «una chica tradicional con una sonrisa tradicional».

Burr no decía nada sobre el destino de las estrellas femeninas de vodevil, que exploraron el emergente género del blues con el mismo ímpetu que sus colegas masculinos demostraban al flirtear con el jazz. La reina de las cantantes de blues blancas era Marion Harris, cuya canción «I'm a Jazz Vampire», de 1921, celebraba su embriaguez mientras acuñaba un tono moral que se volvería familiar en décadas siguientes: «Yo soy todo el mal que hay en la música». Irving Berlin ofrecía un pastiche de ese estilo en «Home Again Blues», cantada con auténtico sentimiento de blues por Aileen Stanley y, de forma más decorosa, por Frank Crumit.

Ninguno de estos artistas podía tener esperanza alguna de rivalizar con el blues afroamericano en cuanto a entrega emocional y bronco acompañamiento de jazz. Por otro lado, puede que Mamie Smith grabara primero y que Ethel Waters fusionara el estilo con sofisticación teatral, pero ninguna de las dos podía competir con la presencia de Bessie Smith. Debutó con «Down Hearted Blues» en 1923, acompañada únicamente por el piano de Clarence Williams, y ya solo esa grabación sería suficiente para grabar su nombre de forma indeleble en la historia de la música. Era una intérprete de corazón, una artista sin inhibiciones: podía caminar por la cuerda floja sobre los remolinos del corazón y hacer que el público cayera al maelstrom de abajo. Después, para ilustrar que el blues y el jazz expresaban las mismas emociones, se aventuró en el amplio terreno melódico de «'Tain't Nobody's Biz-ness if I Do» con tal precisión que el caótico acompañamiento de piano se volvía irrelevante.

Aquella espontaneidad era la marca distintiva del jazz afroamericano. En el verano de 1925, Bessie Smith revivió esa piedra de toque de la música negra, «St Louis Blues», arrastrando el tempo como si tuviera un trombón de varas en los labios y otro sujetándole los pies. Tras ella sonaba el sonido monótono de un harmonio y, brincando entre ambos, bailando alrededor de la melodía como un duende, había un trompetista de veinticuatro años llamado Louis Armstrong. Había grabado por primera vez dos años antes con los miembros de la banda de King Oliver, que tocaban, desbocados como vándalos, temas como «Dipper Mouth Blues», y pronto fijaría la imagen del jazz para la eternidad. Compartía la energía alocada y el temerario entusiasmo de su generación: los hombres de las bandas de Mamie Smith y de Ethel Waters, por ejemplo, que tomaban prestados los nombres de sus lideresas para grabar canciones tan salvajes como «Royal Garden Blues» (en la que todos los músicos hacían un solo al mismo tiempo, como Cream en el Fillmore en 1967) y «Spread Yo' Stuff».

Clarence Williams copió sus métodos cuando, unas semanas más tarde, grabó de nuevo «'Tain't Nobody's Biz-ness», esta vez sin Smith. Su banda, The Blue Five, estiraba el credo del jazz hasta el límite: en lugar de tocar la melodía y después repetirla con cuidadosas variaciones, como las bandas de blancos, apenas hacían una breve alusión a ella y después se iban tranquilos por su propio camino. No contentos con pisotear una canción que se convertiría en un *standard* del blues, dejaban lugar para un recurso rítmico que había causado sensación en las pistas de baile de los clubes afroamericanos y que, al ser trasladado ahora a las clases más altas, provocaría cambios en la moralidad más atroces que los que ya había provocado el propio jazz.

«El problema de la muchacha moderna es que no sabe cuándo tiene que parar y no se detiene a pensar, sino que vive en un constante torbellino de excitación, durmiendo de día y de fiesta toda la noche, hasta que toda su vitalidad queda drenada y reducida a una angustiosa condición neurótica».

Carta al *Daily Mirror*, 1925[n142]

«Deberíamos enviar el jazz a un lugar más caliente que esta tierra [...]. Es música de contrabandistas [...]. No tratemos de reformar el jazz: debemos pisarlo para matarlo como se mata a una serpiente».

Pastor baptista John Roach Straton, Nueva York, 1926[n143]

En 1927, el comandante Kenworthy, miembro conservador del Parlamento británico, estaba defendiendo los derechos de los prestamistas en la Casa de los Comunes. Era cierto, admitió, que algunas personas acababan en la tumba debido a las deudas que acumulaban, pero él había oído hablar de muchos casos de muerte por excesivo baile y creía que varias de esas muertes podían atribuirse solo al charlestón. (Pausa para que los honorables miembros del jurado pudieran reírse).

Su ingenio político apenas era más indignante que las otras afirmaciones que hizo contra lo que, al fin y al cabo, no era más que un baile. Lo que hacía que el charlestón fuera tan horrible («la cosa más desagradable que he presenciado jamás», le dijo a mi abuela su padre) era que hacía que las mujeres —las mujeres solteras— movieran sus cuerpos de forma claramente lasciva. Algunas de ellas incluso se aflojaban la ropa interior antes de ir a un baile para así asegurarse que podían participar del todo en aquella frivolidad. De aquello manaban todos los males que podían aguardar a una joven virgen: no solo se retorcían provocativamente delante de hombres desconocidos, sino que también empezaban a experimentar sentimientos que, en el mejor de los casos, eran indecentes y debían reservarse para quienes estaban a salvo unidos en matrimonio. No es de extrañar que el charlestón se prohibiera a menudo y que algunas universidades estadounidenses lo vetaran por motivos arquitectónicos: al parecer, tenían miedo de que sus venerables edificios se derrumbarían bajo un despliegue masivo de aquella monstruosa agitación.

El origen de aquel fárrago de exageración y mito era algo tan poco demoníaco como una melodía de un espectáculo de variedades de Broadway titulado (de forma apropiada) *Runnin' Wild* [*A lo loco*]. El tema «The Charleston» fue grabado por primera vez a finales de 1923 por el director de banda negro Arthur Gibbs. No solo estaba fuertemente sincopado, sino que además estaba tachonado de pausas y parones que hacían perder el equilibrio a los que bailaban. Para cualquiera que hubiera crecido con el predecible vals o incluso el foxtrot, aquel ritmo en zigzag era como alterar la gravedad. Un año o dos después, ya nadie se acordaba del charlestón y sus detractores se esforzaban por aceptar el siguiente baile escandaloso: el *black bottom*. Después llegó el *stomp*, que fue igualmente difamado: incluso un crítico favorable solo pudo describirlo como «un baile de negros en el que se arrastran los pies con las rodillas dobladas»[n144].

Este nuevo estallido de aberraciones avivó la oposición de todos aquellos que aborrecían la influencia afroamericana (o, de hecho, africana). El jazz, escribió un columnista de Londres, era ruido de «salvajes», algunos de los cuales «aún viven en los árboles»[n145]. El rector de un *college* de Oxford prefirió culpar a Satán de la «música de negros», añadiendo, por si acaso: «Nuestra civilización está amenazada por espantosos ruidos: el horrible tráfico de automóviles, los americanismos y la música de jazz»[n146]. Es una suerte que no presenciase el charlestón. Según el músico clásico sir Henry Conrad, el jazz y los «inmodestos bailes que lo acompañan» amenazaban las bases de todo el Imperio británico: «Las razas de color ya no pueden pensar que el europeo es un superhombre cuando lo ven deleitándose en el aporreo de ollas y sartenes y en el rebuzno de los trombones y lo ven haciendo cabriolas con las hembras de su especie al son de estas disonancias. Así, dejan de respetarlo y la dominación imperial decae»[n147]. (La pulla sobre las «ollas y sartenes» todavía se usaba contra el jazz cuando Hungría relajó su normativa contra esta música tras la muerte de Stalin, en 1953).

Era irónico que generalizaciones excesivas sobre la cultura negra coincidieran con lo que, de forma retrospectiva, se ha llamado el Renacimiento de Harlem. Este implicó un florecimiento del arte, la literatura y el pensamiento político afroamericanos... todas las facetas que forman una cultura moderna. El poeta Langston Hughes, cuyo primer poemario se tituló *The Weary Blues* [*El blues cansado*], escribió: «Nosotros, los jóvenes artistas negros que estamos creando en este momento, pretendemos expresar nuestros yoes individuales de piel oscura sin miedo ni vergüenza. Si a las personas blancas les gusta, nos alegramos. Si no les gusta, no importa. Nosotros sabemos que somos hermosos. Y también feos»[n148].

Los líderes de lo que entonces se conocía como el Nuevo Movimiento Negro no estaban seguros de si el jazz era hermoso o feo. Aunque en su origen era una forma de arte negro, su naturaleza comercial era preocupante. ¿Mostraba el jazz al negro en su faceta más progresiva? La respuesta, de forma retrospectiva, es cegadoramente obvia, tal como lo ejemplifica el pianista, director de banda y compositor Duke Ellington. Durante casi medio siglo, Ellington dirigió una orquesta de varias formas y tonalidades a través del que seguramente es el catálogo musical más ecléctico jamás atribuido a un solo nombre: temas de baile, baladas que en seguida pasaron a formar parte del repertorio común del pop, celebraciones de la identidad negra, suites jazzísticas, bandas sonoras, piezas concertantes de música «sagrada» y exhibiciones de técnica musical jazzística que representaban cada estilo significativo, desde el hot jazz hasta el swing, el bop y el cool jazz. Aunque gobernaba su banda con autoridad militar, era un líder generoso cuando se trataba de destacar los talentos a su disposición (a pesar de que a veces se embolsaba él los derechos de autor que les correspondían a ellos). La suya no era una banda de ardiente espontaneidad, como los Blue Five de Clarence Williams o los Jazz Hounds de Mamie Smith: él prefería que la improvisación tuviera lugar dentro de las complejidades cuidadosamente compuestas de sus partituras. Un buen ejemplo es la grabación de verano de 1927 que le introdujo a una audiencia de masas, «East St Louis Toodle-Oo». Su gancho comercial era, ostensiblemente, aquella corneta con sordina que parecía hablar al oyente. Solo al oír la pieza repetidas veces se hacía aparente lo sutil de los arreglos orquestales y cómo las otras voces se hacían oír dentro de aquellos límites.

A lo largo de los últimos años veinte, la banda de Ellington tocaba con regularidad en el Cotton Club, en Harlem, un establecimiento que demostraba por qué existía desconfianza acerca del valor cultural del jazz. No se trataba de un antro clandestino de dudosa reputación: podía albergar a setecientas personas a lo largo de dos pistas de baile y recibía a celebridades tan diversas como Ernest Hemingway y los Hermanos Marx. Desgraciadamente, eran todos ellos blancos que acudían a experimentar no solo las glorias de Ellington, sino también los adornos «étnicos»: un telón de fondo que sugería el sur profundo de la época de la esclavitud, bailarinas (negras) con poca ropa y números cómicos que reducían al hombre negro a sus raíces africanas. Y peor aún, como ha señalado uno de los biógrafos de Ellington, «las políticas exclusivistas del club y sus excesivos precios vedaban a los negros la entrada, excepto a los ricos y famosos, e incluso la visita de estos era rara. Había una sección aparte para las familias negras de los intérpretes»[n149]. Esto no era tanto un renacimiento, descontando a Ellington, como una caricatura.

Pocos se han atrevido nunca a criticar a Ellington por degradar su identidad como negro (excepto quizá cuando dedicó un disco a las canciones del filme de Disney *Mary Poppins* a mediados de los sesenta). Tristemente, ese es un destino que no pudo evitar el intérprete de jazz que representaba el polo opuesto a Ellington en casi todos los sentidos: Louis Armstrong. Su genio era instintivo, en lugar de ordenado como el de Ellington; su forma de tocar era estridente y a veces excesiva, mientras que la de Ellington era fría y contenida; su presencia en el escenario era extravagante y cómica, mientras que Ellington era el paradigma de la dignidad refinada. Por todo esto, Armstrong fue criticado tanto por parte de los miembros de su propia raza como (sobre todo) por los críticos de jazz blancos: lo acusaron de *tomming*[8] por sus alardes al tocar docenas de notas altas en el clímax de sus actuaciones, por enjugarse la frente constantemente entre sus solos, por exagerar sus diálogos en escena y por sus manierismos faciales. Sus críticos tampoco quedaron impresionados por su predisposición, a partir de los años treinta, a grabar canciones pop blancas, aunque no entendían que lo que hacía con ese repertorio era a menudo una definición viviente del propio jazz.

Otros fueron igualmente mordaces acerca de otra faceta de la música de Armstrong: su *scat*, es decir el uso pionero de su voz distintivamente terrosa para improvisar, sin palabras, *riffs* y carrerillas tan elocuentes como cualquier cosa que tocaba con su corneta. Pero el instrumento más significativo de la historia del jazz fue precisamente su corneta. Esta le permitió crear un nuevo tipo de jazz, en el que la densa interacción colectiva de un conjunto dejaba lu-

---

8. Es decir, de ser excesivamente servil con el hombre blanco, palabra tomada del protagonista de la novela de 1852 *La cabaña del tío Tom*, de Harriet Beecher Stowe. Tampoco ayudó a la reputación de Armstrong entre los aficionados al jazz que declarase su pasión por la gran ópera y por las suaves sonoridades de la *big band* de clase blanca media de Guy Lombardo. Pero estas preferencias demostraban su habilidad para encontrar placer en música que estaba fuera de su propio entorno con una apertura que raramente compartían sus más ardientes seguidores.

gar a la voz individual de un instrumento: era el jazz como declaración personal o como sucesión de declaraciones personales (si los músicos eran capaces
de aceptar el desafío). El cambio era evidente en «Muskrat Ramble», el éxito
de 1926 que grabaron sus Hot Five y que introdujo su nombre a una audiencia de alcance nacional. Improvisando en torno a una melodía que aparecería
en un famoso himno antibélico de Country Joe & The Fish cuarenta años
más tarde, el quinteto de Armstrong se echaba a un lado mientras cada uno,
por turnos, se ocupaba de un estribillo, estructura que revelaba sus talentos y
sus fallos con la misma claridad.

Esto barría de un solo golpe el viejo espíritu de las bandas de Nueva Orleans,
donde era el entrelazamiento de las partes y la construcción del contrapunto
lo que representaba el cuerpo y el alma de la música. Había sido necesario el
refinamiento de las técnicas de grabación (especialmente la revolución eléctrica de 1925) para hacer posible el cambio. Pero más aún, se necesitó un ego
lo suficientemente grande como para hacerse con el control de la música, así
como un talento a la altura de esa ambición. Armstrong poseía las dos cosas.
Con su instrumento y su voz podía hacer cualquier cosa: improvisar con la espontaneidad de un niño, construir como un arquitecto solos épicos, convertir
la música en un lenguaje personal.

Las grabaciones de sus Hot Five de finales de los años veinte —especialmente canciones como «Potato Head Blues», «Hotter Than That» y esa actuación sobre la cuerda floja que es su versión de «West End Blues», la composición de Clarence Williams— siguen estando entre las grabaciones de jazz
más reverenciadas del siglo. Para algunos, representan la cima de la forma
artística; otros prefieren las grabaciones más tersas y maduras de la década siguiente. Aquellos fueron los años en los que destrozaba «St Louis Blues» con
una ferocidad que mezclaba la promesa del rock 'n' roll del Bill Haley de 1954
con la chulería vocal del Bob Dylan de 1966; los años en los que jugaba con la
melodía de la famosa «Star Dust», de Hoagy Carmichael, como un tigre con
un ratón, y se paseaba por «Rockin' Chair» (en esta ocasión con Carmichael
formando un dueto con él) y por «Lyin' to Myself» con la indiferencia de un
rey. Por el camino, plantaba las semillas que después crecerían hasta formar
el swing, el R&B, el rock 'n' roll, el jazz tradicional e incluso quizás el bebop,
además de proporcionar un modelo para todo el mundo, desde Bing Crosby
y Frank Sinatra hasta Miles Davis y Jimi Hendrix. Si Paul Whiteman fue el
decorador de interiores de la música popular de los años veinte, Louis Armstrong abrió las puertas de par en par a todo el mundo, aunque no se limpiasen
las botas antes de entrar o no pudiesen permitirse comprarse unos zapatos.

La historia subsiguiente del jazz tuvo momentos de cambios sísmicos, uno
de los más convulsos tuvo lugar en 1940. Después de Louis Armstrong, sin

embargo, el jazz ya no perteneció a las bandas sino a los solistas. El virtuoso, por lo general, no podía actuar solo (excepto los pianistas) y necesitaba al menos una sección rítmica. Pero los artistas que contaban con la lealtad del público, de masa o de culto, eran los disidentes y los maestros que podían transformar su entorno con el solo más breve. A veces, como en la mejor época del swing, varios de aquellos talentos rompepistas podían encontrarse en una sola banda. Más a menudo, especialmente después de la Segunda Guerra Mundial, todo lo que el público requería era un único genio instrumental: el papel de los subalternos era dejarlo todo preparado y quitarse de en medio.

La soltura y la audacia de Armstrong permitieron que sus coetáneos e incluso sus mentores, como Fletcher Henderson y el pionero del piano *rag* Jelly Roll Morton, grabaran algunos de sus temas más excitantes a partir de mediados de los años veinte. Su influencia traspasó también la frontera racial. Dentro del contexto de una *big band*, por ejemplo, Eddie Lang pudo introducir la guitarra como una voz de jazz válida en «Washboard Blues», de Red Nichols, y en «Singin' the Blues», de Frankie Trumbauer. Su cómplice en esta última era Bix Beiderbecke, un trompetista que murió a causa del alcoholismo en 1931, a la edad de veintiocho años. Su amigo Jimmy McPartland recordaba que Bix no podía nunca repetir un solo tal como lo había grabado. «Es imposible», le dijo. «Yo no me siento igual dos veces. Esa es una de las cosas que me gustan del jazz, muchacho. Nunca sé lo que va a pasar a continuación. ¿Lo sabes tú?»[n150]. La sincera espontaneidad de Bix le ganó una camarilla de devotos fans que, tras su prematuro fallecimiento, se transmutó en un culto. Bix encabezó el panteón de instrumentalistas blancos cuya contribución a los discos de jazz y de *big bands* de finales de los años veinte y a principios de los treinta, aunque breve, fue apreciada y debatida. Su fama se extendió rápidamente al Reino Unido y a Europa, donde en los años cincuenta los aficionados seguían discutiendo sobre qué canciones de Paul Whiteman exactamente había honrado Bix con unos segundos de su magia.

En las primeras semanas de 1928, alguna de la música americana más extraordinaria de la época se puso a la venta de manera simultánea, como un banquete en el que todos los platos apareciesen de golpe en la mesa. George Gershwin, entonces en su mejor momento, servía canciones eternas como «The Man I Love»; Jimmy Rodgers estaba componiendo su primera versión de «Blue Yodel»; Bing Crosby se estaba estableciendo como el más meloso de los cantantes de jazz; Hoagy Carmichael satirizaba su propia obsesión con Paul Whiteman en «Washboard Blues»; *crooners*, cantantes de *torch songs* («The Song Is Ended», de Ruth Etting, había definido el género en la práctica), cantantes *hillbilly* de armonías... la gama completa de los géneros populares americanos alzaba sus banderas al unísono. Y abriéndose paso hasta la primera fila de este abarrotado escenario estaban Bix Beiderbecke and His Gang, con su canción «At the Jazz Band Ball», en la que el líder, por una vez, era sobrepasado en potencia de fuego por el saxo barítono de Adriani Rollini, que sonaba como si hubiera visto el año 1956 en el lejano horizonte y quisiera atraer su atención. Pero había otro Bix disponible: el pianista solista de «In a Mist», una composición que se apoyaba en la tradición del ragtime pero que entraba en un reino de belleza trascendente que volvía irrelevante todo análisis. De haber vivido más tiempo, habría explorado de nuevo ese paisaje, pero tan solo nos dejó el mapa de su solitaria excursión, un incitante vislumbre de lo que podría haber sido el jazz si su guía espiritual hubiera sido Erik Satie en lugar de Louis Armstrong.

«In a Mist» no era solo una instantánea de un genio musical en reposo, era también un ejemplo deslumbrante de todo lo que había hecho posible la innovación tecnológica. Cinco años antes, solo habrían sobrevivido en el disco los estridentes ecos del piano de Beiderbecke. En 1928, los músicos habían entrado en un mundo donde la sofisticación y la sutileza ya no tenían que ceder el centro de la escena a la cacofonía ya que, tres años antes, los ingenieros habían perfeccionado el arte de la grabación eléctrica y habían así hecho entrar uno de los cambios más radicales en la historia de la música popular.

CAPÍTULO 5

EL
MAGO
DEL
MICRÓFONO

«Lo que queremos es un disco de baile que cueste poco pero que no suene barato. Los fox-trots pasan de moda tan rápido que nos gastamos de mala gana las grandes sumas que nos cuestan unos discos innecesariamente duraderos.»

Revista *Gramophone*, 1923 [n152]

La innovación en cuestión era el amplificador Academy Gramophone, una de tantas transformaciones que se produjeron en la forma en que los discos se fabricaban y se oían. No sería la última vez que una generación entera de aparatos y discos cómodamente familiares se volvía obsoleta sin previo aviso. Las compañías discográficas Victor y Columbia, las únicas con licencia para grabar de forma eléctrica mediante micrófonos, se confabularon para mantener su nueva tecnología en secreto hasta el último momento, por miedo a que los consumidores dejaran de comprar discos mientras esperaban a que llegase la revolución. Los científicos se jactaban de sus inventos, los periodistas se hacían eco de sus alardes y el público se dividió entre aquellos que daban el salto al futuro y aquellos que se aferraban lealmente al pasado. El novelista británico Compton Mackenzie, que ejercía también como redactor de la revista *Gramophone*, declaró que a su mujer el «nuevo ruido» de la grabación eléctrica le parecía «bastante insoportable», pero que él había aprendido a disfrutarlo, «lo cual puede que sea algo bueno o no»[n153]. En 1930, decía: «No creo que nadie hoy en día pueda sentarse a escuchar horas de grabación eléctrica sin perder la razón»[n154] —una acusación que se repetiría en la era digital.

«Let It Rain', Let It Pour», de la International Novelty Orchestra (que contaba con Vernon Dalhart, tenor operístico convertido en baladista de folclore americano), se cita a menudo como el primer lanzamiento de la era eléctrica, pero dos semanas antes, a finales de febrero de 1925, Victor había confeccionado «A Miniature Concert» —en realidad, un espectáculo de variedades de ocho minutos en el que aparecían sus artistas de vodevil más populares—, pero postergaron el lanzamiento hasta cinco meses después. El mayor revuelo, en todos los sentidos, lo provocó una grabación extraña pero técnicamente soberbia de «Adeste Fideles» (también conocida como «O Come All Ye

Faithful») por parte de The Assorted Glee Clubs de América, que sumaban casi 5.000 vocalistas en total. Varios cientos de miles de americanos se apresuraron en pleno verano a comprar este villancico, un triunfo del marketing tanto como de la tecnología. En el Reino Unido, el avance en fidelidad sónica estaba reservado para platos más ligeros: «Feelin' Kinda Blue», del líder de banda Jack Hylton, en junio de 1925.

¿Qué impacto tuvo la grabación eléctrica? Según un anuncio de Brunswick Records, esta ofrecía «¡sonido fotografiado en un disco! [...] No hay ningún ruido 'gramofónico', solo sonido puro, con el valor de cada voz e instrumento reproducido de manera exacta»[n155]. Tonos que quedaban sepultados y distorsionados por los métodos de grabación primitivos —por ejemplo, todos los instrumentos más graves que las voces femeninas agudas— por fin eran reconocibles. Los oyentes se asombraban del «inmenso volumen»[n156]. Los líderes de banda y los ingenieros de sonido ya nunca más tendrían que restringir sus arreglos al servicio del proceso de grabación. Ahora podían poner la música como la primera de sus prioridades y dejar el resto a los técnicos.

La revolución eléctrica provocó una sutil recolocación de las ideas sobre música que escapó al público general. Los líderes de banda eran ahora libres para construir un *collage* de sonidos que, aunque no era exactamente artificial —al fin y al cabo, los músicos estaban en el estudio—, era sin duda una forma de ficción en lugar de ser puramente documental. Atrás quedaban los días en que la única preocupación era colocar a los músicos de modo que sus contribuciones pudieran ser captadas por la bocina de grabación. (Louis Armstrong recordaba que, cuando hizo sus primeras grabaciones, el líder de su banda, King Oliver, lo situaba a tres metros detrás del resto a causa del tremendo volumen al que tocaba). Ahora, la llegada de micrófonos y amplificadores permitía que los músicos, y los que pronto serían conocidos como «productores discográficos», pintaran texturas de sonido que sería imposible replicar con total fidelidad ante una audiencia. Este conocimiento llegó lentamente y, como tras el mordisco fatal de Eva a la manzana, no había marcha atrás. En décadas posteriores, muchos lamentaron la pérdida de la espontaneidad de antaño, cuando los músicos debían dedicar dolorosas horas o incluso días a golpear la caja de la batería o a pulsar una sola nota del piano una y otra vez mientras los ingenieros de sonido ajustaban controles y tocaban apenas los *faders* con la esperanza de conseguir el objetivo imposible del sonido «perfecto». No existía una grabación «auténtica» de un músico: cada reproducción de una interpretación estaba idealizada y era imaginaria, tanto si coincidía con las expectativas de sus autores como si no.

El proceso de elaboración iba más allá de las partes musicales que lo constituían. Los fabricantes de discos se dieron cuenta de que con una hábil disposición de los sonidos podían crear o realzar una atmósfera que provocaba una reacción emocional particular. En las décadas posteriores, la gama de sentimientos se extendería hasta el odio, el asco y el miedo, a medida que los músicos atendían a los gustos de una cultura juvenil empantanada en el odio a sí misma. A finales de los años veinte y treinta, las metas emocionales del músico y del ingeniero de sonido eran más positivas, aunque también fueran artificiales: querían provocar excitación, alegría, romanticismo, comodidad o la ilusión de intimidad. Esto último representaban la interacción más sorprendente entre la música, la tecnología y su voluntarioso cómplice, el oyente. Presentaba al músico, a menudo al vocalista, como a un amigo, un amante o incluso un potencial seductor del oyente.

Los cantantes, que habían estado virtualmente ausentes en las grabaciones de las *big bands* de principios de los años veinte, comenzaron a introducirse de forma casi imperceptible en los convencionales arreglos de baile de tres minutos que se publicaban por docenas cada semana. Su papel era añadir variedad a una banda; eran simplemente otro elemento, no más importante que un solo de trompeta. El vocalista casi nunca aparecía en los créditos de la etiqueta del disco de una *big band*; a lo sumo, la compañía podía poner «Estribillo vocal» en letra pequeña como una promesa o una advertencia de lo que contenía el disco. Para enfatizar la humilde posición que ocupaba el cantante en el proceso, él o ella debía esperar hasta que pasase la mitad de la interpretación para que se le permitiera hacer un cameo, que rara vez se extendía más allá de un solo estribillo. (A los cantantes se les daba más licencia en los discos que llevaban su propio nombre.) Estos cantantes no mostraban emoción, sino que enunciaban las líneas que les habían asignado con la mesura de un presentador de la BBC de antes de la guerra, pues la enunciación se consideraba más importante que el fraseo sincopado o que una sensibilidad jazzística.

Después aquellos albores eléctricos, la técnica del micrófono se convirtió en parte de la caja de herramientas del cantante. El vocalista no solo tenía que preocuparse del tono, el tempo y la exactitud de las palabras, sino que ahora necesitaba inspirar la reacción apropiada por parte de la audiencia, introduciéndose en el oído del oyente sin sobrecargar el micrófono. Hasta que fue posible grabar pistas unas sobre otras durante la Segunda Guerra Mundial, la banda y el vocalista siempre grababan juntos. Una de las más valiosas habilidades del ingeniero de sonido era su habilidad para presentar a una orquesta completa, junto con un cantante que podía estar susurrando los sentimientos más delicados a su amante imaginario, sin sacrificar ninguno de los dos extremos del espectro sónico. Mientras tanto, el cantante —que antes se contentaba meramente con resultar audible— se dio cuenta de que cada nota y (potencialmente) cada respiración emitida cerca del micrófono se reproducía con todo lujo de detalles para que lo

oyeran millones. La fuerza vocal ya no era el único requerimiento para el estrellato: la calidez y la destreza eran igualmente importantes, y los cantantes más
puros, los que poseían el tono de voz más perfecto, perdían a su audiencia si no
podían conectar con ella de manera individual.

En 1924, la pasión americana por todo lo que recordara a Hawái resurgió en
la forma de una renovada obsesión con el ukelele[9]. A los oyentes británicos actuales, el instrumento les recuerda inevitablemente a George Formby Jr. Era
el hijo de un famoso cómico de Lancashire cuyo rasgo distintivo era un ladri-
do carrasposo seguido de la triste línea: «Tosiendo mejor esta noche; tosiendo como un campeón». (Muchas carreras de music hall se basaban en menos
que aquello). Después de que Formby sénior sufriera una fatal hemorragia
de garganta, su nombre y su repertorio revivieron con el joven George. Este
introdujo el *banjulele* en su actuación y pronto se encontró con que el público
le pedía que lo tocara. En la Segunda Guerra Mundial, su repertorio de canciones cómicas y subidas de tono pretendidamente inocentes, todas interpretadas con el furioso rasgueo de su «uke», lo habían convertido en una de las
estrellas más queridas de cine británicas y de los espectáculos de variedades.
Las insinuaciones en los remates de sus chistes, que giraban sobre todo en
torno al simbolismo fálico y al voyerismo, ocultaban la fluidez de matices casi
jazzísticos de sus solos de ukelele, interpretados invariablemente con la mueca
de una gárgola. Este disfraz no siempre lo protegía de la censura: en 1933, «la
discreción triunfó»[n158] cuando fue cancelado abruptamente el lanzamiento
de la obscena «With My Little Ukelele in My Hand» [«Con mi pequeño ukelele en la mano»].

El papel del ukelele en la música americana fue mucho más comedido. Un
año antes de que se usara por primera vez la grabación eléctrica, la canción
de Frank Crumit «Say It with an Ukelele» [«Díselo con un ukelele»] —que
prometía el éxito romántico a cualquiera que pudiera dominar el rasgueo de
esas cuatro cuerdas— introdujo un nuevo tipo de vocalista en el estilo popular.
Cliff Edwards, también conocido como «Ukelele Ike», aprovechó la ocasión
y se preparó para la nueva era con su interpretación juguetona de «Somebo-
dy Loves Me», en la que sonaba sorprendentemente como un ancestro del
pionero del country rock Michael Nesmith. De hecho, toda una serie de trovadores de finales de los años sesenta —John Sebastian, James Taylor, John

9. Para ser más preciso, el instrumento que se popularizó en la Gran Guerra era en realidad
un hijo del instrumento portugués original, llamado *banjulele*. Se decía que era el favorito del
príncipe de Gales, quien en 1926 sentía «una particular inclinación»[n157] por una cancioncilla
de ukelele llamada «Save Your Sorrow» [«Ahórrate las penas»]. «Un título como ese», señaló
un crítico de *Melody Maker*, «está destinado a atraer a su alegre temperamento». Con una
deferencia como esta se construyó el Imperio británico.

Denver— pueden encontrar su herencia emocional y musical en las nuevas melodías de mediados de los años veinte.

Mientras Edwards se forzaba para imitar un sección de viento metal en medio de sus juguetonas canciones de amor, su rival Gene Austin (sobre todo en «Yearning», de 1925) demostró que era posible ser un cantante de jazz sin mostrar la mínima afinidad con la música afroamericana. Si hay un hombre que puede clasificarse como el padre del fraseo jazzístico en el pop blanco, ese no es Bing Crosby —que podría decirse que es el maestro de ese arte—, sino Austin, para quien se inventó el epíteto a veces despectivo pero siempre preciso de *crooner*. Él y Edwards compitieron a lo largo del resto de la década, ofreciendo una mezcla de romance, maestría escénica, vodevil y un extraordinario control vocal. El galope de Edwards en «Singin' in the Rain» mostraba sus mejores cualidades, mientras que «Bye Bye Blackbird», de Austin, representaba su irresistible y sencillo encanto. No obstante, Gene Austin tenía otra arma a su disposición: interpretaba su canción de gospel blanco «End of the Road» con una cansada reverencia que estaba fuera del alcance de sus rivales.

América ahora estaba inundada de ídolos musicales que no necesitaban levantar la voz para cautivar al público, el cual era predominantemente joven, femenino y ávido. Estaba el *cowboy crooner* Nick Lucas, que ayudó a popularizar un instrumento que rara vez se había escuchado antes en la música popular. «¿Por qué no aprender a tocar la guitarra?», observó un crítico británico sobre la obra de Lucas en 1926. «Es un instrumento que se va a poner de moda en la música de baile»[n159]. Otro ejemplar era el «pianista susurrante», Art Gillham, que tocaba una mezcla de blues y piano de ragtime y anticipaba el rampante egoísmo del roquero Jerry Lee Lewis en el modo en que se decía a sí mismo: «Tócalo bonito, cariño». Sus susurros pronto fueron superados por Whispering Jack Smith (no confundir con su tocayo Whistling Jack Smith, de los años sesenta). Su fuerte era sonar como si fuera el gemelo yanqui del escritor y artista de cabaret británico Noël Coward: su voz era tan entrecortada y susurrante que parecía sonar al oído del comprador del disco balbuceándole cosas sugerentes. En el escenario, adoptaba una «actitud realmente confidencial»[n160], poniendo un brazo despreocupadamente sobre el piano como si estuviera en la butaca trasera de un cine y acompañándose con el mínimo esfuerzo de la mano derecha. Había además docenas de artistas con personalidades menores que hace tiempo que fueron olvidados: Chester Gaylord, Charles Lawman, Smith Balleur, Seger Ellis... incluso uno o dos competidores ingleses, como Sam Browne y Maurice Elvin, conocido a este lado del charco como «el mago del micrófono».

La definición de *crooner* pronto se amplió lo suficiente como para incluir a cualquier cantante con una inclinación romántica. Entre ellos, el más destacado era Arthur Tracy, conocido universalmente como «el cantante de la calle». Aunque tenía una formación evidentemente operística —que amenazaba con pérdida de audición a cualquier modesta damisela a la que rugiera al oído—, atraía a fervientes seguidoras, primero en su América natal y después en el Reino Unido, donde aparecía regularmente en las revistas semanales populares. Posaba para las cámaras y los retratos a la pluma como un vagabundo errante con acordeón y, cuando se reveló que nunca había cantado en las calles y que tampoco tocaba el acordeón que se oía en sus discos, esto no afectó a su reputación en lo más mínimo.

Hacia principios de 1927, había incluso una mujer *crooner* a la zaga: Vaughn DeLeath (hay que reconocer que no es el nombre artístico más femenino para una mujer nacida como Leonore Vonderleath[10]). Como sus rivales masculinos, sin embargo, DeLeath tuvo que ceder ante el prototipo del género. «Muddy Water», de Paul Whiteman, era una versión de un hit reciente de Harry Richman, el cual estaba empeñado en robarle la corona del vodevil a Al Jolson. Tras ochenta segundos desenfadados y sin incidentes, las melodiosas olas se abrían para revelar a un cantante de veintitrés años que emitía una ráfaga de señales contradictorias —reticencia, humor taimado, cortesía y un sentido innato del ritmo del jazz—. Así era el debut en solitario de un joven llamado Harry Lillis Crosby, quien constituía la mitad de un grupo de vodevil llamado The Rhythm Boys y un cuarto del combo vocal de Whiteman y era un intérprete de quien el director de banda Artie Shaw dijo famosamente (al mejor biógrafo de Crosby, Gary Giddins): «Lo que tienes que entender sobre Bing Crosby es que fue la primera persona blanca nacida en Estados Unidos que tenía actitud»[n161].

Para cualquiera que haya nacido en los años cincuenta o más tarde, es difícil cuadrar esa apreciación del talento de Crosby con el recuerdo distante de un artista de mediana edad al que parecía faltarle tanto la gracia de Sinatra como la carnalidad de Presley o la inteligencia de Dylan, por nombrar a tres personas blancas con actitud en épocas posteriores. Para la generación del rock 'n' roll, Bing era un charlatán del mundo del espectáculo que exhibía una distancia extraña respecto a sus coetáneos al tiempo que se hacía pasar por su amigo más cercano. Después se murió y varios miembros de su familia atestiguaron sus defectos como marido y como padre. Mientras que el atractivo y la presencia de Sinatra simplemente se multiplicaron con la edad y tras su muerte, Crosby parecía (no digo «sonaba como» porque ¿quién estaba escuchándolo

10. Como demostración de la importancia de entender el micrófono, compárese el preciso control de DeLeath en «Blue Skies» con la sobremodulación de May Alix, la pareja de dueto de Louis Armstrong en la contemporánea «Big Butter and Egg Man».

en 1977?) el miembro más prominente de una raza que se había vuelto irrelevante con la llegada del rock 'n' roll. La generación del rock 'n' roll (con este escritor como su culpable representante) no sabía lo que se estaba perdiendo. Bing Crosby no era solo el máximo *crooner* —un tipo de cantante que pronto sería objeto de una burla similar—, sino que se podría decir que fue el cantante más influyente del siglo XX. Sus fans más famosos hubieran estado de acuerdo. Entre ellos estaban Sinatra, Elvis Presley y Bob Dylan.

Uno de los logros más duraderos de Crosby fue convertir el *scat* en una herramienta que cualquier intérprete podía usar. Hacia 1932, su técnica se había ampliado de tal manera que el *New York Times* deploraba «a los chicos y chicas que intercalan las insípidas líneas del estribillo con un popurrí de sílabas monótonas y sin sentido que no pueden publicarse. Estas interpolaciones suenan como si el cantante se hubiera olvidado de la letra de la cancioncilla y hubiera tenido que rellenar con un tralalá. A veces, para variar, silban durante uno o dos compases»[n162]. Tan relajado y atrayente era este estilo que se prestaba a la imitación. «La gente canta más que antes y lo hace más para su propio placer que pensando en una audiencia»[n163], señalaba un reportaje de la BBC de finales de esa década. Ahora era corriente oír a alguien tarareando, silbando o haciendo *scat* en la calle, actividades que unos años antes los habrían hecho candidatos de entrar en un manicomio. Con un interés personal, los sociólogos de la BBC declararon que el mérito de este cambio de la conducta pública podía reclamarlo no solo la sublime soltura de los *crooners*, sino también el predominio del medio que los había llevado a las masas: la radio.

«El Reino Unido, blando, sucio y obsesionado con los *crooners*...».

A. K. Chesterton, director de propaganda de la Unión Británica
de Fascistas, 1936[n164]

«Llorones y quejicas contaminan el aire [...], una forma degenerada de cantar [...]. Ningún americano de verdad practicaría ese arte degradado [...]. Son procaces y repugnantes para los hombres de verdad».

Cardenal O'Connell, arzobispo de Boston, 1932[n165]

En plena Segunda Guerra Mundial —mientras la primera batalla de El Alamein atronaba y las fuerzas alemanas avanzaban hacia la fortaleza rusa de Stalingrado—, la BBC volvió la vista a su enemigo interno. La corporación creía que la moral del público británico estaba a su cuidado. La columna vertebral de la nación debía fortalecerse y enderezarse. No era momento para un entretenimiento «flojo» que podía ablandar la voluntad de los británicos para resistir a Alemania y a sus aliados.

«Los *crooners* masculinos», declaró un ejecutivo sénior de la BBC, «están bastante divorciados de la realidad de los tiempos»[n166]. Sus voces no eran masculinas y delataban tendencias homosexuales, sus canciones eran sentimentales y enervantes, su comportamiento amenazaba con reducir el corazón británico al «sentimentalismo». El 21 de julio de 1942, la organización emitió una formal *Normativa sobre la música de baile* que establecía sus principios rectores. En su título había un simple objetivo: «Excluir cualquier forma de actuación vocal anémica o debilitada por parte de cantantes masculinos [...]. Excluir canciones sensibleras». Muchos de los vocalistas de *big bands* fueron excluidos de la programación mientras duró el conflicto.

Bing Crosby se libró de los ataques de la BBC. De hecho, se pensaba que su aparición durante la guerra en el inmensamente popular programa de radio *Variety Band Box* había proporcionado una bienvenida inyección de adrenalina a un público agotado por años de bombardeos y racionamiento. Ayudaba que, como señaló su biógrafo, «la manera de cantar de Bing era excepcionalmente viril [...] los cardenales O'Connell del mundo nunca pudieron etiquetarlo bajo imputaciones de languidez»[n168]. Gary Giddins ha explicado la magia de su técnica vocal: «Bing transmitía su voz con el pecho, haciendo completo uso de su diafragma». Por el contrario, «muchos de sus predecesores, que no eran cantantes con mucho pulmón, pertenecían a la escuela de los afectados y cantaban solo con la garganta, en tonos lánguidos»[n169].

Entre estos intérpretes «lánguidos» destacaba un líder de banda cuya voz, en la época anterior a los micrófonos, era tan leve que requería de un megáfono para que se lo oyera por encima del alboroto de la banda. A finales de los años veinte, sin embargo, Rudy Vallee[11] empezó a aparecer en un programa de variedades semanal de Nueva York, *The Fleischmann Yeast Hour*. En el medio radiofónico, la delicadeza de su voz era una ventaja en lugar de ser un obstáculo, pues le confería un sentido de la intimidad que muchos oyentes sin duda consideraban erótico... especialmente sus fans femeninas, que podían imaginar que Vallee se dirigía a cada una de ellas personalmente. Como ha señalado un historiador: «Este enfoque hacía sentir incómodas a algunas personas, que veían a Vallee y a cantantes como él como afeminados, como 'maricas' que no

---

11. Su verdadero nombre era Hubert Vallee y adoptó su nombre artístico como homenaje al saxofonista de jazz Rudy Wiedoeft. No obstante, debió de calcular las ventajas de compartir el nombre con la estrella de cine mudo Rodolfo Valentino, cuya muerte en 1926 arrebató al más poderoso ídolo de las jóvenes de Estados Unidos. Por otra parte, un periódico británico declaró que se podría describir mejor a Vallee como un «cantante de blues», lo cual sugiere que el periodista en cuestión no había escuchado nunca un disco de blues.

proyectaban masculinidad tradicional en la música. Sin embargo, sus legiones de fans no pensaban lo mismo: les encantaba la imagen de un hombre que confesaba su debilidad en una relación romántica»[n170].

Casi de inmediato, Vallee y sus Connecticut Yankees se hicieron con una afición tan ferviente como voluble. Sus fans eran casi en su totalidad mujeres y muchas de ellas eran adolescentes, una audiencia a la que nunca antes se había dirigido un mercado con tanta astuta precisión. «¡Los hombres lo odian! ¡Las mujeres lo aman!», gritaban los anuncios del film de Vallee *The Vagabond Lover*, de 1929. La periodista Martha Gellhorn fue testigo de este fenómeno cuando Vallee actuó en el Paramount, en Brooklyn: «El público, excepto por los pocos hombres incómodos que hay presentes, se vuelve loco. Un murmullo de placer se eleva como un maremoto, se convierte en un gemido envidioso, jadea en un sollozo anhelante [...]. La mujer en la butaca siguiente murmura: '¿No es lo más dulce que existe?'. Otra, detrás de nosotros, suspira: 'Es demasiado bonito para ser verdad'. Las componentes del público no decaen en su entusiasmo turbulento. Están embelesadas, fanáticas [...]. Él es su preferido, su Amante de la Canción»[n171].

Tal devoción extática solo la despertaba el personaje de Rudy Vallee en la radio, la cual era ahora un vehículo esencial para cualquiera que desease competir con Vallee. Bing Crosby acompañó a la orquesta de Paul Whiteman en muchas emisiones antes de conseguir, en 1931, su propio programa en la cadena nacional Columbia Broadcasting. Su éxito fue instantáneo: unas semanas después comenzó una larga temporada de actuaciones en el teatro Paramount de Brooklyn y en Broadway en las que las fans estuvieron menos frenéticas que con Vallee pero demostraron ser más fieles. La cadena NBC estaba tan preocupada por el impacto del espacio de Crosby en la CBS que programaron inmediatamente después otro programa para un *crooner*, que protagonizó Russ Columbo. Solo un estrafalario accidente con arma de fuego, en 1934, interrumpió para siempre el avance del joven Columbo hacia la corona de *crooner* que ostentaba Crosby.

Al principio se asumió que la tecnología radiofónica usada por primera vez por Marconi a comienzos del siglo XX era una extensión del teléfono: un aparato que transmitía mensajes a una audiencia más allá del alcance del oído. Hacia 1910, sin embargo, ya se retransmitían discos por la radio en varias de las ciudades más importantes de Estados Unidos. Una década más tarde, la primera emisora con licencia oficial (la estación de radio KDKA) empezó a transmitir desde el este de Pittsburgh y los entusiastas aficionados de la radio del otro lado del Atlántico podían recibir la señal.

Los *crooners* y la radio crecieron en tándem, alimentándose mutuamente en su ascenso. Más que noticias o reportajes, lo que el público quería era entretenimiento. Las emisoras pronto se dieron cuenta de que el medio se prestaba a un estilo más delicado que el apropiado para el teatro de vodevil. Mientras que las ondas de radio del Reino Unido y la BBC se pusieron bajo el control del gobierno en 1927, Estados Unidos era el hogar de la radiodifusión patrocinada. Los grandes artistas actuaban como portavoces de cualquier compañía o producto que comprase sus servicios. La combinación de las limitaciones de la tecnología y del acto ligeramente invasivo de entrar en los hogares de la gente hicieron que ciertas formas de música fueran más aceptables para las masas que otras: de ahí la popularidad de los *crooners* de voces suaves, que podían transmitir calidez al oyente más solitario. Para aumentar la ilusión de que eran amigos de la audiencia, les ponían sobrenombres afectuosos. Así, Little Jack Little era conocido como «la voz amiga de los campos de maíz» y, de forma más exótica, Joe White se convirtió en «el tenor de la máscara de plata» (su identidad real permaneció secreta durante muchos años).

La radio podía convencer a millones de que un artista estaba actuando para cada uno de ellos en solitario; hacía que la música, y en especial el arte del *crooner*, se convirtiera un acto privado de comunión. Era algo más seductor que escuchar un disco, no solo porque se podía oír hablar a los artistas, sino porque además sus voces parecían entrar en la habitación como por arte de magia, sin la necesidad de dar cuerda a un gramófono o de colocar la aguja sobre un disco cada tres minutos (que hacía pedazos la fantasía).

La radio podía crear a sus propias estrellas, las cuales a menudo tenían que actuar en público bajo seudónimos inventados por sus patrocinadores —The Mono Motor Oil Twins, por ejemplo, o The Interwoven Pair (también conocidos como The Happiness Boys o, en los años anteriores a la radio, Billy Jones y Ernest Hare)—. También impulsó la carrera de *big bands*, especialmente después de mediados de los años veinte, cuando la tecnología hizo posible que se pudieran retransmitir actuaciones en vivo. Desde 1928, estos programas se podían oír a lo largo y ancho de Estados Unidos, ya que las estaciones locales se unían para formar cadenas nacionales. Mientras que los cómicos se quejaban de que demasiada exposición en la radio eliminaba la posibilidad de ganarse la vida con actuaciones en vivo —pues el público de las funciones en vivo ya había oído sus chistes—, las *big bands* competían por el tiempo de emisión, confiadas en que su popularidad se multiplicaría por el prestigio de la radiodifusión.

Por supuesto, no era suficiente con sonar en la radio: a la audiencia debía gustarle la música. De la misma forma que los *crooners* ofrecían mejor sonido (y «más fácil» de oír) que los estridentes barítonos o las penetrantes sopranos, se prefería a las bandas «suaves» antes que sus equivalentes «calientes». Como explicó el director de la cadena de radio Davey en 1932: «El estrépito y chirrido continuo que a veces recibe el nombre de música tiene tendencia a poner los nervios de punta. Si uno enciende la radio durante toda una tarde y no escucha nada más que jazz frenético, es posible que su sistema nervioso se rebele. A mí me parece que una de las características más deseables de un programa de radio es la tranquilidad, que nos incita a recostarnos en la silla y a ponernos cómodos mientras escuchamos la música. Que sea un poco estimulante está bien, pero la gente moderna necesita una proporción mayor entretenimiento calmante»[n172]. Quienes se encargaban de juzgar la calidad estética de la música podían a menudo no estar de acuerdo, pero la mayoría demandaba sonidos suaves y melodiosos. La radio era, en efecto, un huésped que no había sido invitado, y por tanto debía cuidar sus modales y dominar sus idiosincrasias para que no le pidiesen que se marche.

Una década antes, el compositor francés Erik Satie había imaginado una forma de música que «enmascararía el estrépito de tenedores y cuchillos sin ahogarlo por completo y sin llegar a imponerse»[n173]. Simultáneamente, un antiguo general de brigada del Ejército estadounidense concibió la idea de la música como una forma de control social que desalentara cualquier impulso de rebelión o subversión. Ambos pensamientos se combinaron en 1922 cuando la compañía norteamericana Wired Music Inc. empezó a emitir una mezcla de música y reportajes de interés en los hogares de los suscriptores. Más que depender de los discos, con su riesgo para el estímulo sonoro, Wired Music formó su propia biblioteca de música de baile apropiadamente sosegada tomando canciones familiares y cambiando los arreglos de modo que nada llamase la atención de la audiencia. La compañía ofrecía su programación a hoteles, tiendas y restaurantes haciendo coincidir con precisión la atmósfera de sus selecciones con el ambiente que estaban diseñadas para crear. A mediados de los años treinta, este servicio había adquirido un nombre más reconocible, acuñado al combinar las palabras «música» (por su contenido) y «Kodak» (para denotar modernidad): la Muzak Corporation.

Compton Mackenzie había tomado nota del papel cambiante de la radio. «Hubo una época en que la BBC ponía música de baile creyendo que la gente bailaba al oírla», escribió en 1934. «Hace tiempo que se ha curado de ese delirio. La música de baile se ha convertido tan solo en el principal ruido que emana de un altavoz»[n174]. Pero la radio de la BBC tenía otra tarea: respetar los estrictos principios éticos de su líder supremo, el director general John Reith. Aquí no había ningún criterio comercial que satisfacer: los oyentes quizá hubieran preferido una dieta constante de música ligera, *big bands* y *crooners* (aunque las últimas dos categorías habrían horrorizado a aquellos que se consideraban a sí mismos adultos maduros), pero las restricciones de Reith aseguraban que primero debían soportar actuaciones de ópera, sinfonías, piezas concertantes y otras formas de iluminación musical «seria». Había programas dirigidos a los niños y otros a los adultos, pero antes de los años cincuenta no había nada que pudiera atraer específicamente a aquellos con edades comprendidas, digamos, entre los doce y los veinticinco. La moral debía protegerse, lo cual obligaba a la exclusión de cualquier material que pudiera corromper, conmocionar o incluso ligeramente molestar a una pequeñísima parte del público. Todas las referencias a productos comerciales se prohibieron, lo mismo que canciones (como «Love For Sale») que sugirieran, aun vagamente, la existencia de las relaciones sexuales. Durante un tiempo, Reith incluso se negó a permitir que se mencionaran los títulos de las canciones cuando los artistas estaban actuando, para que aquello no pudiera interpretarse como una forma de anuncio. En años posteriores, se impusieron por algún tiempo restricciones igualmente arbitrarias: un racionamiento de la proporción de las composiciones americanas, por ejemplo; una eliminación selectiva de discos vocales, considerados una distracción para la audiencia, y, de manera constante entrados los años sesenta, la prohibición total de cualquier canción popular que se atreviera a tomar su inspiración melódica de un tema clásico[12], un acto de atrocidad artística que se consideraba ofensivo para todas las personas de buen gusto. Ante cualquier conflicto potencial, se favorecía al intelectual antes que al populista. Y, por supuesto, no se podía emitir ninguna música popular en absoluto los domingos por la tarde.

Más allá de estas barreras, la BBC creó y mantuvo estrellas tan duraderas como las que promovían las cadenas estadounidenses. Al igual que en Estados Unidos, los años veinte y principios de los treinta fueron la época de las *big bands*. Pocos conjuntos americanos actuaban alguna vez en el Reino Unido, especialmente entre principios de los años treinta y mediados de los cincuenta, cuando disputas entre los respectivos gremios de músicos detuvieran el intercambio transatlántico de todo menos de artistas de variedades. Así fomentó el Reino Unido su propio talento, muy dependiente de los originales americanos, era cierto, aunque también con atracciones distintivamente locales.

Mientras que muchos miembros de las principales bandas americanas abrigaban secretas ambiciones de tocar jazz —que podían satisfacerse con un discreto solo de cuatro compases entre los estribillos de una melodía popular—, el jazz no habría sido descubierto en absoluto si se hubiera dejado la búsqueda en manos de las *big bands* británicas. Las modas y las novedades tardaban meses e incluso años en cruzar el Atlántico. Las canciones viajaban más de prisa, especialmente si las ayudaban las revistas de variedades o (a partir de 1930) las películas. Pero aún había un marcado desfase entre ambas culturas, lo cual sig-

12. La Academia de Música Sueca advirtió en 1961 de que era ilegal hacer interpretaciones pop de melodías de Edvard Grieg. Los artículos ofensivos eran marcados, en los archivos de la radio sueca, con un sello en forma de calavera para asegurarse así de que no serían emitidos.

nificaba, por ejemplo, que, en una época ligeramente posterior, el *boom* de las bandas de swing americanas no se reproduciría en el Reino Unido hasta casi una década más tarde. Muchos vocalistas británicos cantaban como si vistieran el esmoquin y la pajarita negra que se exigía a los locutores y presentadores. Pero tanto si mostraban algún indicio de arreglos de jazz y de música *hot* como si no, las bandas británicas respaldaban una cultura que envolvía lo más aristocrático y lo más humilde del país en una orgía de baile.

Solo los personajes más ricos y mejor conectados de la escena social podían escuchar a las bandas del hotel Savoy en su hábitat natural. Los conjuntos más importantes de la nación tocaban en hoteles y clubes nocturnos del West End de Londres, pues la recompensa en dinero y en reputación era obvia. Pero, más allá del Monseigneur y del Café de Paris, grandes multitudes llegaban atraídas por los salones de baile, adonde podían entrar por unos pocos peniques que no les hubieran permitido siquiera comprarse una gaseosa en el Savoy, mientras que en las pequeñas ciudades y pueblos las parejas cerraban los ojos y daban vueltas con el foxtrot o el vals al sonido de la radio o el gramófono, imaginando que estaban en el West End en compañía del príncipe de Gales y sus amigotes. Como ha explicado la historiadora del jazz Catherine Parsonage: «La sala de baile era la única forma de entretenimiento que podía rivalizar con el cine y el pub y que concedía a las mujeres la oportunidad de salir y de pasárselo bien»[n175]. Las mujeres volvieron a gozar de la libertad de que gozaban durante la Primera Guerra Mundial y que les había sido arrebatada en los primeros años de paz. Volvieron a tomarla, y ya nunca más renunciaron a ella.

Revistas como *Radio Pictorial* (aunque no la más reservada *Radio Times*, de la BBC) exponían a la luz pública las vidas íntimas de los líderes de banda más prominentes sin un mínimo atisbo de escándalo. Aunque no es que el género estuviera falto de personajes. Con creces, la banda más popular de Londres era la liderada por Jack Hylton, el artista británico que más discos vendió antes de los Beatles. Él conocía el valor de la autopromoción y hacía que varios miembros de su banda volaran por encima de la Blackpool Tower en plena temporada veraniega de 1927 y dejaran caer folletos sobre los veraneantes que se encontraban abajo para publicitar su último lanzamiento, «Me and Jane in a Plane» [«Yo y Jane en un avión»]. Hylton tomaba el pulso a los tiempos cambiantes estudiando las partituras de todos los últimos hits americanos y después aplicaba lo que él llamaba, misteriosamente, «el toque británico»[n176] para beneficio de su audiencia nativa. Con un repertorio que se extendía desde las comedias musicales de Gilbert y Sullivan y los clásicos ligeros hasta canciones de las revistas de variedades más de moda de Londres, se propuso apelar a todos los gustos posibles sin acercarse demasiado al jazz, aquel «vandalismo que torturaba los nervios»[n177].

Billy Cotton (que en los sesenta aún presentaba un programa televisivo de variedades), que se labró una reputación gracias a su dominio de todos los nuevos bailes, era un especial favorito del ubicuo príncipe de Gales. Aunque Cotton apenas podía disimular su enfado cuando su alteza real insistía en sentarse a la batería, todos los directores de banda de Londres sabían que el imprimátur real era una garantía de éxito. El fino y sofisticado Ambrose (hijo de un trapero del East End) animaba a los jóvenes de la realeza a acudir a sus actuaciones en Ciro's o en el Café de Paris. Aunque si uno no pertenecía a la realeza, Ambrose era menos cordial: aunque que su banda era un semillero de talento musical y su nombre era sinónimo de entretenimiento tranquilo, era propenso a arremeter contra su público ante la mínima provocación. Como recordaba otro director de banda, Ted Heath, «uno se sentía honrado si Ambrose se dignaba a responderle; un insulto suyo era un símbolo de éxito social»[n178].

Con la realeza, por supuesto, la deferencia tenía prioridad sobre la expresión de sentimientos personales. Como explicó el líder de banda Jack Payne: «El interés por parte de la realeza puede ser, obviamente, de valor incalculable para una banda, pero pobre del joven ambicioso que sea tan tonto como para presumir de ello. El príncipe de Gales a veces me pedía que tocase ciertas canciones —cuando 'Two Little Words' era popular, a veces quería que la tocara seis o siete veces en una tarde—, pero que te hiciera el honor de acercarse y dirigirte la palabra no te daba derecho a preguntarle quién pensaba él que iba a ganar el derbi»[n179]. Avergonzar al príncipe era una metedura de pata tremenda: Geraldo, que hizo su reputación como líder de la Gaucho Tango Orchestra en el Savoy y ofrecía lo que los británicos asumían que era una auténtica mezcla de ritmos sudamericanos, tuvo que revelar que era del East End y se llamaba Gerald cuando su alteza real le habló en español en la Royal Command Performance de 1933. Aquel subterfugio era común: Bertini se llamaba en realidad Bert Gutsell; Alfredo, con su banda de gitanos, era Alfred Gill; Chaquito era Johnny Gregory, y a Waldini su madre lo conocía como Wally Bishop.

Por el sabor genuino de lo exótico, los que bailaban podían deleitarse con el nombre del líder de banda que inicialmente se anunciaba como Leonelli Gandino pero que tuvo más éxito, entre 1926 y su muerte en 1980, como Annunzio Mantovani, de Venecia. El don de Mantovani para la publicidad dejaba a Jack Hylton en nada. Declaraba poseer un instrumento de doscientos años, que bautizó como el «violín de la muerte» porque había sido «maldecido con un poder maligno»[n180]. Para reforzar su reputación como el Alice Cooper o el Ozzy Osbourne de los años treinta, relataba que le habían pagado una gran cantidad para que tocase en una fiesta privada. De hecho, la actuación era tan privada que solo estaba presente su anfitrión, que le demandó una serie de melodías clásicas. Cuando Mantovani pidió un descanso después de una o dos horas, se dice que su patrocinador empuñó un cuchillo y gritó: «¡Continúe! Hay un pá-jaro cantor dentro de usted y si el pájaro muere, ¡debo apuñalarlo!»[n181]. Según la historia, Mantovani podría haber estado tocando hasta el día de hoy si no hubieran irrumpido unos vecinos para rescatarlo. Todo esto apenas cuadraba con el repertorio orquestal ligero que constituía su mercancía más fiable, pero le ayudaba a vender discos y entradas de salas de baile.

Los lectores de revistas de la época se deleitaban con las proezas de Harry Roy[13], que dedicó muchos años a cortejar a una princesa de Sarawak, en Bor-neo, a quien había conocido en una fiesta de Mayfair. Su amorío de larga dis-tancia encantaba al público, especialmente cuando le propuso matrimonio por correo, motivando que la «Princesa Perla» hiciera un peligroso viaje de ocho días en hidroavión a Londres para aceptar. Posteriormente, se los vio juntos en la película musical de 1936 *Everything Is Rhythm*. Harry Roy aumentó su fama al cabalgar sobre un elefante por Oxford Street para publicitar una ac-tuación en el Palladium. Pero de todos los dramas sobre las bandas británicas de los años veinte y treinta, ninguno igualaría el destino de Bert Ralton. Su Havana Band (que tenía de cubana lo que Geraldo tenía de argentino) consi-guió un lucrativo contrato para tocar en Sudáfrica en la Navidad de 1926, tras lo cual Ralton se fue de safari. Mientras cazaba en la selva, dio un paso atrás y dio con la espalda en el rifle de uno de sus acompañantes. El rifle se disparó, causándole una herida fatal en la pierna. Cuando Ralton yacía en el suelo des-angrándose, se dice que pidió su ukelele y cantó repetidas veces el estribillo de la balada «Always», de Irving Berlin, hasta perder la conciencia.

Es tentador imaginar que, en la misma situación, Jack Payne habría usado sus últimos momentos de consciencia para maldecir a todos los que tenía a su alrededor. Entre 1928 y 1932, Payne fue el irascible líder de la BBC Dance Orchestra, que por entonces era la *big band* nacional. Invitaban a su conjunto a actuar en la radio con tanta regularidad que, solo en 1931, acumularon 650 horas de emisiones en vivo. Payne creía que no había virtualmente audiencia para el jazz (un prejuicio confirmado tanto por las ventas de discos como por las encuestas de opinión en el Reino Unido), que «muchas canciones se iban a la tumba por ser demasiado complicadas»[n182] y que el infalible juez de una nueva canción era el chico de los recados: si este la silbaba, era un éxito. Aun-que gozaba de una audiencia predominantemente femenina, Payne tenía poco tiempo para las mujeres. «No tenía sentido», decía, que cantaran al frente de

13. El patrón de Roy, Felix Mendelssohn, demostró ser igualmente ducho en influir en el público cuando afirmó falsamente que era pariente del compositor romántico del siglo XIX. Formó los Hawaiian Serenaders y se jactaba de que eran naturales de los Mares del Sur y tenían el objetivo de convertir al Reino Unido a los deleites de la *steel guitar* y el baile del *hula*, aunque la mayoría de sus músicos tenía una apariencia curiosamente británica.

una banda, y además afirmaba «aborrecer y abominar aquellas cartas enfermizas que me envían algunas mujeres». Las responsables, según él, eran «*flappers* bobas y solteronas tontas»[n183].

Quizá debido a su temperamento impredecible, en 1932 Payne fue reemplazado en su puesto como la personalidad musical más influyente por su polo opuesto, un hombre modesto, nervioso y con gafas llamado Henry Hall. Mientras que Payne probablemente le habría dado un azote a cualquier niño al alcance de su mano, Hall se daba cuenta de que los niños podrían estar oyendo la radio y se aseguraba de añadir material apropiado para ellos en su repertorio radiofónico, como la perenne «Teddy Bears' Picnic». Cuando la BBC rompió con la tradición de Reith y le permitió introducir sus propios números, su encanto sin pretensiones y su voz amable cautivaron al público. Se convirtió en una especie de ídolo nacional, celebrado en un film rodado a toda prisa: *Music Hath Charms*. El sentimiento de familiaridad que inspiraba en sus oyentes se evidencia en una carta que le enviaron desde Aberdeen: «Estimado señor Hall, ¿sería tan amable de hacer que su banda tocase más fuerte, que se me están gastando las pilas?»[n184].

Todos estos directores de banda, y docenas más, imitaban a sus equivalentes americanos manteniendo un apretado calendario de actuaciones en vivo, emisiones de radio y grabaciones. Jack Hylton, por ejemplo, acumuló siete millones de discos vendidos entre 1923 y 1930, periodo durante el cual grabó literalmente cientos de discos —aunque ninguno de ellos se acercó siquiera remotamente a disputar los 750.000 discos vendidos de los Savoy Orpheans en 1926 con «Valencia» y «The Student Prince»[14]—. Mientras que muchas bandas americanas contaban con seguidores leales en el Reino Unido, raramente ocurría lo contrario: Hylton y Hall causaron una impresión pasajera en el mercado norteamericano, pero era el disco lo que gustaba, no la banda.

No fue ese el caso de Ray Noble, que, como Harry Lauder en la época del vodevil y como los Beatles tres décadas más tarde, llevó un sonido marcadamente británico al otro lado del Atlántico y persuadió a los escépticos americanos de que tenían algo que aprender del viejo país. Era, según dijo la revista *American Music Lover* en 1935, el «rey del jazz de Inglaterra», aunque el título no era demasiado acertado: de hecho, Noël Coward felicitó a Noble por haber creado un sonido de baile que no dependía ni del ragtime ni del jazz. Educado en Cambridge, Noble fue contratado por la HMV en Londres como pianista clásico y como arreglista de *big bands* —con la idea de que la

---

14. El disco más popular en el Reino Unido durante el período de entreguerras se cree que fue «Hear My Prayer», de The Temple Church Choir, que vendió más de 800.000 copias. «The Old Rugged Cross» (1929), de William MacEwan, también se vendió más que el resto, excepto por un puñado de lanzamientos «pop» de la época.

primera habilidad asistiría a la segunda—. Con menos de treinta años, trabajaba no solo como líder de banda, compositor y arreglista, sino también como director del estudio de grabación de la compañía, supervisando música que iba desde gran ópera hasta baja comedia. Lideraba la banda de la compañía, la New Mayfair Dance Orchestra, algunos de cuyos miembros (según el departamento de publicidad) eran jugadores de polo que a menudo aparecían en las sesiones de grabación con pantalones de montar. Pero Noble no necesitaba estos trucos publicitarios. Como señalaba un reportaje escrito por entonces en Estados Unidos, mientras que la mayoría de las bandas basaban su éxito en «el uso constante de ciertos amaneramientos en la orquestación y en el ritmo» o bien en «el atractivo físico más o menos potente de su líder», el secreto de Noble era «una inteligencia musical excepcionalmente alta como líder [...]. Aquí, por fin, había una *big band* a la que uno podía escuchar sin insultar su propia inteligencia»[n185].

Cada aspecto de la obra de Noble despertaba elogios, desde la claridad sonora de sus grabaciones (solo posible en el Reino Unido, insistían los críticos) hasta la sofisticación de sus arreglos, aquellas pinceladas de tono y de color con las que podía enriquecer el material más trillado. De su generación de arreglistas británicos, solo el inconformista Reginald Foresythe podía lograr un uso delicado comparable de una *big band*: las emociones se describían y se expresaban con un control lleno de elegancia que iba de la mano con su imagen casi aristocrática. (Sacaba provecho de sus orígenes «pijos» con una seca versión de «Slummin' on Park Avenue», de Irving Berlin, corrigiendo los sonidos vocálicos de sus vecinos americanos con tono consternado). El erotismo oculto de un refinado romance era a menudo evidente en sus canciones, tres de las cuales —«Goodnight Sweetheart», «Love Is the Sweetest Thing» y «The Very Thought of You»— han pasado al repertorio de *standards*.

Entre los atractivos de la banda de Noble de los años treinta destacaba el talento vocal de Al Bowlly, recordado hoy como el único rival viable de los *crooners* americanos. Nació en el este de África y después vivió sus comienzos como cantante en Sudáfrica, la India y, finalmente, Alemania, antes de llegar a Londres, donde trabajó con muchas de las mejores bandas de la época. A oídos modernos, el estilo de Bowlly puede sonar a la vez un tanto rígido —a la manera de un baladista victoriano— y tan flexible como Sinatra. Su carnalidad tranquila aumentaba su atractivo sexual. Noble y Bowlly tenían la intención de arrasar en Estados Unidos en 1934, pero las normas de los sindicatos les impidieron viajar con su banda británica al completo —el equivalente, quizás, de que Lennon y McCartney hubiesen tenido que contratar una banda de acompañamiento para *The Ed Sullivan Show* en 1964—. En su lugar, Noble reunió a un grupo aprobado por el sindicato que nunca alcanzó la habilidad de su banda británica, aunque al joven trombonista Glenn Miller esto le proporcionó una rápida educación como arreglista y director de banda.

Aparte de las bandas, la exportación más exitosa del Reino Unido fue una de las últimas grandes estrellas que emergieron de las salas de baile: la cantante, actriz y cómica Gracie Fields. Al igual que Al Jolson, empezó su carrera como la compinche preadolescente de una intérprete de mayor edad, plantada en la audiencia para cantar el estribillo de las canciones de Lily Turner. «Aquello funcionó bien», relata su biógrafo, «hasta que un espectador la confundió con una alborotadora y le pegó con un paraguas»[n186]. Al encabezar el reparto a los trece años, Fields construyó una carrera duradera a base de burlarse de sí misma con su sentido del humor de Lancashire, de dominar el arte de componer baladas y de sintetizar con evidente habilidad las emociones de la gente trabajadora común. El público británico disfrutaba de sus canciones cómicas, a menudo picantes, especialmente cuando —como en el monólogo introductorio de «In the Woodshed She Said She Would»— fingía que a ella misma le parecían escandalosas. Tenía un talento poco frecuente que podía grabar *novelty songs* como «Let's All Go Posh» [«Volvámonos todos pijos»] y «What Can You Give a Nudist on His Birthday?» [«¿Que se le puede regalar a un nudista por su cumpleaños?»], y después hacer llorar a la audiencia con una triste historia de amor perdido. «Pobre Gracie», lamentaba su compañía discográfica en la promoción de una canción titulada «He Forgot to Come Back Home» [«Él se olvidó de volver a casa»], «sola y con lágrimas en los ojos, destinada a ser un juguete del destino... y de los hombres malvados. Llévala a tu corazón, a ella que ha sido abandonada y olvidada [...] y te dará honesta alegría, por el precio de media corona, cada vez que pongas el disco. Lo cual ocurrirá muy a menudo»[n187]. Esta retórica del placer mediante el dolor se asemejaba al modo en que se estaban vendiendo muchos discos de blues en América. Un set de tres discos de 78 rpm grabados ante una audiencia en el Holborn Empire en octubre de 1933 —en la que fue una de las primeras grabaciones «en vivo»— daba una idea del atractivo de «mujer común y corriente» de Gracie.

En su viaje inicial a Estados Unidos, Fields fue anunciada como «la mujer más graciosa del mundo», para confusión de quienes no podían descifrar su acento de Lancashire. Ella recordaba un encuentro vergonzoso con George Gershwin, que era el anfitrión designado para una fiesta del mundo del espectáculo en su honor: «Había muchas estrellas de cine allí y él estaba tocando algo de su propia música en el piano. Entonces, pensé: 'Ahora me voy a lucir y la voy a cantar con él'. Empecé a cantar y de repente me puse nerviosa en el medio de la canción y me olvidé de toda la letra. Él estaba bastante interesado en mí al principio, pero cuando me olvidé de la letra me miró con asco. ¡Me sentí pero bien tonta!»[n188].

Si Gracie Fields comerciaba con el sentimiento de los fans de que podían encontrar a alguien como ella en la tienda de la esquina, la radio además les permitía conocer una música que sonaba extrañamente, incluso peligrosamente, diferente. Mientras que el entretenimiento que ofrecía la BBC estaba cuidadosamente moderado para reflejar al Reino Unido en su aspecto más reservado[15], en las emisoras continentales, que se podían escuchar con un equipo de onda corta, se ofrecía una dieta más diversa. Basadas en Luxemburgo, Normandía, París, la Costa Azul y docenas de sitios igualmente exóticos, sus programas estaban patrocinados, al igual que en América, por fabricantes de productos tan extraños como Zam-Buk (un bálsamo de hierbas) y Bile Beans, un reconstituyente para todo uso que prometía: «Si quieres oír lo joven que pareces, empieza por tomar dosis de Bile Beans todas las noches».

Mientras que gran parte de sus grabaciones sonaban lo suficientemente moderadas como para apaciguar a los ejecutivos de la BBC («Sea Shanties» [«Cantos marineros»], «Songs with a Guitar» [«Canciones con guitarra»], «Some Old Fashioned Dances» [«Unos bailes anticuados»]), otros programas eran más osados. Radio Paris ofrecía a The Murphy Minstrels con «A Real Nigger Minstrel Show»; Radio Normandía retransmitía los sonidos de las estepas con «Balalaika Songs», y el programa *Plantation's Love Songs* [*canciones de amor de la plantación*], de Radio Luxemburgo, prometía que el oyente «escucharía al ruiseñor cantar en la vieja Tobacco Road y a los recogedores de tabaco en sus chozas», sin dejar ningún cliché de la época esclavista sin tocar.

El rey indiscutible de la radiodifusión esotérica en la Europa de mediados de los años treinta era Carson Robison. El detergente Oxydol patrocinaba su programa semanal declarando: «Hay romance en el lejano, lejano oeste». Robison era el autoproclamado «rey *hillbilly*», el equivalente sonoro de los héroes *cowboys* de las primeras películas habladas. «Yo hablaba el idioma de los campesinos, que se compraban mis discos y los ponían cada domingo por la noche (su noche libre) con la misma regularidad con que leían la Biblia», explicaba a sus fans ingleses. «Después, a la gente de ciudad le entró la locura *hillbilly*»[189]. Era una locura basada en los ideales del pasado distante que el más moderno de los inventos traía a la vida: la emisora de radio.

15. En 1939, la BBC trató de poner un corsé a sus líderes de banda, dándoles una lista de 32 canciones de las que tenían que elegir al menos un 40%. Esto anticipaba las listas de los 40 principales de las décadas futuras, pero demostró ser tan impopular tanto entre los músicos como entre el público que dejó de hacerse al cabo de un mes.

«Los *hillbillies* son los mortales más incorregiblemente vagos que pueden encontrarse [...]. Lo más difícil es conseguir que se estén quietos durante una grabación. Están todo el tiempo raspando el suelo con las botas y, normalmente, después de la tercera estrofa el artista necesita aclararse la garganta, cosa que hace con encomiable celo para, acto seguido, escupir de forma muy audible. Muchos cilindros de cera se echan a perder también porque el 'artista' se niega a detenerse cuando llega el final de la grabación.»

Cyril Ricketts, folklorista, 1931 [n191]

CAPÍTULO 6

BLUES EN LA NOCHE

«Yo bajaba el volumen de la radio y pegaba la oreja al altavoz. La música que oía se convirtió en lo mejor de mi vida. A papá no le gustaba esto. 'Estás malgastando el tiempo escuchando esos discos viejos de la radio', me decía. 'No son reales, ¿entiendes? Esa gente en realidad no está ahí. Es solo un tipo sentado que pone discos. ¿Por qué escuchas esas cosas de mentira?»

Johnny Cash [n190]

Las compañías de discos las llamaban al principio «Old Familiar Tunes» [«viejas canciones familiares»], incapaces, hasta la Segunda Guerra Mundial, de encontrar una descripción válida de la música de la América rural blanca. *Hillbilly* fue una etiqueta que perduró, aunque (al igual que la palabra «nigger» en el hip hop) era un término insultante que los forasteros aplicaban a la gente de campo y que después los intérpretes adoptaron con una mezcla de orgullo desafiante y (pero aquí la comparación con el rap se desvanece) menosprecio de sí mismos. El coleccionista de canciones John A. Lomax tituló su antología de 1910 *Cowboy Songs and Other Frontier Ballads* [*Canciones de vaqueros y otras baladas de la frontera*]; las investigaciones de Cecil Sharp en Kentucky y Tennessee dieron como fruto *English Folksongs from the Southern Appalachians* [*Canciones folclóricas inglesas del sur de los Apalaches*]. Estas dos variedades contribuyeron a la formación del polifacético género que más tarde se conoció (aunque solo después de 1945) como música country, country and western o, incluso, folk. Sin embargo, para cuando los folcloristas llegaron al sur de Estados Unidos, la «pureza que habían esperado encontrar en la música de la región se había contaminado con incontables influencias, negras y blancas, populares y tradicionales. Después de que la radio llegara a las montañas, las praderas y los pantanos de la América rural, los cantantes *hillbilly* (y sus equivalentes afroamericanos) entretenían a sus amigos y vecinos tanto con canciones de musicales y novedades de vodevil como con cualquier música que pudiera rastrearse hasta sus antepasados.

Problemas similares habían tenido Cecil Sharp y sus colegas al explorar el legado folclórico británico. Eligieron no documentar o preservar ninguna canción con un origen comercial, optando así por la supuesta pureza del material «tradicional». (Por otra parte, muchos de estos coleccionistas censuraban las letras obscenas o que podían ofender a los oídos educados). Había cierta majestad condenada en el proceso, como el poeta y coleccionista Alfred Williams admitió en 1923: «Las propias canciones, en lo que se refiere al canto, están prácticamente difuntas. No hay necesidad de revivirlas. Hacerlo, de hecho, sería imposible. Además, no es deseable. Vivimos en una nueva época, casi en un nuevo mundo [...]. Contentémonos, pues, con decir que la canción folclórica está muerta»[n192]. Aun así, Williams insistía en que las viejas canciones debían salvarse, «no por su mérito artístico o intrínsecamente literario, sino para tener registros de lo que entretenía, divertía, consolaba o profundamente afectaba a las vidas de la gente de una época que ha desaparecido para siempre». Había un sentido de «noblesa obliga» en este impulso, el impulso de hombres cultos de preservar la cultura de aquellos que eran demasiado ignorantes para hacerlo ellos mismos. Pero la mayoría de los coleccionistas estadounidenses adoptaron una actitud algo menos puritana y patriarcal hacia el material que recogían.

Para evitar las connotaciones peyorativas de la palabra *hillbilly*, los artistas del sur rural acentuaban sus cualidades heroicas como vaqueros y montañeros, tradiciones que se basaban en cierta realidad y que podían ser lavadas y pulidas para consumo nacional y (más tarde) internacional. Aunque es tentador imaginar que a los pioneros del blues y el country estaban inspirados solo por un exceso de emoción, ambas tradiciones pronto se extendieron más allá del entretenimiento local y se convirtieron en una forma de estructura de carrera profesional. Los músicos rurales, con su banjo, su violín o su guitarra al hombro, viajaban de comunidad en comunidad con mentalidad de comerciantes, tal como explica el historiador de la música country Charles Wolfe: «Muchas de las canciones se imprimían en pequeñas tarjetas del tamaño de una postal (que los más viejos aún llaman 'cartas de ballet'), normalmente firmadas por el compositor o el cantante; los trovadores rurales vagaban por la montañas cantando en patios rurales y ganando algo de dinero con la venta de sus cartas de ballet por una moneda de uno o de cinco centavos»[n193].

En 1923, la emisora de radio WBAP, de Fort Worth, emitió noventa minutos de antigua música de baile del violinista Captain M. J. Bonner, lo que provocó que llegaran más telegramas y llamadas de apreciación que con cualquier otra presentación anterior. Comenzó así la tradición del baile radiofónico de granero, que alcanzó su cumbre con la aparición dos años más tarde del *Grand Ole Opry* de la WSM, de Nashville. Este programa eran voluntariamente «nostálgico» desde el comienzo: era atractivo para toda la familia, especialmente para aquellos que creían recordar los tiempos en que la música montañesa y las baladas de *cowboys* se escuchaban al calor de cada chimenea. La llegada de la radio encendió una pasión por los viejos violinistas. Pasión estimulada, irónicamente, por ese pionero de la ingeniería de la producción en masa, Henry Ford, que pensaba que las canciones rurales de violín podían calmar la inmoralidad de la perversa edad moderna. Los violinistas estrella, determinados por medio de concursos nacionales, tocaban en el *Opry*, al principio junto a bandas de viento y a estrellas del vodevil, hasta que los estudios de mercado sobre el gusto por lo primitivo determinaron que el público prefería que su música sonara como si hubiera surgido de la nada.

Había un campo de oportunidades en todo lo antiguo para cualquiera que fuera lo suficientemente desvergonzado como para aprovecharlo. En concreto, para Vernon Dalhart, con sus baladas rurales de mediados de los años veinte, que describían descarrilamientos de trenes o lamentos de presos. Se estima que la primera de estas, «The Prisoner's Song» (1924), vendió más de seis millones de copias.

La tradición quedó inaugurada cuando el folclorista Ralph Peer viajó a Atlanta en 1923 para grabar «The Little Old Log Cabin in the Lane», de Fiddlin' John Carson, una canción que ya era conocida desde hacía décadas. Las más recientes invenciones de la tecnología se usaban para suministrar cómoda nostalgia: la radio (y, con el tiempo, las técnicas de grabación eléctrica) era ideal para transmitir la intimidad al calor de la chimenea de estas interpretaciones y la segunda mitad de la década produjo estrellas tan improbables como Gid Tanner & The Skillet Lickers, una *string band* prototípica, cuyo tema «John Henry» parecía haberse grabado en mitad de una orgía a la luz de la luna, y Uncle Dave Macon, el autoproclamado «rey de los *hillbillies*», que viajaba por el sur de Estados Unidos en un carro tirado por un caballo cuando todo el mundo estaba usando ya un Ford Modelo T. Su carro llevaba un cartel con el siguiente eslogan: «Uncle Dave Macon, cada vez más despacio pero aún en movimiento. La religión de los viejos tiempos, de la vieja manera fiable. Mi gasolina consiste en maíz, avena, látigo y heno».

Su permanencia en la radio garantizaba que Uncle Dave nunca andaría escaso de su «gasolina». Este primitivismo voluntario era sin duda una marca distintiva de la autenticidad rural para la audiencia *hillbilly*: ¿por qué si no grabó Vernon Dalhart una serie de baladas de desastres (inundaciones, descarrilamientos, la muerte de Rodolfo Valentino) con una guitarra deliberadamente desafinada? Ralph Peer recorrió de un lado a otro el sur en busca de un talento para aprovechar el enorme público de Dalhart y, en Bristol, Tennessee, descubrió a dos de los artistas americanos más influyentes del siglo. The Carter Family era un trío compuesto de marido, esposa y la hermana de ésta (que estaba convenientemente casada con el hermano de A. P. Carter). La hermana era «Mother» Maybelle Carter, a la que se atribuye ampliamente la invención de una técnica de mano derecha para la guitarra de country que aún sigue vigente hoy. Su cuñado, A. P., era, como John Lomax y Cecil Sharp, un coleccionista de canciones. Era también un astuto empresario, que excavaba en la memoria colectiva de los pueblos y ciudades en las que tocaba The Carter Family, descubriendo melodías y letras «tradicionales» que después actualizaba para un público moderno (atribuyéndose a sí mismo créditos y derechos de autor). Muy pronto, le estaban enviando por correo el material, que consistía en una mezcla de tradición oral ancestral y tentativas modernas en la misma vena, todo lo cual era incorporado al repertorio de The Carter Family. La rústica forma de cantar en armonía del trío, ingenua y espontánea, ha sobrevivido prácticamente inalterada en el moderno género de la *americana*, que rinde apasionado homenaje a The Carter Family.

El otro descubrimiento de Ralph Peer en 1927 era demasiado idiosincrático como para que fuera muy imitado. Jimmie Rodgers (alias «El guardafrenos cantor») era, en opinión de la estrella del country de los años treinta y cuarenta Alton Delmore, «simplemente el más grande. No ha habido nunca un hombre en toda la historia del espectáculo que tuviera tanta energía como él cuando actuaba solo. Ha habido buenos cantantes, buenos instrumentistas e intérpretes que han tenido grandes éxitos con el público y han ganado millones de dólares. Pero nunca ha habido un solo hombre con un solo instrumento que pudiera cantar y tocar como él»[n194]. Si Rodgers no hubiera sido abatido por la tuberculosis en 1933, con solo treinta y cinco años, quizá habría transmitido su indómita mezcla de sentimentalidad *hillbilly*, chulería de *cowboy*, emoción de blues y (su característico) *yodelling* alpino a la corriente del rock 'n' roll y más allá, como el equivalente blanco de Muddy Waters o John Lee Hooker. Pero en una carrera de grabación de seis años, su desfile de canciones tituladas «Blue Yodel» conjuraba la imagen del trovador solitario, rondando las praderas con su guitarra y su perro como única compañía. (Él no tenía experiencia de primera mano como *cowboy*, pero sí había viajado como polizón en trenes de mercancías desde el comienzo de la adolescencia). Rodgers proporcionó una plantilla para los *cowboys* cantantes que poblaron los años treinta en discos y en la pantalla y para aquellos —como Bing Crosby— que los imitaron con tanto provecho. La tradición de los *cowboys* se introdujo en la corriente de la música popular con la canción de Billy Hill «The Last Round-Up», de 1933, el primero de una larga serie de éxitos con tema de western que llegaría hasta comienzos de los sesenta.

Al grabar con Louis Armstrong e introducir de manera informal el blues en su música, Jimmie Rodgers desdibujó las fronteras entre el mundo del espectáculo blanco y el negro. No fue el único: el dúo de The Allen Brothers fue grabado en su lugar de residencia por un ingeniero de Columbia en 1927. Este envió las grabaciones a Nueva York, donde los ejecutivos notaron que las dos canciones eran temas de blues y clasificaron a los Allen junto a los artistas negros del sello. Pero los Allen eran blancos y amenazaron con demandar a Columbia por daños a su reputación. Pero a pesar de la tensión racial y de la segregación que todavía marcaban a Estados Unidos, muchos músicos mantenían sus oídos y sus mentes completamente abiertos y libres de prejuicio. Los bailes de establo radiofónicos (sobre todo el *Opry*) se consumían ávidamente en los hogares blancos y negros a lo largo y ancho del sur, y artistas que contribuyeron de forma tan notable a la música afroamericana, como Louis Armstrong, Ray Charles y Chuck Berry, se empaparon todo lo que pudieron de tradición *hillbilly*.

Y sin embargo, la música realizada por artistas rurales de su propia raza era cuidadosamente mantenida dentro de un gueto, para así impedir que los estilos y las ideas negras virasen en la dirección contraria. Cuando Ralph Peer comenzó a grabar a artistas negros como Ed Andrews, se vio obligado a pisar con cuidado en el mercado: «Teníamos miedo de anunciar discos de música negra, así que los listábamos como discos 'raciales'»[n195]. Incluso cuando, en 1930, el trío de blues The Mississippi Sheiks imitaba de forma descarada el estilo de Jimmy Rodgers con «Yodeling Fiddling Blues», su música no tenía posibilidades de llegar al público blanco del propio Rodgers. Pero esta segregación permitió que el blues, a medida que crecía y pasaba de ser solo un estilo a convertirse en toda una cultura, provocara respuestas emocionales y físicas que habrían sido consideradas tabú en un ámbito más integrado.

«Blind Lemon Jefferson y Lonnie Johnson me impactaron más que ningún otro, creo, porque sus voces eran diferentes, eran naturales y creíbles. Me parecía que me hablaban».

B. B. King[n196]

«Es curioso que los coleccionistas quieran saber cosas de los discos. En aquel entonces, los grabábamos y nos olvidábamos de ellos. Si hubiéramos sabido el interés que despertarían hoy, habríamos prestado más atención».

Victoria Spivey[n197]

Gertrude Pridgett —conocida como «Ma» Rainey tras su matrimonio con William «Pa» Rainey en 1904— tenía control sobre su público. «No tenía que cantar ninguna palabra», según explicó el poeta Sterling Brown al estudioso del blues Paul Oliver. «Ella gemía, y el público gemía con ella [...]. Ma realmente *conocía* a aquella gente»[(n198)]. Había aprendido a tomarles la temperatura a los catorce años, cuando se subió por primera vez a un escenario en un auditorio de Atlanta. A los diecinueve, formaba parte de The Rabbit's Foot Minstrels, que viajaban por el sur actuando en una carpa y que finalmente reclutaron a la joven Bessie Smith para que se uniese a ellos. Para 1914, Ma y Pa eran una atracción de madrugada dentro de un circo itinerante: un entretenimiento para los adultos después de enviar a casa a los niños, cuando aquellos autoproclamados «asesinos del blues» podían representar la pasión sexual y la desesperación romántica para gente que se identificaba con cada palabra.

Cuando grabó «See See Rider Blues», en 1924, Ma Rainey tenía treinta y ocho años y era una artista de los pies a la cabeza: extravagante, carismática, teatral, desatada. Llenaba la canción con una desolación tal, que la música apenas avanzaba: la voz y los instrumentos, la corneta de Louis Armstrong y el clarinete de Don Redman, se mezclaban en un uniforme gemido de angustia, una visión de desesperación que, como las mejores películas mudas, podía transmitir la historia de toda una vida por medio de uno solo de los sentidos.

Los más grandes de los llamados cantantes de blues clásicos eran grandes actores, como debió de serlo Rainey. Se vestían para deslumbrar; cantaban para matar y para conmover. Con pocas excepciones, el material que interpretaban era genérico, aunque de un género tan fascinante que muchas de sus canciones han sobrevivido sin mengua durante casi un siglo. Los intérpretes intercambiaban estrofas de una canción a otra, repetían versos que desgarraban el corazón del público, se atribuían la autoría (hasta que alguien alertaba a los abogados de derechos de autor) de historias y de expresiones que eran la moneda común de una generación. Lo que contaba era el gemido, el nudo en la garganta, las palpitaciones, el rugido a pleno pulmón, el suspiro medio ahogado: todos los trucos y las idiosincrasias en el fraseo que diferenciaban a Ma Rainey y a Bessie Smith de las docenas de mujeres que intentaban arrebatarles sus tronos en los años veinte.

Los aficionados al blues a menudo lamentan la decisión de Bessie Smith de finales de los años veinte (cuando tenía problemas con el alcoholismo y su voz estaba desgastada) de hacer más vulgar su atractivo con el doble sentido de «You've Got to Give me Some» [«Me tienes que dar un poco»] y «I'm Wild About That Thing» [«Me vuelve loca esa cosa»]. Críticos posteriores pueden haber preferido más sutileza, pero en los años veinte, solo el blues permitía admitir que el sexo existía y declarar sin vergüenza qué se sentía al follar y al querer follar.

No solo eran las mujeres las que se desnudaban de esta forma. La jocosa canción de 1925 «Shake That Thing» [«Mueve esa cosa»], de Papa Jackson, estaba disfrazada de canción de baile, pero la chica de Papa debía de ser una bailarina muy privada. Aún más explícita era «It's Tight Like That» [«Qué estrecho que está»], de 1928, obra de Georgia Tom y Tampa Red, un desvergonzado conjunto de rimas infantiles que solo permitían una interpretación. En una época en la que la cima del erotismo en la música pop era Ukelele Ike cantando suavemente «I Can't Give You Anything But Love» [«Lo único que puedo darte es amor»], el blues se saltaba la cena y el paseo por el parque e iba directo al dormitorio.

Cuando, en los años veinte, los folcloristas y los cazatalentos de los sellos discográficos se lanzaron a descubrir la música negra «auténtica» del sur de Estados Unidos, gran parte de lo que desenterraron estaba empapado de pasión cotidiana. Uno de los más exitosos de los primeras grabaciones de campo se hizo en Atlanta en 1927, cuando Columbia Records documentó «Beaver Slide Rag», de Peg Leg Howell, un bullicioso instrumental de violín y guitarra interrumpido por gritos apenas comprensibles acerca de lo que estaban haciendo los animales en el establo. Imposible de categorizar hoy, a medio camino entre el blues, el folk y el country, «Beaver Slide Rag» vendió más de 10.000 copias a personas que la reconocían de inmediato como su música. Cifras como esta persuadieron a las compañía discográficas grandes y pequeñas de que debían escarbar más allá de las cantantes veteranas, de los conciertos en carpas y del ámbito del vodevil en busca de una dieta más variada: cualquier cosa con tal de sacarles a los dólares y centavos a los negros del campo y la ciudad.

Cada artista masculino de finales de los años veinte seguía su propia ruta idiosincrásica hacia lo que entonces se consideraba la fama: cinco dólares de adelanto de un sello discográfico de la gran ciudad y, en caso de un éxito innegable, suficiente dinero para comprar un coche. A finales de 1925, Paramount Records recibió un aviso del dueño de una tienda de Dallas sobre un guitarrista ciego que solía tocar en la calle. Su nombre era Lemon Jefferson, pero cuando Paramount lo trajo a Chicago y oyó su selección de agrestes canciones de gospel, cantadas con el único acompañamiento de su guitarra, lo rebautizaron como Diácono L. J. Bates. El diácono se convirtió finalmente en Blind Lemon Jefferson, el (literalmente) inimitable padre de una nueva tradición: la del solista de blues. B. B. King hablaba de él de la misma manera que Sterling Brown recordaba a Ma Rainey: como de alguien cuyo quejumbroso lamento expresaba los sentimientos ocultos de todo el que lo oía. «Yo creía en todo lo que él cantaba», recordaba King. «Blind Lemon cantaba para los pecadores»[n199].

El lamento de Jefferson sonaba extremadamente educado al lado del ronco aullido de otro cantante invidente de Texas, Blind Willie Johnson. Columbia Records lo promocionaba como «la nueva sensación en cuanto a canciones sagradas, ¡y qué acompañamiento con la guitarra!»[n200]. Johnson usaba el cuello de una botella rota para deslizarlo por las cuerdas de su guitarra, lo cual proporcionaban un contrapunto inquietante y fervoroso a su torturada voz. Johnson no ofrecía una camino fácil a la salvación: «Yo estaba enfermo y no me recuperaba», exclamaba en su primera grabación, cuya cara B era una canción titulada «Jesus Make Up My Dying Bed» [«Jesús, prepara mi lecho de muerte»]. En la terrorífica «Dark Was the Night, Cold Was the Ground» [«Oscura era la noche, fría estaba la tierra»], avanzaba tropezando por una oscuridad que solo un hombre ciego podía sentir, trascendiendo la lascivia del blues o la esperanza de una segunda llegada de Cristo con un fantasmal y lobuno aullido de desesperación.

En el otro extremo del espectro emocional estaba Lonnie Johnson, un *crooner* de blues que resultó victorioso en un concurso de canto de ocho semanas en Saint Louis y se convirtió en uno de los artistas negros más vendidos del siglo. Las generaciones posteriores han reverenciado su forma de tocar la guitarra, con su rico vibrato y una fluidez tan solo igualada por los mejores instrumentistas de jazz. Sus contemporáneos quedaban prendados de su voz, un reconfortante ronroneo que recubría hasta los más sórdidos escenarios con la calidez de un fuego de chimenea. Para el público afroamericano de finales de los años veinte, un poco de sofisticación urbana superaba siempre los ecos de los campos de algodón. De ahí también el éxito, durante su breve carrera profesional, del pianista Leroy Carr: junto al guitarrista Scrapper Blackwell, grabó el éxito de 1928 «How Long, How Long Blues», en la que cantaba con una pronunciación tan suave como la de Lonnie Johnson. Así era el blues que la América negra quería oír durante la época del renacimiento de Harlem: algo que representaba la promesa de un futuro menos turbulento, no las cicatrices de un pasado traumático.

¿Qué hacía que la cultura de la ciudad fuera tan atrayente? Para los muchos miles de negros provenientes del sur que, en las primeras décadas del siglo XX, se desplazaron al norte (a Chicago y a Detroit), la ciudad ofrecía, en efecto, la esperanza de un renacer: seguridad económica, huida del trabajo agotador y refugio de las persistentes sombras de la tradición esclavista sureña. Sin embargo, no es que el trabajo fuera mucho más suave en el norte, donde las naves de las fábricas sustituían a los campos abrasados por el sol de los estados del sur. Tampoco era una tierra libre de prejuicio ni de violencia, como demostraron, con fatales consecuencias, las prolongadas revueltas raciales de entre 1915 y 1919 en muchas ciudades, notablemente en Chicago. En un clima tan incierto, los negros se agarraban a lo único que sabían que era cierto: el Padre, el Hijo, el Espíritu santo, el cielo y el infierno.

Mientras que los cantantes de blues ofrecían tan solo una redención dudosa, los oyentes recibían más ánimo por parte de sus equivalentes evangelistas, hom bres como Blind Joe Taggart, cuyos fraseos de blues en la guitarra quedaban purificados por la seguridad con la que creía que quienes comprasen sus discos podían «Take Your Burden to the Lord» [«Ofrecer tu carga al Señor»], y el Reverendo E. W. Claydon, quien daba un uso sagrado a su cuello de botella en «The Gospel Train Is Coming». Los cuartetos de gospel (los llamados *jubilee singers*) trasladaron la santidad desde la iglesia al fonógrafo, con armonías que finalmente llegarían al terreno secular a través del *boom* de grupos vocales de los años cuarenta y cincuenta. Sin embargo, con mucho, los discos más populares de la época se enfrentaban a su audiencia en lugar de reconfortarla.

Entre 1925 y 1930, gran parte de la recién establecida población negra del norte elegía llenar sus horas de ocio con el sonido de predicadores que gritaban sobre el fuego del infierno. El reverendo J. C. Burnett declamaba sobre «la caída de Nabucodonosor» en «The Downfall of Nebuchadnezzer» mientras su congregación murmuraba de fondo una coral que era como una advertencia llena de sentimiento. Había un «tren de diamante negro al infierno», como cantaba en «Black Diamond Train to Hell» el reverendo A. W. Nix, que gritaba y gruñía como el más fiero *bluesman* del delta del Mississippi. «Death's Black Train Is Coming» [«Ya viene el negro tren de la muerte»], decía el reverendo J. M. Gates, transformando su lamento por el destino de su rebaño en un apasionado coro de gospel. Como ha señalado el historiador del gospel Viv Broughton, estos discos ilustran «la predominante atmósfera que abarcaba todos los extremos del melodrama del mundo del espectáculo y del éxtasis religioso»[n201], y además anticipaban las ambiguas trayectorias de los telepredicadores que estaban por venir.

Para los que elegían evitar la llamada del predicador, había fruta dulce y también amarga. Con la losa mortuoria de «St James Infirmary», de Louis Armstrong, la mortalidad de la carne quedaba bien a la vista. Pero no es que la vida fuera mucho más acogedora: Ethel Waters, caminando con elegancia por el límite entre el jazz y el blues, expresaba el peso de la experiencia adulta con la pregunta retórica «Am I Blue?» [«¿Estoy triste?»]. Esto era tan solo el preludio de la tonalidad mucho más oscura de «(What Have I Done to Be So) Black and Blue» [«(Qué he hecho yo para ser tan) negra y triste»], un vívido retrato del sufrimiento de su raza. Con típica despreocupación, Louis Armstrong elegía reírse a la cara de la veracidad de ese relato: cantaba alrededor de la melodía de «Black and Blue», como disminuyendo así la carga que esta llevaba, y después dejaba que su corneta portara la voz de la libertad mientras llegaba al clímax con una nota alta sostenida que se convertiría primero en una marca distintiva y, más tarde, en una muletilla.

La visión más confiada sobre el futuro, sin embargo, vino de un pianista de Alabama llamado Clarence «Pine Top» Smith, que había seguido la ruta hacia el norte hasta Chicago. A finales de 1928, grabó «Pine Top's Boogie-Woogie», una temprana celebración del estilo de piano de ocho corcheas por compás que, junto con la mano izquierda que subía y bajaba por la escala, se convertiría en uno de los más firmes cimientos del rock 'n' roll en los años cuarenta y cincuenta. No contento con señalizar el destino de la joven América, Pine Top estampó su personalidad por toda la canción, escupiendo órdenes como un resentido sargento de instrucción: «Cuando yo diga 'deteneos', que todo el mundo se prepare para parar [...] *Boogie-woogie*, ¡de eso estoy hablando!». Era Jerry Lee Lewis, comentando cada solo con autoalabanzas; era Ray Charles, ordenando a su público que «menearan esa cosa» y que «hicieran el tonto»; incluso Ian Hunter, de Mott the Hoople, señalando a «ese de las gafas» entre los chavales de «All the Young Dudes». Pero Pine Top estaba destinado a morir en su hábitat natural solo tres meses más tarde, víctima de un tiroteo en el club donde tocaba. Una conmoción de mayor magnitud esperaba a Estados Unidos antes de que terminase el año.

«La época del disco popular como una gran fuente de dinero ha quedado atrás».

Revista *Phonograph Monthly Review*, Nueva York, agosto de 1931[n202]

«El público ha perdido la emoción de comprar discos. Hay poco entusiasmo y la esperanza de que vayamos a volver a las grandes cifras de antes es remota».

Revista *Music Seller*, Londres, octubre de 1931[n203]

«Yo creía que estaba construyendo un sueño», cantaba Bing Crosby en 1932, en un oportuno préstamo de un musical de Broadway titulado *Americana*. «¿Por qué tengo que esperar una cola para comprar pan?». Fue vilipendiado por transmitir propaganda anticapitalista, pero la canción en concreto, «Brother, Can You Spare a Dime?» [«Hermano, ¿puedes darme una moneda?»], ofrecía un raro vistazo al ambiente de la nación. Al Jolson restableció el equilibrio político describiendo a un «vagabundo feliz» en «Hallelujah! I'm a Bum» [«¡Aleluya! Soy un mendigo»]. Pero como siempre, Louis Armstrong tenía la respuesta más ambigua al Armagedón. Su éxito de 1933 «Hobo You Can't Ride This Train» [«Vagabundo, tú no puedes subir a este tren»] era juguetón y exuberante y estaba lleno de movimiento, como si todos los vagones se balancearan de un lado a otro... y también era mordaz, con su observación de que aquellos que no poseyeran un solo centavo quedarían excluidos de un tren que, quizá, se dirigía a la gloria.

El crac de Wall Street de 1929 destruyó casi el 40% del valor de las acciones estadounidenses en menos de un mes. Tal como declaró la revista *Variety*, el diario de información sobre el mundo del espectáculo: «Wall Street ha metido la pata»[n204]. La Gran Depresión —como se conoció a la crisis financiera que afligió a todo el mundo occidental— dejó a millones de personas sin empleo y hundió a sus familias en la pobreza, borró el optimismo de toda una generación y, seguramente, puso a Europa en la ruta de colisión con la ilusoria salvación del fascismo. Desde luego, no era la primera caída de la economía que se recordaba: la depresión de 1893 a 1897 había dejado a una cuarta parte de los hombres estadounidenses sin trabajo. La razón de que el crac del 29 haya pasado a la mitología a la vez que a la historia fue lo abrupto de su llegada, justo cuando la comunidad financiera estadounidense presumía de que la nación iba a entrar en una década de prosperidad sin paralelo.

En una crisis como aquella, la música podía ofrecer consuelo. A pesar de la popularidad de «Brother, Can You Spare a Dime?», había poco apetito por el sórdido realismo social. Pero varias de las canciones más fascinantes de 1930 y 1931 delataban el tambaleante estado de la confianza de Estados Unidos. Mientras Harry Richman se dedicaba a cantar «On the Sunny Side of the Street» [«En el lado soleado de la calle»] con el entusiasmo despreocupado de la juventud, el público prefería la interpretación de Ted Lewis de una canción sobre un anciano que lamentaba los placeres que ya no volverían. En un clima semejante, había que sacrificar la dignidad y el decoro. Ruth Etting mostraba la desesperación de una profesora de baile que trabajaba demasiado en «Ten Cents a Dance» [«Diez centavos el baile»], la cual declaraba: «Las trompetas me están rompiendo los tímpanos». (La letra, de Lorenz Hart, incluía una rima casi modernista entre «*hero*» [«héroe»] y «*queer romance*» [extraño romance]). Tras varios meses de dura indigencia, Libby Holman —con la voz hastiada por el agotamiento y el asco de sí misma— ofrecía «Love for Sale» [«Amor a la venta»], aunque «amor que estaba un poco manchado».

«Había una especie de urgencia desesperada que nos invadió a todos a principios de los años treinta», recordaba el cantante Hoagy Carmichael. «Todo el que podía trataba de acallar la pérdida personal y la depresión y continuar como si la época fuera a durar mil años»[n205]. Tal como ha relatado el historiador cultural Evan Eisenberg, «tanto los ricos como los pobres se sentían devastados por igual, rotos, aislados. Lo que encontraban en la radio era, creo, el consuelo de la solidaridad y de un tiempo predecible y estructurado»[n206]. De forma más prosaica, la radio requería un modesto desembolso inicial y después continuaba proporcionando entretenimiento, semana tras semana, por el precio de unas pilas o de la corriente eléctrica. Las compañías discográficas ya veían la radio como una amenaza para sus negocios cuando las acciones estaba al alza; ahora, durante la caída más profunda del capitalismo, la radio parecía estar asfixiando a esta industria en lo mejor de su juventud.

Dos días después del crac, Thomas Edison desenchufó su propio decadente negocio y dejó de fabricar tanto discos como cilindros y el equipo necesario para reproducirlos. En lugar de ello, concentró sus líneas de producción en la radio. Las corporaciones redujeron sin consideración sus listas de artistas, borrando secciones enteras que auguraban pocos beneficios, a pesar de las ventas individuales de los artistas. En una industria controlada por blancos, la música negra fue una víctima lógica: solo conservaron sus contratos los artistas más prominentes, como Duke Ellington y Louis Armstrong. Los cantantes populares y las *big bands* que tocaban música suave sobrevivieron. El jazz quedó marginado. Los excesos de Wall Street mataron literalmente la tradición del «blues clásico» de la noche a la mañana. Cuando, en 1936, a Bessie Smith le pidieron que grabase de nuevo, fue porque el productor John Hammond sintió nostalgia del placer que había sentido escuchando a Smith una década antes. Los discos de música clásica elevada también fueron abandonados en favor de las piezas orquestales ligeras y de arreglos falsamente serios de canciones populares. En 1927, se vendieron más de cien millones de discos en Estados Unidos. En 1932, el número total cayó hasta una cifra entre los seis y los diez millones (la vergüenza impedía que algunas compañías revelasen la profundidad de su fracaso comercial).

Los analistas más pesimistas de la industria musical examinaron el declive en las ventas de entradas para las producciones teatrales (aunque la modernas «películas habladas» rompían la tendencia), el recorte de beneficios de la venta de partituras y el catastrófico colapso del mercado del disco, y predijeron que en el futuro su industria solo serviría para abastecer a la radio. Pero incluso este medio pareció por un tiempo estar en peligro, ya que los ingresos por publicidad se hundieron y numerosas estaciones pequeñas entraron en liquidación. Sin embargo, en aquel ambiente tan oscuro, la radio era aún una presencia familiar y reconfortante. Muchos de los grandes nombres del mundo del espectáculo trasladaron su atención de los teatros de variedades a las emisoras de radio, en las que una sola emisión los exponía a más gente que un año de conciertos y vodevil. Artistas como Bing Crosby y Rudy Vallee eran ahora ante todo estrellas de la radio, con las películas en ajustado segundo puesto y los discos muy por detrás. Había excepciones a la oscuridad reinante: el comercio especializado en los llamados discos *hillbilly* y «raciales» capeó el temporal con mayor coraje que el de sus equivalentes «populares» y mayoritarios. El resto tuvo dificultades: las *big bands* salieron a hacer giras cada vez más traicioneras por remotos pueblos que nunca se habrían dignado visitar cinco años antes, a veces actuando gratis con la esperanza de crear una audiencia leal para cuando llegasen tiempos mejores.

Muchas de las principales compañías discográficas en el Reino Unido y en Estados Unidos se fusionaron o cambiaron de dueños. El sello Victor, de Nueva York, previno a sus artistas de que solo se les permitiría una «toma» de cada una de las canciones que grabasen para así ahorrar en la factura del estudio. Esa misma compañía también encabezó una frenética danza de la muerte de innovación tecnológica, aparentemente con la convicción de que un cambio en el tamaño de los discos o en su velocidad podrían reavivar un mercado que estaba ya debilitado por la pobreza. En el invierno de 1931 a 1932, Victor tomó la decisión profética pero poco oportuna de lanzar una nueva serie de discos de larga duración que girarían a 33 rpm en lugar de al estándar de la industria, que era de 78 rpm. El nuevo formato permitía que sinfonías enteras (la Quinta de Beethoven fue el lanzamiento inicial) cupieran en un solo disco de dos caras en lugar de ocupar cuatro o cinco discos de 78 que formaban un «álbum», como en el pasado. Además de obras clásicas de cierta longitud, este disco de mayor duración —aún sin bautizar como LP— podía recoger todas las canciones de la partitura del nuevo musical de Fred y Adele Astaire, *The Band Wagon*. Veinte años más tarde, las grabaciones de musicales originales y las antologías de música de bandas sonoras cinematográficas garantizaron el éxito de la reproducción de 33 rpm. En 1931, cuando pocos compradores potenciales se podían permitir adquirir los discos, por no hablar de las máquinas para reproducirlos, ningún pensamiento creativo podía dar vida al nuevo formato.

Si la mayor duración no funcionaba, quizás la brevedad sí, o eso esperaba Victor. Cuando la cadena de tiendas Woolworth lanzó su propia marca de discos de ocho pulgadas con canciones de baile, Victor copió la idea y bajó sus precios a cinco centavos, haciendo imposible que nadie pudiera vender más barato y también, de hecho, que el proyecto de Victor fuera comercialmente viable. En el Reino Unido, una compañía llamada Homophone inventó otro formato que sería popular en los años cincuenta, el *extended play* (EP), que contenía cuatro canciones por el precio de dos: otra iniciativa brillante pero condenada al fracaso. Mientras tanto, las compañías establecidas estaban perdiendo beneficios en favor del sello Durium, que vendía discos extremadamente baratos de una sola cara con las canciones de moda de Broadway. Se vendían en los kioscos de prensa en lugar de en las tiendas de música y durante un breve periodo dominaron el mercado, hasta que los grandes sellos convencieron al público de que debían pagar un poco más para escuchar a las auténticas estrellas de Broadway en lugar de los donnadies de saldo que ofrecía Durium. Algunos sellos, como Columbia, para acentuar el carisma de sus artistas, usaban trucos publicitarios como fabricar discos de colores brillantes, en lugar de negro grisáceo, o grabarles autógrafos realistas de los intérpretes.

A comienzos de los años treinta, sin embargo, surgió un método más fácil de manufacturar estrellas. Solo había que asegurarse de que aparecían en un medio que rivalizaba con la radio como la forma de entretenimiento más intoxicante del mundo occidental: el cine sonoro.

«Las películas sonoras van a ser una verdadera molestia. Nos va a invadir una forma particularmente poco atractiva de sentimiento americano, pues, con pocas excepciones, las películas sonoras intentan atraer mediante el sentimiento y no mediante el ingenio y el humor».

Revista *Gramophone*, julio de 1929[n207]

En casa y en el templo es Jakie Rabinowitz, hijo de un cantor de sinagoga, educado para ser el sucesor de su padre y poner su voz al servicio de Adonai. De noche, en el escenario de vodevil, es Jack Robin, que ofrece ragtime y baladas sentimentales para los gentiles. «Las canciones de Israel me desgarran el corazón», declara, «son la llamada de los siglos, el grito de mi raza». Pero el teatro tiene su propia llamada de sirena y, durante gran parte de la película, Jakie se siente dividido entre lo secular y lo espiritual. Cuando su padre llega a casa de forma inesperada y lo encuentra cantando ante su madre una versión jazzística de «Blue Skies», de Irving Berlin, llena de vigor y de tralalás, se niega a reconocerlo como su hijo. Jakie, por tanto, opta por vivir como Jack, hasta que se entera de que su padre está en su lecho de muerte y que la sinagoga se ha quedado sin cantor. ¿Puede Jakie entonar todavía el «Kol Nidre» que enviará a su padre al descanso eterno con la mente satisfecha?

Esto es una película, así que por supuesto que puede. Fiel a su raza y respetuoso con su familia, Jakie se convierte una vez más en Jack con la bendición de su madre, a la que le canta la canción de amor edípico «My Mammy». Y sin embargo, Jack sufre la maldición de tener una compulsión más delatora que la marca de Caín. Para convertirse en quien es en su corazón, debe pretender ser quien no es y ponerse el maquillaje escénico que encanta a su madre pero que condenará su actuación para la posteridad.

La película era *El cantante de jazz* (1927), el primer filme de larga duración de la historia que incluía diálogo sincronizado, y Jakie y Jack eran dos de los rostros de Al Jolson. Durante la película, lo vemos adoptar otro rostro: el maquillaje de corcho quemado, sonrisa blanca exagerada y rizada peluca negra del artista de *blackface*.

Como el propio Jolson, *El cantante de jazz* es a la vez intensamente moderna y un retroceso a la tradición de los *minstrels*, que estaba ya en declive. Dieciséis años después de su primera aparición en Broadway, aún no había nadie que igualara el carisma o el garbo de Jolson, nadie que pudiera imitar su forma de abrir los brazos al cantar como para abarcar el mundo o que acertara con las sílabas clave de cada verso. Los críticos juzgaron que el drama de la película era frívolo y banal, pero el público se bebió cada palabra (y gesto, durante los largos intervalos de cine mudo entre las canciones). La carrera de Jolson escaló a nuevas cimas y Hollywood reaccionó de forma predecible haciéndole protagonizar una serie de apresuradas secuelas, como *The Singing Fool* [*El idiota cantor*], *Say It with Songs* [*Dilo con canciones*], *Mammy* (con un último rollo en Technicolor, nada menos) y *Hallelujah I'm a Bum* [*Aleluya, soy un mendigo*], aunque para entonces el público ya respondía a su característica exclamación de «esperad un momento, aún no habéis oído nada» con un cansado «en realidad, creo que sí lo hemos oído ya». Pero *El cantante de jazz* dio un propulsivo empujón a su popularidad, asegurando que su carrera sobreviviría a la embestida de la Gran Depresión.

La historia de Jakie y Jack estaba lejos de ser la primera fusión de música y cine. Durante la época del cine mudo, había pianistas que improvisaban una banda sonora emocionalmente apropiada para lo que el público estaba viendo y también pequeñas bandas que interpretaban partituras escritas de forma expresa. En muchas salas de cine, la dirección instaló uno de esos enormes órganos que tanto recuerdan a la época anterior al cine sonoro: con sus diferentes teclados y tiradores, actuaban como precursores manuales del sintetizador, permitiendo que un solo hombre representara toda la paleta y la escala de la orquesta. Ya en 1894, los editores de música elaboraban películas promocionales para sus últimos lanzamientos: proyectaban una sucesión de imágenes fijas para acompañar una canción, que interpretaba un artista en vivo o un fonógrafo.

La popularidad del cine mudo y la creciente boga del sonido grabado convencieron a muchos empresarios e inventores de que había una forma viable de combinar ambas cosas. En el invierno de 1894 a 1895, los inventores Thomas Edison y William Dickson combinaron una cámara de kinetoscopio y un fonógrafo de Edison y produjeron una sincronización de sonido y visión de dieciséis segundos en la que Dickson tocaba un tema operístico al violín mientras dos hombres bailaban torpemente a su lado. En 1909, varias de las principales estrellas de Broadway fueron filmadas mientras cantaban sus canciones más conocidas y después el metraje fue proyectado en un teatro de vodevil de Brooklyn mientras sonaban simultáneamente discos de gramófono con las mismas canciones. Este primer experimento con el *playback* no impresionó al público, pues los discos no producían el volumen suficiente para llegar más allá de las primeras filas del patio de butacas. Las limitaciones sónicas condenaron también otro proyecto de Edison, el cinefonógrafo, que se usó en 1913 para captar *Nursery Favorites*, una opereta de ocho minutos.

No fue hasta 1923 cuando el físico e inventor Lee de Forest consiguió usar película de cine para documentar no solo imágenes sino también una banda sonora apropiada, un proceso que bautizó como Phonofilm. Se hicieron alrededor de doscientos cortos de estrellas de vodevil y (en el Reino Unido) de music hall y se estuvieron exhibiendo hasta el final de la década. Algunos de los primeros incluían *A Few Minutes with Eddie Cantor* [*Unos minutos con Eddie Cantor*] (que registraba la colección de chistes de suegras de este cómico), duetos con el pianista de ragtime Eubie Blake y el cantante Noble Sissle, así como un delicioso número de Mark Griver y sus Scottish Revellers, cuya desenfrenada mezcla de jazz y comedia incluía un popurrí surrealista de «Rule Britannia» y «Ain't She Sweet». Las intrigas empresariales y las batallas de egos condenaron al fracaso el proyecto de De Forest, aunque su invención fue en efecto robada por Walt Disney para animaciones pioneras como *Steamboat Willie* (1928), durante la cual Mickey y Minnie Mouse «tocaban» la canción tradicional «Turkey in the Straw» usando como instrumentos indefensos animales de dibujos animados.

Mientras tanto, Warner Brothers estaba financiando un sistema rival llamado Vitaphone, que dependía en gran medida de la grabación «en vivo» mientras la filmación estaba en proceso. Inevitablemente, los micrófonos a veces perdían las voces de los intérpretes y recogían en su lugar el zumbido de las cámaras. Esta innovación revolucionaria (según Warner) fue mostrada con un estreno de gala en Nueva York el 6 de agosto de 1926. A los invitados se les ofreció una sucesión de interpretaciones clásicas, interrumpidas solo por el multiinstrumentista Roy Smeck («el mago de las cuerdas»), que demostró su talento con la guitarra hawaiana, el banjo, el ukelele y la harmónica. Dos meses más tarde, una segunda presentación del Vitaphone ofrecía platos más ligeros. El punto culminante era *A Plantation Act*, un corto protagonizado por Al Jolson, disfrazado con harapos y *blackface*, que cantaba dos de sus éxitos más su última grabación, «When the Red Red Robin». Allí, encapsulado, estaba todo el carisma de Jolson. Puede que desde la distancia sea grotesco y racialmente degradante y esté inundado de falsa sinceridad, pero aun así era completamente fascinante. Era una demostración de la habilidad del mundo del espectáculo para construir y sostener ilusiones que se encuentran más allá del análisis racional.

Como observó el *Daily Mirror* cuando *El cantante de jazz* se estrenó en Londres y Jolson hizo su primera aparición en el Piccadilly Theatre: «Al Jolson posee la habilidad de establecer un sentimiento de intimidad»[n208]. Él tenía miedo de actuar para el público británico, por si su reputación pudiera resentirse por un momento de falibilidad. Era mejor, como pensaban muchos de sus coetáneos, capturar la perfección en la pantalla y dejar que esta saliese de gira por el mundo en lugar de uno mismo. «Se hizo obvio», dijo otro periódico londinense, «que estamos al borde de una revolución en el cine y que las películas sonoras van a introducir un tipo de entretenimiento completamente nuevo que hará sonar el toque de difuntos para el tipo de espectáculos a los que estamos acostumbrados en la actualidad»[n209].

Aquello era entretenimiento literalmente más grande que la vida y, durante un año o dos, el espectáculo fue más importante que cualquier escrúpulo acerca del contenido. En la estela de Jolson, una generación de estrellas de vodevil se apresuró a imitar su éxito. Los ingredientes necesarios, parecía sugerir *El cantante de jazz*, eran un artista de éxito asegurado, canciones y una atractiva capa de sentimentalidad, preferiblemente relacionada con el profundo amor entre una madre y su hijo. El historiador del cine Richard Barrios cuenta que estos proyectos eran conocidos de forma sarcástica entre la gente de la industria como «películas de mamás». Había docenas de ellas, con cantantes como Maurice Chevalier y Sophie Tucker, cuya experiencia en los escenarios les permitía trascender las limitaciones del medio. Menos de fiar era la calidad compositiva de las canciones, en las que —en un extraño anticipo de las ineptas películas de Elvis Presley de los años sesenta— se priorizaba la cantidad por encima de la calidad.

A pesar de su banalidad, las películas proporcionaban a los principales intérpretes un vehículo promocional de vitalidad y alcance innegables. El icono del blues Bessie Smith y el pionero *hillbilly* Jimmy Rodgers realizaron dos películas de corta duración en 1929 (*St Louis Blues* y *The Singing Brakeman*, respectivamente) que han adquirido un enorme valor histórico al tratarse de los únicos metrajes que han sobrevivido de ambos artistas. Sin el cine, además, no tendríamos evidencia del prodigioso y precoz talento de Sammy Davis Jr a los siete años de edad. En el maravilloso corto de 1933 *Rufus Jones for President*, Davis es elegido presidente de los Estados Unidos, con Ethel Waters como la maternal primera dama. Hacia el final de los años veinte, el 90% de los discos más vendidos en Estados Unidos procedían del cine y las canciones de películas también dominaban la venta de partituras. «Cada película sonora», escribió un crítico en 1930, «tiene una gran canción principal; muchas tienen cuatro»[n210]. Pero el valor del cine sonoro como novedad se agotó muy pronto y el público comenzó a cansarse de las películas musicales.

No es de extrañar que un observador profesional del mercado británico del cine, al lamentar la muerte del cine mudo, describiera el año 1929 como «el año más triste de la industria del cine» y se lamentara de que «1930 supuso su continuación»[n211]. Uno de sus colegas explicaba que «el público de los cines dejó claro que se oponía encarecidamente a la sustitución de la orquesta humana por la música de la pantalla, de modo que muchos de los principales cines cumplieron los deseos de sus clientes trayendo de vuelta la orquesta»[n212]. Hubo una campaña orquestada para revertir el temerario experimento con el cine y el sonido y revivir el mucho más artístico medio mudo, en el que los actores se colocaban en pantalla según motivos estéticos en lugar de porque tenían que ponerse al lado de un micrófono que estaba oculto en un ramo de flores. Estos escrúpulos estaban fuera de lugar con la aparición del cine sonoro en la India, en 1931. Al año siguiente, el musical *Indrasabha* embutió más de setenta canciones en sus 211 minutos de duración. Películas y musicales fueron sinónimos en la India durante los siguientes veinticinco años, periodo durante el cual solo dos películas comerciales abandonaron la convención de que una historia debía siempre contarse mediante canciones.

El cine estadounidense había superado con aplomo la primera oleada de incertidumbre financiera tras el cataclismo de 1929, pero dos años después parecía estar uniéndose a la industria discográfica en su pérdida de terreno ante la imparable radio. Varias extravagantes producciones se cancelaron en mitad de la filmación, entre ellas una película épica titulada *The March of Time*. Uno de sus números de baile, una secuencia en la celda de una prisión donde los Dodge Twins interpretaban «Lock Step», permaneció claramente en la memoria colectiva de la MGM, pues el diseño del decorado y los movimientos fueron revividos veintisiete años más tarde en la película promocional de Elvis Presley *Jailhouse Rock*.

Para 1934, sin embargo, en medio del clima de optimismo generado por el New Deal de Franklin D. Roosevelt, las películas musicales estaban de nuevo al alza. La revitalizada economía de Estados Unidos no era el único impulso de su renacimiento y quizá ni siquiera era el más importante. Los productores de Hollywood se beneficiaron del hecho de que la canción popular americana estaba experimentado un periodo de inusual riqueza, centrado no solo en la pantalla de cine y en el escenario de vodevil, sino en una palestra que las películas habían brevemente amenazado con volver redundante: la comedia musical de Broadway.

«La música de baile es una esclava de la canción de comedia musical; es difícil imaginar una esclavitud peor, no tanto porque es extranjera, sino sobre todo por la miserable degradación de los textos de sus llamadas 'letras'».

Revista *Gramophone*, enero de 1926[n213]

«Acabo de leer un artículo en una revista en el que explica el secreto para componer una verdadera canción de éxito. Dice que cuando un chico y una chica están bailando juntos y escuchan una letra perfecta, el chico se pregunta por qué no se la ha ocurrido a él ese verso y la chica piensa que la canción se ha escrito expresamente para ella».

La cantante de *big band* Carmen Lombardo sobre el letrista Gus Kahn[n214]

En mayo de 1932, Broadway dio la bienvenida al regreso de un musical que ya había disfrutado de una estancia en cartel de dieciocho meses en la «Gran Vía Blanca» desde las navidades de 1927 hasta el verano de 1929. «Con las comedias musicales no ocurre eso», informó la revista *Time*. «Recaudan todo el dinero que pueden mientras son novedad y después se desvanecen en el limbo, olvidadas por completo excepto, quizás, por alguna canción suelta. Sin embargo, hace cuatro años, incluso antes de que levantara el telón por primera vez, Broadway se dio cuenta que *Show Boat*, de Jerome Kern, era diferente»[n215]. Cuando, en efecto, se alzó el telón, la obra presentaba un mundo muy alejado de las tradiciones de la comedia musical. Había una fila de hombres negros cargando algodón en un barco que cantaban: «Los negros trabajan todos en el Mississippi. / Los negros trabajan todos mientras los blancos juegan».

Kern era el compositor y Oscar Hammerstein II era el letrista de una comedia musical que llevó nuevos niveles de sofisticación a un género agotado. La comedia estándar de los años veinte era un romance trivial, una antología de canciones y números de baile unida por un argumento muy endeble o bien una reposición de Gilbert y Sullivan o de Victor Herbert (que compuso las partituras de cuarenta operetas entre 1894 y 1924). Ni siquiera las primeras obras de Kern, a pesar del genio cómico de las letras de P. G. Wodehouse, habían trascendido estas limitaciones. Pero *Show Boat* estaba basada en una novela de Edna Ferber aclamada por la crítica, lo cual aseguraba una narración sólida, y las canciones consolidaban e impulsaban la acción. Además, como señalaba *Time*, «su preludio establece el clima de la obra e introduce temas definitivos, de la misma forma que Wagner introducía temas en sus preludios para desarrollarlos más tarde. Los personajes de *Show Boat* tienen motivos musicales característicos, al igual que Wotan y Siegfried tienen los suyos en las óperas del *Ring*»[n216].

La creación de Kern y Hammerstein inauguró la era del «musical de libro»: una edad de oro de producciones internamente coherentes y que no pasaban de moda. También ayudaron a definir el musical cinematográfico: aunque los musicales de Broadway no se trasladaban fácilmente a la pantalla (al menos en los años treinta), establecieron modelos de excelencia que los directores de cine encontraron otros modos de igualar durante esa década, particularmente cuando Fred Astaire y Ginger Rogers estuvieron disponibles (juntos o por separado) para revitalizar *42nd Street*, *Flying Down to Rio* o *The Gay Divorcee*.

Con escritores como Kern y Hammerstein, Richard Rodgers y Lorenz Hart, George Gershwin y su hermano Ira, así como Cole Porter, compositor y letrista de extraordinarias dotes, todos ellos en su mejor momento, aquella época, como ha escrito Gary Giddins, vivió «una explosión de melodía y armonía que podía rivalizar con los recientemente desaparecidos días de gloria de la ópera italiana»[n217]. Alec Wilder, autor de canciones en la misma tradición que los anteriores, describía los méritos de la música de la época: «Más sofisticación, escritura melódica más compleja, patrones armónicos mucho más enrevesados, canciones de formas cambiantes, mayor elegancia y una composición infinitamente superior de canciones para teatro»[n218]. La palabra clave es «teatro»: para Wilder, Broadway representaba la cumbre de la canción estadounidense anterior a la Segunda Guerra Mundial. En segundo puesto estaba el musical de Hollywood y, finalmente, alejada y en desgracia, la «música pop», con lo cual Wilder quería decir *novelty songs* y baladas sentimentales sin un propósito más profundo que el de llenar la pista de baile.

Si uno acepta los criterios de Wilder sobre la «sofisticación» y lo demás, es difícil no estar de acuerdo. Los compositores de esta época, desde Jerome Kern hasta Noël Coward, escribían para un público adulto, educado, culto, abierto al potencial de la sátira social y aún no cerrado a la posibilidad del romance. El decano de lo que el crítico teatral Mark Steyn llamaba «la *intelligentsia* de Park Avenue»[n219] era Cole Porter, un excepcional maestro tanto con la música como con las palabras en una época en la que los autores de canciones cazaban en pareja. Su obra ha sido descrita como «una mezcla única de pasión e ingenio»[n220]. El ingenio era evidente en los juegos de palabras y en las rimas internas, en sus referencias de pasada a (por ejemplo) Chopin y Georges Sand y (en la misma canción, «Let's Not Talk About Love», perteneciente al musical *Let's Face It*, de 1941) en versos tan trabalenguas y elocuentes como «maldigamos la asininidad de la trivial consanguinidad». ¿Y la pasión? Como homosexual más o menos oculto, Porter lo sabía todo sobre el deseo y sobre cómo podía expresarse y ocultarse, tal como demuestra la tensa belleza de canciones como «Ev'ry Time We Say Goodbye» y «What Is This Thing Called Love?».

El equivalente británico de Cole Porter era Noël Coward: novelista, autor de teatro, actor, director, artista de cabaret y —desde luego no en último lugar— compositor de canciones cuya pasión e ingenio estaban recubiertos por una capa de ironía característicamente británica. A diferencia de Porter, sin embargo, Coward nunca trascendió su propio ambiente; sus canciones solo existen en el ámbito específico de sus obras, mientras que el encanto y la mordacidad de la obra de Porter han demostrado ser universales.

Lo mismo ocurría con la obra del compositor Richard Rodgers, cuya carrera en el teatro tuvo lugar en dos actos, cada una con un letrista diferente:
Lorenz Hart hasta la muerte de este, en 1943, y Oscar Hammerstein II, que
acababa de colaborar con Jerome Kern. Rodgers y Hart, ha dicho Alec Wilder, «produjeron seguramente las obras en colaboración más brillantes de la
comedia musical estadounidense»[n221]. En una sola de ellas, *Babes in Arms*, de
1937, introdujeron cinco futuros *standards*: «My Funny Valentine», «Where or When», «The Lady Is a Tramp», «I Wish I Were in Love Again» y
«Johnny One-Note». Hubo muchos más: «Blue Moon», «Little Girl Blue»,
«Bewitched, Bothered and Bewildered», todas añadiéndose a un catálogo que
ha sobrevivido a una variopinta gama de intérpretes, de Fred Astaire a Elvis
Costello, de Ella Fitzgerald a Janis Joplin.

Después de que Lorenz Hart sucumbiera al alcoholismo, Rodgers y Hammerstein formaron posiblemente el equipo creativo más exitoso de la historia
del musical. Fueron autores de cinco obras que —aunque este fuera quizás el
menor de sus logros— dominaron el mercado discográfico en el Reino Unido
y en Estados Unidos antes que los Beatles: *Oklahoma!*, *Carousel*, *South Pacific*
[*Al sur del Pacífico*], *The King and I* [*El rey y yo*] y *The Sound of Music* [*Sonrisas
y lágrimas*]. Mientras que Hart era frío y sofisticado, Hammerstein era sentimental y sincero, y Rodgers ajustaba sus líneas melódicas para adaptarse a
cada uno de ellos. De nuevo, una lista sugiere (pero apenas roza) la importancia de su legado: «Happy Talk», «Hello Young Lovers», «Some Enchanted
Evening» y «You'll Never Walk Alone», además de la inmortal partitura de
Sonrisas y lágrimas, que parece haber pasado por el torrente sanguíneo de cada
generación sucesiva desde su estreno en Broadway en 1959. La naturalidad de
la obra de Rodgers y Hammerstein revelaba que —gustos personales aparte—
estaban trabajando en un país que había sido despojado de formalidad gracias
al jazz, los *crooners*, la radio, la música *hillbilly* y el blues: influencias contemporáneas que estaban cambiando el modo en que la gente hablaba, sentía y se
movía.

Hubo otros escritores que trabajaron en Broadway y en Hollywood en el pe-
riodo de entreguerras que participaron de forma activa en la Era del Jazz. Gus
Kahn, en colaboración con Walter Donaldson y el entonces director de banda
Isham Jones, aportó inolvidables maravillas al repertorio del siglo: «Makin'
Whoopee», «My Baby Just Cares for Me», «I'll See You in My Dreams», «It
Had to Be You» y muchas más, llenas de conversación coloquial pero jamás
banales. Lo mismo ocurría con el compositor Harold Arlen, a menudo empa-
rejado con el letrista Johnny Mercer, de quien provienen gemas eternas como
«Stormy Weather», «Over the Rainbow», «One for My Baby (and One for
the Road)», «Come Rain or Come Shine» y «Blues in the Night», que están

entre las canciones más relajadas y al mismo tiempo fascinantes que se hayan escrito en Estados Unidos. Y por encima de todos estaba George Gershwin, frecuentemente emparejado con su hermano Ira. Ambos fueron creadores de musicales asombrosos —muchos de los cuales más tarde se convirtieron en películas— como *Lady Be Good*, *Funny Face*, *Girl Crazy* y, por supuesto, *Porgy and Bess*[16].

Si había un intérprete que estuviera a la altura de todos aquellos matices y estados de ánimo, ese era Fred Astaire. No solo fue el bailarín más brillante que jamás pisó un estudio de Hollywood; también era, aunque tuviera una voz ahogada y casi raquítica, un cantante igualmente diestro e intuitivo. Como recordaba Irving Berlin (él mismo un maestro del musical teatral y cinematográfico): «Es tan bueno como los mejores, tan bueno como Jolson, Crosby o Sinatra [...], no tanto por su voz, sino por su idea de proyectar una canción»[n222].

Sin jamás comprometerse con la causa del jazz, Astaire bailaba y cantaba como un *jazzman*. Y el jazz era asimismo la sangre vital de un compositor que nunca escribió una partitura larga pero que aportó algunas de las canciones más inolvidables al repertorio de *standards*. Hoagy Carmichael era tan solo un estudiante aporreador de pianos en 1918 cuando actuó ante el público de una fraternidad universitaria. «Nunca había tocado con un batería antes», recordaba, «y no podía ni imaginar la explosión de emoción que tendría lugar en mi cabeza. De pronto yo era como una máquina, una máquina perfecta que automáticamente ponía los dedos en teclas que antes nunca había tocado»[n223]. Al igual que muchos otros como él, cayó bajo el embrujo de Bix Beiderbecke, excepto que en su caso no fue una pasión a larga distancia sino una amistad íntima que terminó solo con la muerte del cornetista en 1931. La música de Beiderbecke fue la inspiración de una de las melodías más populares de la historia, «Star Dust», que Carmichael grabó por primera vez él mismo en 1927[17]. La canción demostró ser un vehículo infinitamente maleable para todo tipo de artistas, desde Bing Crosby (que la abordó con un respeto casi religioso) hasta Louis Armstrong, para quien era a la vez un juguete (de forma típica, ignoraba la memorable melodía de los primeros versos) y una autopista para un nivel de espontaneidad que es la misma esencia del jazz.

16. A menudo se olvida que el montaje original de cuatro horas de los hermanos Gershwin fue un relativo fracaso en 1935; solo alcanzó un público más amplio tras la muerte de George, en un montaje muy truncado.

17. En octubre de 1931, el crítico de jazz Edgar Jackson, de *Gramophone*, informó a sus lectores de que «Star Dust» [«Polvo de estrellas»] era en realidad una referencia a la cocaína, de la misma forma que más tarde se creyó que la canción infantil «Puff the Magic Dragon» [«Bocanada, el dragón mágico»] animaba al consumo de marihuana.

No hay nada parecido a «Star Dust» en el resto de la obra de Carmichael (aunque «Georgia on My Mind» le pisa los talones). Pero sus canciones estaban empapadas de la América negra, imbuidas de su humor irreprimible y llenas de confianza en uno mismo. Como el joven Bing Crosby, Carmichael encarnaba un tipo de modernidad que la América blanca no había presenciado antes y que hizo inevitable que terminara colaborando con el tercer miembro de esa especie, Johnny Mercer. Individualmente Carmichael y Mercer hicieron una serie de grabaciones en los años treinta y cuarenta que poseen toda la despreocupada seguridad de Sinatra en sus mejores tiempos. Son, de forma alterna, ingeniosas y conmovedoras y ocupan un extraño lugar en el espectro musical, a mitad de camino entre Bing Crosby y Jerry Lee Lewis. De hecho, es posible rastrear el espíritu de Carmichael hasta Grateful Dead y The Band, mientras que Willie Nelson (que cantaba «Star Dust» como si fuera suya) es, posiblemente, el lógico heredero de su estilo.

Carmichael hizo varios cameos apropiadamente relajados en una docena de películas, notablemente en *To Have and Have Not* [*Tener y no tener*] (en la que se pidió a la adolescente Andy Williams que cantara el *playback* para una Lauren Bacall apenas mayor). Anticipando «Roll Over Beethoven», de Chuck Berry, Carmichael y Mercer también compusieron «The Old Music Master», un encantador mito de creación para «el swing, el boogie-woogie y el *jive*» en el que «un pequeño niño de color» le enseñaba a un maestro clásico del siglo XIX los secretos de la «happy cat hit parade». Y fue precisamente esa lista de éxitos lo que barrió a un lado esta edad dorada de la composición americana con una implacable efusión de *riff* y ritmo de la que emanaba una única severa orden: ¡swing!

«Ni siquiera al 25% de las personas sin estudios le importa el ritmo *hot* estrictamente americano, que es solo una sucesión atronadora de chillidos de saxo o de trompeta».

Carta a la revista *Radio Pictorial*, 1935 [n224]

CAPÍTULO 7

BUGLE CALL RAG

«El swing es la voz de la juventud que se esfuerza por ser escuchada. El swing es el tempo de nuestra época. El swing es real. El swing está vivo [...]. Los mayores pueden ser más conservadores y de verdad escandalizarse por el swing, pero tienen que darse cuenta de que nuestro mundo acelerado hace que el swing sea aceptable.»

Carta de una fan al *New York Times*, 1939 [n225]

«El swing no puede definirse»[n226], declaraba la revista americana de jazz *Metronome* después de que sus practicantes fueran incapaces de explicar la naturaleza exacta de su arte. Otros siguieron investigando con valentía. El crítico Enzo Archetti dijo que «swing» era simplemente un nuevo título para el «*hot jazz*, el verdadero jazz, no las canciones y los ritmos insípidos y de rodillas flojas que suenan en todas las estaciones de radio del país»[n227]. Otro escritor, Ralph Yaar, declaró que el swing se hacía evidente cuando «el sonido surge con acentos tan locos que causan euforia en la mente del oyente»[n228]. Fats Waller describió el swing como «dos tercios de ritmo, un tercio de alma»[n229], lo cual se presta maravillosamente a ser citado pero, en última instancia, no tiene sentido.

Tampoco los detractores del swing podían ofrecer una descripción más coherente de la música. «Es parecido al modo en que se retuerce un niño que tiene ganas de ir al baño», dijo Compton Mackenzie[n230]. Otro oponente fue menos metafórico, al rechazar el nuevo sonido como «una combinación de exhibicionismo y de influencia negra»[n231] —elementos que, disculpando momentáneamente la terminología anticuada, eran rasgos del nuevo estilo pero en absoluto constituían una descripción exhaustiva—. Después estaban los alarmistas, que lograban titulares equiparando la música swing con el «hitlerismo musical»[n232], el «sexo orquestado»[n233], «una epidemia» surgida a partir de un «contagio masivo»[n234] y que requería que los padres pusieran a sus hijos en cuarentena, y varias permutaciones de las palabras *salvaje, ruido* y *jungla*.

Un análisis de los miles de discos de «swing» grabados entre 1935 y 1945 revelarían un cambio decisivo en el modo en que los arreglistas abordaban su tarea. Los primeros singles de jazz habían dependido de una interacción democrática de los instrumentos (con un grado de espontaneidad variable) o de la preferencia —aunque quizás durante un único estribillo— de un instrumento por encima del conjunto. Pero los discos de jazz y de *big bands* de la época del swing a menudo dividían sus siempre crecientes orquestas en secciones discretas: metales, instrumentos de lengüeta y percusión. Cada uno de ellos cumplía una función separada: acompañabas o tocaba un *riff* en masa, ofrecía contrapunto o armonía a las otras secciones, mantenía la paleta entretenida y los pies siempre en movimiento. En sus partes más directas (o banales), las tres secciones en una banda de swing se combinaban para martillear un *riff* con el impacto de un tren expreso que atravesara a toda velocidad una estación rural. Para sus oyentes, el swing era o bien una burda demolición de toda la sutileza del jazz, o bien era la primera forma musical que gritaba «¡Ese soy yo! ¡Estoy vivo!» a adolescentes ávidos de sensaciones que empezaban a ganarse la vida y a asegurarse su independencia cultural.

En 1936, el crítico de jazz americano Peter Hugh Reed se dispuso a desafiar a los enemigos del swing. Su blanco particular era Compton Mackenzie, a quien citó de la siguiente manera: «El jazz es una rendición y, paradójicamente, una rendición cansada, de la mente al cuerpo»[n235]. Para Reed, el swing era jazz y estaba preparado para mostrar qué es lo que hacía que aquella música fuese tan apasionante: «Yo rindo incondicionalmente 'mi mente a mi cuerpo'. ¿Y por qué no habría de hacerlo? Después de todo, ¿por qué no habríamos de sucumbir, en parte u ocasionalmente, a nuestro legado animal fundamental y primitivo, que yace bajo el fino barniz de la vida civilizada?»[n236].

Reed estaba reconociendo uno de los argumentos fundamentales en contra del swing, del jazz y de una docena de géneros igualmente convulsivos que estaban por llegar. La civilización, según declaraban los guardianes de la moralidad, estaba amenazada por lo animal, lo físico, lo erótico, lo emocional. Los defensores del jazz destacaban su atractivo estético, sus complejas armonías, su modernidad, su espontaneidad vitalista, cualquier cosa que lo apartase de lo primitivo y lo impulsivo. Reed se negaba a jugar el juego de la civilización: para él, el jazz era un medio físico y no se avergonzaba de que su reacción fuera física.

La respuesta más instintiva al ritmo del swing era bailar: no con las pautas reglamentadas del vals o del foxtrot, sino con movimientos tan incontrolados como la música. El decano de los bailes de swing era el *Lindy Hop*, que se originó en Harlem casi una década antes del *boom* del swing. Desde su ritmos de ocho corcheas por compás (que lo convertían en el compañero perfecto del piano boogie-woogie) hasta sus extravagantes acrobacias, el *Lindy Hop* era más rápido, más salvaje y más osado que ningún otro baile de salón. No tenía reglas más allá del deseo de expresar cómo sonaba la música y cómo te hacía sentir, pero una vez que fue captado en película —por ejemplo en el film de los

hermanos Marx *Un día en las carreras*, de 1937, donde lo bailaban las Whitey's
Lindy Hoppers (que eran todas negras)—, se convirtió en algo que había que
imitar y dominar, en lugar de experimentarlo en el momento. Los chicos negros que veían a sus coetáneos blancos esforzándose por imitar sus bailes los
rechazaban porque parecían *jitterbugs*, es decir, insectos que se retuercen. La
palabra tuvo éxito y los adultos lo lanzaban constantemente contra los adolescentes. Con el tiempo, todas las variantes del *Lindy Hop*, desde el *collegiate shag*
hasta el *truck*, pasando por el *Suzy-Q* y el *dipsy doodle*, se subsumieron en la palabra *jive*, que aún se usaba para describir lo que hacían los adolescentes en la
pista de baile cuando el *twist* se convirtió en una obsesión cultural a comienzo
de los años sesenta.

Cualquiera que fuese el título, a Helen Ward (cantante de la banda de Benny Goodman) «le parecía que era estupendo, porque expresaba el espíritu de
los músicos en el estrado [...], las chicas empezaron a usar zapatos de chico
blancos y negros con calcetines y con faldas largas, que era el equipo necesario
para hacer todos esos giros [...], era muy excitante para mí»[n237]. Y también
para los bailarines, los *jitterbuggers* o (como se llamaban a sí mismos) *alligators*
[caimanes]: 25.000 de ellos en un festival de swing que duraba todo el día en
Randall's Island, Nueva York, en mayo de 1938, se emocionaron tanto que
(según el *Daily Express*) «miles abandonaron el área de las entradas de dos dólares, destrozaron asientos y se abrieron camino gritando y cantando hasta los
asientos reservados [...]. Aquello era el más frenético de los carnavales musicales de América, y amas de casa, oficinistas y hombres de negocios, intoxicados
con el estruendo de las veinticinco bandas, saltaban en el aire gritando como
dementes 'floy, floy', 'dadle caña, chicos', 'ese saxo asesino'»[n238].

Ni siquiera el estallido de la guerra pudo calmar el delirio. En 1942, se montó una sesión de swing y un concurso de *jitterbug* en un estadio de Washington, DC. «Cuando las bandas empezaron a tocar», informó la revista *Billboard*, «se armó la gorda. El público saltaba por todas partes, corría en tromba
entre los asientos, pululaba alrededor del escenario. Los que estaban en las
gradas superiores del estadio se quejaban de que no podían oír el ritmo y lanzaron unas cuantas botellas de gaseosa. Aquellas que no dieron en el blanco
fueron devueltas a sus dueños [...]. Resultado final: trece arrestos, diez lesiones, tres puertas rotas, cientos de *zoot suits* en jirones y 30.000 modernos que
regresaron a sus gramolas»[n239]. Los moralistas empezaron a añorar los días
inocentes del ragtime y el foxtrot.

El involuntario catalizador de esta confusión fue un director de banda blanco, dotado de un feroz talento y emocionalmente cerrado, llamado Benny
Goodman. Con sus gafas, su traje y su corbata y su aspecto aseado, Goodman podría haber sido un gerente de banco de no haber estado liderando una

orquesta que el *San Francisco Chronicle* describía como una auténtica locura: «Gene Krupa hostigaba el charles como un salvaje. Harry James hinchaba las mejillas hasta que parecía que iban a explotar, el rimo todo el tiempo ardía y se agitaba y te volvía loco, y después, justo cuando uno pensaba que nada podía ponerse más caliente, el clarinete de Benny se elevaba como un pájaro bruñido del torbellino estrictamente controlado y remontaba el vuelo hasta el cielo, sonando más fuerte incluso que los gritos de la multitud»[n240].

Como Hoagy Carmichael, Goodman mamó jazz en su adolescencia. Tenía solo dieciséis años cuando lo invitaron a unirse a una de las bandas blancas más de moda en América, la que lideraba Ben Pollack. En 1934, a los veinticinco años, consiguió que su conjunto se convirtiera en la banda residente de un local en el centro de Manhattan. Como ha explicado el biógrafo de Goodman, el público quedaba desconcertado por la ferocidad de su sonido: «La música era demasiado fuerte para ellos. No entendían cómo se bailaba. [...] Los asistentes tan solo pululaban alrededor del podio o se sentaban a las mesas y seguían el ritmo pateando con los pies»[n241]. Allí se habría quedado la banda si no la hubiera contratado la agencia de publicidad McCann Erickson para participar en un programa de radio que se emitía los sábados por la noche en la NBC y se llamaba *Let's Dance*. Los habían contratado para que representaran el extremo más moderno del gusto contemporáneo por el baile, junto con otro conjunto que ofrecía ritmos latinos y otro más para los que bailaban apretados y los sobones. La National Biscuit Company, que patrocinaba el programa, estaba horrorizada por la música de Goodman, pero las ventas de las galletas Ritz se dispararon, por lo que la banda conservó su trabajo. Cuando se dejó de emitir el programa a causa de una huelga de técnicos en el verano de 1935, la banda de Goodman fue contratada para tocar en el prestigioso Roosevelt Grill, en Nueva York, donde los comensales se tenían que embutir servilletas en los oídos para protegerse del estruendo. A los miembros de la orquesta les dieron sus tarjetas en la noche inaugural.

Cuando tocaban en la costa oeste, tocaban a todo volumen y la gente seguía sin bailar... hasta que Goodman sacó unas partituras con arreglos anticuados y obligó a sus muchachos a que fingieran que, en el fondo, eran una banda «suave». Pero una noche en Oakland, recordó más tarde, «en la sala había tal griterío y pateo en el suelo y jaleo que pensé que había un motín. Cuando empecé mi solo, el ruido se hizo aún más fuerte. Finalmente me di cuenta de lo que estaba ocurriendo: éramos nosotros los que estábamos causando el disturbio». La sala de baile The Palomar, en Los Ángeles, reaccionó de la misma manera: «Tras viajar tres mil millas, finalmente encontramos gente que comprendía lo que intentábamos hacer»[n242]. Una vez más, nadie bailaba, pero solo porque todo el mundo estaba aplastado contra el escenario, hipnotizado por la banda.

Al extenderse el furor del swing, el público de la banda de Goodman se hizo más joven: desde parejas de novios que rondaban los veinte hasta estudiantes y, en marzo de 1937, cuando tocaron en el teatro Paramount, de Times Square, adolescentes. Como muchas salas de cine, el Paramount combinaba películas y atracciones musicales, alternándolas a lo largo del día. Una banda podía actuar cinco veces entre la primera hora de la mañana y última hora de la tarde y luego dirigirse a un club nocturno para un desmadre final. La orquesta de Goodman llegaba para una prueba de sonido a las siete de la mañana y se encontraba a cientos de niños haciendo cola para entrar, decididos a faltar al colegio. Cuando comenzaba la primera actuación, a las 10:30, los chicos estaban a punto de explotar de impaciencia y respondían a los repetidos *crescendi* de la música con un rugido que, según la revista *Variety*, «hacía pedazos la tradición con su espontaneidad, su unanimidad, su sinceridad, su volumen y la violencia infantil de sus manifestaciones»[n243]. Lo que más molestaba a la empresa era que los fans bailaran entre las butacas. Los *jitterbugs*, según sus detractores, eran gamberros adolescentes, demasiados jóvenes para apreciar lo más sutil de la armonía y el ritmo y tan solo desesperados por bailar swing.

En enero de 1938, el swing logró cierta respetabilidad cuando la orquesta de Goodman tocó en el Carnegie Hall. Seguidores del general Franco, el líder de los sublevados en España, formaron piquetes ante el auditorio, denunciando que Goodman debía de ser comunista, pues recientemente había tocado en un evento benéfico en favor del gobierno republicano español. Pero las únicas interrupciones que se produjeron dentro, tal como informó *Melody Maker*, las provocaron «esos casi maníacos que actúan como si tuvieran el baile de San Vito u hormigas en los pantalones. [...] Su estúpido hábito de silbar y aplaudir ruidosamente cada vez que uno de los chicos hacía un solo encendido pronto se volvió inaceptable». Un aficionado al jazz finalmente no pudo soportarlo más y les gritó a aquellos sinvergüenzas: «¡Callaos ya, niñatos!»[n244].

Para Goodman, que aquella semana había interpretado el Quinteto con clarinete de Mozart en la radio, toda aquella adulación era una bendición ambigua. Diez días después de la actuación en el Carnegie Hall, regresó al Paramount, donde los fans estuvieron incluso más frenéticos que antes. Su viejo admirador, el crítico y productor John Hammond, afirmó tener información privilegiada sobre su dilema: «El comportamiento de su audiencia le ha puesto de los nervios en los últimos seis meses [...]. El exhibicionismo del público en las primeras actuaciones le repugnó tanto que no podía ni mirar a la cara a los educados asistentes a los conciertos del Roosevelt Grill [...]. Tiene un deseo genuino de que el público aprecie la música y odia que esta se 'falsifique' con trucos y tretas... aunque él ha sido en gran medida el responsable de esa credulidad del público»[n245].

Ciertos ardides sobre el escenario garantizaban que la audiencia se volviera loca: los chillidos de las notas agudas del clarinete de Goodman o de los metales; los *riffs* que tocaba toda la banda a la vez repetidos hasta la extenuación; un solo de batería —en realidad, cualquier solo que pudiera considerarse *hot*, sin importar su valor musical—, y algo que no fallaba: esa técnica (que más tarde la banda de Glenn Miller usaría una y otra vez) mediante la cual comenzaban a tocar más y más suave... hasta que de pronto volvían a atronar a todo volumen para el estribillo final. Por mucho que Goodman despreciara estos trucos, no podía pasarse sin ellos y sus competidores exhibían pocos escrúpulos a la hora de explotarlos y agotarlos sin excepción.

Un primer indicio de esta histeria era evidente en un disco que parece cada vez más profético. A finales de 1929, Louis Armstrong regresó a «St Louis Blues», que había grabado por primera vez con Bessie Smith en 1925. Armstrong, que no era un hombre que tratara ningún texto como si fuesen una sagrada escritura, jugaba con la canción como un terrier con una muñeca de trapo, tocándolo como un tango, después como un alocado divertimiento, gruñendo la letra, acentuando sílabas al azar y finalmente tocando acentos repetidos como harían Billy Haley and His Comets en «Shake, Rattle and Roll» veinticinco años más tarde. En sus tres minutos, «St Louis Blues» contenía el futuro del swing, el R&B y el rock 'n' roll.

Había algo en aquella canción que obviamente gustaba a los iconoclastas. Al año siguiente, Cab Calloway cantó «St Louis Blues» haciendo *scat* con tal abandono surrealista que la canción de W. C. Handy apenas se reconocía entre el torrente de ruido verbalizado. Mientras que Louis Armstrong era el maestro de todos los estados de ánimo, Calloway solo conocía un destino: la fiesta permanente. Se anunciaba a sí mismo como «el rey del *Hi-Di-Ho*». Aquello era uno de sus *riffs* vocales en «Minnie the Moocher», de 1931, un *tour de force* de jerga (finalmente lanzó varios volúmenes de su diccionario *El lenguaje del jive*) y payasadas vocales. Hacia finales de ese año, Cab estaba dirigiendo la banda más de moda y más rápida de América y no importaba el descaro de su material —«Reefer Man» [«El hombre del porro»], por ejemplo, o «Minnie the Moocher's Wedding Day» [«La boda de Minnie la gorrona»]—: la fiesta nunca acababa. Fue él, y no Goodman, quien primero celebró el *jitterbug* en una canción, dieciocho meses antes de que la banda de Benny conquistara California.

Para cualquiera que buscara novedad y energía, los primeros años treinta fueron una época milagrosa. Las Boswell Sisters —la líder, Connie, acompañada de Martha y Vet— contrataron a algunos de los músicos blancos más de moda del jazz para respaldar sus atrevidos arreglos de canciones populares viejas y nuevas, cada una interpretada con precisas armonías sonoras. (Las hermanas, en general, estaban de moda: la interpretación de 1932 por parte de las Ponce Sisters de «Fit as a Fiddle» encapsulaba el encanto de la fórmula). Sus homólogos vocales negros eran los Mills Brothers, que coronaban sus armonías con imitaciones de instrumentos de jazz. Su grabación de 1931 de «Tiger Rag»(con su estribillo que decía: «Sujétame ese tigre») servía de escaparate para su habilidad casi sobrenatural para conjurar el sonido de los metales y del contrabajo con tan solo sus voces. Gene Austin llevó el pop hacia el ritmo del boogie-woogie con su juguetona «Please Don't Talk About Me»; Fred Astaire, con tanta seguridad tras el micrófono como en la sala de baile, imitaba a un alemán («Me encantan sus grandes y enormes bustos») en «I Love Louisa» y cantaba «Night and Day», de Cole Porter; Duke Ellington extendió el registro armónico y estructural del jazz con «Creole Rhapsody» y «Limehouse Blues»; y Mae West extendía cualquier cosa que a mano en «A Guy What Takes His Time» [«Un tipo que se tome su tiempo»], seguramente el éxito más lúbrico y grosero que emergió en la primera mitad del siglo XX.

Una muestra completamente distinta de lo prohibido llegó a Nueva York desde Latinoamérica y el Caribe. Había un número creciente de puertorriqueños y cubanos que se habían establecido en la ciudad y en el diario *La Prensa* regularmente aparecían anuncios de bandas de gira. En 1930, el centro de Manhattan recibió a una serie de grupos que esperaban tocar solo para sus compadres. Sin embargo, la orquesta de don Justo Azpiazu, de La Habana, cuya estrella era el cantante Antonio Machín («el Rudy Vallee cubano»), llamó la atención de los periodistas anglosajones. La revista *Billboard* se quejó de que Machín «canta dos canciones, una en la que hace de vendedor de cacahuetes y es una gran pérdida de tiempo, en nuestra opinión»[n246]. Sin embargo, esa canción, «El manisero», una pieza común de maestría escénica en Cuba, se convirtió en un éxito nacional, especialmente una vez se lo robaron músicos de jazz como Louis Armstrong y Red Nichols.

Y aquella fue la presentación oficial en Estados Unidos de la rumba (en inglés a menudo *rhumba*), que era al mismo tiempo un género cubano que incluía baile, percusión y letras de actualidad, y, adaptado para el gusto de los blancos, otro nombre para el ritmo de baile cubano llamado más acertadamente bolero-son. «El manisero» entraba dentro de esta última categoría (a pesar de que los musicólogos quizá la describirían, de forma más precisa, como un son pregón). Esta multiplicidad de ritmos reflejaba los igualmente ricos orígenes de la música cubana, que se jactaba de sus bandas de danzón (*sweet* y *hot*, como las bandas de jazz americanas), que tocaban composiciones de cuatro secciones y variaciones temas de música clásica europea; de tango, que habían importado de Argentina; de bolero, un estilo romántico de voz y guitarra, y de son, una mezcla de música y baile a menudo satírica propia de la clase obrera que, a partir de 1920, empezó a exhibir influencias del jazz. Todo esto estaba concentrado en una isla mucho más pequeña que Florida que había sufrido la ocupación habitual de los marines norteamericanos y ahora era un destino vacacional para americanos ricos. Bandas de baile (solo de blancos) tocaban regularmente en los hoteles de La Habana. A cambio, directores de banda cubanos se establecían en Nueva York, a menudo como inmigrantes ilegales.

Un segundo éxito cubano, «Siboney», llegó a Estados Unidos en 1931, aunque lo cantaba Alfredo Brito, de la República Dominicana, una distinción demasiado fina para el público estadounidense, pues los oyentes anglosajones catalogaban toda la música al sur de sus fronteras como «latina». La importación latina más exitosa en los años treinta fue Xavier Cugat, un violinista español que dirigía una banda en La Habana y ofrecía versiones de canciones cubanas cuidadosamente americanizadas (y viceversa) y en cuyo honor Cole Porter escribió «Begin the Beguine». Los precisos arreglos de Cugat ofrecían un metódico pastiche de música «latina» que cualquier norteamericano o europeo podía entender. Para completar el círculo de influencia, la banda blanca norteamericana de Chick Bullock inventó en «Underneath the Harlem Moon», de 1932, un ritmo trotón que reaparecía más de veinte años después en el sonido del ska de Jamaica. En la mescolanza musical de los años treinta, ningún estilo retenía su pureza durante mucho tiempo.

En medio de aquel revoltijo de ritmos, no es de sorprender que los músicos no siempre se dieran cuenta de lo que habían encontrado. En 1931, dos de los directores más exitosos de la era del swing, Glenn Miller y Jimmy Dorsey, estaban aún aprendiendo su oficio en la banda de Red Nichols cuando grabaron «Fan It», un blues movido de doce compases. Quizá era una canción banal, pero también era una asombrosa precursora tanto del estilo del jump blues, preferido por los músicos negros en los años cuarenta, como de su descendiente directo, el rock 'n' roll de *big band*. Louis Armstrong fue quien más se acercó a explorar este filón con «Hobo You Can't Ride This Train», basada en una canción que ya era un *standard* de jazz, «Tiger Rag». (En cambio, «Rock and Roll», de 1934, de las Boswell Sisters, no era ni una canción de proto-rock ni una exploración de la sexualidad, sino meramente una *novelty song*). Mientras que Red Nichols fue el pionero de dos géneros, Duke Ellington bautizó otro con su canción «It Don't Mean a Thing (If It Ain't Got That Swing)» [«No significa nada (si le falta el swing)»]. De pronto, el futuro era visible por todas partes, desde el posmodernismo autorreferencial de «I Got Rhythm» de Louis Armstrong hasta, en 1932, los popurrís de baile a base de canciones de Broadway, que se anticipaban a bandas como Stars on 45 y Jive Bunny en medio siglo.

El swing demoró su llegada otro año o dos, como si estuviera ansioso por que el mundo se pusiese al día. Había un frenesí de *riffs* a comienzos de 1934 que provocaba bailes coordinados por todo Estados Unidos al son de «Got the Jitters», de Ben Pollacks, «Washington Squabble», de Claude Hopkins, y «Riffin' the Scotch», de Benny Goodman. Esta última constituyó el elegante y relajado debut vocal de Billie Holiday, que tenía entonces dieciocho años. Aquel mismo año, Chick Webb aportó un himno al swing, «Stompin' at the Savoy», en la que sus solistas se dividían audiblemente entre aquellos a quienes les gustaba *hot* y aquellos que preferían un bautismo más tibio. Pero quedó en manos de Benny Goodman hacer entrar a Estados Unidos irreversiblemente en la nueva época con «Bugle Call Rag», llena de atronadores *riffs* de los metales, escalas del bajo de boogie-woogie y una sólida sección rítmica: todo lo que volvería locos a los chicos en Oakland al año siguiente y pondría a bailar de forma frenética a los *jitterbugers* entre las butacas del Paramount.

Puede que Goodman fuera el pionero (entre las bandas blancas) y el popularizador del swing, pero lo cierto era que había cientos de *big bands* actuando por todo Estados Unidos a finales de los años treinta y comienzos de los cuarenta. Las más destacables eran la de los enfrentados hermanos Jimmy y Tommy Dorsey, la de Harry James, la de Glen Gray (al frente de la Casa Loma Orchestra) y la de Artie Shaw. Cada una tenía seguidores leales y combativos entre los adolescentes, aunque encuestas de estudiantes norteamericanos durante la época del swing documentaban de forma regular su educado gusto por una dieta más suave y melódica. Entretanto, había bandas negras, las de Count Basie (brevemente con Billie Holiday como vocalista), Chick Webb (con la joven Ella Fitzgerald a remolque), Erskine Hawkins y Duke Ellington, para quien el swing era ya su segunda naturaleza.

Algunos, al verse rodeados por la histeria del swing, se mostraron escépticos acerca de sus méritos. Artie Shaw había aparecido en 1935 con The Swing String Ensemble, banda que, como su nombre indica, enfrentaba valientemente las cuerdas contra los instrumentos de viento metal. El propio Shaw tocaba el clarinete con tanta soltura como Goodman y con similar energía, como demuestra su éxito de 1936 «There's Frost on the Moon». Su variedad estilística era incomparable: en 1938, en dos meses grabó una exquisita versión de «Begin the Beguine», que a menudo se ha propuesto como una de las mejores grabaciones del siglo, y la inquietante y lírica «Nightmare», una pieza melancólica tan evocadora como cualquier cosa del catálogo de Duke Ellington.

El problema de Shaw era que era un perfeccionista (ocho matrimonios fallidos, dos de ellos con las estrellas de Hollywood Lana Turner y Ava Gardner, hablan por sí solos). Quería ampliar y, si podía, romper grilletes y límites, como cuando, en 1938, contrató a Billie Holiday para que cantase en su banda, hasta que se vio obligado a respetar la segregación racial no oficial de la época. Odiaba que lo encasillasen. En 1940, dio unas entrevistas polémicas («Yo lo pensaría dos veces antes de aconsejarle a nadie que siga mis pasos. […] La música popular en Estados Unidos es un 10% arte y un 90% negocio»[n247]), se quejó de que el negocio de las bandas era una «estafa», disolvió su orquesta y se retiró enfurruñado a México. Unas pocas semanas después, regresó.

Su temperamento estalló de nuevo en 1945, cuando dijo que el jazz era un «pato moribundo»[n248], que la radio era terrible y que las revistas para los fans eran idiotas. Además, los propios fans no sabían cómo comportarse cuando veían actuar a una «estrella» y gritaban de forma histérica por razones que no tenían nada que ver con la música. Después, en 1949, Shaw anunció que estaba harto del jazz, del swing, del público («imbéciles») y de cualquier cosa que tuviera que ver con las bandas de baile, y que quería tocar «música de melenudos» (argot de la época para referirse a la música clásica: los directores de orquesta eran supuestamente tan bohemios que a veces dejaban crecer el pelo hasta que les tocaba el cuello de la camisa).

Apareció aquella primavera en el Bop City, en Nueva York, y procedió a tocar una selección de piezas de «melenudos» como Prokofiev, Debussy y Ravel. La revista de jazz *Metronome* informó de que los fans en los asientos baratos gritaban «¡Un poco de ritmo!» y «No nos fastidies»[n249]. Shaw estaba «fuera de su elemento»[n250] al intentar engatusar a una sección del populacho para hacerles creer que oían buena música. Se trata del peor fiasco musical de este país en los últimos veinte años». Un par de meses después, Shaw prometió interpretar cualquier cosa que los «imbéciles» quisieran escuchar. «Es necesario darle al público algunos puntos de referencia antes de ofrecerles cosas nuevas»[n251], admitió con humildad. Pero después introdujo de nuevo a Ravel, el baile se detuvo y un fan en el Symphony Ballroom de Boston gritó desde el otro lado de la sala: «*Apestas*, Artie». En 1954, Shaw dejó el clarinete y nunca más volvió a actuar en público, aunque aún vivió medio siglo.

Es probable que fuera imposible vivir con Shaw o trabajar con él, pero su habilidad como músico era tan grande como su entendimiento del negocio de la fama. En su autobiografía, *The Trouble With Cinderella*, a menudo escribe de manera sardónica la palabra éxito como *succe$$*. A Fred Hall, un aficionado del swing, le escribió una memorable defensa de sí mismo en la que reflejaba el dilema de ser un artista en una industria comercial: «Lo que ocurre es que haces trescientos arreglos y llegas a uno, por ejemplo «Begin the Beguine», y te gusta. Ves que es lo suficientemente bueno, te gusta la melodía, te gusta el arreglo, funciona y al público le gusta, por tanto todo el mundo está contento. Pero, de repente, intentas dejarlo atrás. Y *no puedes* dejarlo atrás. De alguna manera, es como si el público te insistiera en que te pongas una camisa de fuerza y te dijera: 'Ya no crezcas más'. Sería como vestir a una mujer embarazada con algo que no permitiera que creciera su vientre. Pero resulta que yo tengo necesidad de continuar creciendo. Es una maldición, una incontenible compulsión de seguir desarrollándome. En fin, si alguien te dice: 'No puedes desarrollarte, queremos *eso*, una y otra vez', te puedes volver loco»[n252].

Tales miedos no atormentaban a Glenn Miller, que —a pesar de la importancia de Benny Goodman— ha pasado a la memoria colectiva como el rey de la época del swing y las *big bands*. Su misteriosa muerte en 1944 (o presunta muerte, para ser exactos) cimentó su leyenda. Su amigo y biógrafo George T. Simon escribió que Miller «era lo suficientemente honesto para reconocer y admitir sus límites como trombonista de jazz»[n253], y sin duda su reputación entre los aficionados al jazz está empañada, como poco. Simon recordó que Miller «decidió que definitivamente no llegaría a ningún lado intentando superar Goodman, Shaw y Dorsey en el terreno del swing. Básicamente, estaba convencido de que tendría muchas más posibilidades una banda de música suave con un sonido único e identificable y que también pudiera tocar el swing que les gustaba a los muchachos»[n254].

Su truco, el sonido que hacía que su banda se reconociera al instante, era la manera en que usaba el clarinete como su instrumento principal, doblado por un saxofón una octava por debajo, mientras los saxos restantes aportaban su propia armonía de tres partes. En el verano de 1939, su música se retransmitió, por medio de transmisiones radiofónicas en cadena, desde el casino de Glen Island, cerca de Nueva York, un popular punto de encuentro para universitarios ricos, que disfrutaban de la acústica del local y las vistas de Long Island. Miller tocaba «Moonlight Serenade» como tema introductorio y después su banda tocaba swing con suavidad pero con firmeza durante el resto de la tarde.

Mientras que otras bandas ansiaban complejidad para presumir de su técnica, Miller prefería la simplicidad de «Little Brown Jug» o de su canción más famosa, «In the Mood», un híbrido que tomaba prestado su *riff* distintivo del single de 1930 «Tar Paper Stomp», de Wingy Manone (que reaparecería al año siguiente a la mitad de velocidad en «Hot and Anxious», de Fletcher Henderson). El compositor Joe Garland recuperó el motivo y le presentó una versión embellecida a Artie Shaw, quien la rechazó porque era demasiado larga para un solo disco de 78 rpm. Miller resolvió el problema cortando y simplificando hasta que todo lo que quedó fue el *riff*, primero fuerte, después suave, después más suave y por último a un volumen orgásmico seguido de un alivio. Realizó una magia similar con «Tuxedo Junction», de Erskine Hawkins, antes de lograr las mayores ventas de cualquier disco americano desde

«My Blue Heaven», de Gene Austin, con el millón de ejemplares vendidos del éxito «Chattanooga Choo Choo»[18], de 1941, por el cual obtuvo su primer disco de oro. Como era de esperar, Artie Shaw no era un enamorado del sonido de Miller: «Esa banda era como el principio del fin. Era una versión mecanizada de lo que llamaban música de jazz. Todavía no puedo soportar escucharla»[n255]. Y sin embargo hubo veintitrés discos de Miller que llegaron a encabezar las listas de los más vendidos entre 1939 y 1943 y ocuparon la primera posición durante 105 semanas en total, dominando el ranking como nunca ha ocurrido antes ni después.

«Cuando los historiadores de 2037 escriban sobre esta época cromada y aerodinámica, deberán dedicar mucho espacio a la música de baile. No puede ignorarse. Nosotros, los niños de esta época de la radio, bailamos con ella, comemos con ella, nos bañamos con ella, bebemos con ella, la escuchamos, la cantamos, la tarareamos y la silbamos, incluso hablamos con ella de fondo».

Revista *Radio Pictorial*, enero de 1937[n256]

«Los estudios Decca en Nueva York constaban de una habitación larga y rectangular. Al fondo había una pintura grande de una doncella india de pie y con el brazo en alto, como indicando que tenía una pregunta. En el 'globo del diálogo', preguntaba: '¿Dónde está la melodía?'. [...] En Decca, tú tocabas y cantabas la melodía, y ya te podías olvidar de cualquier improvisación o no volvías a grabar para Decca».

Maxine Andrews, de las Andrews Sisters[n257]

La primera vez que el crítico de jazz británico Leonard Hibbs vio a la banda de Chick Webb en el Savoy Ballroom, en Harlem, se volvió loco de excitación. «Para los chicos y las chicas de Harlem, bailar es vivir, es la esencia misma de vivir», escribió. «A diferencia del bailarín medio en este país, que baila el foxtrot con casi todas las canciones, esta gente feliz improvisa su baile y traduce su felicidad a un movimiento rítmico inspirado. [...] Cuando digo bailar, me refiero en realidad a moverse al ritmo de la música, a mecerse con las idas y venidas de la música. Relajarse y balancearse. ¡Dejarse llevar!»[n258].

---

18. Woody Herman, cuya banda tocaba auténtico swing, satirizó el éxito de Miller con una canción sobre hacer sonar discos al revés. «Ooch Ooch A Goon Attach» [«Ay, ay, un imbécil se nos acopla»; fonéticamente, «Chattanooga Choo Choo» al revés].

A muchos no les interesaba sumergirse en «aquel pequeño mundo del ritmo al rojo vivo». A cualquiera que fuese demasiado viejo, o que no bailara, o que prefiriera una paleta musical más amplia, le molestaba el dominio de las bandas de swing. A pesar de todo lo que sonaban en la radio y del éxito de Glenn Miller, sus ventas no siempre igualaban su publicidad y solo los aficionados disfrutaban de las formas de jazz más liberadas y excitantes. En el futuro, como sugirió la revista *Variety* a finales de los años treinta, «los discos tendrán que decirles a los fans qué es lo que está sonando y deberán permitir reconocer la melodía tal como fue concebida originalmente»[n259].

Aquella era la norma en el Reino Unido, donde el swing (más allá de los inevitables discos de Glenn Miller) tardó en despegar. Tardó tanto, de hecho, que bandas como la de Ted Heath solo pudieron labrarse florecientes carreras después de la Segunda Guerra Mundial. Para los aficionados de las bandas británicas, esa fue una época dorada, libre de los excesos del swing, como ha explicado el historiador Peter Cliffe: «Los líderes de banda británicos más establecidos continuaban deleitando a sus seguidores en salas de baile, hoteles, clubes nocturnos, restaurantes y teatros, y para la mayoría de la población —a medida que la Gran Depresión se hacía más severa— a través de la radio y en discos de gramófono.[19] No había eventos musicales llamativos y pocos éxitos sensacionales, solo un desfile de canciones agradables, arregladas con estilo e interpretadas de forma melodiosa»[n260]. La palabra *agradable* condenaría esta época para la posteridad. Sin embargo, para aquellos que solo querían que los entretuvieran para distraerlos de un mundo empecinado en una segunda conflagración mundial, lo predecible de las bandas de baile británicas era una virtud en lugar un pecado. Como ha explicado Edgar Jackson: «Los compradores de discos de música de baile se pueden dividir en dos clases: aquellos que compran un disco por el intérprete y aquellos que lo compran por la canción. Los primeros son principalmente fans a los que les gusta el material muy moderno y original; los segundos están más interesados en una melodía instrumental que pueden reconocer fácilmente, aprender y tararear en el cuarto de baño»[n261].

El líder de banda de la BBC Jack Payne podría haberse quejado de que «el baile está temporalmente bajo una nube. […] Sin duda ha perdido algo de

---

19. Como una instantánea del abismo que existía entre los gustos norteamericanos y británicos, en 1932 la revista *Gramophone* reseñó las interpretaciones rivales de una canción nueva. La cantante de canciones románticas Ruth Etting actuaba «con toda la falta de reticencia característica de Norteamérica»[n263]. Cuánto más encantadora era «la voz clara y sin alma» de su competidora británica Anona Winn (que en realidad era australiana). Probablemente, esta fue la última ocasión en que se usó la expresión *sin alma* como un cumplido al describir una actuación.

su fascinación»[n262]. Pero la innovación estaba a punto de llegar: en los años treinta, el Reino Unido fue invadido por la pasión del órgano de cine y había un suministro constante de discos de intérpretes como Reginald Dixon, el organista de Wurlitzer del Tower Ballroom, en Blackpool, que incluso se atrevió a enfrentarse al himno jazzístico «Tiger Rag». Las bandas de baile no podían incluir un instrumento tan caro, pero encontraron un sustituto viable: el acordeón (acordeón a piano, para ser más exactos; *squeeze-box* para sus admiradores; *accordeon*, en deferencia a los continentales, en las revistas de los años treinta). Su sonido era a la vez ligeramente exótico —evocaba visiones de gitanos con pañuelos de colores en la cabeza o los compases del *bal-musette* de París— y predeciblemente comedido. Además del cantante callejero y su acordeón «embrujado», artistas como la London Piano-Accordeon Band, de Billy Reid, y la Accordeon Band, de Carlos Santanna, comenzaron a suplantar a los grupos de baile convencionales. Muchos observadores pensaron que una formación con tres o cuatro acordeones al frente de una sección de rítmica podía ofrecer más profundidad y variedad que los familiares y aburridísimos metales e instrumentos de lengüeta. Una revista llamada *Accordion Times* gozó de amplia circulación y solo desapareció a finales de los años cuarenta, cuando fue relanzada como *Musical Express* (más tarde *New Musical Express*). A finales de los años treinta, las estrellas de cine se jactaban de que dominaban el instrumento, como si aquello incrementase su atractivo romántico, en particular por sus vínculos con París, la ciudad de los amantes, donde el acordeón fue un elemento habitual de los discos de éxito hasta mediados de los años cincuenta.

Cualquiera que no encontrara el acordeón lo suficientemente divertido siempre podía entretenerse con la guitarra electrificada (una verdadera novedad) de Len Fillis en su instrumental «Dipsomania»; con la polémica canción de music hall «The Pig Got Up and Slowly Got Away», cuya emisión prohibió la BBC por razones que nadie pudo comprender del todo; o incluso con una grabación del circo del Olympia de Londres que se centraba en un grupo de leones marinos que interpretaban «God Save the King» con trompetas.

En estas diversiones, había un esfuerzo decidido de recrear una época más inocente. A mediados de los años treinta se vio un resurgimiento de canciones clásicas de music hall, las cuales —como descubrieron los directores de banda que se enfrentaban a un público pugilístico— tenían el poder de calmar los nervios. La BBC dio tiempo en antena a Les Allen y Kitty Masters, cuya actuación incluía imitaciones de figuras del mundo del espectáculo, así como baladas antiguas... «el tipo de canciones», explicó *Radio Pictorial*, «que hacían que los miembros más mayores del público se tomaran furtivamente de la mano y causaban que los miembros más jóvenes experimentaran una emoción extraña y pacífica que no es común en esta época indiferente»[n264]. Les

Allen, aplicando toda su experiencia en el mundo del espectáculo, declaró con confianza que «al público le molesta que una canción sea 'movida'»[n265], por lo tanto el swing sin duda se pasaba de la raya.

Para los adultos que querían una forma más sutil de nostalgia, el Reino Unido en los años treinta era un refugio para ese estilo impreciso conocido como «música ligera», en este caso más sofisticada que las canciones por encargo de Tin Pan Alley, más accesible que las composiciones serias de «melenudos» y más tranquila que el jazz. Su historiador, Geoffrey Self, asevera que la música ligera «debía divertir en lugar de molestar; entretener en lugar de inquietar»[n266]. Pero era algo más que lo que los franceses llamaban *musique-papier* (música de papel pintado): tenía su propio método para provocar emociones. El novelista J. B. Priestley captó su atractivo: «Como, a diferencia de la música seria, la música ligera carece de contenido musical, actúa al modo de una serie de viales, a menudo de formas y colores encantadores, para la destilación de la memoria. Sus primeros compases quitan el tapón: de pronto nos encontramos reviviendo —no recordando, sino recuperando mágicamente— momentos exactos de nuestro pasado»[n267]. En su forma más vívida —en la obra de Eric Coates o, más tarde, de Ronald Binge (que escribió el hermoso tema de cierre de la radio de la BBC, «Sailing By»), la música ligera podía evocar, la primera vez que uno la escuchaba, una nostalgia imaginaria, en la cual la tristeza y la alegría estaban cuidadosamente equilibradas; un hermoso consuelo fermentado por la pérdida, nostálgico como el recuerdo fugaz de un sueño. Coates era el maestro de la música ligera de la época y su trabajo ha perdurado a través de temas de la radio como «By the Sleep Lagoon» (del programa *Desert Island Discs*) y «Knightsbridge», entresacado de su *London Suite (In Town Tonight)*. Este último era tan popular en los años treinta que lo tomaron prestado bandas de baile, para horror del crítico del *Daily Mirror*: «En mi opinión, la melodía es demasiado buena como para que la 'asesinen'; es música de verdad, no un foxtrot»[n268].

Había pocos defensores como aquel para la mayor parte de las canciones que surgían de las fábricas musicales de Nueva York y Londres. «Era bastante evidente que se estaban publicando demasiadas canciones populares», ha observado un historiador desde la elevada perspectiva de 1948. «Ni siquiera el bombo y platillo del *Hit Parade* de la radio podía ocultar la pobreza y el desaliño de buena parte del material que producía mecánicamente Tin Pan Alley»[n269]. Este material estaba dominado por retratos poco realistas del amor juvenil, con escenarios y ritmos que hacía tiempo habían perdido su sabor. «Hemos oído todas estas letras con mil disfraces diferentes, unidas a la sentimentalidad más barata y babosa», se quejaba *Radio Pictorial* en 1937, «y cantadas por *crooners* hasta que hemos alcanzado una especie de náusea»[n270].

Sin embargo, gracias a ese material la industria de la música seguía funcionando con energía, en especial alimentada por programas de radio como los norteamericanos *Make Believe Ballroom* (que presentaba bandas de baile) y *Your Hit Parade*. Este último dio comienzo en 1935 y pronto adoptó un formato familiar de cuenta atrás para, al final, anunciar la canción más popular de la semana. La lista se determinaba, en teoría, comprobando las doce o quince canciones que más se habían reproducido en el país en los siete días previos, pero el formato daba pie ampliamente a la corrupción y a lo que se vino a llamar *payola* (el pago de sobornos a locutores y productores a cambio de tiempo de emisión). Ya no era suficiente que una editora estuviera al mando de un establo de escritores de talento: sus habilidades eran secundarias respecto a las de los *pluggers*, cuyo trabajo era crear éxitos por medios legales o sucios. El negocio de determinar cuáles eran las canciones favoritas de Estados Unidos se volvió tan turbio que, en 1938, la revista *Variety* suspendió sus listados de «los más vendidos» por miedo a que muchas de las «ventas» de las que estaba informando existieran solo en el papel. Nada de esto impidió que el título de *Your Hit Parade* se convirtiera en una frase muy extendida, o que el programa diera visibilidad a Frank Sinatra y a Doris Day en sus comienzos.

Los escépticos estaban convencidos de que la radio finalmente se quedaría sin canciones, ya que enseguida despojaba de su frescura a las melodías más populares. «Nuestras canciones ya no están vivas», dijo Irving Berlin, que, como el compositor norteamericano más importante del siglo, tenía derecho a estar preocupado. «No logran volverse parte de nosotros. En los viejos tiempos, Al Jolson cantaba la misma canción durante años hasta que significaba algo... cuando los discos se reproducían hasta que se rajaban. Hoy, Paul Whiteman toca un éxito una o dos veces, o un héroe de Hollywood las canta una vez en las películas y luego la radio las pone sin parar durante un par de semanas. Después están muertas»[n271].

La novedad lo era todo en aquel mercado y la sorpresa y el ingenio eran un bonus. El éxito inesperado de 1936 fue «The Music Goes Round and Round», una canción *metapop*, si se quiere, que dedicaba tres minutos a hablar de cómo una melodía viajaba de la boquilla de la trompeta al pabellón del instrumento. «The Broken Record» extendía ese planteamiento posmoderno al imitar a una aguja colocada sobre un disco: algunas versiones, como la de Wingy Manone, terminaban con el objeto culpable volando por la ventana; en otras, como la de Guy Lombardo, la banda se detenía gradualmente como un gramófono exhausto. Había idiosincrasias de tempo con las que sugerir, como las pausas de un compás entero, las cuales debieron de aterrorizar a los locutores de radio que pusieron «Posin'», de Tommy Dorsey; instrumentación exótica, como el éxito de 1937 «Twilight in Turkey», de Raymond Scott;

lenguaje exótico, como por ejemplo en esa guía de la jerga de Harlem que es «The Flat Foot Floogee», de Slim and Slam; y también insinuaciones eróticas de las de toda la vida, ya fueran moderadas (como en «Sweet Violets», de los Sweet Violet Boys) o más descaradas (como en el blues de 1936 «Let's Get Drunk and Truck», de Tampa Red, que por alguna razón se consideró tan poco atrevido como una invitación a bailar).

Quizás la tendencia más sorprendente de finales de los años treinta fue desencadenada por una canción escrita para una comedia musical en yiddish de 1933. Cinco años después del estreno de esta, «Bei Mir Bist Du Schoen» se convirtió en un éxito internacional de las Andrews Sisters, otro trío del estilo de las Boswell. Esto fomentó un *boom* de canciones «internacionales», provenientes de las comunidades de inmigrantes de Estados Unidos. Ya había un mercado para la música étnica en la primera generación de pobladores, pero sus hijos preferían integrarse en la corriente dominante norteamericana. Ahora las dos ramas se volvían una corriente, mientras que un sinfín de diversas tradiciones y ritmos de baile de Europa Central y del Este recibían la amplia descripción de «polka». La canción catalizadora fue «Beer Barrel Polka», de Will Glahé, con su acordeón en primer plano, un éxito del que rápidamente se apropiaron las Andrews Sisters. Su popularidad no se debió a la radio, que había hecho todo lo posible para ignorar esta moda, sino a los «gramófonos a monedas» —o gramolas—, que permitían a los consumidores programar su propio entretenimiento.

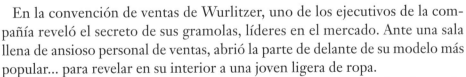

«Lleva a la familia a cenar a donde tengan música de Wurlitzer. Tus amigos estarán allí con sus familias. Todos vosotros, jóvenes y viejos, os divertiréis hablando, riendo y escuchando canciones tan estimulantes como vuestra primera bocanada de aire fresco de primavera».

Anuncio de las gramolas Wurlitzer, hacia 1947[n272]

En la convención de ventas de Wurlitzer, uno de los ejecutivos de la compañía reveló el secreto de sus gramolas, líderes en el mercado. Ante una sala llena de ansioso personal de ventas, abrió la parte de delante de su modelo más popular... para revelar en su interior a una joven ligera de ropa.

Las gramolas comerciales funcionaban de forma más convencional, usando lo último en ingeniería mecánica y eléctrica. Wurlitzer llegó tarde a la industria de las gramolas, aunque la compañía tenía su origen en un negocio familiar de instrumentos musicales de Sajonia de mediados del siglo XVII. El nombre familiar se convirtió en sinónimo del órgano de cine («el gran Wurlitzer») en 1910. Pero la invención de las películas habladas secó por completo para la compañía el mercado del cine, de modo que en 1933 unió fuerzas con un innovador fabricante de gramolas, Homer Capehart.

Capehart y sus competidores habían seguido rutas diferentes para llegar al mismo destino. Seeburg se hizo primero un nombre con pianos que funcionaban mediante monedas y, después, desarrolló el inclusivo Orchestrion, un solo instrumento de acción neumática que imitaba el sonido de una banda completa. Cuando Brunswick lanzó el fonógrafo eléctrico de uso doméstico en 1926, Seeburg y Capehart investigaron las posibilidades de crear reproductores que pudieran contener múltiples discos y permitieran a los compradores elegir un título al introducir una moneda. Después de que Wurlitzer comprara Capehart, a ellos y a Seeburg se les unieron en la carrera AMI, Rock-Ola y Mills, inundando Estados Unidos con sus máquinas en los años treinta hasta que toda tienda o negocio imaginable tenía una.

La industria de las gramolas tuvo tanto éxito que parecía estar llevándose a sí misma a la quiebra. Pero, en la gran tradición del capitalismo de consumo, Wurlitzer introdujo la obsolescencia prematura en su cháchara de vendedor al actualizar y refinar constantemente sus modelos. Para asegurarse rendimientos en las ventas, ofrecía llevarse las máquinas antiguas de forma gratuita. En un mercado competitivo, los bares, restaurantes y clubs tenían necesidad de actualizar su equipo anualmente, especialmente cuando descubrieron que la clientela elegía el sitio para beber y para cenar en función de la calidad de la gramola.

Los bares en las ciudades a menudo alquilaban las máquinas para el fin de semana, asegurándose así de que el fabricante las actualizaría con las últimas canciones de jazz, blues o música *hillbilly*, dependiendo de la ubicación. La gramola ofrecía una selección de música mucho más amplia y vulgar que cualquier estación de radio de Estados Unidos. Con el tiempo, sin embargo, a medida que la gramola migró desde los bares de mala reputación a establecimientos de categoría, el menú musical fue variando. Las campañas de marketing de Wurlitzer alababan su propio repertorio de «canciones suaves, clásicos de jazz, éxitos de música *hillbilly*, valses, foxtrot y polkas» y prometían al cliente: «Te irás a casa tarareando las inolvidables melodías, de mejor ánimo, más feliz interiormente por haber pasado un momento musical agradable y habiendo gastado tan solo unas pocas monedas»[n273].

Antes de la Segunda Guerra Mundial, la gramola era una innovación peculiarmente estadounidense. Se instalaron «quioscos fonográficos» en muchas estaciones de tren importantes del Reino Unido, pero fueron un artilugio efímero. La gramola se lanzó en el Reino Unido en 1932, pero no tuvo éxito. Siguió una segunda campaña de marketing en 1935; de nuevo la respuesta fue insignificante. Cuando estalló la guerra, había menos de cien gramolas en funcionamiento en las Islas Británicas, mientras que en Estados Unidos, con una población cuatro veces más grande, contaba con más de 200.000 máquinas. Cualquiera que quisiese buscar en el Reino Unido lo mejor del jazz, el blues y el country estadounidense tenía que apuntarse a lo que se había convertido en una sociedad secreta y recurrir a lo clandestino.

«Exigimos que cese inmediatamente este hábito de asociar *nuestra* música con el primitivo y bárbaro *origen* negro, para hacer justicia al hecho de que nosotros hemos evolucionado más allá de la realidad de esas comparaciones».

Editorial de *Melody Maker*, 1926[n274]

Para los amantes del jazz británicos, era un asunto un tanto vergonzoso que aquella música debiera su existencia a los afroamericanos. En los años veinte, este prejuicio se justificaba por razones puramente estéticas, como explicó Albert McCarthy: «La música sofisticada de los neoyorquinos blancos se consideraba la personificación del jazz y, cuando por primera vez aparecieron en el Reino Unido las grabaciones clásicas de los Hot Five y los Hot Seven de Louis Armstrong, los aficionados británicos las rechazaron por considerarlas burdas. El blues en su forma más pura era virtualmente desconocido y habría sido incomprendido»[n275]. La primera aparición de Armstrong en el Reino Unido, en 1932, fue recibida con viles insultos por parte de la prensa, que lo describía como «el hombre más feo» que había aparecido nunca en un escenario londinense, un «gorila sin amaestrar»[n276]. La *Pearson's Magazine*, habitualmente liberal, advirtió: «Los negros invaden nuestros teatros»[n277]. Solo una minoría de los aficionados reconocía que tanto músicos negros como blancos habían contribuido al jazz. El entusiasmo de esa minoría persuadió a la compañía Parlophone de que lanzase un número limitado de canciones de hot jazz para el público británico, su «New Style Rhythm Series». Pese a su racismo inicial, *Melody Maker* proporcionó un punto de reunión para los desperdigados fans del jazz del Reino Unido. Gracias a las páginas de los periódicos, en junio de 1933 se fundó el Hot Rhythm Club (llamado oficialmente Rhythm Club No. 1, con la acertada suposición de que se abrirían muchos más) y la primera reunión tuvo lugar en Regent Street, en Londres. Jim Godbolt, que jugó un papel clave en la historia del jazz británico entre los años cuarenta y su muerte en 2013, se unió al Rhythm Club 161 en el Station Hotel, en Sidcup. Allí «se reunía el club —con una asistencia de nueve miembros como máximo— y se ponían discos en un tocadiscos portátil conectado al enchufe de la luz. [...] Nuestras sesiones eran asuntos solemnes. El jazz era un tema serio que requería ávidos oyentes y comentarios profundos. Nos turnábamos para dar 'recitales' seguidos de debates necios y furiosos. [...] Éramos un movimiento *underground*. Había un espíritu prístino de romance, la aventura de descubrir nuevas alegrías musicales en disco, y estas eran bastante raras, ya que las compañías discográficas lanzaban solo un disco de jazz al mes»[n278]. A lo largo y ancho del país, estas asambleas aisladas se reunían e intercambiaban información (o desinformación) y creaban deidades a partir de sus instrumentistas favoritos.

Estas obsesiones eran una abominación para aquellos que anhelaban una forma de entretenimiento decididamente más inglesa. Entre los defensores más insistentes de esta doctrina estaban los camisas negras de la Unión Británica de Fascistas, de Oswald Mosley. «La lucha para construir un Reino Unido más grande está originando una nueva música nacional»[n279], afirmaba el semanario *Fascist Week* en 1934. El tipo de entretenimiento del que eran partidarios incluía la Blackshirt Military Band y cantos comunales de himnos como «Come All Young England», «Mosley!» y «Britain Awake!»(los signos de exclamación atestiguaban la urgencia de su cruzada). A los comentadores fascistas les pareció fácil atribuir la culpa de la terrible decadencia de cultura moderna en el Reino Unido. Todo era culpa, decía el doctor Leigh Vaughan-Henry, «del estrato negroide-judío que está socavando la vida de los estadounidenses»[n280]. El capitán Cuthbert Reavely recomendó a sus colegas fascistas el cuarteto de cuerda de la Unión Británica de Fascistas para escapar de «esos lamentos de jazz de los muchachos judíos y de esos negros con dientes de oro que diseminan la 'cultura' de la selva y el pantano»[n281]. Según Reavely, la BBC formaba parte de un complot para convencer al público de que solo los judíos podían tocar música de baile: «Los judíos y los extranjeros por lo general arruinan la música con la ayuda de los suscriptores británicos, con sus diez chelines al año [la cuota que había que pagar por usar la radio] para escuchar a bandas de jazz judías»[n282]. Para demostrar que el jazz étnicamente puro era posible, el periódico fascista *Action* anunciaba una «*big band* aria» que podían garantizar que tocaba «jazz sin judíos»[n283]. Pero el mismo diario también se ocupaba de los últimos estrenos de cine y, unas pocas semanas después, uno de sus reseñistas eludía abiertamente la línea del partido: «Louis Armstrong, el famoso cornetista de color, hizo una grata aparición [en *Pennies from Heaven*, 1937]. Lo veremos más a menudo, pues actúa tan bien como toca»[n284].

Esta traición no se habría permitido entre fascistas de la Europa continental. En Alemania, como se jactaba el periódico *Blackshirt*, «no hay jazz. Hitler lo ha desaprobado enérgicamente. No ve ningún ascenso nacional a través de las amígdalas del *crooner*. Además, como es un gran amante de la música, como su compañero dictador [Mussolini, en Italia], de que el jazz es la expresión de la neurastenia y que debilita a la juventud expuesta a su influencia degradante»[n285]. El jefe de propaganda de Hitler, Joseph Goebbels, ridiculizó «la contribución de Estados Unidos a la música mundial» al referirse a ella como «música sincopada de negros»[n286].

Esa contribución era omnipresente en Alemania desde principios de siglo, cuando los primeros compases de ragtime llegaron a los cabarets de Berlín. La derrota de Alemania en la Gran Guerra provocó el caos económico, la muerte de las convenciones y de la censura y una obsesión con la cultura en apariencia liberada de Estados Unidos. El jazz arrasó en Berlín, al igual que en París y Londres. Pero, mientras que París lo adoptó y Londres lo imitó, Berlín lo asimiló dentro de la explosión del modernismo y la bohemia, que alcanzaba desde salas de conciertos hasta clubes nocturnos. «Los negros están aquí», proclamó el poeta Yvan Goll en 1926. «Toda Europa está bailando al ritmo de su banjo. No se puede evitar. Algunos dicen que es el ritmo de Sodoma y Gomorra. ¿Y por qué no del paraíso?»[n287].

Esa ambigüedad se refleja en *Jonny spielt auf*, o *Jonny empieza a tocar*, de 1927, una ópera de Ernst Krenek influenciada por el jazz y basada en una canción de cabaret de 1920 que trataba sobre un seductor violinista americano. La ópera amplía ese tema, con el afroamericano Jonny dejando de lado la música de la clásica Europa por sus ritmos de jazz hipnóticos y bárbaros. El estudioso Alan Lareau lo explica así: «La imagen de pesadilla de los negros invadiendo Alemania, seduciendo a las mujeres blancas y destruyendo la cultura nacional tenía especial actualidad y resonancia política a principios de los años veinte, puesto que se habían enviado tropas coloniales francesas desde el norte de África para ocupar Renania tras la guerra. A esta ocupación, entendida como la destrucción del suelo de Alemania y de su industria, se la llamaba popularmente *die schwarze Schmach*, 'la desgracia negra'»[n288]. No es de extrañar que la infiltración del jazz en la cultura alemana provocase reacciones tanto o más alarmistas que las del Reino Unido y Estados Unidos. En Viena, mientras tanto, «estudiantes austríacos con conciencia de raza» tiraron bombas fétidas y polvos picapica durante una representación de *Jonny spielt auf*.

Cuando el austríaco de nacimiento Adolf Hitler asumió la cancillería de Alemania en enero de 1933, decidió proteger la cultura nacional de la influencia extranjera. En el manual de su obsesiva búsqueda del poder, *Mein Kampf*, lamentaba «el colapso de Alemania en el aspecto político, cultural, ético y moral» debido a influencias artísticas que «podían considerarse completamente ajenas y desconocidas» y que habían causado «una degeneración espiritual que llegó a destruir el espíritu»[n289]. Estaba aludiendo a la cultura judía, no la América negra, pero en su visión del mundo, ambas razas eran igualmente subhumanas. El jazz no solo era estadounidense, sino que además provenía de una raza inferior y se transformaba en canciones que emanaban de otra raza (por la supuesta dominación judía de Tin Pan Alley). Este género se condenaba junto con otros ejemplos perniciosos de la cultura modernista en el campo del arte, la música clásica, la literatura y la arquitectura. Los nazis organizaron una exhibición de «arte degenerado» en 1937 y otra de «música degenerada» al año siguiente —el catálogo mostraba la imagen de Jonny, de la ópera de Ernst Krenek—. El régimen de Hitler prohibió transmitir música de jazz en 1935 y en 1937 amplió las restricciones para incluir todas las grabaciones hechas por músicos negros y judíos e incluso suprimió la profesión de crítico musical. Al prohibir también las composiciones de judíos en 1938, al público alemán se le negó el acceso a la obra de Irving Berlin y de George Gershwin, tanto en disco como en el cine[20]. Pese a estas censuras, los músicos de jazz y las bandas de baile continuaron tocando y actuando en la Alemania nazi siempre que no desafiaran abiertamente las nuevas leyes. Ciertos motivos musicales eran claramente jazzísticos y, por tanto, estaban prohibidos: el solo de batería, por ejemplo, o cualquier cosa que provocase un estallido de baile *jitterbug*. Pero el público para las canciones estadounidenses era todavía grande y los títulos a menudo se traducían al alemán para sugerir que eran productos auténticos del Tercer Reich. Algunos clubs de jazz de Berlín tenían permiso para funcionar abiertamente para así hacer creer a los visitantes extranjeros que la Alemania nazi no era una sociedad represiva.

Aunque la situación en Europa se deterioraba, las bandas británicas continuaban aceptando lucrativas invitaciones para ir de gira por Alemania. El grupo de Jack Hylton visitó regularmente Europa durante los años treinta. A Hylton incluso lo galardonaron con la *Légion d'Honneur* en 1932 por sus servicios a la música francesa. En 1937 y 1938, la banda batió el récord de venta de entradas en Berlín. «Hoy en día, casi todo el mundo baila el *Lambeth Walk* aquí»[n290], informaba un periodista alemán (sobre una canción y un baile que Hylton había ayudado a popularizar). A otro director de banda británico, Jack Jackson, le ofrecieron el fenomenal salario de 1.500 libras por semana en 1938

---

20. Otros regímenes totalitarios no eran tan estrictos. En 1933, Alexander Tsfasman fue obligado a comparecer con su banda ante el Club de Teatro de los Trabajadores, en Moscú, para que se decidiera si sus equivalentes soviéticos de los arreglos de Paul Whiteman eran adecuados para los oídos de los obreros. Su orquesta pasó aquella audición política con tanta facilidad que les pidieron un bis. Por el contrario, en Hungría, después de la Segunda Guerra Mundial, a las *big bands* se les ordenaba que tocasen algunas piezas de música estadounidense en cada actuación, para que así los oficiales del Partido Comunista pudieran anotar los nombres de los rebeldes que no abandonaban de inmediato la pista de baile cuando empezaban a sonar aquellas decadentes y peligrosas canciones.

para que se mudara a Berlín, tomase el control de la producción de la música ligera alemana y grabase himnos para las Juventudes Hitlerianas. «Me ofrecieron inmunidad diplomática para mí y para mi banda», relató a una revista británica. «A pesar de que por entonces la banda incluía a dos instrumentistas 'estrella' judíos, eso no sería un obstáculo»[n291]. Afortunadamente, el futuro locutor de la BBC declinó la invitación.

Muchas empresas de la industria del espectáculo británica, preocupadas por la grave situación de los refugiados judíos del nazismo, ofrecieron, en enero de 1939, los beneficios de un día a una fundación benéfica. Dos semanas después, Henry Hall —que había dejado recientemente su puesto como el líder de banda oficial de la BBC— lideró a su orquesta durante una visita de cuatro semanas a Berlín. «Tocarán en un baile de estado al que acudirán oficiales alemanes de alto rango», dijo con orgullo la revista *Radio Pictorial*, «y, a menos que se les pida que hagan el saludo en el medio de un número, todo debería ir de maravilla. Afortunadamente para el proyecto, en la banda no hay músicos judíos»[n292]. Para asegurarse de que no hubiera situaciones embarazosas, durante la visita Hall suprimió del repertorio de la banda todas las canciones de compositores judíos. «Naturalmente, no quiero arruinar las buenas relaciones comportándome de forma que pueda ofender en Berlín», dijo. «Lo que estoy haciendo es meramente de sentido común»[n293]. «No lo culpo por ello, como han hecho ciertos periódicos», escribió un periodista favorable. «Tiene que ganarse la vida como todo el mundo»[n294]. Su actuación en el Scala fue un éxito de taquilla y la banda de Hall tuvo una entusiasta recepción. Los activistas antifascistas estaban indignados por el comportamiento de Hall, mientras que *Melody Maker* solo dijo que «nadie debería poner en duda su patriotismo»[n295]. Menos de tres semanas después de que la banda de Hall regresara al Reino Unido, el ejército alemán invadió Checoslovaquia y los músicos británicos ya no tuvieron que debatir con su consciencia sobre si era ético actuar bajo una dictadura fascista.

«En unos años, la radio será más importante que la palabra impresa para la propaganda. Por tanto, la organización de la radio siempre ha sido y siempre será una de mis principales tareas».

Joseph Goebbels, marzo de 1937 [n296]

CAPÍTULO 8

MILLONES DISFRUTAN CON NOSOTROS

GRACIE FIELDS

«Quiero sacar a la gente de la guerra.»

Gracie Fields, octubre de 1939 [n297]

El 17 de septiembre de 1939, el portaaviones británico HMS *Courageous* fue torpedeado cerca de la costa de Irlanda y 519 tripulantes murieron. Los supervivientes, a la deriva en el mar, se pusieron a cantar canciones de music hall como «Daisy Daisy» para no perder el ánimo.

La compartida herencia musical del Reino Unido fue decisiva para la moral durante la guerra. En el filme patriótico de Frank Launder y Sydney Gilliat *Millones como nosotros*, de 1943, Celia (interpretada por Patricia Roe) trabaja en una fábrica de aviones. Cuando su marido muere en la guerra, Celia se fuerza a sí misma a asistir a un concierto en la cantina de la fábrica. Allí, la estrella de music hall Bertha Willmott canta la canción de 1903 «Just Like the Ivy (I'll Cling to You)» [«Como la hiedra me pegaré a ti»] y la igualmente añeja «Waiting at the Church» [«Esperando en la iglesia»], que solía cantar Vesta Victoria. Al ver la película hoy en día, uno espera que Celia encuentre esta sensiblería inaguantable, pero, en cambio, ella es incapaz de resistirse a esa celebración comunal de la identidad nacional. Al final, la vemos absorta cantando con los demás «My Wife Won't Let Me» [«Mi esposa no me abandonará»], como una más de los «millones como nosotros», determinados a aguantar y a ganar la guerra.

Después de que el Reino Unido declarase la guerra a Alemania, el 3 de septiembre de 1939, los británicos parecían estar mucho más decididos que su portavoz oficial, la British Broadcasting Corporation. El redactor de *Gramophone* Compton Mackenzie examinó los cambios en la parrilla de la BBC para la primera quincena, en la que se cancelaron los programas más populares y el tiempo de emisión se redujo de forma drástica, y se quejó de que aquello era «la peor exhibición de chapucería que se ha podido oír en todo el planeta durante las primeras semanas de la guerra»[n298]. Con la música más popular exiliada de las ondas durante el invierno de lo que se llamo la «Guerra de Broma» (1939-1940), ¿cómo se podía mantener la moral?

La industria del espectáculo cerró filas en torno a la bandera. Fue vital la contribución de Gracie Fields, la cantante favorita de la nación. Aunque estaba aún convaleciente de una operación por cáncer cervical, mantuvo una ocupada agenda de deberes patrióticos, desde conciertos en la radio a una grabación en vivo de *Gracie with the Troops* [*Gracie con las tropas*]. (Algunos soldados, como los que formaban su público, grabaron su propio concierto improvisado de canciones favoritas de la Primera Guerra Mundial, titulada *Flanders memories* [*Recuerdos de Flandes*]). El día de navidad de 1939, Fields dio un concierto en una ubicación secreta «en algún lugar de Francia» como parte de otra retransmisión en vivo. Sin embargo, tres meses más tarde, se casó con un director de origen italiano, Monty Banks (nacido como Mario Bianchi) y, al darse cuenta de que el gobierno británico podía recluirlo como inmigrante ilegal, se llevó a su marido a Canadá y después a California, lo que le valió críticas de que había abandonado la patria en un momento difícil. Como para llenar el hueco que había dejado Fields, John McCormack, adorado baladista de la era anterior al jazz, salió de su retiro para recaudar fondos para la Cruz Roja.

Mientras HMV anunciaba a bombo y platillo el regreso de McCormick, en Decca Records estaban ansiosos de proyectar una imagen más patriótica. «Lo mismo que en 1914», declaraban en un anuncio, «en 1939 Decca sigue haciendo ondear la bandera mediante el entretenimiento para las tropas y para nuestro país». Apareció una avalancha de discos de tema apropiadamente bélico, incluida la canción «Adolf», de Annette Mills; «Old Soldiers Never Die» [«Los viejos soldados nunca mueren»], de Gracie Fields; recuperaciones de himnos de la época de la Gran Guerra; un popurrí de canciones de soldados de la banda de Jack Hylton; así como la inspirada pareja de temas del cómico Tommy Handley «Who Is That Man (Who Looks Like Charlie Chaplin)» [«Quién ese hombre (que parece Charlie Chaplin)»] y «The Night We Met in a Blackout» [«La noche que nos conocimos en un bombardeo»]. La estrella de cabaret Ronald Frankau compuso una divertida canción cómica de *supper club* titulada «Heil Hitler! Ja! Ja! Ja!», que hacía que el dictador sonase como un idiota inofensivo. («Hay muchas más estrofas», murmuraba al final de la canción, «pero no me permiten cantarlas»). Arthur Askey reformó la canción popular «Run Rabbit Run» [«Corre, conejo, corre»] y la tituló «Run Adolf Run», la cual deleitó de tal forma al rey Jorge VI que el monarca pidió que le mandasen la nueva letra a Buckingham Palace. La popularidad de canciones como estas desgastó en gran medida la reserva de material en bruto. Como las ventas subían y las emisiones de la BBC descendían, las compañía de discos se pusieron de acuerdo para racionar el número de discos que podían editarse, de modo que en 1942 había una visible escasez de discos en las tiendas.

La canción más perdurable de las primeras semanas de la guerra era «We'll Meet Again» [«Nos encontraremos otra vez»]. Como ha escrito la estudiosa Christina Baade: «La canción combinaba la primera persona del plural, algo muy popular en las canciones más patrioteras, con un anhelo romántico y una insistente fe en que la pareja se reuniría finalmente. Estaba también descaradamente llena de sentimentalismo, un estado emocional que desconcertó a aquellos críticos que exigían una dieta más vigorizante de cara a la guerra»[n299]. Los soldados a menudo tenían sentimientos ambivalentes sobre la canción y, de hecho, uno llamó a la BBC para pedir que no pusieran material que les recordase que quizás pronto tendrían que decir adiós a sus seres queridos. La canción quedó unida de forma indisoluble a cierta joven cantante de banda de la que el *Daily Express* proclamó: «Hay una nueva estrella [...]. Vera Lynn no es muy sofisticada, pero canta canciones sentimentales que venden más discos que Bing Crosby, los Mills Brothers, las Andrews Sisters o cualquiera de esas formidables bandas de cantantes transatlánticos». Como cumplido final, el *Express* añadía: «Canta con voz muy nasal y nunca vacila en una nota. En esta época, cuando los *crooners* hacen furor, esa forma sencilla de cantar baladas es algo inesperado»[n300]. Cuando Lynn fue añadida al reparto de *Sincerely Yours*, que emitió la BBC, otro periódico declaró: «Vera trae gozo y consuelo a miles de personas de las Fuerzas Armadas y a sus seres queridos. Se está estableciendo como la Amiga de Todos. Sigue con el buen trabajo, Vera»[n301]. Era tan popular entre las tropas, que la BBC prohibió que los cómicos la imitasen en antena. De hecho, que a alguien no le gustase Vera Lynn —y había mucha gente a la que no le gustaba aunque solo fuera por méritos musicales— estaba considerado tan antipatriótico como colgar una esvástica de la ventana. Sin embargo, a puerta cerrada en las salas de comité de la BBC, como ha descubierto Christina Baade, existía la inquietud de que (en palabras del director de Empire Entertainments Unit) «el tipo de canciones que Lynn escribe y canta tenga un efecto narcotizador para las tropas, pero los narcóticos no son sanos. Esto tendrá el efecto opuesto a volverlos 'locos por luchar' y más bien les hará 'desear que todo acabe pronto'»[n302].

Al darse cuenta de que las fuerzas armadas podían requerir material más recio, la BBC lanzó programas para el frente con canciones de hot jazz que casi nunca se emitían en casa. (Esto provocó quejas de que después del servicio religioso matutino a menudo sonaban indecorosas canciones de swing). Las retransmisiones para las fuerzas también demolieron uno de los grandes tabúes de la programación de la BBC: por primera vez se permitió que la música de baile invadiera la parrilla de los domingos por la noche, que antes era intocable. Al comprobarse que la civilización sobrevivía a este sacrilegio, la programación en territorio británico obtuvo el mismo permiso y la orquesta de Mantovani ocupó el espacio que antes ocupaba exclusivamente la música clásica.

En el verano de 1940, la BBC respondió a la agonía de la evacuación de Dunkirk lanzando una nueva forma de programación: dos espacios de treinta minutos, a media mañana y a media tarde, titulados *Música para trabajar* y destinados a doblar la producción en las fábricas de munición y de aviones. Su contenido era dinámico pero no demasiado atractivo. El tema de polka americana «Deep in the Heart of Texas» fue excluido de la programación, a pesar de su enorme popularidad, porque provocaba que los trabajadores dejaran sus herramientas y se pusieran a dar palmas.

Los músicos de las bandas de baile ocupaban un espacio ambiguo durante los años de la guerra. Muchos fueron llamado a filas y formaron bandas durante el servicio, como The Skyrockets, The Blue Rockets y The Squadronaires, cuya música swing era más *hot* que cualquiera de las orquestas más renombradas del Reino Unido. Aquellos que se quedaron en su país natal tenían como tarea subir la moral, pero a menudo los tildaban de antipatrióticos por no estar combatiendo. «Los aficionados al swing quieren estar exentos del servicio militar»[n303], afirmaba el *Evening Standard* en 1940, mientras que el *Daily Express* contraatacaba con que «muchos de los muchachos de las bandas de baile tratan de evitar el ejército»[n304]. Ninguna de las dos historias tenía una base real, como tampoco la tenía el rumor de que el popular pianista americano Charlie Kunz usaba las retransmisiones de la BBC para enviar mensajes cifrados a los nazis por medio de las teclas de su piano. Otra historia aún más estrafalaria sí era cierta: el director de banda Arthur Lally, que tenía por entonces unos treinta años, pidió que el Ministerio de la Guerra le permitiese volar en un avión sobre Alemania para así arrojar en persona una bomba sobre el lugar de retiro montañés de Hitler. Cuando rechazaron amablemente su oferta y los doctores le sugirieron que considerase ocupaciones más relajadas, la indignación de Lally fue tanta que se suicidó.

Los músicos compartían los peligros de la población civil. El líder de banda Carroll Gibbons había residido en el Reino Unido desde 1929 y a menudo retransmitía desde el hotel Savoy durante el Blitz de 1940. Durante una actuación, una bomba alemana hizo que Gibbons y sus músicos se cayeran del estrado y Noël Coward tuvo que hacerse cargo del piano para que la retransmisión siguiera a flote. La banda de swing más reverenciada del país, un conjunto enteramente negro procedente de las Indias Occidentales y liderado por Ken «Snakeships» Johnson, estaba actuando en 1941 en el londinense Café de Paris durante un bombardeo cuando una bomba cayó en el club y mató a Johnson y a su saxofonista y al menos a treinta miembros del público. Cuatro meses más tarde, el *crooner* más popular del Reino Unido, Al Bowlly, murió durante otro bombardeo mientras dormía en su piso de Londres. Su última grabación fue la esperanzada despedida de Hitler compuesta por Irving Berlin, «When That Man Is Dead and Gone» [«Cuando ese hombre haya muerto y ya no esté»].

Un desafío más sutil esperaba a Victor Silvester, que había sido un famoso bailarín de foxtrot y de vals, coautor de la definitiva guía para *El moderno baile de salón* y, a partir de 1935, director de banda. Silvester aborrecía la tendencia de otras orquestas de alterar el tempo de una canción, pues consideraba que eso hacía que fuera imposible bailar. Él, en cambio, garantizaba interpretaciones de «tempo estricto»: melódicas, llenas de sedosas cuerdas y rítmicamente inflexibles. Era el candidato obvio para liderar un programa de radio retransmitido durante la guerra y titulado *Dancing Club*, en el que leía los pasos obligados para cada canción y después dejaba unos segundos de silencio para que la audiencia pudiera apuntarlos. Descubrió que William Joyce, propagandista nacido en Brooklyn y conocido por todo el mundo como Lord Haw-Haw, interceptaba la señal de la BBC desde Berlín y llenaba aquellos silencios con retórica antibritánica.

Hubo otros métodos de difundir propaganda por parte del ministerio alemán de propaganda igualmente ingeniosos. Entre 1940 y 1943, el régimen nazi financió la grabación y la retransmisión de discos de música de baile pensados para mellar la voluntad británica. Estaban atribuidos a Charlie and His Orchestra, pero en realidad el responsable era un *crooner* llamado Karl Schwedler. La estrategia de Charlie era simple: cantaba interpretaciones aparentemente ortodoxas de canciones populares pero cambiaba la letra para introducir un mensaje burdamente satírico. Al igual que Lord Haw-Haw, Charlie se hacía pasar por un aristócrata británico. «Aquí está el último éxito lacrimoso de Winston Churchill», anunciaba jovialmente, y a continuación cantaba: «Los alemanes me están volviendo loco». En «Makin' Whoopee», imitaba al *crooner* judeoamericano Eddie Cantor y cantaba pareados tan mordaces como este: «Otra guerra, otro botín, / Otro trampa del negocio israelí». (Las letras de Charlie no rimaban o tenían el adecuado número de sílabas tan meticulosamente como los originales). No hay evidencia de que estas retransmisiones alemanas de onda corta tuvieran valor propagandístico alguno. Sin embargo, curiosamente, aquella época, en la que la música americana estaba oficialmente *verboten* en Alemania, resultó ser una edad de oro para el jazz en ese país: «El hecho de que la Alemania nazi se convirtiese en el centro europeo del swing es la gran ironía de la historia de las *big bands*»[n305], como ha señalado el historiador Albert McCarthy.

En Francia hubo un florecimiento similar bajo al ocupación alemana y el gobierno de Vichy. Los clubes y las salas de baile cerraron brevemente cuando los nazis llegaron a París, pero después se adaptaron al nuevo régimen. Los aficionados al swing se llamaban a sí mismos *zazous*, un nombre inspirado por Cab Calloway. Su himno era la canción «Je Suis Swing», de Johnny Hess, que era en realidad una declaración de resistencia al fascismo. Los *zazous* desafiaban la prohibición oficial de oír y tocar jazz de madrugada y parece que las autoridades alemanes ignoraban estas infracciones de la disciplina, intuyendo quizá que era mejor que los jóvenes franceses se quedasen bailando el *jitterbug* en lugar de conspirar con la Resistencia. (Muchos hacían ambas cosas). Cuando la propaganda de Vichy les dijo a los franceses «*c'est l'heure de travail*» («Es hora de trabajar»), el vocalista Georgius grabó una provocativa canción titulada «Mon heure de swing». Los locutores de radio franceses se entusiasmaron con esta revolución cultural y comenzaron a poner en sus programas una dieta de temas de jazz americano, enunciando cautelosamente todos los títulos en francés para ocultar sus orígenes (y el hecho de que muchos eran obra de compositores judíos). El jazz se convirtió en un símbolo de libertad, como ha escrito el historiador Matthew Jordan: «Las tropas aliadas entraron en París en agosto de 1944 y dio comienzo la celebración. Una vez más [como después de la Gran Guerra de 1914-18], el jazz fue la banda sonora colectiva de la liberación de Francia»[n306].

Para las estrellas consolidadas del music hall y el cabaret que se quedaron en Francia, trazar un rumbo ético durante la ocupación era peligroso. Si se negaban a actuar para sus compatriotas, se arriesgaban a que se los etiquetase como desleales. Si participaban en espectáculos oficialmente sancionados por las autoridades por los invasores o cantaban para oficiales alemanes, podían ser clasificados como traidores. Los músicos y cantantes judíos que pudieron huir lo hicieron, mientras que el resto se vio obligado a presentar el texto de cada una de sus composiciones a las autoridades alemanas. Si no lo hacían, se les prohibía actuar en público. El artista francés más famoso de la época era Maurice Chevalier, que se había convertido en una estrella de Hollywood desde el comienzo del cine sonoro. En Francia era un héroe nacional, pero su decisión de aparecer en programas de radio durante la ocupación y de actuar para oficiales alemanes hizo que, tras la liberación, se le considerara un colaborador. En marzo de 1945 le fue negado el permiso para actuar en Londres porque se consideró que «era improbable que contribuyera a la causa británica en la guerra»[n307]. Una década más tarde, casi todo el mundo lo había perdonado y Chevalier salió de gira por el mundo con un número de cabaret que incluía una canción de amor en alemán, que él interpretaba con una vociferante imitación de la famosa voz del Führer.

Quizás el uso más cruel de la música popular en Europa durante la guerra tuvo lugar en la ciudad de guarnición checa de Terezín (Theresienstadt para los invasores alemanes), que se convirtió en un campo de prisioneros para judíos que, después, eran enviados a Auschwitz. En 1944, fue el escenario de una película de propaganda alemana de distribución internacional titulada *El Führer regala una ciudad a los judíos.* Pintaron el campo de concentración y lo llenaron de *atrezzo* para la filmación de la película, intentando que pareciera una comunidad urbana en funcionamiento. En el filme aparecían jóvenes judíos felices trabajando y escuchando una banda de swing llamada The Guetto Swingers. Cuando terminó el rodaje, los participantes fueron enviados a Auschwitz, donde algunos formaron conjuntos musicales para aliviar la agonía de los otros prisioneros. La mayoría de The Guetto Swingers murieron en Auschwitz. Los guardias que llevaron a la cámara de gas a la estrella del cabaret Kurt Gerron, a quien los alemanes habían obligado a dirigir la película, le pidieron que cantase una de las melodías de *La ópera de tres centavos,* por la que era famoso.

«Los hombres de las fuerzas armadas estadounidenses en el extranjero tienen una clara preferencia por la música *hot.* Al ritmo que lleva Johnny Doughboy, va a propagar el evangelio de Dixieland con más éxito aún que en la Primera Guerra Mundial, que fue cuando el continente descubrió el jazz».

Revista *Billboard*, octubre de 1942[n308]

«El director de cierta banda pasó la otra noche unos difíciles dos o tres minutos mientras cantaba «This Is Worth Fighting For» [«Merece la pena luchar por esto»]. Al final del estribillo, uno de los que bailaban preguntó en voz alta: '¿Y entonces por qué no te pones un uniforme y te vas tú a combatir?'».

Revista *Billboard*, agosto de 1942[n309]

Poco más de veinticuatro horas después del ataque japonés a la base naval de Pearl Harbor de diciembre de 1941 —que resultó en la muerte de más de dos mil personas—, el gobierno estadounidense declaró formalmente la guerra al Imperio de Japón. Tan pronto como se hizo el anuncio, Bud Abbott y Lou Costello, estrellas de la comedia militar *Buck Privates,* se metieron en un estudio de grabación de Hollywood y grabaron, con una orquesta y un cuarteto vocal, un número de vodevil espectacularmente inoportuno titulado «Laugh Laugh Laugh», cuyo estribillo declaraba: «Las cosas han estado mucho peor antes».

Esta canción no estaba destinada a convertirse en la más duradera de la Segunda Guerra Mundial. De hecho, el compositor Hoagy Carmichael observó en 1942: «Creo que todos en la industria musical somos conscientes de la ausencia de una canción popular excepcional en la presente guerra. Por una razón u otra, nada de lo que se ha escrito hasta ahora ha encajado. Creo que es porque las canciones no se han metido lo suficiente bajo de la superficie. Su tratamiento de la guerra ha sido demasiado superficial. Estados Unidos está hoy en día en una situación que pide una canción con verdadera profundidad de sentimiento. Creo que la gente ha pasado ya la fase en que quedaba impresionada con canciones que se contentaban con ondear la bandera o presumir de nuestro poder nacional»[n310].

Aquella no era la suposición general cuando comenzó la guerra y los editores musicales afirmaban estar «bombardeados con partituras que son variaciones de canciones del tipo de 'Derrotar al Eje' y 'Aplastemos a los japoneses'»[n311]. Los compositores profesionales competían a ver quién era más patriótico. Algunas de las primeras de la lista incluían «Let's Remember Pearl Harbor» [«Recordemos Pearl Harbor»], «Slap the Jap Right Off the Map» [«Borremos al japonés del mapa»], «The Sun Will Be Setting for the Land of the Rising Sun» [«El sol se va a poner para la tierra del sol naciente»] y «When Those Little Yellow Bellies Meet the Cohens and the Kellys» [«Cuando esos pequeños barrigas amarillas se encuentren con los Cohen y los Kelly»]. Las canciones más exitosas en esta vena fueron «You're a Sap Mr Jap» [«Es usted bobo, señor japonés»], grabada por la orquesta de Carl Hoff; «Goodbye Mama (I'm Off to Yokohama)» [«Adiós, mamá, me largo a Yokohama»], una canción de swing de Teddy Powell, y «Keep 'Em Flying» [«Que sigan volando»], del batería y director de banda Gene Krupa, a cuyo comienzo unos rugientes saxofones imitaban los aviones de las USAAF.

La balada sentimental «The White Cliffs of Dover» [«Los blancos acantilados de Dover»] —una canción americana, a pesar de su título— dominó las ondas en las semanas posteriores a Pearl Harbor, reflejando la necesidad del público de recuperar la confianza. «Miss You» [«Te echo de menos»], de Dinah Shore, y «I'll Pray for You» [«Rezaré por ti»], de las Andrews Sisters, explotaban una imagen que ya había tenido éxito en la anterior catástrofe: chicas que esperaban lealmente a que sus novios volvieran del frente. Peggy Lee, con la banda de Goodman, revivió «We'll Meet Again», de Vera Lynn. «Don't Sit Under the Apple Tree (With Anyone Else but Me)» [«No te vayas a sentar bajo el manzano (con nadie que no sea yo)»], de Glenn Miller, resaltaba el miedo de que esas muchachas no fueran tan fieles como habían prometido.

El cantante folk Carson Robison hizo crecer sus ventas durante los primeros meses de la guerra con una sucesión de catárticos «tributos» a los líderes enemigos, como «Mussolini's Letter to Hitler» [«Carta de Mussolini a Hitler»]. El músico chiflado Spike Jones manufacturó un ataque satírico a Hitler, «Der Fuehrer's Face» [«El rostro del Führer»], que se convirtió en el tema de un corto de dibujos animados de Walt Disney (*Donald Duck in Nutziland*). Pero cuando Estados Unidos entraba en su segundo año de guerra, hubo tres canciones que se convirtieron en clásicos instantáneos. «This Is Worth Fighting For» retrataba Estados Unidos como una tierra de ondulantes campos de trigo y de cabañas campestres, donde niños de mejillas sonrosadas esperaban junto a madres en delantal a que papá llegase a casa. «There's a Star-Spangled Banner Waving Somewhere» [«Hay una bandera de barras y estrellas ondeando en algún lugar»] unía el mercado *billbilly* al esfuerzo de la guerra, y la versión de Elton Britt vendió más que cualquier otro disco del género durante los siguientes dos años. La más exitosa de todas fue «Praise the Lord and Pass the Ammunition» [«Alaba al Señor y pásame la munición»], disponible en varias versiones rivales de diferentes coros y cuartetos. Estaba basada en la historia, probablemente apócrifa, de un sermón pronunciado por un capellán militar durante el ataque a Pearl Harbor. Al combinar el fervor militar con la religión, conectaba simultáneamente con dos fuentes de orgullo americano. Dio lugar a muchas imitaciones, la más duradera de las cuales fue «Comin' In on a Wing and a Prayer» [«Estamos llegando, con una sola ala y una oración»].

En abril de 1942, se hablaba de un próximo musical de Hollywood, *Hollywood Inn*, que contendría una balada de Bing Crosby que garantizaba hacerse con el corazón del país. En septiembre, «White Christmas» estaba camino de convertirse en el single más vendido de todos los tiempos al vender el primero de los más de 50 millones de discos que vendió durante las siguientes siete décadas. Ricamente orquestada, con el murmullo de una coral contribuyendo a la atmósfera de anhelante veneración, el inmediato éxito de aquella canción debía algo al contexto de la guerra: el narrador soñaba con una blanca Navidad porque estaba destinado a pasarla en una húmeda jungla de Extremo Oriente. Pero el patriotismo y el romance no eran suficientes para inspirar una reacción tan instintiva por parte del público: el gancho era el ronroneo suave y retumbante de la voz de Bing Crosby, tan cálida como el más chispeante fuego de leña de Yule. Un año más tarde, Bing ofreció otro mensaje estacional. «I'll Be Home for Christmas» [«Volveré a casa por navidad»], cantaba suavemente, y más de un millón de compradores de discos decidieron, contra toda la evidencia militar, creer que aquello se cumpliría para ellos y sus hijos. «El G.I. americano ya tiene las únicas canciones de guerra que necesita», opinaba Irving Berlin, «temas sentimentales sobre la patria y el amor»[(n312)]. La revista *Billboard* coincidía en que «las canciones de tema bélico no tienen realidad para los muchachos que están aprendiendo a aniquilar fascistas», y terminaba

diciendo que los soldados preferían «hacerse cinturones de material resistente» —elegían el swing, en otras palabras—.

El gobierno de Estados Unidos, consciente de que la música desempeñaría
un papel crucial en el mantenimiento la moral, intentó coordinar la industria del espectáculo. El ejército había fundado ya la USO (Unión de Orga-
nizaciones de Servicios) para organizar conciertos para las tropas en el que
los primeros nombres de Hollywood y de los clubes nocturnos de Nueva
York actuasen gratis. Una vez se hubo declarado la guerra, la OWI (Oficina
de Información de la Guerra) emitió complejas instrucciones dirigidas a los
compositores y los editores musicales sobre el material que podría ayudar al
esfuerzo de la guerra. No debía haber letras sobre el horror de la guerra y
solo se debía describir a soldados muriendo en circunstancias que ofreciesen
un ejemplo heroico para sus camaradas. Las familias y los seres queridos debían aparecer pacientes, leales y por completo comprometidos con la causa
americana. No debía expresarse dudas sobre el papel de Estados Unidos en
la guerra y ni una palabra sobre problemas en territorio estadounidense en
forma de huelgas o escasez de comida. Las canciones debían transmitir el
mensaje de que Estados Unidos iba a ganar la guerra, pero solo gracias al esfuerzo decidido de cada participante. Las letras que alabasen a pilotos y marinos en lugar de a los soldados de infantería no debían publicarse. Y lo más
importante, los letristas debían afirmar la superioridad de Estados Unidos
sin implicar que el enemigo era estúpido o inferior: el peor enemigo durante
una guerra era la autocomplacencia. Los compositores tuvieron problemas
para seguir siendo creativos mientras pisaban aquel potencial campo de minas. Para colmo, se impusieron restricciones a canciones que ya estaban en
circulación: cualquier cosa que sonase alemana o italiana era excluida de las
gramolas y los ciudadanos americanos con raíces en esos países tuvieron que
consolarse con polkas y canciones tradicionales.

Las materias primas se reservaban ahora para propósitos militares: la gasolina se racionaba tanto para los artistas como para el público, lo cual tuvo un
impacto inmediato en las actuaciones en vivo (aunque a las bandas más famosas se les permitía una ración extra por su importancia para la moral nacional).
Se animaba a los compradores de discos a que trajeran sus discos viejos para
fundirlos antes de comprar otros nuevos. Los fonógrafos desaparecieron gradualmente de las tiendas, como también las harmónicas, cuyos mejores modelos llegaban antes importados de Alemania y de Japón.

Y en aquel azaroso momento en la historia de Estados Unidos, cuando el
destino de sus aliados europeos parecía incierto y enormes cantidades de jóvenes americanos se enfrentaban a la muerte al otro lado del océano, la Federación Americana de Músicos (AFM, por sus siglas en inglés) decidió ponerse en

huelga. Su líder, James Caesar Petrillo, un jefe de sindicato digno de una película de cine negro de James Cagney, representaba a sus miembros con convicción de acero. Su argumento era simple: los músicos estadounidenses estaban perdiendo dinero por culpa de las gramolas y la radio. Si no se les pagaba derechos de autor cada vez que su obra se emitiera o sonara en un bar, retirarían sus canciones de las compañías discográficas. «A partir del 1 de agosto», anunció Petrillo en 1942, «grabaremos discos para consumo en los hogares, pero no para las gramolas. Los grabaremos para las fuerzas armadas de los Estados Unidos y sus aliados, pero no para programas de radio comerciales o subvencionados»[n313]. Como era imposible controlar qué discos se enviaban, esto era, a efectos prácticos, una completa prohibición de grabar discos para los miembros del sindicato. Había una excepción: los músicos podían grabar V-Disks (o Discos de la Victoria), que después se llevaban en aviones de las USAAF a las tropas de todo el mundo[21]. El *New York Times* se quejó de que la prohibición de Petrillo era como prohibir las llamadas de teléfono porque dejaban sin trabajo a los taxistas: «El resultado final será, simplemente, que la gente oirá menos música»[n315].

Esto no fue cierto al principio. Las compañías discográficas estadounidenses se aprovecharon de la antelación del aviso de Petrillo y programaron, todos los días hasta el comienzo de la huelga, sesiones de grabaciones de veinticuatro horas para sus principales artistas. De resultas de esto, pudieron seguir publicando material de artistas como Bing Crosby y las Andrews Sisters durante un año más. Con el público desesperado por escuchar música que lo distrajese de la guerra, hubo un breve repunte de las ventas. Además, siempre se podía explotar el catálogo anterior.

También había un resquicio legal: los vocalistas que no tocasen instrumentos no estaban obligados a unirse a la AFM, por lo que podían grabar con el acompañamiento de un coro o de un cuarteto vocal. Hubo elaboradas conspiraciones para circunvalar la prohibición, como usar pistas instrumentales pregrabadas fuera del país, enviar a músicos americanos a grabar en estudios británicos, enseñar a músicos extranjeros a cantar en inglés usando escritura fonética, o (lo más efectivo) usar cantantes y músicos anónimos en estudios clandestinos para grabar canciones nuevas que después se etiquetaban como «importaciones» de México.

---

21. Las tropas británicas no recibían estos cargamentos de V-Disks, pero a los prisioneros de guerra en campos alemanes se les enviaron gramófonos portátiles de Decca y lotes de unos treinta discos. Un prisionero escribió desde Stalag XXB a la revista *Gramophone* en 1942: «Un buen tema para una viñeta de Bateman es el prisionero de guerra que quería escuchar a Bach. A mí, personalmente, cuando lo he intentado, me han dicho en términos inequívocos a dónde puedo irme. El grito de guerra es 'queremos a Bing'»[n314].

La huelga continuó durante todo un año antes de que Decca Records cediera, y otro año transcurrió antes de que sus dos mayores competidores, Columbia y Victor, no pudieran soportar durante más tiempo ver a Decca prosperando a sus expensas. Las compañías discográficas sobrevivieron a la disputa en mejor estado de lo que se podía esperar gracias a la predisposición del público a comprar cualquier cosa que se lanzase. Quizá los que más salieron perdiendo fueron los compositores y los editores musicales, a quienes durante varios años se les negó la oportunidad de grabar sus canciones[22].

Para el público americano, la huelga era menos preocupante que la ausencia de discos en las tiendas. Cuando el año 1943 llegó a Filadelfia, las tiendas de discos de la ciudad estaban vacías. En primavera, la revista *American Music Lover* hacía notar que los lanzamientos estaban «raspando el fondo del tonel»[(n316)] y que las nuevas canciones de baile estaban prácticamente extintas. Hasta noviembre de 1944 —cuando se llegó a un acuerdo sobre la huelga de la AFM—, las compañías discográficas no tuvieron acceso a materiales, canciones y artistas nuevos, y para entonces estaban ya preparadas para un frenesí de grabación de discos tan prolongado como el que había precedido a la prohibición[23].

«Desde el punto de vista de la apariencia, [a Frank Sinatra] no le vendrían mal unos kilos de más».

Revista *Billboard*, julio de 1942[(n317)]

«Para un chico, no hay ni rastro del supuesto poder hipnótico [de Sinatra], sino solo un *crooner* más bien agradable y de voz muy suave».

Revista *Gramophone*, junio de 1944[(n318)]

22. Después de que Dooley Wilson cantara «As Time Goes By» en la película *Casablanca* (1942), no pudo usar aquel breve momento de fama para grabar un disco. En lugar de ello, el público tuvo que elegir entre las grabaciones de once años atrás de Jacques Renard y Rudy Vallee, que se colocaron en las listas de discos más vendidos.

23. Aquella, sin embargo, no fue la única acción que emprendieron los músicos en los años cuarenta con respecto a la industria. Tan pronto como terminó la guerra, la AFM prohibió a todas las emisoras de radio de Estados Unidos que retransmitieran programas grabados fuera del país, poniendo así fin al largo acuerdo de colaboración con la BBC. Más tarde, la Unión de Músicos Británicos se negó a cooperar con la BBC si sus miembros no recibían pagos extras, y en 1948 la AFM lanzó otra huelga de grabación, menos prolongada que la primera.

A diferencia de los ciudadanos del Reino Unido y del resto de Europa, la gran mayoría de los estadounidenses pudieron disfrutar de una calma casi surrealista durante los años de la guerra. Los líderes de banda le tomaron la temperatura a América y la encontraron tibia. Una encuesta de estudiantes de universidad determinó que «el alocado *jitterbug* es algo del pasado» y que ahora se prefería la música «suave»[n319]. «La música de baile ha perdido gran parte de su *swing* y su ardor durante el año pasado», afirmaba la revista *Billboard* a finales de 1942. La conclusión: «Los músicos de cierta edad que quedan están tocando música suave, lo cual parece complacer a los compradores de cierta edad»[n320]. En los salones de Manhattan, solo se hablaba de las bandas de música de cocktail y de los artistas especializados: Snub Mosley, «el hombre del pequeño y extraño trombón»; Marshal Martz y su órgano electrónico de tres teclados, «único en el mundo»; Joe (Rubber Face) Franks, «el curioso hombre de la curiosa banda»; sin olvidar a «Liberace: ¡Concertista de piano! ¡Sincronizaciones con grabaciones de notables pianistas y orquestas sinfónicas famosas en el mundo entero!», que hacía duetos con su colección de discos en la sala Park Lane de Buffalo, Nueva York.

Fuera de la metrópolis, había una fiebre por los *cowboys* y por todo lo que oliera a country. Bob Willis and His Texas Playboys ofrecía un combinado de baile *hillbilly* (denominado más tarde *western swing*) que mezclaba polka, folk, boogie-woogie, blues y descarado country honky-tonk. El honky-tonk era la banda sonora del cortejo adulto a lo largo y ancho de los estados del sur de Estados Unidos y sus canciones estaban llenas de adulterio, lujuria y alcohol, temas que también se encontraban, en diferentes localizaciones geográficas, en la ranchera de México (su prima más cercana), la *rebetika* de Grecia, las *canciones* de México, los fados de Portugal y los tangos de Argentina. Se podía bailar con aquella música —que estaba impulsada por una guitarra eléctrica o por una *pedal steel guitar* amplificada— o llorar con ella: los escenarios que describía estaban marcados por el adulterio, la desilusión y el autoengaño. Como el blues clásico de Bessie Smith, el honky-tonk expresaba los miedos reales o imaginarios de su audiencia: de ahí el atractivo de una canción como «Born to Lose» [«Nacido para perder»], de Ted Daffan, uno de los mayores éxitos de los años de la guerra. «Hay indicios de que se avecina una avalancha de canciones country grabadas por renombrados maestros en los campos del pop»[n321], anunció *Billboard* en abril de 1942, a medida que artistas como Bing Crosby se apresuraban a grabar canciones como «You Are My Sunshine» y «Deep in the Heart of Texas». El programa *Grand Ole Opry* metió a veinte de sus estrellas en una fila de autobuses y las envió por toda América a tocar en bases militares, hospitales y bases de las fuerzas aéreas. Incluso Manhattan cayó bajo el embrujo *cowboy* cuando cantantes del oeste como Roy Rodgers y

The Sons of the Pioneers encabezaron un gigantesco espectáculo de rodeo en el Madison Square Garden.

A los niños les habrían gustado las cuerdas giratorias y las exhibiciones de lazo, pero ni siquiera en Texas el honky-tonk estaba pensado para ganarse los corazones adolescentes. La mayoría de las bandas de swing se habían disuelto o había optado por edulcorar su estilo, y el recién descubierto mercado adolescente necesitaba sus propias diversiones. Para las chicas, esto llegó en la forma de un frágil Frank Sinatra de veintiséis años, con su cicatriz en el mentón. La banda de Harry James era una de las mejores del país y Sinatra era uno más de su tropa de vocalistas, The Music Makers. Pero las chicas comenzaron a gritar nada más verlo en su primer concierto y pronto dio comienzo un culto, para disgusto de los miembros masculinos del público. «Desde el instante en que Sinatra comenzó a cantar», escribió el reportero James Bacon, «todas las chicas dejaron a sus acompañantes en la pista de baile y se agruparon en torno al micrófono en el escenario. Sinatra estaba tan delgado que el micrófono casi lo ocultaba»[n322].

En 1940, fue cazado por la aún más poderosa banda de Tommy Dorsey, quien recordaba: «Solía quedarme allí, en el estrado, tan asombrado que casi me olvidaba de tocar mis solos. Casi se podía sentir la excitación que subía desde el público cuando aquel chico se levantaba para cantar. Recuérdese que no era ningún ídolo de la gran pantalla. Era solo un chico delgado con grandes orejas. Y sin embargo lo que provocaba en las mujeres era tremendo»[n323]. Esto puede comprobarse en el éxito de 1940 de Dorsey/Sinatra «I'll Never Smile Again», cuando Sinatra se desliza fuera de la coral y se introduce en el oído del oyente, como si quisiera meterse en sus sueños por medio de insinuaciones. En la primavera de 1942, grabó su primer single en solitario, «Night and Day», y *Billboard* aseguró que con aquel disco «es pan comido hacer que las jóvenes, especialmente, se dejen sus centavos». Una vez más, Sinatra fue capaz de evocar un estado de ánimo que se balanceaba en el límite entre el sueño y la vigilia, susurrando y arrullando con una sensualidad en apariencia candorosa.

Después de que Dorsey y Sinatra rompieran los récords de taquilla en el Paramount de Nueva York, Sinatra le dijo a su líder que quería seguir en solitario. «Espero que te caigas de culo», le contestó Dorsey[n324]. Durante varias dolorosas semanas, pareció que Dorsey obtendría su deseo. Después, en diciembre de 1942, de nuevo en el Paramount en cuarto lugar en un cartel encabezado por varios cómicos y por la banda de Goodman, comenzó el fenómeno que la prensa bautizó como «Swoonatra». El biógrafo Jame Kaplan ha vuelto a contar la historia a través de los ojos del publicista George Evans: «El lugar estaba absolutamente repleto de adolescentes histéricas

[...]. El aire del gran auditorio vibraba con ensordecedores gritos [...] y con el calor y el perfume de la lujuria femenina [...]. Los oídos del publicista distinguieron un sonido en particular por encima del estruendo: un gemido sordo que emanaba de una muchacha desgarbada y de pelo negro [...]. Era un sonido que había oído antes... solo que en circunstancias muy diferentes, mucho más privadas»[n325].

Aquel era el secreto de Sinatra: inspirar deseos que sus fans más jóvenes no sabían que podían sentir e hipnotizarlas para que se comportasen de forma que no se habrían atrevido a hacer en privado, ni siquiera con sus novios o maridos. George Evans, al darse cuenta de que aquello era el material con el que se creaban los sueños financieros, se dispuso a asegurarse de que no se tratara de un solitario estallido de histeria. Contrató a chicas para que asistieran a cada actuación en el Paramount: si nadie más gritaba, su trabajo era provocar el arrebato de emoción. Mientras tanto, adiestró a Sinatra para que pudiera despertar esa reacción, no con una burda actitud teatral de evidente sexualidad —lo cual habría destruido su carrera en 1940—, sino mediante delicados movimientos de la mano, por ejemplo la forma en que agarraba el micrófono como un bebé que alargaba la mano hacia el pecho de su madre. Evans apodó a Sinatra «La Voz» y el sobrenombre se quedó atascado para siempre, de la misma forma que a veces su voz se atascaba accidentalmente cuando se dejaba llevar por el sentimiento. Sinatra pronto aprendió a ejecutar ese truco a voluntad. Realizando sutiles variaciones en su estilo natural y sin rebajar su forma de cantar o su música, se convirtió en el ídolo juvenil por excelencia del siglo. No fue el primer joven en provocar gritos cuando cantaba (ese honor le corresponde seguramente a Rudy Vallee) y, desde luego, no fue el último, pero todos los que vinieron después sabían que Sinatra había sido un pionero. «Las escenas en el Paramount y más tarde en los estudios de radio», ha escrito Arnold Shaw, «fueron lo más cercano a la hipnosis colectiva que había visto el país hasta entonces, con chicas que gemían en éxtasis, gritaban sin control, agitaban en el aire su ropa interior y fritaban su nombre de puro embeleso»[n326].

Dos años más tarde, el Paramount acogió «La juerga de Columbus Day», un día festivo que coincidía con el regreso de Sinatra al teatro que le había hecho famoso. Las chicas hicieron cola toda la noche para la actuación matutina y después no se levantaban de sus asientos, provocando que miles de frustradas fans quedasen aisladas fuera. Cuando alguien arrojó huevos a Sinatra (pagado por un periódico, como más tarde reconoció), las fans intentaron linchar al culpable gritando: «¡Cogedlo! ¡Matadlo! ¡Cortadlo como a una moqueta!». La mayoría tenía entre doce y dieciséis años. Estaban al borde de la adolescencia y del conocimiento sexual y en Sinatra encontraron... bueno, una figura paterna, según un periodista, o un niño necesitado de una madre, según los psicólogos. Pero, tal como recordó treinta años después una fan adolescente: «Lo que inspiraba tras nuestros apenas incipientes pechos no era algo maternal. Y los chicos lo sabían, y por eso no le gustaba a ninguno». Recordaba cómo «nos encantaba desmayarnos [...]. Nos encerrábamos varias en un dormitorios con fotos de La Voz sobre el empapelado de capullos de rosa de la pared y practicábamos el desmayo. Nos quitábamos nuestros zapatos blancos y negros, poníamos su disco y nos quedábamos un rato de pie lanzando gemidos. Después la canción terminaba y todas caíamos al suelo»[n327]. Las fans no eran víctimas sino cómplices voluntarias de esta falta de inhibición.

Las jóvenes, todo el mundo estaba de acuerdo, querían baladas románticas y Sinatra y sus coetáneos hacían todo lo que podían para satisfacerlas. Pero ¿qué pasaba con los chicos adolescentes, los que eran demasiado mayores para los aviones de juguete y demasiado jóvenes para el ejército? Existía el miedo creciente de que mientras los hermanos mayores estaban dando sus vidas en la guerra, los hermanos pequeños que se había quedado en casa estaban cada vez más fuera de control.

El periódico *Pittsburgh Press* se quejaba «del comportamiento en los cines de los niños —y de algunos no tan jóvenes—, que se ríen y aúllan durante las secuencias serias de las películas y gritan y bailan el *jitterbug* bajo la influencia de la música popular o de estimulantes parecidos»[n328]. El conato de disturbio que se produjo durante el festival de swing de Washington D.C. en 1942 añadió matices raciales al malestar. En Cleveland, se reportaba que había «matones juveniles» que arruinaban bailes y conciertos. «Encuentran especial placer en interrumpir a las bandas famosas [...] con sus estentóreas ocurrencias, abucheos y silbidos [...]. Pero las molestas tácticas de estos gánsteres del espectáculo no terminan cuando por fin abandonan sus asientos tras su ración de pueril diversión. A continuación provocan estropicios en las paredes, arrancan instalaciones de los servicios y llevan a cabo otros actos de vandalismo. Amenazan a los acomodadores y encargados con lesiones físicas. Insultan a los asistentes en el vestíbulo»[n329]. En Detroit, mientras tanto, «el asunto es que los jóvenes, que en otros tiempos estarían en el colegio, ganan dinero a espuertas trabajando en las fábricas de armamento y, después, gastan su tiempo libre y sus ingresos en desenfrenada ostentación»[n330].

Más allá de las payasadas impulsadas por la testosterona, había un amenazante sentimiento de que estos jóvenes constituían un movimiento con su propio uniforme, un frenético contrapunto a la igualmente temible disciplina de las Juventudes Hitlerianas en Alemania.

Aquel uniforme, como relata el historiador Luis Álvarez, constaba de «un sombrero característico de ala ancha, pantalones plisados que se ahuecaban en las rodillas y se ajustaban mucho en los tobillos, chaqueta demasiado grande y, ocasionalmente, una cadena de reloj de oro o de plata colgando del bolsillo. Las chicas también creaban su propio estilo *zoot* llevando faldas cortas, mucho maquillaje y los mismos abrigos de mangas largas que sus equivalentes masculinos»[n331].

El atuendo se conocía como *zoot suit*, nombre sacado, como el francés *zazou*, de la jerga de Cab Calloway. Para las autoridades, significaba violencia e inconformismo, una brecha en la monolítica resistencia americana al fascismo alemán y al fanático militarismo japonés. (Los países comunistas pronto tuvieron sus equivalentes: en Rusia estaban los *stiliagi*, o «estilosos»; en Hungría, los *jampacek*, o «muchachos», y en Polonia, los *bikiniarze*, que tomaban su nombre del atolón Bikini). Hubo un intento de clasificar a todos los que llevaban un *zoot suit* como negros o latinos, pero el atuendo era igualmente popular entre los jóvenes blancos de clase obrera y (en la costa oeste) entre los jóvenes asiáticos[24]. Los estilos musicales que preferían los rebeldes de los *zoot suits* eran el jazz, el swing y el estilo que la industria musical aún describía como música «racial» o «sepia» y que pronto empezaría a ser conocida como rhythm and blues.

Una década antes de que Norman Mailer describiese a «El negro blanco» —un blanco moderno que adoptaba el estilo de los negros como una declaración de desafío y alienación—, el prototipo ya existía en ambas costas de Estados Unidos y en las mayores ciudades de tierra adentro. La vida nocturna estaba eficazmente segregada durante la guerra, pero en clubes de jazz como el Savoy Ballroom, en Harlem, cada vez había más adolescentes blancos vestidos con *zoot suits* compartiendo la pista de baile con sus equivalentes negros —y sin la violencia que los pesimistas habían augurado—. La policía de Nueva York cerró poco después el Savoy, oficialmente porque la dudosa moralidad de la clientela femenina del local estaba contagiando enfermedades venéreas a los inocentes marineros, aunque es más probable que la intervención fuera provocada por la alarmante visión de jóvenes blancos y negros bailando juntos.

La vida en el frente estaba menos segregada por raza que en casa, y muchos soldados blancos descubrieron que a sus colegas negros les gustaba escuchar música que contenía el mismo impulso visceral que el swing pero con mucha más actitud y menos ruido. La música blanca contemporánea, por

24. La moda se extendió por todo el mundo: en Kabul, la capital de Afganistán, los jóvenes llevaban *zoot suits* mientras sus novias iban con velo.

ejemplo, no tenía nada tan taimado, atrevido y suavemente rítmico como la música de Fats Waller o la jerga de Slim & Slam. El piano de boogie-woogie era el corazón de la música negra a comienzos de los años cuarenta y rápidamente comenzó a alimentar el pop blanco, permitiendo que las Andrews Sisters («Beat Me, Daddy, Eight to the Bar») y Will Bradley («Down the Road Apiece») explotaran aquel fugaz impulso, aunque sin conseguir igualar la fluidez de sus modelos.

«Los líderes de banda negros han sido irreemplazables durante muchos años porque presentaban un tipo de música que los blancos no podían duplicar con facilidad»[n332], opinaba *Billboard* en enero de 1943. La revista hacía poco que había comenzado una «Lista de éxitos de Harlem», que enumeraba los diez discos más vendidos en una pequeña selección de tiendas de aquel distrito predominantemente afroamericano de Nueva York.

Las primeras listas mostraban una mezcla de estilos: boogie-woogie, gospel, las plácidas armonías de The Four Ink Spots, algo de swing (blanco y negro) e incluso una balada de *big band* de Paul Whiteman, la cual atraía al público negro por la serena voz de Billie Holiday. «White Christmas», de Bing Crosby, también aparecía, lo que probaba que el sentimentalismo no sabía de fronteras raciales[25].

Pero había algunos discos que, durante la guerra, nunca habrían sonado en la radio mayoritaria o en ningún baile donde pudieran oírlos algún adulto blanco. Bonnie Davis se convertía en una erótica seductora en «Don't Stop Now». Louis Jordan, mitad pueblerino y mitad genio lírico, canalizaba todo el ingenio y el garbo de su raza en «What's the Use of Getting Sober When You Gonna Get Drunk Again» [«De qué sirve ponerse sobrio si te vas a emborrachar otra vez»], anticipando un enfoque que The Coasters aprovecharían con éxito quince años más tarde. Lo más escandaloso de todo era la súplica de Tampa Red a su mujer, «Let Me Play With Your Poodle» [«Déjame jugar con tu caniche»], en la que cualquier referencia canina era puramente accidental. (Tres años antes, la igualmente jugosa «Hold Tight», de Fats Waller —«quiero un poco de marisco, mamita»— había pasado la censura del gobierno).

Desde el verano de 1939, la música de la América negra había desbordado sus márgenes en todas las direcciones imaginables, provocando olas que llegarían a todos los rincones del mundo. En el jazz, Art Tatum («Tea for Two») y Coleman Hawkins («Body and Soul») descartaron la melodía con un aban-

---

25. La escena se invirtió cuando *Billboard* comenzó a documentar los discos de folk más vendidos y descubrió que el público blanco de campo sentía una secreta pasión por Nat King Cole y Louis Jordan.

dono que Louis Armstrong habría envidiado, explorando el distante potencial armónico de canciones que ya eran el patio de recreo común de sus coetáneos. Duke Ellington puso a punto el género del swing («Take the 'A' Train») tras esbozar el modelo para el jazz de cine policiaco de los años cincuenta («Ko-Ko»).

Billy Holiday tentaba y perturbaba en igual medida con «Strange Fruit», retrato de una sociedad en la que el linchamiento era aceptable. La canción fue recibida por el *New York Post* como el himno extraoficial de la «explotada» población negra de Estados Unidos, pero uno de los más fervientes defensores de Holiday, el crítico John Hammond, la despreció por ser «lo peor que ha ocurrido nunca en términos artísticos»[n333]. La cantante se redimió a ojos de Hammond con su interpretación deliciosamente contenida de «God Bless the Child», que ofrecía el ardor del buen whisky con la azucarada soda de las producciones de Tin Pan Alley.

Desde la perspectiva actual, es difícil no categorizar la música de esta época. Por ejemplo, levantando una barrera artificial entre el jazz y el blues y, después, conduciendo a los artistas a géneros que solo podían identificarse en retrospectiva. Para la audiencia de su tiempo, toda esta música existía sencillamente para ser disfrutada: un banquete de riquezas que abarcaba *big bands*, revolcones de piano de boogie-woogie, majestuosas baladas de blues, rasposos blues de guitarra del sur profundo, pendencieras canciones de baile e instrumentales de *steel guitar*. En 1942, la «gran favorita de los harlemitas a la moda»[n334] era la banda de Jimmie Lunceford, que aparentemente tocaba más fuerte que cualquier otra banda del circuito (aunque sus grabaciones no lo atestiguan). Esta banda, que se anunciaba como «la pequeña banda más grande del mundo», estaba encabezada por Louis Jordan. «¡Hacen el payaso! ¡Cantan! ¡Tocan swing!»[n335], alardeaba la publicidad. Con la canción de 1943 «Five Guys Named Moe» [«Cinco tipos llamados Moe»], se ponían a la altura de los eslóganes, estableciendo un ritmo saltarín y cubriéndolo con un murmullo de *scat* y jerga del que Cab Calloway se habría sentido orgulloso.

Las baladas de blues de los años cuarenta podían ser angustiantes o lentas, tristes, sentimentales o, en ocasiones, simplemente insulsas, pero al menos su simplicidad se despojaba de la inocencia del romance de Tin Pan Alley. Podía abarcar la obscenidad (como la burla de Jimmy Rushing del «viejo culo grande y oxidado» de su mujer en «Rusty Dusty Blues», de Count Basie) y el ingenio sofisticado.

Esto último era la marca distintiva de Nat King Cole, un pianista y vocalista de jazz de voz tan meliflua que la mayoría de su público no captaba el moderno humor de sus canciones.

El sueño de Cole era liderar una *big band*, pero las necesidades económicas le llevaron a crear el Nat King Cole Trio, que empleaba una instrumentación inusual para la época: piano, guitarra y contrabajo, lo que demostraba que no se necesitaba volumen para tener *swing*. Era la música de un hombre que no parecía sudar ni tener preocupaciones; un hombre tan sereno que podía pasar como una brisa por cualquier situación y robar cualquier corazón. Con canciones como «It Ain't Right» y «Straighten Up and Fly Right», Cole creó una música que era orgullosamente negra, llena de astucia callejera y argot moderno, y, al mismo tiempo, lo suficientemente suave como para asegurarse de que nadie se alejase de la gramola. Prácticamente el único hombre blanco que podía competir con él era el letrista y copropietario de Capitol Records Johnny Mercer, cuya canción «GI Jive» era al mismo tiempo una burda imitación de la voz de la América negra y un afectuoso tributo a su espontaneidad.

Si el radicalismo de Nat King Cole era sutil, otros intérpretes negros señalaban el camino al futuro con cohetes y bengalas. Lionel Hampton grabó en 1940 una canción instrumental que se convertiría en su himno, «Flying Home», y después la revisitó en 1942, con el saxofonista Illionis Jacquet soplando una sola nota como un sabueso que sacudiera un conejo. En 1941, Lucky Millinder quería una «Big Fat Mama» y organizó un concurso en Filadelfia para encontrar a la mujer más gorda de la ciudad. Aquel año grabó media docena de singles, en los cuales embutía todo el impulso del swing en la ajustada fórmula del blues de doce compases y después dejaba que explotase a lo largo de los surcos. Los títulos hablaban por sí solos: «Ride, Red, Ride» [«Dale, Red, dale»], «Shout, Sister, Shout» [«Grita, hermana, grita»], «Apollo Jump» [«El jump del Apollo»] y, de manera más profética, «Rock! Daniel».

Esa palabra clave, *rock*, estaba ya en el aire: *Billboard* reseñó un concierto de The Original Carolina Cotton Pickers y afirmaba que su repertorio ofrecía «swing salvaje de la especie más cruda» y estaba «lleno de originales piezas de *rock and stomp*»[n336].

En una extraña predicción de lo que ocurriría una década más tarde con Bill Haley y Elvis Presley, fue un hombre blanco, el líder de banda Tommy Dorsey, quien comprimió toda esta energía en una canción instrumental de doce compases que parecía ofrecer un anticipo del futuro y que, además, tenía un título que también parecía provenir de una década más tarde: «Well, Git It!». Aquí estaban la mayoría de los ingredientes que ponían en movimiento a *boppers* y *jivers*: cacofónicos redobles de batería, instrumentos de viento pidiendo atención a chillidos, un ritmo propulsivo y *riffs* imposibles de ignorar. No era sutil, ni siquiera original, pero abría un camino que podría haber llevado a

Dorsey a la inmortalidad del rock and roll. Sin embargo, se acordó de su principal público. Su triste destino fue terminar persuadiendo a adultos cuyo primer fogonazo de pasión había pasado hacía mucho de que volvieran a la pista de baile y fingieran que aún sentían lo mismo por sus ya demasiado conocidas esposas. Para Dorsey, «Well, Git It!» fue a la vez una curiosidad y un flirteo con su propia distante juventud (tenía treinta y seis años cuando la grabó).

Sería tarea de los fundadores negros reunir todas estas simbólicas palabras, *jump*, *shout* y *rock*, y transformarlos en un nuevo mensaje para la juventud estadounidense.

«Muchos músicos están expresando su alarma ante el gran número de colegas que le dan a la aguja y hay bastante miedo de que pronto haya una gran explosión».

Revista *Melody Maker*, julio de 1946 [n337]

CAPÍTULO 9

DESENGANCHÉMONOS

«Los agentes del FBI han estado en los últimos meses en pie de guerra, particularmente para pescar a los músicos por posesión de té o incluso por mirarlo u olerlo. El FBI tiene el ojo puesto firmemente en 52nd Street en busca de infractores.»

Revista *Metronome*, agosto de 1945 [n338]

El vínculo entre los narcóticos y el jazz se forjó en los años veinte. En Chicago, los clubes del South Side vibraban con el sonido de King Oliver y Louis Armstrong mientras el público elegía su veneno de un menú que incluía alcohol de contrabando y la marihuana (conocida como *gage* y después como «té»). En Londres, el batería antillano Edgar Manning tocaba en una banda de jazz del West End y vendía drogas (de nuevo marihuana, aunque la cocaína estaba también al alcance de cualquiera). «Es significativo», ha observado la historiadora Catherine Parsonage, «que la imagen del jazz presentada en las canciones contemporáneas [de los años veinte] sea tan consistente con los efectos de las drogas entendidos convencionalmente: adicción, balanceo, hipnosis, locura, abandono, emociones excesivas, deseo sexual y escapismo. Además, había vínculos claros entre el jazz y las sustancias narcóticas debido a la libertad de las mujeres tanto para tomar drogas como para bailar jazz: actividades que se convirtieron en símbolos de su independencia en la posguerra»[(n339)]. El compositor de música sinfónica Constant Lambert, que muy pronto se convirtió al jazz, describió la música directamente como «una droga para los faltos de vitalidad»[(n340)] que suministraba contenido emocional a aquellos que estaban hundidos en la represión. Un psiquiatra de la Universidad Johns Hopkins fue más allá al declarar en 1942 que la música de jazz tenía valor medicinal para tratar problemas psicológicos, aunque su eficacia como tratamiento para enfermedades físicas aún estaba por demostrarse[26].

26. Era fácil encontrar opiniones contradictorias. El decano de la Eastman School of Music de Rochester, en Nueva York, declaró que la disonancia en la música seguramente conducía a problemas emocionales: «No me atrevo a pensar cuál será el efecto de la música en la generación siguiente si la actual escuela de 'hot jazz' continúa desarrollándose sin perder fuerza. Es posible que provea a los hospitales [psiquiátricos] de un número creciente de pacientes»[(n341)].

Para los músicos, según informaba la revista *Time* en 1943, la marihuana «no parece más perjudicial que el alcohol» y «provoca menos hábito que el tabaco, el alcohol o el opio». Incluso facilitaba tocar jazz: «No es un secreto que algunos de los mejores estallidos de sincopación, al igual que algunos de los mejores productos de los poetas simbolistas, debían buena parte de su expresividad al uso de una droga. La asociación de la marihuana con el hot jazz no es accidental. La capacidad de esta droga para ralentizar el sentido del tiempo proporciona al improvisador la ilusión de que tiene todo el tiempo del mundo para concebir sus próximas frases. Además, parece que también aumenta el sentido auditivo, de modo que, por ejemplo, las formaciones de acordes extrañas son más fáciles de analizar bajo los efectos de la marihuana». Los alcohólicos, concluía la revista *Time*, morían con frecuencia jóvenes, perdidos en el delirium tremens, y cualquier fan del jazz recordaba la trágica leyenda de Bix Beiderbecke, que bebió hasta morir a los veintiocho años. Sin embargo, «los *vipers* (consumidores de marihuana) vivían con frecuencia hasta la vejez»[n342].

Pese a esta recomendación, los departamentos de policía de Estados Unidos y los dueños de los clubs del llamado «callejón del swing» —la calle 52 de Manhattan— no podían tratar la marihuana con tanta ligereza. Al batería de swing Gene Krupa, que acababa de apoyar a la Fuerza Aérea estadounidense con canciones patrióticas, lo sentenciaron a entre uno y seis años de cárcel en San Quintín en 1943. Sus crímenes eran la posesión de dos cigarrillos de marihuana y haber contratado a un «menor» para transportar sus drogas. (Al final, solo cumplió tres meses y reanudó su carrera sin consecuencias). Dos años más tarde, hubo redadas policiales en toda la calle 52, después de que se informara de que clubes como el Three Deuces y el Spotlight daban abrigo a conocidos traficantes de «té». El acoso policial era tan continuo que el gerente del Spotlight acabó pensando que le convendría más convertirlo en un club de striptease.

Más problemática era la prevalencia del uso de heroína entre las bandas de jazz. Los miembros de las grandes bandas de swing no solo tenían que soportar la maldición perpetua de los músicos —la dificultad de relajarse tras horas de ininterrumpida adrenalina—, sino que además tenían que viajar a horas que les impedían dormir, todo lo cual provocaba que solo los que se mantenían a flote artificialmente pudieran sobrevivir. Nadie afirmaba que el «caballo» mejorara la música; de hecho, los mayores consumidores tendían a quedarse dormidos en mitad de los conciertos.

Cuando el saxofonista Lester Young se enfrentó a un tribunal militar por delitos relacionados con las drogas a finales de la Segunda Guerra Mundial, le preguntaron si se había topado con otros músicos de jazz que usaran heroína. «Sí, todos los que conozco», respondió[n343]. En el verano de 1947, había frecuentes redadas de músicos de jazz y muchos testigos temían que fuera solo una cuestión de tiempo hasta que aquel ambiente se cobrase su primera víctima. El crítico de jazz Barry Ulanov echó por tierra el argumento de la revista *Time*: «Algunas de las deficiencias inconfundibles del jazz y de los músicos de jazz son la falta de disciplina intelectual, la deficiente educación musical y los instrumentos de mala calidad. Al faltarles la disciplina y el material para expresar las ideas más complicadas que confusamente vagan por sus cerebros, buscan alguna salida, alguna expresión para le impulso de los grandes sentimientos y de las formulaciones complejas. De ahí la amapola del feliz escape y la hoja de los sueños tranquilos. […] La marihuana no mejora la ejecución musical de una manera física directa. […] A menudo, ya que la marihuana no es la poción mágica que muchos de sus devotos esperan que sea, quienes fuman té se pasan a drogas que realmente provocan trastornos nerviosos, como la heroína. […] Bajo los efectos de la heroína, se pierde toda restricción moral»[n344].

Como testigo en el juicio, Ulanov llamó al saxofonista Charlie Parker, uno de los pioneros de las «extrañas formaciones de acordes» que había mencionado *Time*. A una sesión de grabación de 1946, Parker llegó bajo los efectos de la heroína y tras beberse casi un litro de whisky. Completó el cóctel con seis tabletas de fenobarbital, tocó unos solos erráticos que parecían proceder de otro mundo y regresó a su hotel dando tumbos. Allí usó el teléfono público completamente desnudo —no una, sino dos veces— y el gerente lo encerró en su habitación. Después empezó a salir humo por debajo de la puerta: Parker había prendido fuego a su colchón y se había desmayado. Recobró la consciencia a tiempo para pelearse, todavía desnudo, con los bomberos y los agentes de policía, que lo aporrearon contra el suelo, lo calmaron y lo llevaron a la cárcel. Los médicos dictaminaron que estaba clínicamente loco y, por tanto, lo transfirieron a un hospital psiquiátrico. Allí dejó su adicción y en febrero de 1947 fue liberado. De inmediato volvió a consumir heroína.

Aún consumía cuando le dio a Ulanov lo que este quería oír: «No sé cómo sobreviví a esos años», admitió. «Me volví un amargado, duro, frío». Por encima de todo, lamentaba el efecto que su adicción pudiera haber tenido es sus fans más impresionables. Su manifiesto para el futuro era simple: «¡Desenganchémonos y toquemos música!»[n345]. Murió en marzo de 1955, a los treinta y cuatro años. Al examinar su cuerpo, el juez de instrucción asumió que debía de tener unos sesenta.

Su tragedia se repitió con Billie Holiday, que había sido violada de niña, había crecido en un burdel y en un asilo para pobres y había estado al frente de orquestas de renombre con solo dieciocho años. Su primer marido era un camello que la animó a que se convirtiera en una yonki. Sufrió una serie de «curas», redadas y procesos judiciales, que engancharon a sus fans a la telenovela de su vida. Después vino una serie de relaciones con adictos a los narcóticos, cada uno de los cuales dio por sentado que debía convertirse en su representante. Para curar su adicción a la heroína se volvió alcohólica. «Tratamos de vivir cien días en un día y tratamos de complacer a tanta gente...»[n346], le dijo al presentador de un programa de televisión. A finales de los años cincuenta, condujo los arruinados despojos de su voz por un exquisito sendero a través de un conjunto de *standards* (el álbum fue lanzado como *Lady In Satin*) y después pasó dos meses en un hospital —apañándoselas para obtener heroína todo el tiempo— hasta que falleció por insuficiencia cardíaca a los cuarenta y cuatro años.

Como un melodrama personificado, la carrera de Holiday solo podía rivalizar con la de la siempre problemática estrella de cabaret Judy Garland, que a los cuarenta y siete años sufrió por accidente una sobredosis fatal de barbitúricos; con la cantante más exitosa de la China de la era pre-Mao, Zhou Xuan, que, tras varios colapsos nerviosos, murió en 1957 a los treinta y ocho años, y con la destacada artista francesa Édith Piaf. Criada en un burdel, madre ella misma a los diecisiete años, Piaf fue rescatada de los bares más sórdidos de París por Louis Leplée, que a los veinte años era dueño de un club. (Su éxito de 1957 «C'est à Hambourg» reflejaba su familiaridad con la vida de las prostitutas). Al año siguiente, Piaf se vio implicada en la muerte de Leplée, pero quedó en libertad sin cargos. Durante el resto de su vida, pasó de un salvador a otro (muchos murieron prematuramente). Como Billie Holiday, expresaba en su música una vida de pobreza y de peligro. Sus actuaciones eran extremadamente vulnerables y desgarradoras; su material, con frecuencia escrito por ella misma, extremadamente emocional. Muchas de sus canciones estaban construidas en torno a motivos musicales cortos y casi abrasivos, como si reflejaran su propia figura angular y esquelética aunque desafiante, como «Non, je ne regrette rien». En sus últimos años, ya no sabía si matarse con alcohol o pastillas. Interpretó su tragedia en apariciones carismáticas en el Olympia de París: una grabación de una actuación de 1960 constituye, más que cualquier otro disco del siglo XX, un fascinante estudio de la fragilidad y el orgullo del ser humano.

Estas vidas no lograban romper el hechizo de la adicción. «Si un músico dice que toca mejor con té, con heroína o borracho es directamente un mentiroso», declaró Charlie Parker en 1949. «Cuando yo estaba enganchado, puede que pensara que tocaba mejor, pero, al escuchar esos discos ahora, sé que no»[n347]. Sus acciones, sin embargo, hablaban con más claridad y las drogas quedaron tan ligadas a la imagen del jazz —la droga como una expresión de bohemia, la droga como una forma de enfrentarse al dolor salvaje del artista genuino— que, a partir de los años cincuenta, la dicción se convirtió en una manera de probar que uno era un músico de jazz tan válida como el virtuosismo técnico o la inventiva armónica.

«Errores: eso es el *rebop*. Pero, muchacho, uno tiene que
ser un técnico para saber cuándo cometerlos».

Louis Armstrong, 1947[n348]

«No creo que el público quiera bop [...], es muy aburrido [...]. El público quiere algo
que pueda silbar, cantar y tararear... algo que se pueda bailar».

Al Hibbler, cantante en la banda de Duke Ellington, 1949[n349]

La revista de jazz *Metronome*, anticipando la victoria inminente de Estados
Unidos sobre Japón en el verano de 1945, opinó: «Los avances que han hecho
las bandas en seis años de guerra son tan grandes que los músicos que han
estado de servicio durante parte de este periodo tendrán que estudiar dura y
seriamente para ponerse al día. Armónicamente, el jazz de hoy no es para nada
como el de 1939: sus colores son diferentes y sus recursos se han ampliado
tanto que es ridículo compararlo con la música de aquella época inocente».
El redactor concluía: «Este es el principio de la madurez del mayor arte de
Estados Unidos. Los músicos de jazz que están aún en su lactancia, niñez o
adolescencia musical se irán quedando atrás a medida que este arte se ende-
rece, asiente su estómago, despabile su cerebro y acepte sus responsabilidades
adultas»[n350].

De esta forma, el jazz era ahora un «arte», no una forma de entretenimiento:
tenía el requerimiento moral de madurar y ya no podría ser un juguete, puesto
que conllevaba «responsabilidades adultas». Con aquellas palabras, una de las
voces más influyentes del jazz dejaba a un lado el atractivo mayoritario de este y
lo alineaba con las vanguardias, como una voz modernista que se unía a la pintura cubista, el surrealismo, el monólogo interior en la narrativa y la escala de
doce tonos en la música clásica. Había llegado tarde a la fiesta en comparación
con las artes plásticas y la literatura, pero al menos estaba vivo en un terreno audaz donde lo único que importaba era ir más lejos y más deprisa sin preocuparse
por el destino.

Cuando *Metronome* promocionaba «los avances que habían hecho las bandas», no se estaba refiriendo a ninguna música que pudiera haber escuchado el
99% de los estadounidenses. Este viaje a lo desconocido del jazz había tenido
lugar en la calle 52 y en Harlem, en *jam sessions* nocturnas y, en ocasiones, durante sesiones de grabación experimental. No había indicio de esta música en la
radio, ni en la gramola o donde los jóvenes se reunían para bailar. Cualquiera
que leyera las revistas de jazz sabía que algo había cambiado —se hablaba constantemente de *bop* y *rebop* y también de *bebop*—, pero la evidencia sonora había

quedado oculta a causa de la huelga de AFM, que dejó sin documentar los dos años más importantes en el desarrollo del nuevo sonido.

Incluso después de la guerra, aparte de unos pocos singles, el bop tuvo lugar fuera del alcance del oído. Su presencia no era evidente en gramolas o estaciones de radio; tampoco lo tocaban en la mayoría de los clubs de jazz, al menos hasta comienzos de los años cincuenta (aunque para esa fecha sus principales defensores habían pasado a otra cosa). Así, el movimiento del bop fue al mismo tiempo una de las revoluciones más dramáticas en la música popular estadounidense del siglo XX y un debate puramente académico que tuvo lugar en las páginas de la prensa de jazz.

Es muy raro en la historia de la música que se produzca un cambio tal en la gramática y el lenguaje de un género que haga que sea imposible para alguien ajeno entender qué ha sucedido. He aquí algunas citas pertinentes sobre la teoría del cambio hacia la armonía cromática, provenientes de la excelente biografía de 2005 de Donald Maggins sobre el primer motor del bop, Dizzy Gillespie:

«En el cromatismo, los acordes se pueden construir con las doce notas, no solo con siete. Esto expandió enormemente los recursos del improvisador o improvisadora e hizo su tarea considerablemente más compleja».

«El camino hacia el universo cromático se descubrió al subir a la segunda octava […]. Allí se encuentran los 'intervalos compuestos' del acorde: la novena, la oncena y la trecena».

«El intervalo crucial para Dizzy —la llave que abrió la puerta del cromatismo— fue la oncena, que, para evitar la disonancia, se hizo sostenida».

«Los entusiastas del bebop descubrieron que cualquier escala mayor construida sobre una nota que esté a la distancia de una quinta disminuida de otra escala contiene las cinco notas cromáticas que faltan en la primera, y viceversa. Al usar las dos escalas juntas, las cinco notas que no eran armónicas en el sistema diatónico se vuelven armónicas»

«En otras palabras, usar la quinta disminuida para encontrar dos escalas que conduzcan a la misma resolución permite al improvisador construir acordes con las doce notas de la octava en lugar de solo siete. Ahora el improvisador tenía un arcoíris completo de colores musicales con el que trabajar en lugar de solamente unos tonos básicos»[n351].

Este es al mismo tiempo un brillante resumen de la teoría del bop y una indicación de que no era un estilo para los legos. Estar en una *big band* y, por tanto, también en una de banda jazz requería habitualmente la habilidad de leer música tanto como la de tocarla: cada banda tenía su «libro» de arreglos, los cuales eran únicos para su repertorio, aunque las melodías básicas fueran compartidas por casi todas las orquestas del circuito. La diferencia entre el bop y los cambios previos en el jazz es que solo aquellos que entendían la teoría podían apreciar del todo su magnitud. Los ignorantes musicalmente, es decir la vasta mayoría del público potencial del bop, quizá pudieran gozar con los nuevos colores que el bop traía a la paleta, pero no podían entender exactamente qué los hacía tan espectaculares.

Las «responsabilidades adultas» que exigía aquel artículo de *Metronome* no equivalían a respetabilidad adulta, que había sido el objetivo de intentos previos de cambiar la faz de la música popular. Paul Whiteman, George Gershwin, Ígor Stravinski y Artie Shaw, al combinar el jazz con la música clásica, habían querido persuadir a los decanos de las altas esferas del arte de que el jazz merecía su consideración. Con el bop, sin embargo, nadie se preocupaba por las altas esferas, o por el público. Dizzy Gillespie y sus coconspiradores estaban explorando los límites de la música: ellos creaban nuevas reglas en lugar de tratar de meterse a la fuerza en las antiguas.

A Ray Charles, que se convirtió en músico profesional a finales de los años cuarenta, le parecía que el bop menospreciaba al público de jazz: «La única cosa que me molestaba de algunos músicos de jazz que conocí en aquellos tiempos era su extraña actitud. Le decían a la multitud: 'Esta es mi música. Si os gusta, bien. Y si no, ¡os jodéis!'. Yo pensaba que aquello estaba mal. La gente te da su pasta y tiene derecho a obtener algún tipo de devolución musical por su dinero. No digo que tengas que darles exactamente lo que quieren. Pero tienes que tenerlos en mente»[n352]. A lo cual Dizzy Gillespie hubiera respondido (como dijo en 1990): «Yo disecaba con entusiasmo acordes individuales, les daba la vuelta de un lado y de otro. Gradualmente, empecé a darme cuenta de que la armonía en nuestra música popular era bastante limitada […] y comencé a pensar que podía crear algo mucho más rico»[n353].

Mientras que Charlie Parker ha obtenido el estatus de leyenda —tomaba drogas, murió joven y tocaba el saxofón, que es un instrumento más sexy (más grande, más profundo, más grosero) que la trompeta—, el protagonista clave del bop fue su amigo y a veces colaborador Dizzy Gillespie. La primera grabación de alguien tocando de forma cromática (o al menos haciéndolo de forma *consciente*) es de Gillespie, en el single de Lionel Hampton de 1939 «Hot Mallets». Parker amplió la técnica en 1940, cuando hizo un *medley* de «Honeysuckle Rose» y «Body and Soul», pero solo para consumo privado. Fue Gillespie quien creó el himno inicial del bop, «Salt Peanuts», en 1941 (aunque no se grabó hasta 1945) y quien tocó el primer solo de bop en un disco comercial, «Jersey Bounce», de la orquesta de Les Hite. Además, escribió y arregló «Down Under», un *tour de force* grabado en mayo de 1942 por Woody Herman, en la que toda la banda tenía el bop en mente.

Dizzy y Bird tocaron juntos en 1944 en la *big band* liderada por el *crooner* barítono Billy Eckstine, que pronto se haría famoso, y probablemente alarmaron a los fans de Eckstine con sus exóticas armonías. Por otro lado, Donald Maggins relató la reacción del batería de jazz Thad Jones, que se encontraba en el ejército en Guam, cuando escuchó en la radio de las fuerzas la colaboración Gillespie/Parker «Shaw 'Nuff»: «¡Nos volvimos locos! [...] Era algo que probablemente estábamos tratando de articular nosotros mismos y no sabíamos cómo. Y habían venido Dizzy y Bird y lo habían hecho. Ellos expresaban lo que teníamos en mente»[n354]. A mitad de camino entre un estilo que alienaba a su público y una invención que cumplía los sueños más locos de una generación musical, el bop inauguró el período más creativo y progresivo en la historia del jazz, un periodo que retorció, dividió y reinventó el jazz hasta que ya no fue un solo género, sino una docena, muchos de ellos irreconocibles para quienes habían idolatrado a la ODJB o a Louis Armstrong. Habría discos de jazz comercialmente exitosos después del bop, pero, como género, ya no sería el principal vehículo para la música popular, como lo había sido entre 1918 y 1945. Esa tarea recaería sobre estilos y músicos que representaban extremos opuestos en cuanto a tono, volumen y *ethos*, pero que compartían una cualidad vital: el arte de atraer instantáneamente a su público.

«La creciente especialización que ha llevado al jazz fuera de las salas de baile y casi hasta las salas de conciertos ha significado, posiblemente, que ahora los amantes de la música compran menos discos de baile, lo cual probablemente explica el espacio cada vez mayor que se le da a la música vocal».

Revista *Gramophone*, enero de 1947[n355]

«Primero los temas para construir arrobadoras canciones de amor o baladas sentimentales y lloronas se robaban de sinfonías, de composiciones concertantes y poemas sinfónicos. Ahora, en cambio, se roban de las canciones y de piezas de concierto o de salón [...]. En mi opinión, esto indica la admisión por parte de los compositores de música popular de que los manantiales de la creatividad se están secando».

Revista *American Music Lover*, enero de 1947[n356]

Tras el entusiasmo de la victoria, se asumió que la industria del entretenimiento británica retomaría su actividad desde el momento en que había dejado sus instrumentos en 1939. El público, declaró el director de banda Joe Loss, necesitaba «música brillante y melodiosa en tempo perfecto»[n357]. Para su horror, algunos de los conjuntos más importantes del Reino Unido intentaron ponerse al día de un solo golpe respecto a una década de innovación musical en Estados Unidos. La primera grabación de bebop de cosecha propia fue, probablemente, «Scuttlebutt», de Harry Hayes, pero incluso entre los fans del jazz había poco mercado para una innovación tan impactante. Sin embargo, el Reino Unido estaba finalmente preparado para la explosión de swing que se había producido hacía una década en Estados Unidos. Segmentos aislados de la población británica habían conocido las *big bands* en su mayor intensidad por medio de conciertos durante la guerra o a través de la radio de la American Forces Network. Los críticos de mentalidad tradicional describieron «el swing modernista» como «una enredadera asfixiante que está envenenando el cuerpo del jazz. [...] No es jazz —ni siquiera jazz del malo— y hay que destrozarlo y matarlo si queremos que el jazz sobreviva»[n358]. Pero en 1945 empezaron a organizarse noches de swing en el Adelphi Theatre de Londres, con la banda de Jack Hylton, y también en el Palladium, con Ted Heath.

«Cada quince días», atronó el *Daily Mirror*, «la tremenda banda de Heath se desfoga ante un público de 3.000 personas que quedan, por turnos, embelesadas y alborotadas»[n359], repitiendo así la bienvenida que le dieron a Benny Goodman en 1935. «Fui bastante intransigente en mi decisión de tocar una forma muy moderna de swing», declaró Heath en su autobiografía, refiriéndose al estilo que representaba la orquesta de Glenn Miller, con su «precisión y su fuerza maravillosamente disciplinadas»[n360]. En la BBC tenían dudas y lo eliminaron de la parrilla de swing de 1947 porque, dijeron, a los oyentes de mediana edad la música de la banda les parecía «incomprensible». El gerente del Palladium, Val Parnell, también estaba preocupado: «Había oído hablar de los fans del swing», recordó Heath. «Le parecía que eran algo más que alborotadores y dados a bailar el *jitterbug* y a otras formas ruidosas e incluso destructivas de exhibicionismo»[n361]. Después de lo que habían padecido durante la guerra, a los jóvenes británicos se les podía perdonar su respuesta a la música más emocionante que habían oído jamás: era un muro de sonido, con los metales al frente y cada sección de la banda levantándose al unísono para un estribillo en primer plano, con la orquesta entera funcionando como una máquina sobrecargada y excitantemente peligrosa.

Una banda como la de Heath tenía además otros atractivos. «Mientras que la mayoría del público está compuesto de fans del swing», explicaba el *Daily Mirror*, «había muchas chicas que iban a escuchar a Paul Carpenter. Paul, que es canadiense y ha sido corresponsal de guerra, es el Frank Sinatra del Reino Unido. Un pestañeo de Paul desata miles de suspiros y las chicas se pelean por su autógrafo más ferozmente que por las medias de nylon»[n362]. Pronto Carpenter se fue para concentrarse en su carrera como actor y su lugar lo ocupó un tímido joven llamado Richard Bryce. Heath le cambió el nombre por Dickie Valentine, que atraía a las cada vez más apasionadas seguidoras de la banda, y canciones sentimentales e inocentes como «All the Time and Everywhere» le aseguraban, como escribió un anuario pop de la época, «los seguidores más numerosos de un cantante británico entre los adolescentes del país»[n363]. Los cantantes de Heath no eran los únicos rivales locales de Sinatra: nombres ahora olvidados como Benny Lee, Denny Dennis y Steve Conway cautivaron corazones femeninos en los años de la posguerra.

A mediados de los años cuarenta, había que llevar el romance a donde pudiera encontrarse. El Reino Unido había ganado la guerra, pero la paz acarreó un coste terrible: desempleo, inflación, escasez de combustible para los coches y la calefacción, cortes de energía, racionamiento de comida y de ropa, y una infraestructura que había sido bombardeada, alterada y despojada de fondos. Hacia finales de 1946, la revista para músicos *Melody Maker* predecía: «Nos enfrentamos a una caída en el teatro y en el negocio de los salones de baile en general, y se debe por completo a la economía»[n364]. La situación de las *big bands* en Estados Unidos era igualmente crítica. La orquesta de Benny Goodman, que antes de la guerra hacía que se agotasen las entradas en cualquier teatro del país, ahora solo atraía a un centenar de personas a una sala de Nueva York con capacidad para mil. Algunos de los nombres más importantes de la industria estaban deshaciendo sus bandas o reduciéndolas al tamaño apropiado para los *supper clubs*, entre ellos, Harry James, Woody Herman y Tommy Dorsey. En los años veinte, los vocalistas eran un atractivo menor en el arsenal de una banda; en los años treinta, tenían más peso publicitario, pero aún subordinaban su personalidad al director de banda. El éxito duradero de Bing Crosby y después la dramática separación de Frank Sinatra de la orquesta de Dorsey en 1942 impulsaron a otros intérpretes a seguir en solitario. Entre ellos, Perry Como —cuya voz era tan sedosa que hacía que Bing sonara áspero—, Jo Stafford y Dinah Shore. Atrás quedaban los tiempos en los que un cantante tenía que esperar noventa segundos o más para hacer su aparición en un disco de swing: orquestas con un sonido distintivo y experimental quedaban ahora reducidas a proveer un meloso acompañamiento instrumental para el vocalista estrella del momento.

En un revelador cambio de énfasis, las jóvenes sirenas y *crooners* de la época previa a la guerra sonaban ahora como adultos maduros dirigiéndose a coetáneos. Con Sinatra, esto se hizo evidente cuando celebró el fin de la huelga de la AFM de 1944 con una movida interpretación de «Saturday Night Is the Loneliest Night of the Week», que anticipaba sus éxitos de una década más tarde con los arreglos de Nelson Riddle. Doris Day, una cantante tan versátil como Sinatra pero con el tono aterciopelado de Bing Crosby, cantaba «Sentimental Journey» con la dignidad de alguien que sabía que, para muchos miembros de público, el viaje de un ser querido podía haber alcanzado su prematuro final. También había placeres adultos más groseros, descritos con alegría por Betty Hutton en su sexualizada «Stuff Like That There» y con dolor por Billie Holiday en «Lover Man» (una canción que, ya solo en base al sentimiento, merece ser considerada el primer tema de soul). Incluso quienes tenían edad suficiente para ser abuelos tenían un cantante que los representaba, pues en 1947 Al Jolson regresó a la lista de los más vendidos con una canción de estilo italiano «The Anniversary Song» y con una afectuosa recuperación de «Alexander's Ragtime Band» acompañado por Bing Crosby.

De todas estas figuras, Sinatra parecía la más capaz de explorar un mundo falto de inocencia tras la terrible ordalía de la guerra y el descubrimiento de los inimaginables horrores de los campos de concentración alemanes. Fue él quien se atrevió a explorar los límites de la democracia en una sociedad todavía dividida por el prejuicio racial en la película —y la canción— *The House I Live In*, a imaginar no solo la plenitud de la edad adulta, sino también la certeza de que pasaría, en «September Song» y a hacer frente al rigor vocal y emocional de «Soliloquy», del musical de Broadway *Carousel*[27]. Al igual que *Oklahoma!* (1943), *Carousel* (1945) estaba escrito por el equipo formado por Richard Rodgers y Oscar Hammerstein II. La música de ambas se publicó en forma de álbumes —primero como conjuntos de singles de 78 rpm y después como discos de larga duración—, inaugurando así una época en la que casi todas las colecciones de discos para adultos estaban dominadas por los musicales (y posteriormente por sus equivalentes cinematográficos). Fuera de los musicales en el teatro y en el cine, sin embargo, la canción popular estaba en brusco declive y, en los Estados Unidos de la posguerra, triunfaba el puro mercantilismo en su búsqueda de una rápida expansión económica.

«Las canciones populares de hoy son tan decadentes que son anodinas. [...] He buscado temas en la vena de la música popular, lo que llaman canciones de Tin Pan Alley. Es *imposible* encontrar nada. [...] En la mayoría de los casos, el compositor tiene que prostituir sus talentos si quiere ganarse la vida».

Frank Sinatra, 1948[n365]

«Ahora mismo, todo el mundo es consciente de que la música popular está atravesando una de las etapas más deprimentes, retrógradas, poco inspiradas y totalmente carentes de creatividad de su brillante historia. [...] Los cantantes también podemos ayudar. El estancamiento es en parte nuestra culpa. Si nos

27. Con casi treinta años, estaba perfectamente preparado para actuar como el narrador de la confusión de un futuro padre. Como cantante, sin embargo, perfeccionó esta canción en los sesenta, cuando tenía casi cincuenta años, en el álbum *The Concert Sinatra*.

negáramos a cantar el pésimo material que nos dan las discográficas (y yo soy tan culpable como cualquiera de haber aceptado y grabado por lo menos unas cuantas porquerías), entonces el mundo sería un lugar mejor para cantar».

Mel Torme, 1950[n366]

El locutor de radio de Salt Lake City Al «Jazzbo» Collins, estaba tan molesto por la popularidad del éxito pop de Art Mooney «I'm Looking Over a Four-Leaf Clover», de 1948, que dedicó su programa de jazz de dos horas de duración a ponerlo una y otra vez, «en alegre anticipación de que sus fans modernos se pondrían a aullar de indignación». En cambio, recibió docenas de llamadas de teléfono para felicitarlo «por poner algo bueno, para variar», y las ventas de la canción se dispararon al día siguiente. «Nunca habría pensado que eran tan convencionales», dijo Collins de su público[n367]. Sin embargo, obtuvo tanta publicidad que, cuando se mudó a Nueva York, repitió la treta con «Mr Sandman», de The Chordettes.

El éxito de Mooney respondía a la pregunta que había planteado Jack Kapp en los estudios Decca antes de la guerra: «¿Dónde está la melodía?». Los metales, las maderas, las cuerdas y algo que parecía una sociedad coral de gran ciudad al completo ofrecían melodía y nada más que melodía: ninguna síncopa, armonía o variación, solo las canciones más simples y más memorables con letras cursis para acompañarlas. Mooney no estaba solo: tres meses antes, el disco más vendido en Estados Unidos había sido «Near You», de Francis Craig, otra canción para cantar en una taberna y que comenzaba con un piano preparado de estilo honky-tonk que recordaba al Lejano Oeste (o al menos a su equivalente hollywoodiense). El país había caído de cabeza en una de las épocas más extrañas de su historia musical, una época en la que solo contaba la novedad o la forma más básica de nostalgia. Benny Goodman se vio limitado a declarar «Give Me Those Good Old Days» [«Devuélveme los buenos y viejos tiempos»], mientras que el combo vocal The Sportsmen exigía un viaje de vuelta al «pasado dorado [...], cuando los chicos cantaban la melodía». Otro grupo vocal, The Pied Pipers, dragó el lago de banalidad hasta el fondo con «Ok'l Baby Dok'l», y T. Texas Tyler presentó al mundo la enrevesada metáfora que constituía «Deck of Cards». Con el tiempo, incluso figuras como Frank Sinatra fueron arrastradas al fango. Mitch Miller, su productor, lo forzó a grabar «Mama Will Bark» [«Mamá va a ladrar»], un dúo cómico con Dagmar, una chica glamurosa de la televisión, en el que el ídolo adolescente de antaño tenía que ladrar como un sabueso. «Supongo que el disco se vendió», concedió más tarde Sinatra, «pero lo único bueno que saqué de aquello fue que les gustó a los perros»[n368].

Este, se quejaron algunos críticos de jazz resentidos, era el mundo que el bebop había construido: uno en el que una generación entera (o más, pues aquellos discos los compraban tanto jóvenes[28] como viejos) le había dado la espalda a la necesidad del género de reinventarse constantemente y se había decantado por placeres más seguros. Era un momento para la nostalgia y la simplicidad, aunque estas no siempre coincidían. Poco después de que el swing se considerase muerto en Estados Unidos, ya estaba de vuelta. El disc jockey Martin Block había presentado el programa de radio *Make Believe Ballroom* durante el *boom* del swing y ahora rejuvenecía el formato en Nueva York, lo cual provocó la aparición de programas similares por todo el país. En seguida aparecieron películas biográficas sobre Glenn Miller (interpretado por James Stewart) y Benny Goodman (con Steve Allen en el papel principal). Se desenterraron los discos de acetato del concierto de Goodman del Carnegie Hall de 1938 y se arreglaron para su lanzamiento. Volver a esta música doce años después, juzgó *Metronome*, «constituye una especie de regresión infantil que es más importante a nivel psicológico que a nivel musical»[(n369)]. Entretanto, como Glenn Miller no estaba disponible para sacar partido de su fama póstuma, otros hombres compitieron para portar su antorcha. Los herederos de Miller inicialmente dieron permiso al antiguo músico de su orquesta, Tex Beneke, para que la liderase tras la muerte de Glenn, pero se lo denegaron en 1950 porque se estaba alejando de los arreglos originales. Entonces Beneke formó su propia banda a imagen de Miller, como hicieron otros directores interesados en mostrar su voluntad de quedarse en el pasado, como Ralph Flanagan, Jerry Gray y Ray Anthony. Tras la película biográfica, los herederos permitieron que otro miembro de la orquesta de Miller, Ray McKinley, resucitara la banda.

También se consideró que había otras época listas para una recuperación. A principios de los años veinte, músicos como Zez Confrey reaccionaron contra el surgimiento del jazz reavivando la llama del ragtime —aunque, como se quejaron los historiadores del género, «en forma de una moda de pseudo-ragtime diseñada para hacer resaltar el estilo virtuoso a expensas del impulso básico del género, de su estructura y de su consistencia. Esta rama del ragtime se transformó en la pirotecnia vacía del pianista de música de cocktail, un estilo basado en cataratas de arpegios»[(n371)] (y cuyo mejor representante es quizás la florida manera de tocar de Liberace).

Veinte años después, se formó en San Francisco la Yerba Buena Jazz Band, de Lu Watters, que se anunciaba como una banda de recuperación del ragtime,

---

28. Como observó la revista *Down Beat* en julio de 1949, «una faceta importante en la moda de la polka es que su principal apoyo no proviene de gente mayor con nostalgia por la antigua patria, sino de jóvenes de los que uno creería que infestan los antros del bop»[(n370)].

para el deleite de las revistas que consideraban el swing y los primeros indicios del bebop perversiones del verdadero espíritu del jazz. (San Francisco se convertiría pronto en el hogar del resurgimiento del folk, con músicos que se peleaban por tocar en los «bares de banjo»). Sin embargo, Scott Joplin no habría reconocido aquella música como suya: pese a que gran parte de su repertorio consistía en piezas con la palabra *rag* en el título, su sonido se acercaba más al de la Original Dixieland Jazz Band. Aun así, las excentricidades de los genuinos pianistas de ragtime, muy publicitadas, les permitieron grabar otra vez, aunque solo comenzó a tocarse el ragtime como los compositores de principios del siglo XX habrían querido que se tocara a partir del éxito de la banda sonora de la película *El golpe*, con música de Marvin Hamlisch. Su interpretación de «The Entertainer», de Joplin, posibilitó que un hombre que había muerto en 1917 se convirtiera en el compositor del disco estadounidense más vendido de 1974.

Una versión de Joplin menos fiel marcó la cima comercial de la pasión por la llamada música «Dixieland», que en realidad consistía en envolver en algodón los elementos más melodiosos del jazz de Nueva Orleans de en torno a 1920 y presentarlos como un número de circo. A los protagonistas originales de aquella época se los recibía como héroes victoriosos —siempre y cuando no se les ocurriera actualizar su estilo—, mientras que al público universitario le gustaban bandas como The Firehouse Five Plus Two, que daban bocinazos con sus uniformes rojos de bombero, y Doc Rando and His Pills, vestidos con batas blancas y con estetoscopios al cuello. La orquesta de Pee Wee Hunt demostró ser el más exitoso de estos regresos al pasado con su recuperación en 1948 del tema de Joplin «Twelfth Street Rag», que encabezó las listas estadounidenses de los discos más vendidos.

En el Reino Unido, esta moda había empezado en 1943 con el grupo de George Webb, The Dixielanders, que no tocaban de forma irónica, sino con absoluta sinceridad, como correspondía a hombres que creían estar preservando un artefacto cultural. «Su repertorio constaba de las canciones de los pioneros de Nueva Orleans», relató su mánager, Jim Godbolt, «y su estilo era una combinación de improvisaciones individuales y colectivas a la manera de sus modelos. La aparente autenticidad de su música era bastante asombrosa por entonces. […] Estaban por completo dedicados a absorber el alma y la esencia del primer jazz, a pesar de sus limitaciones técnicas. Nuestro fervoroso deseo de aceptar los principios de estos recios pioneros nos hace pasar por alto su defectuosa técnica»[n372]. The Dixielanders eran sin duda pioneros y su compromiso con el pasado desencadenó el *boom* del jazz tradicional de los años cincuenta y sesenta, cuando empezaron a abundar uniformes tan chillones como los de esa banda.

La afición por los estilos de jazz antiguos se topó con otra recuperación del pasado, lo cual fue un enorme consuelo para los estadounidenses que tenían sangre europea. Tras un breve florecimiento a finales de los años treinta, había llegado el momento de que la nación abrazase la polka. Ya en junio de 1946, ocho mil fans llenaron el City Auditorium de Milwaukee para presenciar un concurso que elegiría al mejor exponente del género. El ganador fue Frankie Yankovic, un acordeonista hijo de inmigrantes eslovenos que dijo en una ocasión que «me gusta pensar que soy el músico de la clase obrera»[n373]. Era música del trabajador (y la trabajadora), desprovista por completo de esnobismo y elitismo e invitaba a todo el mundo a disfrutar de sus placeres simples, una filosofía que permitió a otro acordeonista y rey de la polka, Lawrence Welk, divertir al público durante casi sesenta años con su «Champagne Music» y presentar un popular programa de televisión durante veintisiete años. El presentador televisivo de concursos de talentos Arthur Godfrey también sacó partido de aquella moda: primero con «Too Fat Polka» [«Demasiado gorda para bailar la polka»], un ataque propio de un borracho a una mujer con sobrepeso, y después con «Slap 'Er Down Again, Paw» [«Abofetéala otra vez, papá»], una cómica defensa del maltrato infantil. Incluso las Andrews Sisters, que durante la década anterior habían explorado todas las modas, desde el boogie-woogie hasta la rumba, se vieron empujadas a seguir la corriente con «Toolie Oolie Doolie (Yodel Polka)». No hace falta decir que no se requería un doctorado en armonías cromáticas para entender estas canciones.

La moda de la polka no se limitaba estrictamente a las polkas: incluía valses, baladas e incluso canciones al estilo *hillbilly* modernizadas... cualquier cosa que animase a una tribu de inmigrantes estadounidenses a recordar una Europa que en muchos casos ni siquiera habían visto. Pero la pasión por la polka no terminaba ahí: Yankovic se pasaba largas temporadas en Hollywood y Las Vegas tocando para las mismas audiencias que disfrutaban con artistas más abiertamente americanos, como Judy Garland o Bing Crosby. Finalmente, la polka desparecería de la cultura popular debido al mercado cambiante de los años cincuenta. Tal como su historiador, Victor Greene, ha observado: «Las élites estadounidenses de los años cincuenta y sesenta consideraron la polka y estilos similares como parte de la cultura mediocre y falta de gusto de los patanes blancos semianalfabetos, de clase trabajadora y bebedores de cerveza»[n374].

Para mucha gente sofisticada, los gustos de otra sección de la sociedad a menudo satirizada, la clase trabajadora rural, producían un espanto equivalente. Ya en enero de 1945, la revista de jazz *Metronome* prometía que «la música *cowboy* y *hillbilly* está desapareciendo rápidamente de la escena de Los Ángeles»[n375]. Pero cuatro años después, la revista rival *Down Beat* se vio forzada a admitir a regañadientes que «la música de montañeses y las arias de aradores [las aliteraciones y la condescendencia iban de la mano] están a punto de sacar del mapa a las canciones populares, el jazz, el swing, el bebop y todo lo demás»[n376]. Cuatro años más tarde, *Down Beat* se rebajó a publicar regularmente una columna *hillbilly*, «Sashayin' Around». Asumía que todo aquel que la leyese requeriría una prosa que hiciera juego con la música: Tennessee Ernie Ford, explicaban a los fans, amaba «las viandas caseras de antaño. [...] Se me parece a mí que es una persona tan sencilla como usted y como yo y como el vecino de al lado. Ser toda una figura de la canción no le quita de disfrutar de unas habichuelas, unas gachas, una buena salsa espesa y un bagre frito»[(n377)].

En la revista británica *Gramophone*, Oliver King ideó una línea de ataque que, modificada según la ocasión, sería enarbolada más tarde por los padres de los fans adolescentes de Elvis Presley, los Beatles y sus sucesores: «A menudo me pregunto cómo se las arreglan esos *cowboys* que cabalgan por las cordilleras para tocar la guitarra eléctrica. ¿Tienen caballos equipados con dinamos o enchufan la guitarra a un cactus?»[(n378)]. («¿Qué pasaría si hubiese un corte de luz?» era la respuesta sardónica de muchos mayores al ver grupos de rock en la televisión). Jo Stafford —que debía de amar secretamente aquella música— usó una forma de sátira más efectiva cuando adoptó un vago acento *hillbilly* y el pseudónimo «Cinderella G. Stump» para su versión de «Tim-Tayshun».

Irónicamente, la tentación, así como el resto pecados y emboscadas que rondan la vida adulta, era lo que componía el material en bruto de la música *hillbilly*. Mientras que la gama emocional de la canción pop de los años cuarenta no se extendía más allá de «me quiere, no me quiere», el joven género de la música country podía tratar sobre cualquier cosa, desde el adulterio hasta el alcoholismo, sin perder su ingenio (o su sentido moral, porque una tentación *hillbilly* siempre acarreaba represalias). Era una música con consecuencias, no simplemente sueños o (lo que ocurriría en el campo del rhythm and blues) fantasías eróticas. Carecía de sofisticación musical, pero lo mismo ocurría con el blues; con frecuencia se cantaba fuera de tono (especialmente cuando detrás del micrófono estaba Ernest Tubb, una de las estrellas del sonido honky-tonk) o con instrumentos que estaban terriblemente desafinados. Sin embargo, casi nunca era banal en el sentido de evitar la realidad: su imaginería era fina como el papel, pero sus escenarios eran profundos como la vida misma. Como reflexionó el cantante y guitarrista Merle Travis: «La música country ha sido tan retorcida, entremezclada y finalmente soldada con otras, que finalmente se trata de música que del patrimonio cultural americano. Es Hollywood y Tin Pan Alley y la música *hillbilly* combinados en un diamante. [...] Creo que nuestros fans están hechos de una madera un poco mejor que los de otros géneros. Un granero se mantiene en pie más tiempo»[(n379)]. Ya se evidenciaba uno de los grandes clichés del mercado del country, que continuó creyéndose hasta los años noventa: que el público del country era incapaz de ser desleal. Si un artista permanecía fiel a la música y no intentaba disimular sus orígenes, los fans conservarían la fe en él o ella. Era un estilo —y un público— inocente y carente de novedad, sin pretensiones, sólido y extremadamente reacio al cambio.

Hacia 1951 —cuando Hank Williams estaba en su apogeo como autor de canciones (y como ingeniosa urraca de las canciones de otros), Eddy Arnold transitaba la estrecha línea entre cantante *hillbilly* y *crooner*, Tennessee Ernie Ford le sacaba todo el jugo a la mitología americana y Ernest Tubb lanzaba aún desafinados lamentos—, el country se había convertido en la base de la música popular estadounidense. El jazz ya no ofrecía material adecuado que pudieran robar los cantantes de pop y gran parte del repertorio de blues era demasiado subido de tono o abiertamente negro para que lo abordase cualquiera cuyo objetivo fuera el centro de Estados Unidos. De modo que cantantes como Tony Bennett, Perry Como y Frankie Laine se dedicaban a las predecibles simplezas del mercado del country. Los creadores de canciones como «Cold, Cold Heart» y «Don't Let the Stars Get in Your Eyes», más que protestar porque les robaran sus obras, consideraban las versiones un cumplido y una forma de llegar a oyentes que nunca hubieran descubierto la poco refinada fuente *hillbilly*. Entretanto, la versión de Patti Page de «Tennessee Waltz», de Pee Wee King, se convirtió en el disco más vendido de Estados Unidos —sin contar las canciones de Navidad de Bing Crosby— en casi veinte años.

Con «Tennessee Waltz» y «Cold, Cold Heart», la recién bautizada música country continuaba vendiendo la visión de Tin Pan Alley de la vida estadounidense: el éxito o el fracaso dependían del yin o el yang de un asunto amoroso. Pero una canción country de principios de los años cincuenta ofrecía una disyuntiva más difícil. Con «It Wasn't God Who Made Honky Tonk Angels» [«No fue Dios quien hizo a los ángeles de honky-tonk»], Kitty Wells tomó un estándar de la música *hillbilly* «The Wild Side of Life» [«El lado salvaje de la vida»] y le cambió el escenario y la moraleja. En el original, un hombre censuraba plañideramente la promiscuidad de su mujer. En la relectura del texto por parte de Wells, el marido era un borracho que se ligaba mujeres a su antojo. «Demasiadas veces los hombres piensan que todavía están solteros», cantaba ella, poniendo al descubierto la doble moral en una sola línea. Ya había habido antes discos en los que aparecieran mujeres fuertes: sexuales, orgullosas, desbordantes hasta el punto de ser irreales (a menos que uno creyera en la mitología de Mae West). Pero aquello era algo diferente: una mujer lo suficientemente fuerte como para decir la verdad, pero que no estaba segura de poder soportar su peso. Ninguno de los sanos artistas de pop que cantaban «Tennessee Waltz» se acercaba si quiera a la versión de Kitty Wells. Harían falta cantantes como Aretha Franklin o Joni Mitchell para convertir la discordia marital —vista a través de los ojos de una mujer— en un entretenimiento universal.

CAPÍTULO 10

MÚSICA PARA VIVIR DE FORMA ELEGANTE

«El público está confundido hoy en día sobre el bop. Piensan que todo lo que oyen es bop, hasta un anticuado solo de saxo de swing [...]. Muchos jóvenes piensan que lo único que hay que hacer para ponerse a la moda del bop es hacer cosas raras... dejarse perilla y llevar una boina y esas gafas gordas de concha».

Nat «King» Cole [n380]

«Para triunfar en Estados Unidos les di a los americanos una música latina que no tenía nada de auténtico.»

Xavier Cugat [n381]

Era menos una perilla que un mechón, como un bigote de Hitler traspapelado bajo el labio inferior de Dizzy Gillespie. Pero la boina y las gafas de concha eran lo suficientemente reales y todo junto formaba un personaje que aparecía caricaturizado en los periódicos y era copiado por sus fans, tanto chicos como chicas. En Francia, se peleaban por él: los *zazous* del bop y los *zazous* del swing se daban de puñetazos por una serie de armonías. En Estados Unidos, compraban sus discos, especialmente cuando —en una colaboración de 1945 con Charlie Parker— embutía solos de jazz en una rítmica canción cómica titulada «Salt Peanuts» (basada en una frase de piano que Dizzy había robado de un disco de Count Basie).

La revista *Time* informó a la América adulta de que el bop tenía su propio lema («¡Sé moderno, sé elegante, sé bop!»[(n382)]) y su propio lenguaje, en el cual se llamaba «higos mohosos» a la gente que quería que el jazz volviese a Dixieland. También ofrecía una definición: «Hot jazz sobrecalentado, con letras retorcidas llenas de obscenidad, referencias a narcóticos y dobles sentidos»[(n383)]. Se estaba refiriendo a los discos de R&B llenos de jerga de Slim Gaillard, pero el vínculo fue suficiente para que una emisora de radio de Los Ángeles prohibiese el bop porque incitaba a la delincuencia juvenil.

Nueve meses después de lanzar «Salt Peanuts», Gillespie y Parker se había distanciado. Dizzy apareció en una película de bajo presupuesto, *Jivin' in Bebop*, y después montó una *big band*. Charlie Parker, que había declarado que el bop no era una evolución del jazz sino una especie por completo nueva, criticó el conservadurismo de Gillespie: «Una *big band* ralentiza a todo el mundo porque no te da oportunidad de tocar lo suficiente. Diz tiene un tremendo montón de ideas cuando quiere, pero si se queda en su *big band* se olvidará de todo lo que ha tocado. Todavía no repite notas, pero ya repite estructuras»[(n384)].

Gillespie replicó: «El bop es parte del jazz, y el jazz es música para bailar. El problema del bop tal como se toca hoy en día es que la gente no puede bailar con él»[n385].

De forma consciente o no, Gillespie estaba al borde de un descubrimiento que iba a cambiar la música popular americana, y no se trataba del bop. Su intención era, según dijo, combinar el bop no solo con los musicales de Broadway, sino también con los ritmos de Cuba, «lo cual lo convertirá de verdad en una música de las Américas»[n386]. Mientras que las armonías del bop ignoraban la música pop (hasta que se incorporaron, adecuadamente refinadas, en las jazzísticas bandas sonoras de cine y televisión de los años cincuenta, la primera de las cuales fue la partitura de Alex North para *Un tranvía llamado Deseo*), la mezcla afro-cubana del jazz de Gillespie ayudaría a allanar el camino para que la música de esa isla caribeña tuviese una influencia desproporcionada sobre la cultura estadounidense. En 1947, Dizzy contrató al percusionista cubano Chano Pozo en su *big band*. En un concierto en el Carnegie Hall en septiembre y en dos fértiles sesiones de grabación en Navidad, aquellos dos hombres elaboraron una mezcla fuertemente percusiva de sus estilos nativos. En la pieza en dos partes «Cubana Be; Cubana Bop», las parloteantes congas de Chano y sus extraños cánticos se hacían gradualmente con el control de la música, como una respuesta a las frecuentes invasiones estadounidenses de su tierra natal. La cumbre de su colaboración fue «Manteca», un éxito en las gramolas de 1948, que anticipaba los ritmos latinos de la escena funk de principios de los años setenta, con sus solos de congas perfectos para ser sampleados más tarde por el hip hop. Pero entonces Chano Pozo murió: le dio una paliza a su camello por venderle marihuana de baja calidad, de modo que el hombre regresó dos días más tarde con una pistola y lo mató. A pesar de ello, la percusión latina se quedó en el arsenal del jazz y desde allí en los años siguientes pasó a todo tipo de estilos, desde el rock al *easy-listening*.

Con el tiempo, también empezaron a oírse otros ecos cubanos en Estados Unidos. En las canciones que grabaron en Cuba los iconos de los años treinta Miguelito Valdés y Arsenio Rodríguez es posible oír la sensualidad de Billy Eckstine o del Elvis Presley de comienzos de los sesenta. En Estados Unidos, *latino* quería decir *romance*, de la misma forma que el Reino Unido encontró su símbolo del amor en París (y que Francia evocaba nombres de ciudades de Italia, Portugal y España para conseguir el mismo efecto). Pero Cuba ofrecía además una presencia más física en sus ritmos hipnóticos, que dejarían su marca por doquier en Estados Unidos, desde las novedades de mambo de mediados de los cincuenta a las líneas de bajo sincopadas de la banda de James Brown una década más tarde. El conjunto cubano que lideraba Tito Puente a finales de los cuarenta hacía un gran uso de los timbales y los vibráfonos, con ritmos que aparecerían en los primeros discos de Stephen Stills y en la banda de rock latino más popular, Santana.

En 1951, Gabriel García Márquez, que todavía no había inventado el arte narrativo del realismo mágico, era un periodista en Colombia que miraba a través del Caribe hacia Cuba. Desde ese punto de observación, emitió su juicio sobre un estilo musical cubano que desde hacía poco estaba arrasando en las pistas de baile de Estados Unidos librándose de los elementos bop del experimento afrocubano de Dizzy Gillespie y centrándose exclusivamente en el ritmo. «Posiblemente el mambo es un ultraje», escribió García Márquez. «Pero quien sacrifica cinco céntimos en la gramola está, de hecho, lo suficientemente ultrajado como para esperar que esta le diga algo que se parezca a lo que desea. Y, por otro lado, el mambo es también un ultraje bailable [...]. Estados Unidos se está quedando afónico de gritar con sana admiración mientras el maestro Pérez Prado mezcla rodajas de trompetas y saxofones picados, salsa de tambores y pedazos de piano bien aliñado»[n387].

El hombre llamado Dámaso Pérez Prado (en realidad su nombre artístico lo formaban sus apellidos) no solo popularizó el mambo en Estados Unidos y en el resto del mundo, también mostró la lección fundamental de la música cubana: que había que mover el cuerpo de forma diferente de lo que se había visto hasta entonces en los países de habla inglesa. «Esta música le da miedo a la gente tímida», dijo Pérez Prado, «pero espolea la sangre de los que de verdad aman la vida»[n388]. En el mambo, todo se centraba en la cadera, que no había que disparar como un martinete, tal como haría un amante novato, sino ondularla, deslizarla, mecerla y girarla, como alguien para quien el sexo y la sensualidad fueran la misma cosa, algo que tentaba y excitaba con sus apasionados ritmos. Es cierto que el mambo no siempre podía evocar esos sentimientos cuando lo tomaban prestado artistas como Rosemary Clooney («Mambo Italiano») o Perry Cuomo («Papa Loves Mambo»). El mayor éxito de Pérez Prado en Estados llegó cuando enfrió algo su mambo para que se pareciera un poco al chachachá y grabó «Cherry Pink and Apple Blossom White», en la que tan solo algún gemido aislado —como si hubieran golpeado a un boxeador en el plexo solar— conservaba algo de carácter físico. El gancho del disco era el humorístico balbuceo de la trompeta solista, un pálido facsímil de los metales bien empastados de sus éxitos anteriores, como «Mambo No. 5» y «Qué rico el mambo».

Xavier Cugat —visto por última vez en este relato en 1935, cuando sometió al ritmo de la rumba «Begin the Beguine», de Cole Porter—, aunque venía de España y no de Cuba, demostró ser el más duradero representante de la isla en Estados Unidos. Es quizás apropiado que su mayor éxito en América se titulara, de forma algo desconcertante, «Brazil», lo cual trajo un poco de exotismo sureño a la época de la guerra en 1943.

Cinco años más tarde, la misma canción reapareció en la radio: esta vez adscrita a un guitarrista llamado Les Paul. Este no era solo un virtuoso y —como se vería con el tiempo— uno de los más importantes innovadores de la guitarra eléctrica[29], sino que también era un artista sobre el escenario. Con Mary Ford, que pronto se convertiría en su segunda esposa, se vestía con una camisa azul de trabajo y unos hilarantes calcetines multicolores, la personificación de un torpe *hillbilly*. La pareja actuaba sentada mientras ella cantaba y él tocaba, y a menudo interrumpían sus canciones, como auténticos palurdos, para contar un chiste desternillante o para saludar con la mano a alguien de la primera fila. Aquello estaba calculado para agradar y, de una forma u otra, satisfacía al público de los clubes tanto de country como de jazz. «La gente para la que uno toca», insistía Paul, «trabaja todo el día. No van al conservatorio ni estudian armonía. Pagan, entran, escuchan. Si no entienden lo que haces, se marchan. ¿Qué se supone que hay que hacer? ¿Atarlos con una cuerda mientras les explicas que estás tocando gran música?»[n389].

Pero aquellas payasadas no estaban a la altura de la música que quería vender. Con «Brazil», Paul descubrió una forma de sobreponer varias partes de guitarra eléctrica una tras otra, una y otra vez, hasta que había hasta seis guitarras luchando por el espacio: un desconcertante despliegue de efectos de sonido, variaciones tonales, chasquidos percusivos, rápidos punteos de country, fraseos de jazz e incluso algún ancestro primitivo de los acordes de potencia. Algunas de estas grabaciones se aceleraban y otras se ralentizaban mediante una manipulación del tiempo que desafiaba a la imaginación. Aquel era Les Paul como artista en solitario. Con su mujer, confeccionaba discos en los que aparecían múltiples versiones de la voz de su mujer brotando de forma simultánea de los surcos y en cuyos créditos se leía: «Trío vocal: Mary Ford». Paul no fue el primero en encontrar un método para combinar elementos separados en una sola grabación —pronto estaba usando hasta veinticuatro componentes distintos, mientras que a los estudios profesionales les costaba usar más de tres—, pero sí fue el primero en perfeccionar la técnica y en venderla al público. Era la aurora de una nueva era, en la que el disco de gramófono ya no sería un documento que captaba una actuación para la posteridad, sino una gloriosa ficción, una manipulación de hombre y máquina que ampliaba la revolución iniciada por el nacimiento de la grabación eléctrica en 1925.

Algunos se ofendieron por la descarada artificialidad de las nuevas técnicas de grabación: el *overdubbing* (o superposición de capas de audio) era un enga-

---

29. En 1953, la revista *Metronome* informó de que Les Paul, que estaba presentando una nueva guitarra eléctrica de cuerpo macizo, «no la ve meramente como una guitarra normal amplificada, sino como un instrumento por completo nuevo y diferente en cuanto a apariencia y funcionamiento»[n390], una observación profética como pocas.

ño para el oyente, aseguraban. Uno ya no podía fiarse ni siquiera de que una orquesta sinfónica pudiera interpretar en directo lo que grababa en disco. La costumbre de bajar el volumen al final de una canción hasta que terminaba, que se volvió prevalente en la era del *overdubbing*, fue acusada de perezosa y falta de creatividad. El evangelista estadounidense Bill Gothard «creía que cada vez que una canción se iba apagando al final en lugar de resolverse de forma natural, se promovía una anarquía persistente»[n391]. Se pensaba, a veces de forma justificada, que los primeros experimentos con el *overdubbing* múltiple y con las grabaciones realizadas por entero por una persona —como intentó hacer Sidney Bechet en Estados Unidos y más tarde hicieron en el Reino Unido Victor Feldman, Humphrey Lyttleton y Steve Race— fallaban en el terreno estético, entre otras cosas porque la adición de una «pista» de grabación extra emborronaba el sonido.

La AFM, siempre presta a considerar toda innovación como una amenaza, hizo todo lo que pudo para impedir el progreso tecnológico y prohibió a sus miembros formar parte de ninguna grabación que utilizase *overdubbing*. El sindicato estaba especialmente alarmado por el sistema mediante el cual una orquesta podía preparar una pista de música de fondo sin que el cantante estuviera presente: los productores asumían que los cantantes eran más proclives a cometer errores que los experimentados músicos de sesión, y de esa forma las compañías discográficas se ahorraban el porcentaje sindical del tiempo de grabación mientras Sinatra o Garland, en sus comienzos, pifiaban repetidamente una nota aguda[30]. Finalmente, el sindicato se dio cuenta de que la mejora en la calidad de grabación hacía que el *overdubbing* fuera beneficioso para todos los componentes de la industria y levantó la prohibición. Como observó el productor de Columbia Mitch Miller en 1952, «ninguna ciencia ha progresado tanto en los últimos diez años como la electrónica. Creo que cualquiera que no se aproveche de estos avances es idiota»[n392].

«¡Esa puta televisión! El negocio va bien en algunos aspectos. Pero en el área de la jodida televisión, estamos muertos antes de empezar. En cuanto entramos en una ciudad y veo esas putas antenas, quiero matar a alguien. La gente se endeuda para comprar un puto televisor y después a nadie le queda pasta, así que se quedan todos en casa».

Tommy Dorsey, 1951[n393]

---

30. Uno de los efectos secundarios de esta normativa fue el lanzamiento en 1949 de *Songs Without Words* [*Canciones sin palabras*], en el que la orquesta de Paul Weston presentaba canciones completas escritas por algunos de los mejores compositores de la industria, incluidos Ray Noble y Johnny Mercer, pero sin letras. Se animaba a los compradores a escribir sus propias letras.

«En la televisión habrá lugar para la música —para toda clase de música— cuando los productores televisivos reconozcan el hecho de que tienen un medio completamente nuevo y dejen de usarlo para revivir formas de entretenimiento que pasaron de moda hace veinticinco años».

Stan Kenton, 1951[n394]

Raymond Scott, uno de los héroes olvidados de la música del siglo XX, fue un compositor y arreglista que, a finales de los años treinta, grabó singles tan poco convencionales como «Dinner Music for a Pack of Hungry Cannibals» [«Música de restaurante para una manada de caníbales hambrientos»]. Jugó con las reglas del ritmo y la armonía, creó combinaciones de instrumentos hasta entonces inimaginables, fue pionero en investigar el sonido electrónico y escribió partituras tan llenas de innovación y sorpresas que la única forma de darles uso era en los cientos de películas de dibujos animados (Bugs Bunny, etcétera) para las que las componía. Con las surrealistas innovaciones de Scott solo podían competir las composiciones experimentales de Louis y Bebe Barron, creadas mediante la manipulación de circuitos electrónicos, como las que se oían en la banda sonora de la película de ciencia ficción *Forbidden Planet*, de 1956.

Scott no era un hombre que reconociera límites y, en 1949, tras una década apartado de los discos comerciales, decidió sacar a la luz los resultados de sus experimentos con la combinación del estudio, la orquesta y los procesos técnicos mediante los cuales la música llegaba al público. Sus nuevas composiciones —que hoy suenan como amalgamas de jazz y música clásica a la espera de los dibujos animados que las acompañasen— incluían «Ectoplasm» [«Ectoplasma»], «Snake Woman» [«La mujer serpiente»] y «Dedicatory Piece to the Crew and Passengers of the First Experimental Rocket Express to the Moon» [«Pieza de homenaje a la tripulación y los pasajeros del primer cohete exprés experimental a la Luna»]. Pero Scott no quería entregarlas a una compañía discográfica, explicó, pues el mínimo contacto con el comercio les arrebataría su mérito artístico. En lugar de ello, propuso transmitir la música a los oyentes mediante transferencia de pensamiento. En el futuro, informó la revista *Down Beat*, «quizás el compositor se sentará en el escenario de la sala de conciertos y, sencillamente, pensará en la idea de su obra. Sus ondas de pensamiento serán recogidas mediante aparatos mecánicos y transferidas a las mentes de los oyentes»[n395].

Scott era sin duda un visionario —en 1950 insistió en que se instalase un circuito cerrado de televisión en un club donde iba a actuar para que todo el mundo pudiera verle— pero su música estaba destinada a quedar empantanada en la tecnología física, sin ascender jamás a un reino puramente psicológico. Su espíritu de aventura era típico de los años posteriores a la Segunda Guerra Mundial, cuando las innovaciones al servicio de las necesidades militares alimentaron un *boom* de consumo y, casi por accidente, provocaron vastas mejoras en la selección y calidad del entretenimiento disponible para los ciudadanos moderadamente adinerados del mundo occidental.

La economía del Reino Unido, como la de las naciones que había ayudado a derrotar, estaba en ruinas. Hubo numerosos altibajos en la recuperación, como la crisis de combustible de comienzos de 1947 que obligó a la BBC a interrumpir su programación televisiva e hizo que se restringieran las emisiones de radio, que dejasen de editarse los periódicos y que cerrasen los cines. Y sin embargo, de esta nación denudada, que sufría bajo el invierno más duro que se recordaba en Europa, surgió una innovación en el sonido que fue aclamada como el desarrollo más significativo desde el nacimiento de la grabación eléctrica. Se trataba del sistema «ffrr» (siglas en inglés de «grabación de registro de frecuencias completo»), empleado al principio para la música clásica y que aún se usaba cuando Decca fichó a los Rolling Stones en 1963. Las técnicas de grabación disponibles antes de la guerra tan solo manejaban frecuencias hasta los 6 kHz; la mayoría de los gramófonos solo podían reproducir hasta los 4,5 kHz, y sin embargo el oído adulto medio podía oír hasta 16 kHz o más. El registro de muchos instrumentos musicales también se extendía más allá del límite de los 6 kHz, lo que provocaba que algunos sonidos grabados no se distinguieran unos de otros: el saxo tenor, por ejemplo, se parecía al chelo, y un saxo alto podía confundirse con un clarinete. El sistema «ffrr» ofrecía, por primera vez, una representación precisa del paisaje sonoro de la música.

Había dos inconvenientes en la revolución del «ffrr»: por una parte, solo podía apreciarse si se compraba un gramófono nuevo y, por otra, estaba todavía expuesto a los fallos sonoros del disco de goma laca de 78 rpm, con su siseo de fondo y la facilidad de la superficie para arañarse. Una posible solución era pasar del disco a la cinta, que ya se usaba en muchos estudios de grabación. En septiembre de 1947, la exhibición de Radiolympia, en Londres, mostró al público británico el magnetófono de bobina abierta EMI (llamado BTR) y el magnetófono GEC, en principio solo para uso profesional pero con la promesa de que pronto aparecerían en todos los hogares. Mientras tanto, las dos compañías discográficas más importantes de Estados Unidos estaba trabajando de forma simultánea en formatos rivales para sustituir al frágil 78. «El único tema de conversación estos días en la industria es el revolucionario nuevo disco de microsurco de Columbia Records», anunció *Melody Maker* en julio de 1948, «que contiene veintisiete minutos en el disco de dos caras de diez pulgadas y cuarenta y cinco minutos en el de doce pulgadas. Este nuevo disco puede revolucionar por completo la industria discográfica»[n396]. Mediante el uso de vinilo en lugar de la goma laca, el ruido superficial podía erradicarse por completo. Las obras sinfónicas cabían ahora en un solo disco, los artistas de jazz podían extender sus improvisaciones más allá de la barrera de cuatro minutos impuesta por el disco de 78 rpm, podían hacerse colecciones temáticas de canciones populares... La compañía estadounidense Philco anunció que, por 30 dólares, los oyentes podían comprar un dispositivo que les permitiría oír los discos de 33 rpm en el equipo que ya poseían.

Mientras tanto, RCA Victor había apostado discretamente su futuro a una alternativa en miniatura del disco de 78 rpm: también estaba hecho de vinilo pero tenía siete pulgadas de ancho y giraba a 45 rpm. En marzo de 1949 anunciaron que aquel sería «el primer programa integrado de discos y reproductores en los setenta años del comienzo de la industria»[n397], pues los nuevos discos «irrompibles» venían acompañados por uno de dos nuevos tocadiscos. RCA anunció siete colecciones de discos, cada una de un color diferente para identificarla con rapidez: música clásica (con el antiguo logo de Red Seal y un precio de venta al público que doblaba el de la música popular), música semi-clásica, música pop, música para niños, música country, música internacional y música folk. (Claramente, RCA no veía necesaria una distinción entre las distintas variedades de «pop», y la descripción era tan amplia que abarcaba desde Bing Crosby hasta el bebop). Este duelo entre el LP y lo que se acabaría conociendo, a comienzos de los cincuenta, como *single* se consideraba una insensatez por parte de muchos observadores: la revista *Gramophone* deploraba «las aventuras piráticas de ambas compañías, que ni ellas ni el oyente individual se pueden permitir»[n398]. Como observó un periódico estadounidense, «el coleccionista de discos del futuro tendrá que amueblar su salón con al menos tres máquinas. Una sola máquina con varias velocidades será inadecuada, ya que los fabricantes están pasándoselo muy bien añadiendo confusión al problema: no solo se fabricarán discos que deberán reproducirse a diferentes velocidades, sino que además el agujero central será de distintos tamaños»[n399].

Hubo varios meses de competición directa, en los que los discos de 45 rpm de Perry Como y Vaughn Monroe que editaba RCA Victor competían contra los LPs que editaba Columbia con grabaciones de las *big bands* de Woody Herman y Gene Krupa. En el Reino Unido, la reacción inicial al «disco enano» de siete pulgadas fue desfavorable, pues se percibía que era demasiado pequeño para manejarlo con facilidad. Los compradores de discos afroamericanos, que por lo general eran más pobres que los blancos, tardaron más en adaptarse a los nuevos formatos. RCA hizo lo que pudo para promover el disco de

45 rpm lanzando discos solo en ese formato semanas antes de que la versión en 78 rpm estuviese disponible. Pero para comienzos de 1950, las compañías discográficas de Estados Unidos habían alcanzado un acuerdo provisional: en lugar de tener que elegir entre formatos diferentes, proveerían material para todos ellos. Sin embargo, un experto de la industria comentó: «Parece incuestionable que el futuro del negocio del disco tendrá dos velocidades: 33 rpm para las obras largas, 45 rpm para los singles»[n400]. Lo cual finalmente acabó probándose como cierto. Aunque el disco de 78 rpm sobrevivió en el Reino Unido hasta 1960 —y casi diez años más en territorios como la India—, estaba condenado a la extinción tan pronto como el disco de 45 rpm se hizo con una parte del mercado[31]. Seeburg fue el primer fabricante de gramolas que cambió de formato y, a mediados de los años cincuenta, las principales compañías vendían máquinas que contenían cien o más discos de 45 rpm, asegurando así que la gramola sería un potente símbolo del placer adolescente durante la explosión del rock 'n' roll blanco.

Mientras que el disco de 45 rpm era un sustituto directo del disco de 78 rpm pero con mejor calidad de sonido, el ámbito panorámico del LP presentaba a la vez una oportunidad y un desafío. Las compañías discográficas nunca han sido reacias a ganar dinero de la nada, por lo que muchos de los primeros LPs eran simplemente recopilaciones de discos de 78 previamente editados, reempaquetados como «un regalo» para los fans del artista en cuestión. A medida que el público se aclimataba al disco de diez pulgadas, muchas compañías decidieron usar el mismo tamaño para sus LPs: temían que sus clientes rechazaran un formato más grande, que podía no caber en el espacio de almacenamiento de que disponían. (Las naves de almacenaje se enfrentaron al mismo problema, así como las tiendas de discos.) Cuando, a principios de los años cincuenta, se decidieron a explorar el extenso paisaje del disco de doce pulgadas, se embarcaron en otra ronda de marketing creativo y añadieron algunos cortes más a sus ya existentes álbumes de diez pulgadas para así venderlos como nuevos productos.

Para compositores como Duke Ellington y Alec Wilder, que estaban ya componiendo a una escala más épica que los cuatro minutos que permitía el disco de 78 rpm, el LP era una ansiada oportunidad para permitirse sus suites y ciclos de canciones. Bajando el tono un poco, las compañías discográficas vieron rápidamente un mercado potencial en el público que quería bailar, en

---

31. Hubo un breve experimento a finales de los cincuenta con LPs extralargos, que giraban a 16 rpm y podían contener el doble de material que un disco de 33 rpm (más o menos lo mismo que un CD veinticinco años más tarde). Este formato no triunfó comercialmente, pero a finales de los sesenta era común que los tocadiscos ofrecieran cuatro velocidades diferentes: 16, 33, 45 y 78 rpm.

los llamados *record hops* o, quitando las alfombras, en sus propios dormitorios. Convencidas (como lo estuvo toda la industria hasta que fue demasiado tarde) de que se avecinaba un regreso de las *big bands* de los años treinta y cuarenta, los sellos más importantes prepararon series de álbumes temáticos. Cada uno estaba dedicado a una banda individual, bajo el título general de *Design for Dancing* [*Plan para bailar*]. Estos discos se ajustaban a la familiar estructura de canciones de tres minutos con una pausa antes de que comenzase la siguiente canción. Columbia ofrecía una alternativa con sus cuatro LPs titulados *Your Dance date* [*Tu pareja de baile*]: estos estaban hechos para bailar sin interrupción, «con cuatro canciones unidas entre sí por interludios de piano, celesta y carillón»[n401], un enfoque pionero que, a partir de finales de los sesenta, le valdría una larga carrera al líder de banda alemán James Last.

Capitol fue más allá y encargó a Paul Weston su propia secuencia: *Music for Easy Listening* [*Música para escuchar fácilmente*], *Music for Dreaming* [*Música para soñar*], *Music for Memories* [*Música para los recuerdos*], *Music for the Fireplace* [*Música para la chimenea*] y *Music for Reflexion* [*Música para la reflexión*]. El líder de banda Skip Martin, para no quedarse atrás, contribuyó a la serie con *Music for Tap Dancing* [*Música para bailar claqué*] (que incluía un manual de instrucciones). Weston respondió con *Moods for Candlelight* [*Ambientes para luz de velas*] y *Moods for Starlight* [*Ambientes para una noche estrellada*]... Y así, casi por accidente, nació un nuevo género musical: el easy-listening o música ambiental. Columbia sacó una serie de LPs de *Quiet Music* [*Música tranquila*], que ofrecía «música easy-listening para que te relajes»; Coral lanzó una colección de canciones para todos los ambientes de la orquesta de Les Brown; RCA Victor lanzó *The Moods in Music* [*Los ambientes de la música*] (*Music for Dining* [*Música para cenar*], *Music for Daydreaming* [*Música para soñar despierto*], *Music for Relaxation* [*Música para relajarse*] e incluso *Music for Faith and Inner Calm* [*Música para la fe y la calma interior*], que anticipaba el fenómeno New Age de los años ochenta). Norrie Paramor, productor y compositor de easy-listening británico, explicó: «Es música pensada para entretener sin ser intrusiva, para ponerte en un estado de ánimo cómodo. En otras palabras, quizás es música que puede ser oída pero no necesariamente escuchada»[n402]. Después de décadas de música que requería la atención del oyente o que, incluso (como el bop), se arriesgaba a ahuyentarla, aquello era algo genuinamente diferente: una música que no ofrecía nada pero que apartaba las distracciones y los dilemas de la vida cotidiana. En el exitoso hogar de lo que el autor William H. Whyte (en 1956) ha llamado *El hombre organización* —un engranaje bien aceitado en una sociedad en orden—, la música hacía que la máquina siguiera funcionando de forma óptima.

En su versión más grandiosa, este estilo (o ausencia de estilo) podía anunciarse como *Music for Gracious Living* [*Música para vivir de forma elegante*], como se titulaba la serie de LPs de la orquesta de Peter Barclay; en su versión más modesta, podía reducirse sin vergüenza a *Backround Music* [*Música de fondo*], una serie de cuatro álbumes que lanzó Capitol en 1953: se podía elegir entre *Light and Lively* [*Ligera y animada*], *Show Tunes* [*Canciones de musicales*] y *Bright and Bouncy* [*Brillante y movida*] (aunque, presumiblemente, no lo bastante movida como para el oyente le prestara atención). La sociedad occidental todavía no se había vuelto adicta a los sedantes químicos: mientras compañías como Hoffmann-La Roche perfeccionaban sus pastillas, la música ambiental intentaba prestar el mismo servicio.

Antes del Librium y el Valium, Estados Unidos y (más tarde) el Reino Unido, cayeron bajo la influencia de otra forma de tranquilizante: la televisión. Su dominio de los hogares estadounidenses fue repentino y veloz: en 1948, solo un 2% de los hogares de Estados Unidos tenía un aparato, pero en 1956 el porcentaje estaba por encima del 70%. Más que cualquier otro factor, la televisión desplazó la localización del entretenimiento desde la sala de baile o de cine al hogar familiar. La recaudación de los eventos musicales en vivo, con baile o sin él, cayó rápidamente en este periodo, con la excepción de los espectáculos dirigidos a los adolescentes. Los héroes de estos raramente aparecían en televisión (especialmente durante la era del rock 'n' roll) y la facilidad de los adolescentes de Estados Unidos de los años cincuenta para poseer un coche les permitió escapar física y culturalmente a la benigna tiranía de sus padres.

Como la música ambiental, la televisión proporcionaba un telón de fondo para los dramas de la vida familiar. Algunos programas exigían atención; otros, citando de forma inexacta a Norrie Paramor, estaban hechos para mirarlos, no para prestarles atención. En cualquier caso, el omnipresente aparato competía con el tocadiscos de forma muy diferente de la radio, que al menos dependía del material en bruto de Tin Pan Alley y de las compañías discográficas. La actitud de la televisión hacia la música era muy otra. Hasta que el programa *American Bandstand* se convirtió en una atracción nacional a finales de los cincuenta, no había lugar en la parrilla de la televisión estadounidense para que sonasen discos[32]. Era un medio que pedía a gritos actuaciones en vivo (o al menos supuestamente en vivo). Las cartas más fuertes de la baraja eran los programas de variedades, que eran en realidad una versión actualizada de la antiguas tradiciones del vodevil y el music hall, en las que había comedia, música, baile y quizás perros saltando a través de aros en llamas o malabaristas que lanzaban por el aire platos giratorios. Tan solo

---

32. Una excepción: en un programa policiaco de 1954, *Studio One*, sonaban fragmentos de «Let Me Go Lover», de la desconocida cantante Joan Weber. En dos semanas, el single había vendido 500.000 ejemplares.

los músicos menos abrasivos podían encajar en este formato: no había lugar para sesiones de improvisación de bop, ni siquiera para una suite de Duke Ellington. Las familias querían programas que fueran fiables, predecibles y aceptables para todos, y la televisión mostraba a cualquiera con un nombre reconocible que se ajustara a esas condiciones. Los intérpretes más cautivadores y menos cáusticos conseguían programas televisivos. Artistas como Perry Como, Dinah Shore y Mario Lanza se convirtieron en nombres conocidos en Estados Unidos mucho más allá de la audiencia de sus discos. En el Reino Unido, su papel lo ocupaban los George Mitchell Minstrels, que se pintaban de negro cada semana en *The Black and White Minstrel Show*[33]. Para asegurarse de que no iban a ahuyentar a los adultos mediante material demasiado oscuro u orientado al público adolescente, estas estrellas recibían instrucciones de interpretar canciones que ya habían probado su valía, especialmente si procedían de exitosas obras de Broadway o de musicales de Hollywood. El resultado era un cancionero americano compuesto de lo que pronto comenzó a conocerse como *standards*, los cuales a veces se seleccionaban por su calidad (nadie podía cuestionar el valor estético de Cole Porter o de Rodgers y Hart) pero, más a menudo, solo por su familiaridad. Las mismas canciones pasaban de un intérprete al siguiente, repuestas año tras año en la televisión y (cada vez con mayor frecuencia) en disco, de forma que consolidaban su estatus de permanencia en la memoria nacional. Aún hoy, la televisión mantiene vivas muchas de estas canciones como temas principales de programas y como *jingles* publicitarios.

Músicos que antes salían de gira por el país con una banda, ahora se quedaban en el estudio de televisión como parte de una orquesta residente. Los primeros experimentos con la música en la televisión a finales de los años cuarenta revelaron en seguida que los espectadores se sentían incómodos cuando no había ninguna reacción al final de una canción, de modo que se comenzó a traer público real a algunos programas y en el resto empezaron a usarse aplausos «enlatados». En las raras ocasiones en que se invitaba a una banda de jazz, debían seguirse ciertos protocolos, como explicaba la revista *Down Beat*: «Una de las normas características de un programa de música en la televisión es que las canciones lentas son tabú. Todo debe tener ritmo y energía y, si se autoriza una balada, debe ser una balada con ritmo en la que se permitan ciertas licencias. Las canciones cómicas tienen más éxito y ninguna puede durar más de 2:45, con la excepción de la última. En televisión, una banda debe tener arreglos completamente diferentes que en una sala de baile. Para empezar, debe haber muchas secciones tocando [es decir, saxofones, trompetas, etc.], ya

---

33. En 1973, el cantautor Neil Sedaka aún adoptaba el *blackface* como parte de su espectáculo.

que las cámaras deben moverse de una a otra para mantener el interés de los espectadores»[n403].

En última instancia, el tipo de intérpretes que despertaban más entusiasmo entre el público estadounidense en los años cincuenta no eran las estrellas de jazz ni los *crooners*, sino los intérpretes que estaban más apartados de la música que había estado volviendo loca a la joven América desde 1935. Uno de ellos era Liberace, un pianista untuosamente sincero y extravagantemente falto de gusto, que usaba su formación clásica para llenar de frivolidad cada canción mediante excesivos arpegios, trinos y florituras. «El secreto de su éxito es su capacidad para reducir la música a píldoras pequeñas y fáciles de tragar», escribió un crítico. «Liberace hace que su público sienta que lo está ayudando a disfrutar de la 'buena' música, invitándolo a una experiencia cultural y elevada [...] Él es el pionero en un campo en el que la gran mayoría de los oyentes-espectadores no son sensibles a los valores musicales»[n404]. Se trataba de un género completamente nuevo: música para gente a la que no le gustaba la música.

Uno de sus coetáneos en el tibio entretenimiento musical de la televisión estadounidense de los cincuenta era Lawrence Welk y su «música de champán»: «Un estilo de música de baile por completo falto de vitalidad»[n405], opinaba el mismo crítico, al tiempo que reconocía que al menos Welk no era pretencioso. Con sus suaves ritmos, su estilo sin fisuras y sus siempre sonrientes bailarines, Welk estableció las pautas de los programas de televisión de variedades de todo el mundo al menos hasta los años setenta y más allá: en el Reino Unido, era aquel interminable desfile de canciones y bailes y de compañías de escuela de danza, desde las Tiller Girls a The Young Generation, que ofrecían el manantial de la felicidad juvenil a un público que había perdido su propia juventud en la guerra o en la Gran Depresión.

Si los programas de Liberace y Welk eran el equivalente televisivo de los programas de radio de personalidades de los años treinta, ¿cómo podía la televisión crear una alternativa a la dieta básica de discos de gramófono de la radio? Una de las estrellas creadas por la radio, Rudy Vallee, creyó encontrar la respuesta. En 1949, fundó Vallee Video en la antigua capital del cine, Culver City, California, donde producía «telefilmes de 16 mm» diseñados para acompañar una canción individual, con una actuación en vivo o en *playback*. Los concibió primero para que se proyectaran junto a películas de cine y, después, en televisión. Otra compañía, Telescriptions Inc., fue más allá y, a comienzos de los años cincuenta, produjo varios cientos de películas de tres minutos en las que artistas como Nat King Cole o la estrella del R&B Amos Milburn cantaban sus éxitos. Estos cortos se proyectaban por todo Estados Unidos, como relleno entre películas programadas y como paquetes de treinta minutos. A finales de los cincuenta y en los sesenta se realizaron cortos similares, conocidos como Scopitones, aunque (como los futuros vídeos de la MTV) estos contenían actuaciones en playback en un escenario[34]. Cada nueva empresa que se aventuraba a combinar música y televisión se iba acercando más y más a una audiencia central compuesta por adolescentes, los cuales, por otra parte, habían sido ignorados por la programación televisiva, orientada a los adultos o a los niños.

El sociólogo David Riesman ha escrito que para los adolescentes, el contenido de su colección de discos ayudaba a establecer su estatus entre sus grupo de coetáneos: «Los adolescentes mostraban una gran ansiedad por tener las preferencias 'correctas'»[(n406)]. La industria discográfica había identificado la existencia de este mercado, pero no tenía ni idea de cómo satisfacerlo. En un anuncio de 1948, el sello británico HMV ofrecía una selección de discos «para el adolescente» que incluía a Perry Como, Duke Ellington, Artie Shaw y Fats Waller, cualquiera de los cuales podía ser disfrutado por un público adolescente pero ninguno de los cuales había sido diseñado exclusivamente para atraer a una audiencia juvenil. Y sin embargo, el estilo que ataría a los adolescentes a la música popular de por vida ya existía, aunque estos aún no se habían dado cuenta.

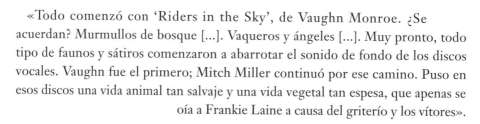

«[Los adolescentes] todavía se mueren por la música suave, pero este año suspiran y dicen '¡oooh!' con los palpitantes tonos de Frankie Lane y con los latidos de Mel Torme.
Su viejo anhelo por Frankie Sinatra se ha convertido en nostalgia. 'Pobre Frankie', decía una joven en Chicago. 'Ahora es viejo y tiene tres hijos'».

Revista *Life*, diciembre de 1948(n405)

«Todo comenzó con 'Riders in the Sky', de Vaughn Monroe. ¿Se acuerdan? Murmullos de bosque [...]. Vaqueros y ángeles [...]. Muy pronto, todo tipo de faunos y sátiros comenzaron a abarrotar el sonido de fondo de los discos vocales. Vaughn fue el primero; Mitch Miller continuó por ese camino. Puso en esos discos una vida animal tan salvaje y una vida vegetal tan espesa, que apenas se oía a Frankie Laine a causa del griterío y los vítores».

Revista *Metronome*, julio de 1950(n406)

---

34. Una de las pocas máquinas de Scopitone que se conservan se encuentra en Third Man Records, la tienda de Nashville propiedad de Jack White.

«Los arreglos y las interpretaciones han cobrado tanta importancia, que ya son más importantes que la música», se quejaba el productor y líder de banda Paul Weston en 1950. «Hoy en día uno tiene que hacer restallar látigos y romper huesos para que le presten atención. Tocar y cantar una canción no sirve de nada»[n407]. El fetiche de los efectos de sonido, una de las imprevisibles consecuencias de la grabación multipista, se había convertido en algo tan prevalente que ni los compositores de mayor talento podían competir con aquellos trucos. «No creo que en los últimos años se haya escrito nada que se vaya a convertir en un *standard*», añadía Weston, «nada que se pueda comparar con las maravillosas canciones que se grababan en los años treinta».

Weston estaba quizá pasando por alto el éxito de Nat King Cole «Nature Boy», una de las canciones más reconocibles del periodo inmediatamente posterior a la guerra. Pero incluso en ese caso, el gancho comercial no era la interpretación casi estática de Cole, sino la forma en que los arreglos saltaban a su alrededor, como duendes. Era una época de canciones curiosas, de trucos de sonido y de discos en los que el chasquido de un látigo —como en «Mule Train» [«Recua de mulas»], de Frankie Laine— contaba al menos tanto como un estribillo memorable. (De forma típica, la AFM investigaba todas las versiones que se grababan de «Mule Train» para asegurarse de que quien manejaba el látigo era un miembro del sindicato). Y sin embargo, los primeros singles de éxito de Frankie Laine le habían ganado ya una afición que era a la vez más joven y más entusiasta que la de sus rivales. Una afición que iba más allá del mundo de habla inglesa y llegaba hasta territorios como Argentina, evidencia de un desplazamiento constante e imparable de los gustos internacionales por los talentos locales hacia las formas homogeneizadas del pop estadounidense, de acuerdo con el poder estratégico en apariencia irrefrenable de Estados Unidos.

Tras una década como cantante menor de jazz, Laine había estallado en 1947 con la balada de blues «That's My Desire», que no era un dechado de melodía o de letras, pero sí un lienzo en blanco para lo que *Metronome* llamó su «desvergonzada emocionalidad»[n408], con sus palabras arrastradas y afónicas y sus amaneramientos prestados de cantantes negros y no de Bing Crosby o Rudy Vallee. Con su sencilla orquestación, lo más sustancioso que vendía aquella canción era la presencia del propio Laine: una intervención casi física en la vida del oyente, con una falta de sutileza que lo convertía en un perfecto producto de consumo adolescente. Continuó su carrera con una mezcla de baladas y falsas canciones country narrativas que, aunque eran cursis a más no poder, eran desacomplejadamente *suyas*, una cualidad que ninguna versión, a pesar de su pedigrí, podía igualar. Los críticos quedaron espantados (*Gramophone* dijo de Laine: «No tiene voz»[n409]) pero los fans abarrotaban las salas donde tocaba y respondían a su modesto carisma con gritos casi histéricos. Sin embargo, Laine no era el único que provocaba esta reacción: las chicas blancas de Nueva York gritaban por el veterano líder de banda Tony Martin; las chicas negras de Oakland, por Al Hibbler, vocalista de Duke Ellington. Los columnistas de los periódicos lamentaban la estupidez de las reacciones juveniles, sin darse cuenta de que estaban basadas en una mezcla de cálculo (era seguro dejarse llevar en compañía de sus amigas, afectadas de la misma manera) y frenesí instintivo, bajo todo lo cual se encontraba la palabra que nadie se atrevía a mencionar a finales de los años cuarenta: sexo.

Mientras que Laine, Martin y Hibbler eran lo suficientemente mayores como para ser los padres de sus fans, el mayor ídolo juvenil de comienzos de los cincuenta era lo bastante joven como para hacer el papel de amante de fantasía. Además, Johnnie Ray era un muchacho desvalido (tenía una severa deficiencia en el oído que le obligaba a llevar un aparato de audición en escena) y era tan histérico como sus fans. Su truco promocional se podía apreciar en el single de 1951 que contenía «Cry» [«Llora»] y «The Little White Cloud That Cried» [«La nubecilla blanca que lloraba»]: Ray, de veinticuatro años, era tan emocional que no podía evitar ponerse a llorar. «Siento como si Dios me hubiera tomado en sus brazos y me hubiera dicho: 'Johnny Ray, te quiero', y después me hubiera besado»[n410], anunciaba en el escenario antes de que otro ataque de llanto estremeciera su cuerpo. Las fans no sabían si querían cuidarlo como una madre o destrozarlo. «Una sola nota quejumbrosa de Johnnie», dijo un asistente a uno de sus conciertos, «y el público se ponía a chillar a la vez en éxtasis animal»[n411].

Sumándose a su peculiar atractivo, su voz era tan aguda que los oyentes que lo oían a ciegas asumían que era una mujer (y muchos creían que negra, además). Para cualquiera en sintonía con los cantantes populares del momento, como Perry Como y Doris Day, Ray sonaba descuidado y fuera de control. Pero eso era lo que lo vendía de forma tan efectiva: una erupción que surgía del rígido conformismo estadounidense de posguerra, con su miedo de clase media al comunismo y su cristianismo emocionalmente restrictivo. Las interpretaciones de Ray eran a la vez artificiales y completamente instintivas, mientras que la confusión que rodeaba a su personaje escénico —¿era un niño herido o un arrebatador donjuán?— reflejaba sus conflictos interiores, que quedaron brevemente expuestos a la luz cuando fue arrestado por hacerle proposiciones a un policía en los servicios de un teatro de Detroit. No es de extrañar que Johnny Ray llorase tan fácilmente, o su forma de agitarse de un lado a otro cuando cantaba, o las muecas y contorsionase de su rostro, como si estuviese recibiendo los golpes de un enemigo invisible. Como sus pubescentes fans, se encontraba en mitad de un tormento que él mismo no podía explicar.

El público británico fue más reticente que el estadounidense: las fans no estaban tan dispuestas a destrozarse unas a otras por una colilla que Johnny tirase al suelo, como ocurrió a la puerta del teatro Paramount de Nueva York. Sin embargo, en sus frecuentes visitas al London Palladium a comienzos de los años cincuenta, provocaba gritos que raramente han sido superados en un teatro del West End. «Uno puede ver lo que les gusta a las jóvenes», decía con desprecio un crítico del *Daily Express*, «tiene un aspecto amigable, casi adorable, y es estúpidamente sincero. Pero en realidad es más una atracción de feria que un artista»[n412]. Ray era uno de los artistas que Frank Sinatra tenía en mente cuando dijo: «Muchacho, es peor que nunca. Esas canciones de mentira me salen por los oídos»[n413]. Quizá Sinatra estaba simplemente celoso a medida que la gritería se extendía. Cuando Frankie Laine tocó más tarde en el Palladium, un crítico informó de que en los asientos (los palcos y la platea) «estaban todas entregadas a Frankie, gritando, chillando, berreando, desgañitándose, ululando, gimoteando, bramando», hasta que se agotaba el diccionario. Muchas de las fans llevaban jerséis hechos a mano en los que había bordado el nombre de Laine. «Me preocupan los efectos que puedan tener estas canciones sobre las jóvenes», concluía el periodista[n414].

Pero lo peor estaba por llegar. A finales de 1953, Clyde McPhatter (él mismo uno de los muchos ídolos de la «era de los gritos») grabó con su grupo vocal de R&B, The Drifters, una canción abiertamente lasciva —de hecho, manifiestamente sexual— titulada «Such a Night» [«Aquella noche»]. Después Johnny grabó una versión. Para mostrar exactamente lo salvaje que había sido la noche, emitía una sucesión de arrullos y gemidos que en lugar de sugerir el éxtasis sexual, lo retransmitían. Su orquestación estaba todavía anclada en la tradición del vodevil, pero su voz señalaba algo muy diferente: un reconocimiento de la sexualidad adolescente[35].

35. En la grabación de un concierto en el London Palladium que fue uno de los discos más vendidos de 1954, Ray repetía la sección final de la canción una y otra vez, como para asegurarse de que sus fans quedaban satisfechas. En manos de Elvis Presley, siete años más tarde, la misma canción se convertiría en algo auténticamente multiorgásmico mientras The Jordanaires (que eran todos hombres) se hacían eco de cada gemido.

«Nunca ha habido a la venta tantos discos de blues sucio como ahora. [...] No se hacen esfuerzos por ocultarlos. [...] Normalmente, estas palabras, de connotación inocente para el ingenuo, llevan al oyente directamente al dormitorio y más o menos le describen una actividad sexual. A través de ingeniosas inflexiones y del uso constante, palabras como *rocking, roll, bit, rider, grind* y *grass* se han convertido en vocabulario estándar en los discos de blues sucio».

Revista *Jet*, enero de 1952 [n415]

CAPÍTULO 11

Auténtico impulso de rock

«La industria de la música en este país está enferma, a pesar de que la gente quiere más música que nunca. Está enferma por la misma razón que el arte estadounidense en su conjunto está enfermo: hay demasiada estandarización. Hay demasiada gente que tiene miedo de admitir que sus preferencias musicales —y en muchas otras cosas, desde automóviles hasta lavadoras e incluso la forma en que comen y beben— puedan ser diferentes de las preferencias del vecino de al lado.»

Stan Kenton, 1951 [n416]

La Norteamérica de la posguerra estaba aterrorizada por el comunismo y por la creencia de que este realizaba insidiosas incursiones en la vida cotidiana de la nación. La AFM —perfectamente capaz de ponerse en huelga en tiempo de guerra— enarboló la bandera en tiempo de paz y emitió declaraciones estridentes de lealtad a la democracia «en la lucha contra el dominio mundial del comunismo»[n417]. El gobierno soviético respondió con críticas a la música popular estadounidense, «que hipnotiza con la fría mecánica de su ritmo y la pobreza de su melodía [...], que envenena el gusto artístico de nuestra juventud y ayuda a implantar las repugnantes formas de baile modernistas y burguesas»[n418]. (Entretanto, un reportero de Associated Press en Moscú descubrió un entusiasta grupo clandestino de fans del jazz en el corazón del Imperio ruso: «Incluso están al tanto del bebop»[n419]). El ascenso del comunismo en China, en 1949, ilustró claramente lo que temía Estados Unidos. «Las autoridades comunistas consideran que el baile es algo frívolo e innecesario»[n420], comentaba una revista de jazz, y añadía que Shanghái, antes una capital del cabaret, estaba ahora por completo libre de atracciones extranjeras.

La industria musical de Estados Unidos estaba convencida de que los discos representaban lo mejor de la nación: su libertad, su democracia, su apertura a la competencia y al consumismo. Pero comúnmente se asumía que el modelo de la música popular estadounidense era el jazz y que este había caído en un abrupto declive que nada tenía que ver con la interferencia del comunismo. «El jazz está muerto», dijo el pianista Teddy Wilson, «ya no se puede hacer que la gente lo escuche»[n421]. Nat King Cole coincidía: «El jazz está bastante muerto comercialmente»[n422]. «Se necesita algo nuevo en la música», concluía George Hoefer en *Down Beat*, «algo que se parezca a la excitación que despertó el descubrimiento de un Armstrong, un Bix, la cohesión del sonido de Ellington, la descarga eléctrica del poder rítmico de Basie»[n423], y así continuaba, cada nombre del pasado reforzando la pobreza del presente.

Para un público más amplio, la industria discográfica ofrecía o bien cantantes, que podían convertirse en ídolos adolescentes o en un melifluo papel pintado para los hogares adultos, o bien *big bands*, con sus trompetas con sordina y sus baterías tocadas con escobillas. Una parte de la música popular mejor producida de todos los tiempos surgió en la década entre 1945 y 1955, especialmente en el estudio de la Capitol Records Tower, en Hollywood, donde la claridad del sonido y la precisión de los instrumentos se volvieron la marca distintiva de su impecable calidad. Mario Lanza[36] llevó el drama operístico al pop como si fuera una declaración de masculinidad, algo que luego hicieron Al Martino y su equivalente británico, David Whitfield. Dean Martin jugueteaba con la sensualidad tras su imitación de la gestualidad italiana. Doris Day surgió como la voz femenina más estridente y segura que había sido jamás plasmada en disco, ya fuera hablando de manera insolente en «The Deadwood Stage» o declarando su amor secreto en «Secret Love». Con todo, había un aire de seguridad y sobriedad en este tipo de música que la hacía aceptable para toda la familia y, por tanto, evitaba que ninguna generación o grupo racial se adueñara de él.

Sin embargo, en Estados Unidos estaba teniendo lugar un cambio radical, oculto a su población blanca mayoritaria. Como ha relatado el historiador Russel Sanjek, durante la década posterior a 1942 «los ingresos de la familia negra media se triplicaron, mientras que los de la familia blanca media solo se duplicaron. En Nueva York (cuya población negra era la sexta más grande del país), un tercio de los residentes de su principal gueto negro —Harlem— salieron de este, se establecieron en otras partes de la ciudad y empezaron a comprar artículos de primera necesidad más caros y objetos de lujo en mayores cantidades que cualquier grupo poblacional de la ciudad»[n424]. Aún había segregación racial, y las tendencias económicas no repararon el desequilibrio financiero entre blancos y negros en Estados Unidos, pero, veinticinco años después de haberle dado el jazz al mundo, la comunidad negra estaba lista para hacer otra contribución cultural de peso a la nación.

El jazz se había extendido rápidamente desde los músicos negros a los blancos, de los clubes de Nueva Orleans a los hoteles lujosos de Manhattan y Londres. Lo que es más sorprendente, retrospectivamente, de la revolución

36. Su carrera flaqueó cuando se desveló que —tras perder la voz a causa de una dieta excesiva— se supo que había hecho *playback* cuando se suponía que estaba actuando «en vivo» en el programa de CBS *Shower of Stars*.

musical de finales de los años cuarenta es que, pese a que los medios de comunicación nacionales podían transmitir las últimas novedades de costa a costa, la América blanca simplemente no se daba cuenta de lo que estaba sucediendo en su interior. Cuando el jazz dejó de tener un lugar prominente, la América negra produjo un sustituto que literalmente cambiaría el mundo. Pero no inmediatamente: el rock and roll existiría durante casi una década antes que su impacto se registrara fuera de la comunidad afroamericana. Solo entonces surgiría, como recién nacido, en la cultura popular dominante: ligeramente rancio, pero listo para ser explotado.

Después de «Salt Peanuts», de Dizzy Gillespie, y de sus experimentos afrocubanos con Chano Pozo, el bop se exilió lejos del público de masas, ya fuera blanco o negro. Como ha explicado el historiador del rock James Miller: «El nuevo estilo de moda era el jump, una versión simplificada y superintensa del anticuado swing, que estaba basado en el boogie-woogie y lo tocaban conjuntos pequeños de piano, bajo y batería, con saxofón y trompeta»[n425]. En 1949, el periódico musical estadounidense *Billboard* cambió la clasificación de su lista de discos vendidos de música negra de «Racial» a «Rhythm and Blues», para reflejar así las raíces de la nueva música y su elemento clave: el ritmo.

Los precursores del jump eran bandas como las de Count Basie y Lionel Hampton; el boogie-woogie; los modernos y jergales Slim & Slam y Cab Calloway, y el blues. Como ha escrito Susan Whitall: «El blues todavía no estaba constreñido por clasificaciones de subgéneros como blues de Chicago, o rock de guitarras eléctricas mezclado con rock, o folk-blues cantado por viejos vestidos con petos vaqueros. En los años cuarenta y cincuenta, la gente decía 'blues' cuando hablaba de rhythm and blues, jump blues o cualquier cosa que tuviera ritmo. En la comunidad negra, por la noche la gente se vestía con su mejor ropa y se iba a bailar. Era una parte esencial de la vida»[n426].

Al igual que las *big bands* blancas, las negras —todas excepto las más prestigiosas, como la orquesta de Basie (e incluso él disolvió su grupo durante un año después de la guerra)— desaparecieron a causa de las presiones económicas en los años cuarenta. El uso extendido de la guitarra eléctrica y la amplificación que la acompañaba permitía que una banda pequeña pudiera hacer tanto ruido como una grande y que la misma cantidad de gente pudiera bailar. Además, costaba menos formar una banda y también contratarla. Cuando terminó la guerra, en las gramolas en los bares afroamericanos sonaban docenas de discos que hacían que la gente se moviera con una orquestación mínima. Sister Rosetta Tharpe, que alternaba entre lo espiritual y lo secular, hacía traquetear su guitarra eléctrica y cantaba con el fervor del gospel en la profética «Strange Things Happening Every Day» [«Todos los días pasan cosas extrañas»]. Arthur «Big Boy» Crudup salió de Mississippi con su ronca voz del delta y una simple petición: «Rock Me Momma» [«Méceme, mami»]. El soldado Cecil Gant («I'm Tired») y Joe Liggins («The Honeydripper») lanzaban sus blues sobre un piano esquemático. Gant ronroneaba sensualmente y Liggins era demasiado *cool* como para exteriorizar sus emociones.

La canción clave del verano de 1945 fue «Caldonia», con su heroína perdida y su estribillo cantado a gritos: «¿Por tienes la cabeza tan dura?». El original («Caldonia Boogie») era del pianista Louis Jordan, que aporreaba el piano frenéticamente con la mano izquierda. El director de banda blanco Woody Herman grabó una segunda versión, en la que daba forma de carrera enloquecida a la composición. También apareció una tercera versión, del trompetista negro Erskine Hawkins, quien hacía que su banda ralentizara un poco el tema para dejar que apareciera el blues. En sus diferentes vertientes, las tres interpretaciones estaban a la altura de la frase acuñada por Billboard para describir la versión de Hawkins: «Puro ritmo de rock and roll»[n427].

Al final del año, Helen Humes tarareaba las sílabas sin sentido de «Ba-Baba-Leba» («eso es lo que dicen los modernos») con una calma y una chulería que definían el significado de la palabra *cool*, mientras el octeto de Bill Doggett mantenía una contención casi erótica tras ella. La banda de Illinois Jacquet martilleaba un *riff* simple de doce compases mientras Wynonie «Mr Blues» Harris rugía «Wynonie's Blues» como un predicador del evangelio. «¡Atentos a Illinois Jacquet!», gritaba, como si se estuviese acercando un tren, para introducir el solo del líder de su banda. («¿Cuánto tiempo puedes tocar este tipo de música cuando cien o más idiotas balbuceantes se juntan alrededor del podio y gritan sin parar: '¡Sigue, sigue, sigue!'?»[n428], se preguntaba un incrédulo periodista de jazz británico tras ver a Jacquet en acción). Y durante los dos años siguientes continuaron apareciendo: Roy Milton, T-Bone Walker, Joe Turner, Louis Jordan otra vez (inventando el característico *riff* de «Johnny B. Goode», de Chuck Berry, en la intro del éxito de 1946 «Ain't That Just Like a Woman»[37]) y, por supuesto, Wynonie Harris, el más caliente de todos. «Ella se menea como la gelatina y la gelatina no se mueve sola», rugía en la lasciva «Lollipop Mama» [«La chica de la piruleta»], precursora de miles de metáforas fanfarronas del futuro rock and roll.

Como si crear el rock 'n' roll no fuera suficiente, esta época voluble de rhythm and blues tradujo el sonido de los campos de algodón del sur a la electricidad urbana, e hizo que Arthur Crudup enseguida se quedara atrás,

37. También se podría argumentar que Louis Jordan prefiguraría el arte del rap con su «Look Out», de finales de 1947. Y obsérvese el ritmo de ska de «Salt Pork, West Virginia». Casi sería posible construir la historia musical de las tres décadas siguientes únicamente con su repertorio de los años cuarenta.

derrotado por el equipo de Chess Records en Chicago. La voz de granjero de Muddy Waters enviaba la aguja del tocadiscos volando a la zona de peligro mientras gruñía y alargaba las sílabas en «I Feel Like Going Home» y tocaba una guitarra *bottleneck* que cortaba como una navaja. «Aquello era la primera banda de rock 'n' roll», ha declarado Rich Cohen, historiador de Chess, lo cual podría haber irritado a Louis Jordan. Pero no se pone en duda el resto de su relato: «Era la música más estruendosa que nadie había oído nunca. Tenía el impulso de un motor, el zumbido de un diésel en una noche negra como la tinta. Era una música que te hace querer salir hasta tarde, conducir muy rápido, beber más de lo aconsejable, meterse en una pelea»[n429]. Y, como diría uno de los himnos de los años cincuenta, nena, eso es el rock 'n' roll.

Si uno necesitaba más, podía elegir entre el country blues de Lowell Fulson y Brownie McGee, los ritmos del delta de los incomparables Sonny Boy Williamson y John Lee Hooker, las raíces del sonido de la guitarra de proto-rock 'n' roll de Chuck Berry en los discos de T-Bone Walker y Pee Wee Crayton y, para cambiar de ritmo y demostrar que no todo el mundo necesitaba bailar rock toda la noche, las armonía etéreas de grupos vocales como The Ravens y The Orioles, cuya música era tan sedosa como cruda era la de Muddy Waters. Y como un vistazo al futuro, la gramola de diciembre de 1948 ofrecía «Barbados», de Charlie Parker, con toques de música latina, ritmo de calipso, melodías modales y Miles Davis en la trompeta: jazz moderno, tan fluido que mandaba a paseo al bop con una cucharada del azúcar más dulce.

Los discos apenas sugerían lo que ocurría en los bares y los clubes —el conocido como «circuito de las gallinejas»— como demuestra esta descripción de un concierto de T-Bone Walker: «Cuando la actuación llegaba a su clímax, T-Bone levantaba su guitarra por encima de su cabeza, tocando todavía y extendiendo los brazos con el *crescendo* de la canción. A medida que bajaba la guitarra poco a poco por detrás de su cabeza, separaba los pies y abría más y más sus esbeltas piernas, sin dejar de tocar, y el éxtasis de la sala iba en aumento. Ahora las cuerdas de la guitarra corrían paralelas a sus omóplatos. T-Bone tocó una última nota pirotécnica y, tras quedar por completo de piernas, el suelo a su alrededor quedaba cubierto de billetes y de ropa interior femenina»[n430].

Y aún estamos en los años cuarenta: aún tenían que llegar los años dorados del R&B de Chess y Atlantic, el descubrimiento de Ray Charles y B. B. King, la difusión mundial del gumbo de New Orleans por parte de Fats Domino y Smiley Lewis, la conversión del R&B en fantasías adolescentes de Lloyd Price y Johnny Ace... y, sí, la sesión de 1951 en la que Sam Phillips, de Sun Records, grabó a la banda de Jackie Brenston, con Ike Turner, tocando «Rocket 88» y lanzó el que se considera el primer disco de rock 'n' roll. Claro que, como ya sabemos, el rock 'n' roll se había inventado, y bautizado, seis años antes.

> «Los economistas han predicho hace tiempo que la oleada de nuevos bebés nacidos durante la reciente guerra se convertiría algún día en un mercado adolescente de tremenda importancia. Ahora la industria discográfica está sintiendo los efectos de la alta tasa de nacimientos de la Segunda Guerra Mundial a medida que estos jóvenes, que acaban de entrar en la adolescencia, están aumentando su influencia en el mercado de los singles».
>
> Revista *Billboard*, enero de 1956[n431]

> «Puede que el rhythm and blues termine siendo lo más saludable que ha salido de la industria musical en años. En primer lugar, ha conseguido que los jóvenes bailen. Es cierto que es una forma de baile bastante elemental, pero es mejor que quedarse ahí de pie, mirando la banda. Y si escuchan suficiente R&B durante suficiente tiempo, su ritmo y su voz elementales dejarán de ser suficientes para ellos. También querrán escuchar música».
>
> Revista *Down Beat*, marzo de 1955[n432]

En el verano de 1954, *Billboard* publicó una reseña del álbum de Dan Terry & his Orchestra *Teen-Age Dance Session* [*Sesión de baile adolescente*]: era perfecto —sugería la crítica— para que los adolescentes huyesen de la pista de baile. ¿Qué música creía Terry que haría bailar a los jóvenes? Ocho piezas instrumentales orquestales que, como observaba *Billboard*, eran «un intento deliberado de simular la música de los años treinta y comienzos de los cuarenta»[n433]. En otras palabras, exactamente la misma música que apasionaba a sus padres.

En enero de 1956, la revista observó, con cierto aire de confusión, que la explosión de natalidad de la Segunda Guerra Mundial estaba creando una nueva generación con necesidades propias. Aquel mismo mes, comentaba la revista, se habían lanzado no menos de cinco canciones que aludían directamente a ese público: «Teen-Age Prayer» [«Plegaria adolescente»], «Teen-Age Heart» [«Corazón adolescente»], «Teen-Ager» [«Adolescente»], «Teen-Age Meeting» [«Reunión adolescente»] y «Nina, the Queen of the Teeners» [«Nina, la reina de los adolescentes»]. Incluso el arcaico guión en mitad de la palabra *teen-age* (en lugar de la grafía moderna, *teenage*) expresaba lo nuevo que era todo aquello: todos aquellos que tenían entre trece y diecinueve años estaban en la «edad adolescente», pero no formaban aún el grupo social de «los adolescentes». Sin embargo, estaban aprendiendo a disfrutar de la música con discos que sus padres no podían ni imaginarse.

El público del blues y del R&B era casi en su totalidad negro (aunque los relanzamientos de grabaciones anteriores de blues atraían a fans del jazz blancos, igual que aquellos que acudían a los clubs de swing de antes de la guerra en el Reino Unido). Había pocas estaciones de radio dirigidas por blancos preparadas para perder su valioso tiempo de antena con un público minoritario. Hicieron falta ciertos inconformistas para cambiar la tendencia: gente como Dewey Phillips, una masa de energía verbal que presentaba un programa especializado de R&B desde la WHBQ, en Memphis. Como ha escrito Peter Guralnick, era una de las muchas iniciativas similares que «estaban surgiendo en distintas formas por todo el sur: música negra en una estación de radio blanca para una audiencia en gran medida negra y para un creciente —aunque ignorado— núcleo de jóvenes oyentes blancos con un creciente —aunque no estudiado— poder de consumo»[n434].

Phillips no tenía ambiciones fuera de Memphis, pero se merece un lugar en la historia por animar en 1950 a su homónimo Sam —sin parentesco común— a fundar Sun Records y por ser el primero —cuatro años después— en poner en la radio discos de Elvis Presley y en entrevistarlo. Tanto Dewey Phillips como Presley morirían a los cuarenta y dos años, solo un año más jóvenes que un locutor de Cleveland llamado Alan Freed, que descubrió al público de R&B un poco más tarde que Phillips pero consiguió dominarlo con un fervor empresarial tal, que tuvo repercusiones internacionales. En el verano de 1951, empezó a emitir un programa nocturno (desde las once y cuarto hasta la una) de «blues, rhythm and blues y jazz» en la emisora WJW, de Cleveland, que se anunciaba con el desconcertante pareado: «He spins 'em keed, He's Hep, that Freed!» [«¡Cómo hace girar esos discos, muchacho! ¡Qué moderno es este Freed!»].

El programa se llamaba *The Moon Dog House* y el uso de la palabra *moondog* le acabaría costando un juicio con el músico callejero y compositor ciego de ese nombre. Freed negó haberse llamado a sí mismo «Moondog», pero el sobrenombre cobró mayor énfasis aún cuando organizó una serie de eventos en Cleveland. El primero, publicitado como «El baile más terrible de todos», se llamaba el «Moondog Coronation Ball» y se celebraba, ambiciosamente, en el Cleveland Arena, que tenía capacidad para 10.000 personas. En el cartel figuraban músicos negros de R&B y estaba encabezado por Paul Williams, el creador de «The Hucklebuck», una canción de baile de 1949. Sin embargo, unas 25.000 personas se colaron y se canceló el espectáculo. En su programa del día siguiente, Freed se dio cuenta por fin por fin del poder que había desatado.

Las presentaciones siguientes de Freed —en todas las cuales usaba la marca Moondog— estuvieron mejor organizadas, aunque las prisas por entrar al recinto a menudo desencadenaban choques violentos. Como ilustran las fotografías del evento de Cleveland, su público en 1952 era casi por completo negro. Dos años después, sin embargo, los blancos compraron entre una quinta parte y un tercio de las entradas, pese a que los músicos —por ejemplo, Muddy Waters and the Clovers, en Nueva Jersey, o Roy Hamilton, The Drifters y Big Maybelle de nuevo en Cleveland— eran casi exclusivamente afroamericanos. «Lo que quieren los chicos es esta música con ritmo para bailar», informó *Billboard*. «Alan Freed ha encontrado lo que quieren»[n435].

Como recordó Ray Charles, «los cantantes blancos estaban copiando las canciones negras por todas partes [...], lo cual significaba que la América blanca se estaba volviendo más moderna»[n436]. Los adolescentes blancos ahora hablaban la jerga afroamericana: *having a ball* [pasárselo en grande], *cool* [guay], *bug* [jorobar], *drag* [rollo], *funky* [molón], *split* [largarse] y demás. No era de extrañar que en 1958, casi una década antes de la promulgación de la legislación de derechos civiles del presidente Johnson, el comentarista Paul Ackerman declarase: «En un aspecto de la vida cultural de Estados Unidos, la integración ya estaba teniendo lugar»[n437]. Sin embargo, esto no era evidente en el sur: en Birmingham, Alabama, por ejemplo, donde, en 1956, el cantante Nat King Cole aceptó actuar ante un público segregado racialmente y por completo blanco. La primera canción sonó sin incidentes. Después se alzó el telón tras él, revelando que aquel hombre negro estaba tocando con una banda totalmente blanca liderada por el inglés Ted Heath. «Se produjo una reacción inmediata», recordó Heath. «Un hombre saltó limpiamente sobre los focos de delante del escenario y se abalanzó sobre Nat King Cole. Nat retrocedió mientras trataba de rechazar el salvaje ataque, tropezó con la banqueta del piano a su espalda y cayó a los pies de la sección de metales. Toda una banda de gente se precipitó al escenario, pero los policías, que estaba esperando entre bastidores, frustraron sus planes. Irrumpieron en el escenario blandiendo sus porras. Bajo los focos había una masa furiosa de hombres peleándose y mujeres gritando, y la refriega parecía que iba a convertirse en una revuelta a gran escala»[n438]. Heath reaccionó como solo un inglés habría hecho: tocando con su banda los familiares compases de «God Save the Queen», tras lo cual —incluso a cinco mil millas del palacio de Buckingham— la mayor parte del público se puso en pie respetuosamente y sobrevino la calma. (Quizás fueron las noticias de esta reyerta lo que provocó la cancelación de un concierto de Nat King Cole en Newcastle, England, unas semanas después: «El público de jazz es demasiado pendenciero y destructivo»[n439], explicó el gerente de la sala).

Si la visión de músicos negros y blancos juntos en el escenario podía despertar tal furia, es fácil imaginar la alarma de los sectores más conservadores de la sociedad estadounidense cuando los chicos blancos empezaron a confraternizar con los chicos negros en los Moondog Balls de Alan Freed. «Los adolescentes están instigando la actual tendencia del R&B y son en gran medida responsables de que sus ventas continúen escalando», observó una revista de la industria en abril de 1954. «La marea adolescente ha arrasado con las viejas barreras que mantenían esta música restringida a un segmento de la población»[n440]. El rhythm and blues «ya no era el hijastro de la industria discográfica», como observó un analista; otro añadió: «Los operarios de las gramolas están reportando pedidos de canciones de R&B en lugares donde previamente detestaban estas canciones infames y ruidosas pero excitantes. […] La mayoría de los establecimientos que piden discos de R&B son lugares para adolescentes, temporales y con horarios de cierre tardíos. Los locales familiares y de barrio residencial todavía prefieren que su música tienda al pop»[n441]. La música negra era un placer secreto para los chicos blancos, que no compartían ni con sus padres ni con sus profesores. Los señalaba como rebeldes, transgresores, participantes de un ritual del que supuestamente estaban excluidos.

No fue una coincidencia: cuando se supo que los blancos escuchaban R&B, surgió la preocupación por el contenido de las letras de las canciones de blues, en especial por su desinhibida sexualidad. En Memphis, que era un hervidero tanto de intolerancia racial como de R&B, el ayuntamiento ya había ordenado a la policía buscar y destruir copias de tres discos de música negra que se consideraban ofensivos. (Los meros títulos «Move Your Hand, Baby» [«Mueve la mano, nena»] y «Take Your Hand Off of It» [«Quita la mano de ahí»] ya eran sugerentes, y solo se necesita escuchar unos pocos segundos de «Operation Blues» [«Operación de blues»], de Amos Milburn, para darse cuenta de que el médico del que hablaba Milburn usaba una aguja poco ortodoxa para inyectar su medicina). El éxito de The Dominoes de 1951 «Sixty-Minute Man» [«El hombre de los sesenta minutos»] era un objetivo obvio. Algo menos obvio era «I Don't Know» [«No lo sé»], de Willie Mabon (respondido por «Why I Didn't Know» [«Por qué yo no lo sabía»], de su mujer, Beatrice), que fue censurado por su verso «esparciendo polvos de vudú alrededor de tu cama», pues supuestamente incitaba a los niños a practicar la brujería.

«El campo del R&B ha estado haciendo este tipo de cosas todo el tiempo», decía un presentador de radio en 1954. «Solo ha cobrado importancia cuando los chicos blancos ha empezado a comprar discos de R&B. […] En la mayoría de los casos, los chicos blancos compran los discos de R&B por su ritmo, no por sus letras»[n442]. Sus colegas no estaban tan convencidos de ello. Una federación de locutores estadounidenses emitió en 1954 «un voto en contra del dialecto 'ultramoderno', los dobles sentidos obvios y las canciones sobre el 'licor', en las que se sugiere que el alcohol es la cura de todos los males»[n443]. Otra federación insistió en que «no se trata de estar en contra de los discos de blues como tales, sino de los discos en los que las palabras *rock*, *roll* o *ride* [menear, revolcarse, cabalgar] no se refieran directamente al ritmo de la canción»[n444]. El problema era que se volvía difícil distinguir, por ejemplo, si los protagonistas adolescentes del single de The Flairs «She Wants to Rock» [«Ella quiere menearse»], de 1953, tenían en mente un suave balanceo en una mecedora, un zapateo en la pista de baile o unos minutos de cópula animal. Las extravagancias de Alan Freed no ayudaban mucho a aclarar el asunto. Su personaje de la radio era racialmente ambiguo (según parece, los adolescentes negros que acudían a los primeros Moondog Balls se asombraban al descubrir que era blanco), estaba lleno de adrenalina y hablaba la jerga moderna con fluidez. Desordenaba al azar los referentes verbales de la música: prometía a sus oyentes «vuestros discos de blues y rhythm favoritos» y se dirigía a ellos como «moondoggers» o «rock 'n' rollers». Hacia finales de 1953 (y es posible que antes, aunque no han sobrevivido grabaciones que lo prueben), Freed estaba ya combinando dos palabras cargadas sexualmente en una sola placa identificativa: sus discos de rhythm and blues eran también, según su vocabulario, rock and roll. Con esta expresión se refería a cualquier cosa que pusiese en su programa, ya bramase como un huracán o sonase de manera suave y romántica como un Bing Crosby negro. Si era música afroamericana, era rock 'n' roll. Después de verse obligado legalmente en 1954 a abandonar el nombre de «Moondog», rebautizó su programa como *Alan Freed's Rock 'n' Roll Show*, y así era como el sonido de la América negra llegaba a su público, que era cada vez más blanco, entre 1955 y 1956, a través de la emisora 1010 WINS, de Nueva York.

Tanto para sus defensores como para sus opositores, el rock 'n' roll era entonces simplemente un sinónimo del R&B que estaba dirigido al público adolescente. Freed «siente que este término cumple mejor su propósito a largo plazo de devolver a los jóvenes del país a la pista de baile», decía la revista *Down Beat* en febrero de 1955[n445]. Pero cuando Freed empezó a usar esa combinación, las compañías discográficas —quizás alerta ante cualquier connotación sexual— prefirieron llamarlo *cat music*. Una vez más se confundieron sus orígenes. Cuando un soldado del ejército estadounidense en Corea escribió en 1951 que «queremos enseñarles a los prisioneros de guerra de aquí cómo convertirse en *cats* en diez sencillas lecciones»[n446], su plan era a su enemigo comunista en el jazz, específicamente en el bebop. Hacia 1954, sin embargo, «cat music» era la expresión que usaban los adolescentes del sur de Estados Unidos para referirse al R&B: era, simplemente, música para *hep cats* [modernos] como ellos. Como los padres continuaban sin conocer las implicaciones de la expresión, MGM Records inauguró una serie llamada «Cat Music», de singles de R&B interpretados, en su mayoría, por músicos negros que hasta hacía poco se ganaban la vida tocando jazz. (Uno de estos lanzamientos, de The Cat Men, era una reelaboración de una melodía de Debussy que difícilmente podía encender la libido de un adolescente.)

Se podían observar ecos de aquel sonido desvergonzadamente directo en el panorama de la música popular dominante de comienzos de los años cincuenta (un panorama, por lo demás, blanco como la nieve). Las baladas rítmicas tenían acompañamiento de tresillos de piano y, por otro lado, había canciones de baile provocadoramente faltas de ritmo tenían como base motivos de boogie-woogie («Come-A-Long-A-Love», grabada en 1952 por Kay Starr, es un claro ejemplo). El sentimiento religioso exagerado y falso del éxito de Frankie Laine de 1953 «I Believe» [«Yo creo»] (que encabezó varios meses la lista de éxitos británica) tenía su origen en el gospel con el que se habían criado los baladistas negros, lo mismo que aquellas notas extendidas y palpitantes que cantaban todos, desde Johnnie Ray hasta Dean Martin, y que sugerían una anticipación sexual. Había saxofones que bramaban, bajos que latían en cuatro por cuatro, e incluso una pronunciada sincopación en «Tennessee Wig Walk» (1953), de Bonnie Lou. Joel Whitburn, historiador de las listas de éxitos, ha etiquetado el éxito de 1954 «Sh-Boom», de The Crew Cuts, como «el primer número uno de rock 'n' roll de las listas de Estados Unidos»[n447], pero en realidad se trata de algo tan poco incendiario como un *barbershop quartet* que cantaba suavemente sílabas sin sentido. La versión original, cantada por el grupo negro The Chords (en el sello Cat, naturalmente), era mucho más propulsiva: algo que los padres habrían percibido menos como una canción romántica que como una invitación a robar tapacubos.

Fue la versión de The Chords, y no la de The Crew Cuts[38], lo que inspiró al compositor satírico Stan Freberg a crear su propia versión de «Sh-Boom», la primera de una serie de parodias que se burlaban de las cambiantes tendencias musicales a mediados los años cincuenta. «Bueno, esto es una canción de rhythm and blues», anunciaba de forma casi incomprensible el cantante, «hay que ir con cuidado, o si no alguien podría entender la letra». Con su implacable batir del bajo, los gruñidos del saxofón y su frenético solo de guitarra, la versión de «Sh-Boom» de Freberg se convirtió, irónicamente, en la primera canción de R&B, rock 'n' roll o *cat music* que entró en las listas de éxitos del Reino Unido.

38. A principios de los años cincuenta, la revista *Down Beat*, consciente de que, desde 1917, el jazz había cambiado hasta volverse irreconocible, lanzó un concurso para que los lectores decidieran cuál era la encarnación moderna del estilo. El ganador fue el *crewcut* [corte de pelo a cepillo, de estilo militar], el polo opuesto, es de suponer, de los remilgados «melenudos» de la música clásica. Huelga decir que nadie nunca se refirió al nuevo estilo como música *crewcut*.

No obstante, no fue la primera canción que se convirtió en un himno para los jóvenes británicos conocidos originalmente como *mashers*, después como *creepers* y, finalmente, como *Teddy boys* o *Teddy girls*. A finales del siglo XIX, los *mashers* eran lánguidos donjuanes, pero hacia 1954, el término había adquirido un aire de violencia. La denominación de los *creepers*, por su parte, provenía directamente de «The Creep», una pieza instrumental vagamente tórrida compuesta por el saxofonista y líder de banda Ken Mackintosh. Iba acompañada de un simple paso de baile cuya popularidad los periodistas cínicos atribuyeron a que «los jóvenes no pueden enfrentarse a los bailes de salón habituales»[n448].

En cuanto a los *Teddy Boys*, su nombre surgió de la recuperación por parte de los jóvenes de la moda eduardiana (ya que «Teddy» es un diminutivo de «Edward»): chaquetas de mangas estrechas, puños de camisa vueltos, ribetes de terciopelo y pantalones de pitillo. «Cuando aparecieron aquellos abrigos de estilo eduardiano», ha recordado el *Teddy Boy* John Fox, «¡bum!, ya podías salir y tener éxito con las chicas. Si tenías un coche, digamos un Ford Consul o un Cresta, podías ligarte a cualquier chica que quisieras. Y para sacara a bailar a una chica, uno se metía en la pista de baile y decía: 'Préstame ese esqueleto, muñeca'. Como en broma, ¿sabes? Íbamos al Palais los sábados por la noche, nos sentábamos en la esquina y nos poníamos a mirar a todo el mundo, y todos se lo pasaban en grande»[n449].

Los *Teddy Boys* eran un fenómeno propio de la clase obrera. Como ha explicado el sociólogo Stanley Cohen, «fueron el primer grupo [de adolescentes] cuyo estilo crearon ellos mismos, aunque no estaban reaccionando realmente contra los 'adultos', sino más bien contra lo poco que se ofrecía en los años cincuenta: la cafetería, las desoladas ciudades de provincias, la cultura pop de las salas de baile con nombres como Locarno o Mecca, que estaban enfocadas a quienes tenían más de veinte años»[n450]. En su aspecto más amenazador, los *Teds* arrasaban los centros de ciudades y pueblos rompiendo ventanas y blandiendo navajas... El ritmo del rock 'n' roll les corría por las venas. Tras el sinuoso atractivo de «The Creep» y la versión cómica de «Sh-Boom» por parte de Stan Freberg, en 1954 apareció de pronto más estimulación de sangre caliente, esta vez en forma —improbable e inesperadamente— de un grupo de rock 'n' roll blanco: Bill Halley & His Comets.

> «Es todo jazz, por supuesto. Es solo una cuestión de ritmo y compás. Es la forma de música más simple: un poco de Dixieland, un ritmo de cuatro compases y jazz».
>
> Bill Haley[n451]

«Vista como un fenómeno social, la actual locura por el rock and roll es una de las cosas más aterradoras que han ocurrido en la música popular […]. La técnica del rock and roll, instrumental y vocalmente, es la antítesis de todo lo que el jazz ha intentado hacer todos estos años: en otras palabras, es la antítesis del buen gusto y de la integridad musical».

Melody Maker, mayo de 1956[n452]

Incluso antes de que «Rock Around the Clock» y «Shake, Rattle and Roll» llevaran el evangelio del rock 'n' roll por el mundo, las letras de Bill Haley estaban repletas de insinuaciones de salvación. «Es un verdadero impuso de rock y lo tocan de manera demencial»; «muchacho, esa música es una locura»; «una banda con un ritmo sólido»; «esta música me destroza»; «¡vamos a rocanrolear!»...

Con The Four Aces of Western Swing, con The Saddlemen y, finalmente, con The Comets, Bill Haley había actuado en bares y salas de baile de country donde la clientela quería llenar sus escasas horas de ocio con baile, bebida y conquistas sexuales. Al igual que al blues, la música *hillbilly* de finales de los años cuarenta fue invadida por el boogie-woogie, desde «Freight Train Boogie», de The Delmore Brothers, hasta «Guitar Boogie», de Arthur Smith. Tanto en la ciudad como en las zonas rurales, la gente con orígenes campesinos aceptó el ritmo del boogie con la misma facilidad que el *two-step* y el vals. En sus primeros discos, Bill Haley ofrecía un guiso hecho con todos aquellos ritmos y no tenía escrúpulos en añadirle un poco de especies latinas a la olla. «Yo solía tocar country en una pequeña estación de radio», recordó en 1974, «y antes de mi actuación había un programa llamado *Judge's Rhythm Court* que era solo de blues negro. […] Como estaba escuchando el programa en el estudio, yo cantaba algunas de las canciones de blues como si fueran de country. No veía por qué no podía un grupo de country tocar aquella clase de música, a pesar de toda la segregación racial. Empecé a tocar esas canciones en los clubes y tuvieron una aceptación tremenda. En seguida me di cuenta de lo que tenía en mis manos, porque nadie lo tenía y la gente se volvía loca»[n453].

Haley sacó provecho a su descubrimiento en junio de 1951, cuando llegó más lejos que cualquier músico blanco antes que él, al menos en un estudio de grabación. Cinco semanas después de que «Rocket 88», de Jackie Brenston, reventara la lista de éxitos de rhythm and blues de la revista *Billboard*, Bill Haley and His Saddlemen abordaron esa misma canción, con su prototípica mezcla de pasión automovilística y rock 'n' roll (negro). Es cierto que su versión perdía el aspecto erótico, pero conservaba el suficiente impulso como para demostrar que no la consideraban tan solo una canción cómica. Un mes más tarde, Haley preparó su propia receta de rock 'n' roll: «Green Tree Boogie», con un solo de bajo *slap* y una serie de paradas y arranques que servía para aumentar la tensión. En abril de 1952, sus Saddlemen ahondaron aún más en el canon del rock 'n' roll negro con su versión de «Rock the Joint», un éxito regional de Johnny Preston de hacía tres años lleno de imaginería delincuente juvenil. Danny Cedrone aportaba un solo de guitarra frenético que, con sus repetidos clímax y sus notas en *staccato*, suministraba la sexualidad en bruto que faltaba a la voz reacia de Haley.

Estos ilícitos pasajes de las fronteras alcanzaron un punto crítico a principios de 1953, cuando la banda de Haley, ahora llamada The Comets, grabó «Crazy Man, Crazy». «Vamos, vamos, vamos todos», gritaba el estribillo. Para darle más pegada, el productor Dave Miller contrató a un grupo vocal para que sonara como una banda de matones adolescentes. Cuando vieron que no eran lo suficientemente escandalosos, él mismo y su equipo se unieron. (En la cara B, otra composición de Haley, «What'cha Gonna Do», se abría con la tirada «One for the money, two for the show» [«a la una, a las dos»], que en 1956 Carl Perkins tomaría prestada para su clásico del rock «Blue Suede Shoes»). «Crazy Man, Crazy» fue un éxito nacional y se consideró una canción tan racial que (al igual que sucedería con tantas canciones negras de R&B en los años siguientes) de inmediato la grabó una banda blanca más establecida para adaptarla al consumo general. El hecho de que el original de Haley vendiese más unidades que la reglamentaria reconstrucción de Ralph Marterie demostró que el gusto del público estaba cambiando más rápido de lo que la industria imaginaba[39]. Pero la compañía discográfica de Haley tuvo cuidado de no alarmar a nadie. A The Comets se los publicitaba no como una banda de rock 'n' roll, sino como «la mejor *big band* que se ha grabado jamás»[(n454)], como si estuvieran hablando de Paul Whiteman o de Glenn Miller.

Con «Rock A-Beatin' Boogie», Haley presentó ante la América blanca su grito de «rock, rock, rock... roll, roll, roll», y quizá allí fue donde Alan Freed encontró el eslogan de su cruzada. A finales de 1953, The Comets eran una banda de R&B del mismo modo que The Original Dixieland Jazz Band se había apropiado jazz: amaban aquella música y eran incapaces de disimular la emoción que les causaba poder tocarla.

A finales de la primavera de 1954, lo contrató una gran discográfica nacional, cuyo productor (Milt Gabler), hablando sobre Haley, admitió: «No tenía bue-

---

39. El primer lanzamiento británico de una canción de rock 'n' roll blanco fue una versión de «Crazy Man, Crazy» grabada por Lita Roza, veterana de la banda de Ted Heath. Merece la pena escucharla en la actualidad para comprobar que es imposible que un disco tenga ritmo si quien canta lo hace con los brazos pegados al cuerpo.

na voz, pero tenía talento para lo que estaba haciendo»[n455]. Ante la tarea de hacer que una canción cómica de rock 'n' roll superase los recientes singles de Haley, Gabler insistió en que The Comets necesitaban algunos ganchos instrumentales y les tarareó algunos a los miembros de la banda: «Acabo de usar todos los viejos *riffs* que he conocido toda mi vida por los discos de R&B». En la etiqueta de «Rock Around the Clock», Decca la describía como cualquier otra canción de baile: «FOXTROT. Voces por Bill Haley». Un batería de estudio doblaba el ritmo en la caja y Gabler le pidió a Danny Cedrone que repitiera el exhibicionista solo de guitarra de «Rock the Joint». Sin embargo, para los estándares de ventas de Decca, el disco fue un fiasco. Dos meses más tarde, The Comets grabaron un éxito comprobado, la francamente obscena (y sin duda sexista) canción de rock 'n' roll negro «Shake, Rattle and Roll», de Joe Turner. Haley quitó el verso más descaradamente erótico —pero no las líneas sobre «el gato con un solo ojo», que quedaron registradas como la primera referencia manifiesta a un pene en un disco de pop blanco— y dobló el ritmo. De repente, The Comets eran estrellas nacionales.

Lo que convirtió su fama en mala reputación fue *Blackboard Jungle*, una película en la que se equiparaba a los adolescentes que bailaban swing con delincuentes juveniles. Su director, Richard Brooks, eligió «Rock Around the Clock», de Haley, para que sonase a todo volumen durante los títulos de crédito iniciales. «Cuando empezaba *Blackboard Jungle*», recordaba Milt Gabler, «y se oía el golpeteo del bajo y la batería y la pegada de aquella guitarra, directamente los chavales se caían de las butacas»[n456]. Como lo describió James Miller: «Para la mayoría de la gente, era la música más fuerte que habían oído nunca. [...] Había allí un simbolismo crudo pero efectivo: cuanto más fuerte era el sonido, más intensamente connotaba el poder, la agresión, la violencia»[n457]. «Es la película más vil que he visto en los últimos veintiséis años», declaró Lloyd Binford, el censor de la cuidad de Memphis. «Los adolescentes protagonistas empiezan mal. Pensé que finalmente se reformarían y tendríamos que aprobar la película, pero al final eran tan malos como al principio»[n458]. El filme fue un éxito de taquilla e hizo que «Rock Around the Clock» vendiera más de veinte millones de ejemplares en todo el mundo. La canción era tan estimulante que incluso desencadenó disturbios en la elitista universidad de Princeton. «Primero empezaron a emanar animados compases de uno de los dormitorios de los estudiantes», escribieron los periódicos. «Luego se sumaron otros fonógrafos, lo que provocó un popurrí demencial que llevó a que los formales princetonianos se pusieran a cantar y a patear el suelo. En torno a la medianoche, se reunieron en el campus, prendieron fuego a un contenedor de basura y desfilaron por las calles hasta que un adjunto al decano aplacó su diversión señalando las ventajas de un estilo de vida más tranquilo»[n459].

En el Reino Unido, todo ocurría más despacio pero, al final, se llegaba a la misma conclusión. En el lanzamiento original del single de «Rock Around the Clock», la revista *Jazz Journal* lo describía como «dos canciones de jump blues grabadas por un grupo de color relativamente desconocido, a la manera de Louis Jordan y obviamente inclinados al mercado del R&B. [...] La banda toca con el estilo de swing moderno de Harlem»[n460]. Después los aficionados al jazz descubrieron que Haley y su grupo eran blancos. En el *Daily Mirror*, Patrick Doncaster dijo que «los expertos consideran que Bill Haley and His Comets no son auténticos en lo que se refiere al rhythm and blues. Pero sacuden y menean las ventas con su rock 'n' roll hasta convertirlas en millones»[n461]. En 1956, cuando «Rock Around the Clock» se convirtió en la canción de los títulos de la primera película de Haley, The Comets hicieron que los *Teddy Boys* y otros adolescentes perdidos del Reino Unido se volvieran locos en los cines bailando swing entre las butacas y cortando los asientos con hojas de afeitar. El problema, dijo el *Daily Express*, era el «primitivo e histérico jazz de los Comets de Bill Haley»[n462], que incluso lleva a los fans a cantar y bailar por las calles de Twickenham. A medida que el film viajaba hacia el norte, la histeria también lo hacía, hasta el punto de que el adolescente John Lennon quedó desilusionado cuando vio que nadie rompía las butacas en Liverpool. Debería haber estado en Manchester, donde algunos miembros del público abrieron las mangueras de incendios y dirigieron los chorros unos contra otros y contra el gerente del cine, para después salir en bandada a la calle cantando canciones de Haley.

A esto siguió un mes de furor inducido por los medios, algo en lo que el Reino Unido siempre ha sido un experto. Numerosas ciudades prohibieron la proyección de *Rock Around the Clock*, y la reina Isabel II (que contaba entonces treinta años) pidió que enviaran una copia del filme al palacio de Buckingham. Su hermana menor, la princesa Margarita, exigió que la banda de la Royal Marines Band —que le estaba dando una serenata en el yate real *Britannia*— improvisara una versión de la canción de Haley. También les pusieron la canción a seis chimpancés del circo de Liverpool, que «simplemente miraron a su alrededor y se rascaron[n463]40». La columnista Eve Perrick argumentó que, si el rock 'n' roll causaba los mismos problemas que el alcohol, también debería restringirse su venta. El obispo de Woolwich pidió que se retirase la película de Haley. La BBC emitió un programa en el que se adaptaban canciones victorianas a un ritmo de rock 'n' roll. En plena crisis de Suez, el mayor Tuf-

---

40. En Pittsburgh, un caballero llamado Joe Bruno juró que viviría en un árbol hasta que el rock 'n' roll desapareciera: «Si estamos volviendo a los tiempos de los chimpancés y los simios, lo mismo me puedo subir a lo más alto y vivir como uno de ellos»[n464]. Se supo que era un autor de canciones, frustrado porque el rock 'n' roll vendía discos y sus canciones no.

ton Beamish, parlamentario conservador, dijo en la Cámara de los Comunes: «La oposición, en mi opinión, debería estar completamente avergonzada de su comportamiento 'rocanrolero'»[n465]. Una carta de un lector en *New Musical Express* exigía saber: «¿Por qué un maníaco enloquecido por el ritmo puede coger una guitarra eléctrica y tocar tonterías, que ahora se llaman rock 'n' roll?»[n466]. El secretario del sindicato de los músicos, Harry Francis, comentó: «El público británico no quiere rock 'n' roll, eso solo lo quieren unos pocos chicos bobos»[n467]. Y además se encontraban bajo una influencia maligna, según parecía: en la iglesia pentecostal de Nottingham, el pastor pidió a dos adolescentes que bailaran swing durante el servicio mientras el organista tocaba el himno «León de Judá» con ritmo roquero. Esto se adujo como prueba de que el «rock 'n' roll es un resurgimiento del baile del diablo, el mismo tipo de cosas que se hacen en los rituales de magia negra»[n468].

Los fans que resultados arrestados por delitos antisociales y daños y perjuicios tras ver el film de Haley tenían una explicación diferente para dar. «Ese ritmo es estupendo», dijo Tony Scullion. «Ni siquiera intentamos quedarnos en los asientos. De todas formas, no creo que hubiese podido. Cuando empezó 'See You Later Alligator', simplemente les hice una señal a los chicos y salimos al centro del patio de butacas. Después de eso, ya no escuché mucho la música. Estábamos bailando y pateando el suelo, incluso después de que cortaran la película. El viernes por la noche se repetirá la historia. No me importa, merece la pena solo por ese ritmo»[n469]. Otro fan, Kenneth Gear, añadió: «Esta música es diferente a todo lo que he escuchado antes. Nadie me vuelve loco como Bill Haley... excepto Elvis Presley. Debíamos de ser cuatrocientos o quinientos en la calle. Nunca he estado tan excitado en mi vida. Este ritmo es excitante y enérgico. Me hace sentir como si nada más tuviera importancia»[n470]. Esto era la trascendencia: el poder de la música para sacar a la gente de su día a día y llevarla a un reino donde las consecuencias eran irrelevantes y todo existía en el momento.

El Reino Unido no estaba solo en su revuelo. También en Estados Unidos el término «rock 'n' roll» podía desencadenar disturbios sin previa provocación. Pero allí, a diferencia del Reino Unido un año después, aquella música todavía se consideraba de origen negro. Cuando la revista *Variety* la describió como «la fuerza más destructiva del país», como «una influencia obscena, lasciva y criminal para la juventud»[n471], no estaba solamente hablando de su musical o social, sino de su aspecto racial, aunque disimuladamente. Todo esto formaba parte de lo que la revista *Down Beat* llamó «una agresiva cruzada contra el R&B»[n472]. En abril de 1955, se prohibió bailar el rock 'n' roll en Connecticut. «Los adolescentes se vuelven virtualmente frenéticos al ritmo de esta rápida música swing», explicó un jefe de policía. «Ha llegado el Gran Ritmo», respondió Alan Freed[n473]. Los psiquiatras discutían sobre el origen de los disturbios ocasionados por el rock 'n' roll. Uno dijo que eran «síntoma de que había algo torcido en el entorno de los chicos, y no de que hay algo maligno en el rock 'n' roll»[n474]. Otro llamó al rock 'n' roll «una enfermedad contagiosa [...] canibalesca y tribal [...] que apela a la inseguridad de los adolescentes y los lleva a hacer cosas disparatadas»[n475]. Se hubiera sentido cómodo con el Consejo Ciudadano del norte de Alabama, que había organizado el ataque a Nat King Cole en Birmingham (y que pronto cambiaría su nombre por el de Ku Klux Klan de la Confederación). Este consejo escribía el rock 'n' roll como parte de una conspiración iniciada por la Asociación Nacional para el Progreso de las Personas de Color (NAACP, por sus siglas en inglés) «para socavar la moral de la juventud de nuestra nación» con la estrategia de «rebajar al hombre blanco al nivel del negro». Esta música era «sexual e inmoral, y constituye la mejor forma de reunir a los jóvenes de ambas razas»[n476].

Eso era exactamente lo que estaba ocurriendo con el propio rock 'n' roll. Se había vuelto lo suficientemente amplio y multirracial como para que Alan Freed contratase al cantante de pop blanco Tony Bennett como artista principal para su espectáculo *Rock & Roll* en agosto de 1955, celebrado en Brooklyn (aunque finalmente Tony Bennett no pudo presentarse y un cantante negro ocupó su lugar). Unas pocas semanas después, se estrenó la primera película que sacaba provecho económico de aquella fiebre. Se titulaba *Rock 'n' Roll Revue* y era una recopilación de actuaciones de estudio grabadas por muy poco dinero y con un elenco de músicos de R&B y de jazz negros, desde Joe Turner a Nat King Cole, pasando por Ruth Brown y Duke Ellington. Después se rodó a toda prisa una segunda parte con un elenco similar y se tituló *Rhythm and Blues Revue*. Aunque parecía que ambas etiquetas (rock 'n' roll y rhythm and blues) eran intercambiables, en febrero de 1956 un crítico aclaró que el rock tenía un aire de respetabilidad que no poseía el R&B: ¿cómo si no explicar que en Nueva York hubiera un espectáculo de variedades titulado *Rock 'n' roll Revue*? «Hay incluso un anuncio de cigarrillos de rock and roll», concluía. «Vende cigarrillos Pall Mall con una música de fondo que delata la comprensión de este estilo por parte del patrocinador»[n477]. En junio, un comentarista de la industria observó que «las auténticas compañías discográficas de R&B, las que se dedican por completo a este tipo de música, han mostrado una inclinación a regresar al material del estilo del R&B. ¿Puede significar esto que el rock and roll, el producto adulterado, está entregándose a los intérpretes de country y de pop?»[n478].

Ya en enero de 1955, los locutores programas de country se quejaban de que sus artistas dedicaban demasiado esfuerzo a intentar atraer a los fans del R&B. «De repente [en 1954], nos vimos inundados de discos de artistas de música country que no eran música country», dijo Randy Blake, «intentos horrorosos y descarados de hacer algo que esos artistas no pueden hacer y nunca podrán»[n479]. Actuaban movidos por la desesperación y la voluntad de sobrevivir. Un año después, el cantante *hillbilly* Carl Perkins vio cómo su exitoso debut, «Blue Suede Shoes», ascendía a lo más alto de las listas de éxitos en tres categorías de ventas: pop, country y rhythm and blues. Como observó *Billboard*: «La constante fusión de los campos del country, el pop y el rhythm and blues en una única gran categoría de 'música mestiza' es más evidente que nunca»[n480]. El cantante de country Bill Haley había encendido esa llama; después, un hombre diez años más joven que él echó gasolina en el fuego.

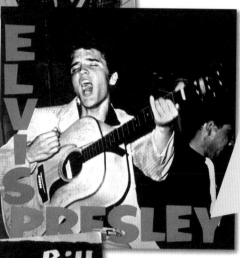

CAPÍTULO 12

Motorista Malo

«Toma una pizca de Johnnie Ray y unas gotas de Billy Daniels, ¿y qué obtienes? A Elvis Presley, al que los adolescentes estadounidenses llaman el rey del western bop.»

Daily Mirror, marzo de 1956 [n481]

«Si lo que yo toco es rock 'n' roll, entonces es muy diferente de lo que tocan otros grupos que usan ese nombre. Estoy confundido, si te soy sincero. Lo que he tratado de hacer es combinar rhythm and blues, country, el pop y dixieland en una sola forma que conserve un poco del sabor de los cuatro.»

Bill Haley, enero de 1957 [n482]

Después de que, en agosto de 1954, a los diecinueve años, Elvis Presley lanzase su primer single para Sun Records, la gerente de la discográfica, Marion Keisker, admitió: «Lo extraño es que tanto la cara A como la B son igualmente populares en los programas de discos de pop, raciales y de folk. Este chico parece que tiene algo que les gusta a todos»[n483]. Las listas de éxitos nacionales de country fueron las primeras en las que apareció su nombre, seguidas casi un año después por las de pop y rhythm and blues. Su entrada en la lista de los discos más vendidos de 1955 no fue con un *two-step* honky-tonk ni con una balada *hillbilly*, sino con una versión de una canción de R&B negro en la cual Presley tartamudeaba y tenía ataques de hipo como una de aquellas ranas danzantes que su futuro mánager, el «Coronel» Tom Parker, exhibía en las ferias de ganado.

Presley no era el primer hombre blanco que fue acogido con entusiasmo por cruzar a la categoría de R&B: unas pocas semanas antes de la sesión inicial de este en Sun Records, un joven de diecinueve años llamado Pat Boone había visto cómo su propia canción debut, «Loving You Madly», era adaptada para el mercado pop por Alan Dale, pues los disc jockeys consideraban que la versión de Boone solo era apropiada para las estaciones de radio de R&B. (Sesenta años más tarde, es difícil encontrar ninguna influencia de blues en el single de Boone, aunque «Tra La La», ligeramente posterior, cumple con los requisitos). Pero el lanzamiento de Presley por parte de Sun combinaba una canción country acelerada del éxito bluegrass de Bill Monroe «Blue Moon of Kentucky» y una versión de «That's All Right», un blues de finales de 1946 de Arthur Crudup. El single de Monroe triunfó antes, pero fue la versión de Crudup lo que inspiró a los adolescentes de Memphis a saludarse con el *riff* vocal de *scat* de Elvis —al igual que habían hecho los

fans del jazz veinticinco años antes con «Heebie Jeebies», de Louis Armstrong—. «Su estilo es al mismo tiempo country y R&B y puede atraer al
pop», dijo *Billboard* proféticamente en noviembre de 1954[n484].

Los Comets de Bill Haley se movían como una compañía de vodevil, repitiendo en el escenario trucos que habían aprendido de las bandas de swing
—el saxofonista se tiraba al suelo durante los solos, Haley y su guitarrista
casi se chocaban en su torpe entusiasmo—, y Haley era regordete, se estaba
quedando calvo y no se correspondía con la idea de nadie de lo que debía ser
un ídolo adolescente. Presley, en comparación, era esbelto, llevaba tupé y se
sacudía en el escenario como un *stripper* de local clandestino. Puede que Haley hiciera sentir a sus fans británicos que ya no importaba nada más, pero
cuando Presley actuaba ante las chicas en 1954 y 1955 solo había un plan:
sexo, ahora mismo, fuerte, rápido y sucio.

Nunca antes un cantante había girado las caderas y agitado la entrepierna
en público de aquella manera. Si un hombre negro hubiera hecho lo mismo ante un público blanco de mediados de los años cincuenta, lo hubieran
linchado. En opinión de muchos adultos de entonces, Presley merecía un
destino similar.

El rhythm and blues y rock 'n' roll tenían ya la triple amenaza de ruido,
violencia y orígenes negros. Con Elvis Presley, el trío se convirtió en cuarteto y el cuarto elemento era el más peligroso de todos. El deseo sexual había
estado implícito en la relación entre el público y los intérpretes —blancos
y negros— desde Rudy Vallee y, sin duda, también cuando Sinatra actuó en
el Paramount en 1942, aunque estuviera camuflado como inocente encapri-
chamiento romántico. Las connotaciones sexuales en los discos de jazz y de
blues de los años treinta se habían vuelto, en los años cuarenta y cincuenta, morbosas declaraciones de lujuria. Los padres blancos, desde luego, no
hubieran confiado sus hijas a gente como Louis Jordan o Wynonie Harris,
pero lo cierto es que un encuentro de ese tipo solo existía en lo más profundo de sus pesadillas.

Ahora había un chico —del lado equivocado de la calle, a juzgar por su
ropa y su voz de muchacho de campo— que podía presentarse en sus casas,
en un Cadillac convertible, para robarles a su inocente virgen adolescente
para llevársela a una cita y devolverla a casa mancillada, violada y arruinada
(pero con una disimulada sonrisa en el rostro)[41].

---

41. Lo que no se hubieran imaginado estos padres era que la ambición más querida de Presley
antes de su ascenso a la fama era ser parte de un cuarteto de gospel. Sin embargo, ni siquiera
estos eran inmunes a las sugerencias de inmoralidad: sus favoritos eran The Statemen, cuyo
cantante, «Big Chief» Wetherington, se contoneaba y se sacudía de una manera francamente
profana mientras cantaba canciones sobre salvación.

Pero Presley no estaba solo. Entre 1955 y 1957, una sucesión de seres cada vez más extraños apareció en las cadenas de televisión nacionales y en películas de Hollywood convencionales representando, cada uno de ellos, su propio ataque moral y musical a los valores tradicionales. Primero fue Bo Diddley, negro, con el pelo cortado a cepillo, con gafas y casi tan rectangular como su guitarra, aporreando un ritmo que sonaba como una ceremonia de vudú. Su versión acerca de cuáles eran los orígenes de este ritmo era apropiadamente oscura: «Diría que es un ritmo mixto: blues, música latinoamericana y algo de música *hillbilly*, un poco de música religiosa, un poco de música africana y un poco de calipso antillano [...] y, si me quiero a poner a cantar a la tirolesa en medio de todo eso, también puedo hacerlo»[(n485)]. Diddley apareció en un extraño segmento de R&B en el exitoso programa de variedades de Ed Sullivan, cuyo productor le dio instrucciones para que tocara una versión del tranquilo éxito country «Sixteen Tons» y colocó cartones con la letra junto a las cámaras para que no se equivocara. En su lugar, observó con horror cómo Bo cantaba su tema homónimo. «Amigo, quizá ponía 'Sixteen Tons' en esas cartulinas», dijo Diddley después, «pero yo solo vi 'Bo Diddley'»[(n486)].

Chuck Berry era un ex convicto (y futuro convicto también, como resultado de una larga serie de redadas espurias a finales de los años cincuenta) de, al menos, la misma edad que Haley, con una sonrisa pícara en el rostro que presagiaba malas intenciones y un estilo para escribir sus letras que combinaba la poesía beat con la jerga de patio de instituto. Sostenía su guitarra como si fuera un falo, lanzaba solos como si estuviese pelando cacahuetes y tocaba de lleno todas las obsesiones estadounidenses: coches, consumismo, romance, profesores, padres y todo tipo de *monkey business*. Por aquel entonces —estamos todavía en 1955—, los adultos de Estados Unidos también tenían que enfrentarse con un hombre negro casi lisiado que llevaba una gruesa capa de maquillaje y un tupé casi tan alto como su cuerpo, y que tenía una predilección imparable por gritar y chillar cosas que sonaban, incluso para los adolescentes, como palabras ininteligibles. Pero qué frases ininteligibles: Little Richard estaba hablando en lenguas ante la congregación del rock 'n' roll, sus sílabas y sus argumentos sin sentido se acumulaban en un misal alternativo para las hordas satánicas —«tutti frutti all rootie», «good golly miss molly», «long tall sally she knows how to ball», «ooo my soul», «a-wop-bop-a-loo-bop-a-lop-bam-boom»—. «¿Cómo voy a rechazarlo si ni siquiera lo entiendo?»[(n487)], dijo un censor de NBC-TV al oír por primera vez «Long Tall Sally».

Un crítico del *New Musical Express* se mostraba igualmente derrotado: «Sus excentricidades y su apariencia me recordaban a un muñeco de trapo negro animado... y no lo digo de ninguna manera ofensiva»[n488] [42]. Aquellos hombres habían reunido todas las imprecaciones y las implicaciones del rock 'n' roll negro original, las había mezclado en un gumbo caliente, habían añadido un poco de pimienta adolescente (lujuria de chica pubescente, fanfarronería de chico imberbe) y después las habían lanzado para cualquiera que quisiera escucharlas. Es improbable que ninguno de ellos pudiera imaginar al comienzo de sus carreras que su público (o al menos una porción considerable de este) sería blanco; o, lo que es más importante, que serían los blancos, y no tanto su propia raza, quienes mantendrían vivas su música y sus carreras y los acogieran como a auténticos héroes populares mucho después de que su atractivo se hubiera disipado para el público de R&B afroamericano.

Una vez que Elvis Presley abandonó Sun Records —que solo poseía un alcance limitado en el sur— y firmó con RCA —que tenía peso a nivel nacional—, estuvo listo para superar a Haley y a todos los príncipes negros del rock 'n' roll. Los periodistas lo comparaban con Johnnie Ray («con botas de *cowboy*»[n491]) hasta que estuvo claro que su popularidad y su potencia dejaban atrás a todos sus predecesores. «Heartbreak Hotel» fue el disco que envolvió su sexualidad en papel de regalo para el público global. La canción, envuelta en eco, ralentizaba la exuberancia natural de Presley hasta una inquietante forma de arrastrarse, que era al tiempo algo más amenazador y más erótico que lo que después hicieron los frenéticos roqueros posteriores. Sugería nada menos que un lento contoneo de las caderas en un callejón oscuro. Es posible que sus jóvenes fans no fueran capaces de imaginar ese escenario, pero podían imaginar cómo se sentiría[43]. Un periódico de Minneapolis lo llamó «un joven artista del movimiento de caderas»[n492] y observó que a los fans no les importaba que si gritaban no podían escucharlo cantar. «Si el futuro es importante para él», comentó un locutor de radio, «Elvis tendrá que abandonar los giros del 'hootchy-kootchy' o acabará llamándose 'Pelvis' Presley y actuando en una atracción secundaria del circo o en una revista de *striptease*»[n493]. Después de tocar en Jacksonville, Florida, los predicadores celebraron oficios especia-

---

42. Little Richard aportó la canción principal de la brillante sátira cinematográfica del rock 'n' roll *The Girl Can't Help It* [*Una rubia en la cumbre*] de 1956. La princesa Margarita asistió de incógnito con unas amigas a una proyección en el cine Carlton, en Haymarket, Londres. «Su entusiasmo fue tan grande», informaron alegremente los periódicos de Fleet Street, «que tras el primer cuarto de película se quitó los zapatos y se puso a agitar los pies descalzos en el aire»[n489]. El público británico debe de haber estado aliviado al enterarse de que su prima, la princesa Alejandra, de diecinueve años, «se mantiene muy al margen de las fiestas más excéntricas de 'la gente del rock 'n' roll'»[n490].

43. Como prueba de que no eran ni la canción, ni el tempo, ni el eco lo que hacía que el disco se vendiera sino el magnetismo de Presley, compárese su grabación con la versión del hombre que se hizo famoso como «el Elvis Presley japonés», Kasuya Kosaka.

les, como si quisieran exorcizar la ciudad, y algunos adolescentes preocupados rezaron por que el alma del cantante venciera su «degeneración espiritual». «Si hiciera eso en la calle», dijo un policía de Oakland después de una actuación de Presley, «lo arrestaríamos»[n494].

No todos los roqueros blancos eran tan amenazadores. Un psicólogo de Nueva York intentó encontrar un mensaje erótico en el éxito que hizo saltar a la fama a Carl Perkins, «Blue Suede Shoes»: «Creo que hay un componente sexual ahí y que los zapatos de gamuza azul representan algo que el adolescente no ha probado aún»[n495]. Pero el estilo rústico de Perkins y su comportamiento prematuramente adulto (ya en 1956 soportaba la carga del alcoholismo que arruinaría su vida en la década siguiente) atenuaban su amenaza al *statu quo*. Mucho más alarmante era Gene Vincent, superviviente de la Guerra de Corea y de un accidente de motocicleta casi fatal, vestido de cuero y evidentemente lleno de problemas. En su éxito cargado de tensión «Be-Bop-A-Lula», Vincent (dijo el *Daily Mirror*) «suena como si tuviera la boca llena de lechuga»[n496], aunque la violencia contenida y el ansia sexual de su música sugieren que se quizá se alimentaba de carne cruda. Pero el más diabólico de todos los roqueros (hasta el día de hoy) era Jerry Lee Lewis, a quien habían echado de la facultad de teología por adaptar himnos religiosos a ritmo de boogie-woogie, que se había casado tres veces pero solo se había divorciado una vez, una de ellas con una chica que era varios años menor de la edad de consentimiento sexual en muchos países y en la mayoría de los estados de Estados Unidos, que tenía una sonrisa de autocomplacencia sobrenatural y que no es que sugiriera la conquista sexual, sino que la ponía sobre su piano y la meneaba ante a su audiencia.

Todos estos artistas estaban disponibles para el público estadounidense cuando salían de gira o en los conciertos y programas de Alan Freed. En 1955, casi todos los artistas de rock 'n' roll eran negros. En 1956, algún artista blanco ocasional se infiltraba entre los grupos vocales de R&B, los *crooners* y los especialistas en canciones para bailar, pero la mayoría de los coetáneos de Presley seguían su camino en conciertos de country o en programas de variedades. Hacia 1957, algunos carteles de rock eran totalmente blancos; otros incluían, de forma simbólica, a uno o dos hombres negros, generalmente a Chuck Berry o Fats Domino, pero ahora estaban encabezados por los pretendientes blancos que estaban surgiendo de cada compañía discográfica y de cada ciudad de Estados Unidos. Como comentó un experto en música de una revista cultural rusa, la nación ahora estaba inundada de «una vulgar y poco melodiosa cacofonía de sonidos acompañada de una batería caótica y alocada. Los cantantes tan solo gritan sonidos inarticulados al micrófono»[n497].

Se reportaron reacciones similares por parte de adultos que merodeaban por el dial de las radios estadounidenses y sintonizaban una de las frecuencias que ofrecían el formato más moderno de la nación: el Top 40. Alrededor de 1949, la emisora de radio KOWH en Omaha, Nebraska, había sido una de las primeras emisoras que imponían a sus locutores las listas de discos. La meta era atraer al máximo número de oyentes: al evitar los discos que aún no eran populares, la KOWH disminuía el riesgo de que alguien se encontrara con una canción desconocida y se pasase a otra cadena. En 1955, la emisora cambió de manos y sus nuevos dueños afinaron su filosofía. Todo el día, cada día, con pocas excepciones, la KOWH pondría únicamente los cuarenta discos principales de Omaha, según quedaba determinado por una combinación de ventas locales y de persuasivo marketing por parte de los publicitarios de las compañías discográficas. Un año después, su innovación estaba imitándose a lo largo de América del Norte. El contenido del Top 40 podía variar de ciudad en ciudad[44], pero la fórmula permaneció invariable. El productor de discos Mitch Miller se quejó de que la radio pop se había vendido a «quinceañeras y a niñeras»[n498], pero los *ratings* hablaban de manera más persuasiva. Por cada adulto que giraba el dial con asco para cambiar de emisora, dos adolescentes la sintonizaban, felices de saber que solo escucharían los discos más de moda del momento. Como reflexionó un comentarista, las emisoras de radio ahora estaban «a merced del gusto del populacho»[n499], una dictadura de lo comercial que eliminaba de la ecuación a locutores inconformistas que antes determinaban los gustos de la gente, como Alan Freed y Dewey Phillips. El rock 'n' roll había encontrado su formato de radio perfecto, a expensas de los hombres que habían conseguido que se le prestase atención por primera vez a nivel nacional.

«No me gusta la música de Presley y tampoco le gustará, creo, a la gran mayoría de nuestro público».

Jack Payne, líder de banda británico, 1956[n500]

«Es deplorable. Es tribal. Y procede de Estados Unidos. Es lo que viene después del ragtime, el blues, el jazz, el chachachá y el boogie-woogie, que sin duda se originaron en la jungla. A veces uno se pregunta si esta es la venganza de los negros».

El *Daily Mail* reseña el rock 'n' roll, septiembre de 1956[n501]

---

44. St Louis a menudo era la ciudad que más se alejaba de los gustos nacionales. Cuando, en 1965, «Like a Rolling Stone», de Bob Dylan, ocupó el primer puesto en las costas este y oeste, ni siquiera había entrado en el Top 40 de St Louis. En cambio, en 1966, «The Cheater», de Bob Kuban, alcanzó lo más alto de las listas de la ciudad, un mes antes de que apareciera en el Top 100 nacional.

En 1960, uno de los representantes de Decca en Londres dejó escapar un secreto de su oficio: «Desde luego, hacemos lo posible para disuadir a nuestros artistas estadounidenses más importantes de cantar en público aquí. Lo que sucede es que, mientras que los cantantes británicos se labran su prestigio en el escenario, los estadounidenses empiezan tan alto —pues los han convertido en personajes fabulosos— que cuando vienen aquí y aparecen en carne y hueso, es una gran desilusión. Los fans ven que, al fin y al cabo, son solo seres humanos»[n502].

Los roqueros estadounidenses, blancos y negros, eran en efecto una especie casi mítica en el Reino Unido de 1956. Sus fans no tenían oportunidad de ver a gente como Bill Haley o Bo Diddley en persona, ni tampoco eran testigos de las primeras y polémicas apariciones de Elvis Presley en la televisión. Su idea del rock 'n' roll se basaba en los discos, las campañas publicitarias y los cameos en filmes como *Rock Around the Clock* y el debut cinematográfico de Presley, *Love me Tender*. Pero aquel año, el día después de Navidad, el ídolo estadounidense Pat Boone llegó al Reino Unido. Era el segundo roquero, tras Haley, que alcanzaba las listas británicas, aunque su versión de «Ain't That a Shame», de Fats Domino, ofrecía (a diferencia de su anterior éxito estadounidense, «Two Hearts») solo un vago parecido con el original, como si este apareciera tras un cristal esmerilado. Pat Boone tuvo la mala suerte de que le pidieran que versionara dos de los himnos más caóticos de Little Richard: su versión de «Long Tall Sally» sugería que su idea de la diversión no se extendía más allá de echarse una siesta en la mecedora. «Aquella canción sonaba tan salvaje», recordó Boone, «que era como pedirme que me metiera en el medio de un baile zulú»[n503]. Por el contrario, Boone era un experto baladista, más controlado que Crosby y más relajado que Bennett o Sinatra, y lo pusieron en ridículo injustamente por sus crímenes contra el rock 'n' roll, pues solo estaba intentando traducir su exuberancia en bruto a una forma más refinada de entretenimiento familiar.

En el Reino Unido, subió al escenario vestido con «una chaqueta deportiva clara y pantalones gris oscuro»[n504] y sus zapatos fueron la única desviación de su personaje de chico universitario. Pero su repertorio, por muy comedida que fuera su manera de cantar, fue puro rock, con éxitos prestados de Haley y Presley además de su propio catálogo, como si se diera cuenta de que se le pedía que satisficiese la necesidad de toda la nación de que los otros dos estuvieran presentes. No obstante, no imitaba los movimientos de Presley y se permitía como único gesto dramático agitar su brazo derecho (y solo desde el codo). «Uno no tiene por qué hacer todas esas contorsiones», explicó. «Los jóvenes van a gritar de todos modos»[n505]. El *New Musical Express* declaró que «su frescura juvenil es una ventaja tremenda y supone un anuncio saludable del rock 'n' roll»[n506], aunque muchos fans hubieran preferido algo menos salubre.

Esperaban tener la oportunidad de ver satisfecho este deseo cuando Bill Haley and His Comets llegaron a las costas británicas en febrero de 1957. El *Daily Mirror* eligió cubrir su gira con una seriedad reservada a las visitas de la realeza y envió al periodista Noel Whitcomb a Nueva York para que acompañara a Haley hasta Southampton en su viaje oceánico en transatlántico. (El conocimiento experto de Whitcomb se hizo evidente cuando relató que «el rock 'n' roll nació el día en que Bill cogió la guitarra y accidentalmente hizo *plonk* en lugar de *plunk*»[n507]). Se alquiló un tren para que llevara a Haley, a una banda de rock británica y a varios cientos de fans a Waterloo, donde el *Daily Mirror* declaró que su tumultuosa llegada había sido «fantabulosa»[n508] y su competidor, el *Daily Express*, puso el acento en los «rostros vueltos hacia arriba, para entonces fruncidos por el miedo, el éxtasis ya desvanecido [...], rostros desconcertados como los rostros de las escenas de pánico en las películas rusas; niños arrojados como desperdicios en la oscilante marea humana»[n509].

Al día siguiente se evidenció una dicotomía similar. En el *Mirror*, Patrick Doncaster parecía transfigurado: «Hicieron el payaso, bromearon, contaron chistes. La primera ráfaga de música de rock resonó en todo el lugar. Los amplificadores del escenario acentuaban cada palpitante nota. Aquello te golpeaba, te rebotaba en el techo y te volvía a golpear. [...] Era un estado de ánimo que nunca antes había llegado a un escenario británico»[n510]. Aunque aquello era el ideal de las fantasías de todo fan del rock 'n' roll, el *Express* solo escuchó «ocurrencias poco ingeniosas y payasadas bobas»[n511]. Después «bajó el telón y hubo una tormenta de abucheos» porque The Comets habían estado en el escenario solo treinta minutos. Haley compartía su frustración y confesó que le «gustaría hacer una actuación de rock 'n' roll de dos horas, pero sería físicamente imposible»[n512]. Únicamente podía tocar durante media hora gracias a su excelente estado físico, basado en «ocho horas» de sueño cada noche, buena comida y una vida sana. Otro crítico ofreció el generoso comentario de que «Bill tiene el aspecto y la voz de la imagen del tipo rústico que sus fans se habían imaginado», mientras que su actuación fue «tan saludable y sincera como el *Billy Cotton Band Show*»[n513]. Aquel no era el espíritu que había inspirado los tajos en los asientos y la juerga del público del año anterior. Tampoco el cimiento percusivo de un solo hombre de The Comets se parecía al impulso de hormigón armado de sus discos. La realidad del rock 'n' roll no se correspondía con su fantasía (y no sería la última vez que aquello ocurriera).

Cuando, en 1955, Haley llevó su versión actualizada del swing a las listas británicas, los líderes de banda y personalidades de la canción del Reino Unido siguieron obedientemente aquella novedad estadounidense, al igual que habían imitado todas las que la precedieron. Ninguna de estas bandas y personalidades británicas estaba dirigida a los adolescentes: todas suministraban un ritmo de baile, con un indicio de swing pero no sin chulería, ningún sonido estridente, ninguna amenaza de violencia, ninguna promesa sexual. Como demostración, por ejemplo, la banda de Jack Parnell ahogando «Shake, Rattle and Roll»; o Don Lusher, con la banda de Ted Heath, avanzando con dificultad por «Rock and Roll» como un pato nadando entre melaza; o, lo más surrealista de todo, The Big Ben Accordion Band apretando y rasgueando como demonios en un popurrí encabezado por «Rock Around the Clock». (Puede que te hagan querer rajar el sofá, pero no de excitación).

La naturaleza provinciana de la industria discográfica del Reino Unido —que se centraba en las oficinas de las editoriales en la londinense Denmark Street—, los empresarios de Soho y un puñado de compañías discográficas importantes con sede en la capital garantizaban que hubiera música uniforme y anodina. Cuando el Reino Unido creó a su propia estrella del rock, esta tuvo que engañar al portero para entrar y después se lo tragó la industria del espectáculo. Era Thomas Hicks, un adolescente marino mercante del East End de Londres que, en su biografía, afirma haber escuchado a Buddy Holly cantar «Peggy Sue» en Texas más de un año antes de que se escribiera la canción. Pero al hombre que se convirtió en Tommy Steele se le pueden permitir algunos cuentos, ya que el proceso por el que llegó a ser una estrella fue tan arquetípico como gloriosamente ridículo.

En Soho, conoció a dos compositores profesionales (uno de los cuales, Lionel Bart, pronto transformaría el teatro musical británico cuando escribió *Oliver!*) y después a un fotógrafo de Fleet Street, John Kennedy, que se ofreció a ser su mánager. Juntos, inventaron el nombre artístico de Hicks y una imitación apropiada de «Rock with the Caveman», de Bill Haley. Kennedy le consiguió titulares («'¡Es genial, genial, genial!', dice el duque de Kent»[n514]), contrató prostitutas para que se hiciesen pasar por hijas de aristócratas perdidamente enamoradas de aquel descubrimiento *cockney* y lo anunció como el Elvis Presley británico. «¿Es que Tommy Steele espera hacerse más famoso apareciendo con el pelo despeinado?»[n515], se preguntaba con desaprobación el *New Musical Express* en noviembre de 1956. Aquel mes, apareció en el único programa televisivo de música popular del país, *Off the Record*, y comenzó una gira nacional en el Sunderland Empire —con teloneros como Reg «Unknown to Millions» Thompson y Thunderclap Jones, el «galés salvaje del teclado»—. Junto a aquella compañía, era imposible que no causara una impresión, por lo que varios miles de chicas bien preparadas gritaban y se abalanzaban al escenario cada vez que Steele movía un músculo.

En comparación con los artistas oficialmente autorizados de la época, Tommy Steele era tan salvaje como, según sus críticos, el rock 'n' roll. En una carta aparecida en la revista de la BBC *Radio Times* en diciembre de aquel mismo año, un espectador exasperado escribió: «Me parece incomprensible que una persona sana, joven o no, encuentre placer dando saltos y sacudiéndose al ritmo de una estridente cacofonía de ruidos selváticos de una manera que prueba concluyentemente que las inhibiciones decentes habituales han quedado anegadas por la tensión sensual y emocional»[n516] [45].

Pero la mayoría de los fans de Steele, a diferencia de otros ídolos de los adolescentes, tenían entre cinco y doce años. Los niños ya habían detectado la pícara exuberancia que convertiría a Steele en una estrella de comedias cinematográficas y musicales del West End. De gira en África en 1958, lo recibieron como a una amenaza para el orden social, pero la respuesta del público fue tan comedida que la policía, que había sido preparada para sofocar disturbios, se limitó a mirar la actuación. Hacia 1959, Steele estaba centrado en las canciones cómicas y en asegurarse una extensa carrera, en contraste con los breves instantes de notoriedad que se les permitía a la mayoría de sus rivales.

Cada uno de ellos necesitaba a su John Kennedy pero la mayoría encontró a un hombre de negocios llamado Larry Parnes, que convirtió a Billy Fury en una estrella. Este era un tímido ornitólogo, con un corazón débil, pero con un talento que se adaptaba igualmente al rock 'n' roll navajero y a las baladas emocionales y desgarradoras, y al que la prensa nacional describía como «un símbolo sexual de contorsiones deformadas y canciones sugerentes en cuento se sube a un escenario»[n517]. Era famoso el interés de Parnes por sus clientes varones: se decía que los aspirantes al trono del rock 'n' roll compartían una cancioncilla que en su punto culminante afirmaba: «Si Larry nos folla por el culo/ seremos estrellas del espectáculo»[n518]. Excepto que esto último no ocurría, a menos que su visión del estrellato se limitara a un contrato por un disco y un forzoso cambio de nombre. Su mánager insistía en que debían deshacerse de nombres tan sosos como Reg Smith y John Askew y convertirse en Marty Wilde y Johnny Gentle. (El archirrival de Parnes, Reg Calvert, afirmaba, al final de la década, tener entre sus clientes nombres como Ricky Fever y Eddie Sex). Sin importar el talento que pudieran tener, los contrataba una importante compañía discográfica y se convertían en los destinatarios de los gritos de los fans adolescentes. «Todos lo hacemos», explicó una chica de dieciséis años llamado Beryl. «Es algo que llevas dentro. Estamos tan conten-

45. Otro corresponsal vio a unas adolescentes bailar en el programa pop de 1957 *6.5 Special* y escribió: «Me repugna completamente pensar que las autoridades consienten exhibiciones como esta. No me puedo imaginar que ninguna chica decente permita que se la manosee de esa manera»[n519].

tas de ver a nuestro favorito que tenemos que dejarnos llevar. Así expresamos que nos gusta. Somos sus fans. Y él sabe que estamos ahí»[n520]. El colmo del rock 'n' roll de finales de los años cincuenta fue un programa televisivo llamado *Oh Boy!*, que primera vez permitía al público experimentar este fenómeno en toda su gloria animal. «Lo artificial es la muerte de la buena televisión», declaró su productor, Jack Good, que, como graduado de la escuela de arte dramático, entendía el poder de la imagen y el movimiento. Él insistía en que todos los artistas debían actuar en vivo: «Si las condiciones son las adecuadas y el cantante se siente bien, puedes crear algo que quizás no está en el disco: la emoción mágica de un impulso inspirado»[n521]. A Marty Wilde lo contrataron como la estrella del programa, hasta que Good vio a un chico de dieciocho años que acababa de firmar para EMI: un obrero nacido en la India y después renacido en la industria de la música como Cliff Richard. Como ha explicado Peter Leslie, que escribe cerca del mundo del espectáculo, «la nueva estrella parecía más un héroe de una novela picaresca del siglo XIX que un proveedor de movimientos pélvicos en un escenario del siglo XX»[n522]. Good le quitó a Cliff las patillas a lo Elvis y la guitarra y lo animó a que se retorciera de forma tórrida (lo cual provocó uno de los mejores titulares británicos de todos los tiempos: «¿Debemos arrojar esta basura a nuestros chicos pop?»). «El rock 'n' roll se ha de cantar con el rostro y con el cuerpo», explicó Cliff. «A mí me gusta fijar mi mirada en ellos, para hacer que se muevan»[n523].

Posaba para las fotografías publicitarias con una cruz colgada del cuello y un conejo, afirmaba que amaba tanto a Elvis Presley que soñaba con él y, cuando le insinuaban que el contenido del rock 'n' roll era inmaduro, argumentaba que «a la gente mayor también le gusta». ¿Cuánto mayor? «De dieciséis años»[n524]. (Además, dijo que odiaba el nombre «rock 'n' roll»: «Llamadlo rhythm and blues»). Como algunos de sus coetáneos (en particular Fury y Wilde), contaba con una voz de rock 'n' roll genuinamente convincente, un entendimiento ingenuo de la música y un carisma acentuado por la tensión entre sus facciones aniñadas y sus contorciones sobre el escenario. Pero en el Reino Unido las estrategias de promoción de cualquier artista conducían inexorablemente a la pantomima, a *Sunday Night at the London Palladium* y a los filmes musicales. Incluso la atrasada aceptación de la gramola en el país, de la cual se dijo un juicio en 1957 que ejercía «una fascinación casi fatal para los jóvenes de entre dieciocho y diecinueve años»[n525], no indicaba que se podía erigir una carrera viable únicamente en torno a sus preferencias. Hacia noviembre de 1959, el *Daily Mirror* se preguntó: «¿Se está volviendo formal Cliff Richard, el chico dorado de la música británica? Este joven maestro de la sacudida rítmica, el párpado caído y la sonrisa voraz ha lanzado un LP (*Cliff Sings*) en el que solo la mitad de los números son de rock. Los otros son 'oldies' nostálgicos como 'Embraceable You'»[n526]. Aun así, aquel roquero todavía adolescente no era el títere de la industria que los comentaristas creían. Dadas las opciones de retirarse a la oscuridad con dignidad o encaminarse a la vida de un artista de variedades, Cliff Richard inventó un tercer rumbo: convertirse en el único roquero original de los años cincuenta en el Reino Unido o Estados Unidos capaz de continuar siendo una estrella del pop viable hasta finales de siglo, dominando los cambios estilísticos que estaban a su alcance y evadiendo habilidosamente aquellos (como el heavy metal y el punk) que no encajaban con él. Incluso más que Elvis Presley, fue el primer hombre en demostrar que el estrellato pop adolescente podía eludir su burbuja hiperbólica momentánea y convertirse en una carrera duradera. Su fama se extendió a casi cada nación del planeta y durante muchos años fue más popular que Presley en Europa, Australia, Nueva Zelanda y Sudáfrica. Solo Estados Unidos, donde sus éxitos eran esporádicos y casi fortuitos, no quedó seducido por su sutil forma de rebelión.

El único rival concebible al eclecticismo de Richard fue Johnny Hallyday, que solo tenía dieciocho años cuando llegó por primera vez a las listas de éxitos francesas con «Souvenirs, souvenirs», en 1960. Francia había demostrado ser insolentemente inmune al rock 'n' roll a finales de los años cincuenta, optando en su lugar por la voz de veintitrés años de la cantante Dalida[46]. Cuando los éxitos de rock se tradujeron al francés —como cuando «Three Cool Cats», de The Coasters, se convirtió en «Nouvelle Vague» para Richard Anthony, y Sacha Distel se encargó de adaptar «Personality», de Lloyd Price—, su chulería rebelde era reemplazada por cierto encanto de club nocturno. Hallyday fue el primer francés que sonaba como si cantase rock 'n' roll por elección propia. Su éxito anunció el traspaso del pop francés de los jóvenes adultos a los adolescentes y de *chansons* originales a una dependencia descarada de los arquetipos estadounidenses. Eddy Mitchell lideraba a Les Chaussettes Noires (los Calcetines Negros), cuyo éxito de debut, «Tu parles trop», parecía prefigurar la llegada de los Beatles, y Dick Rivers tenía solo quince años cuando estaba al frente de Les Chats Sauvages (los Gatos Salvajes). Ninguno de ellos podía igualar la energía en bruto de Hallyday en «Si tu me téléphones», «Dismoi oui» y «Elle est terrible», de 1962. (Él afirmaba que mantenía su ritmo

---

46. Las jóvenes sin apellido estaban de moda en Europa: las estrellas adolescentes más populares en Alemania a finales de los años cincuenta incluían a Conny (que tenía quince años en el momento de su primer éxito), Gabriele, de doce, y Brigitte, de nueve, apodada «Die Kleine» como «Little» Stevie Wonder. Francia se jactaba de Sheila, España tenía a Gelu, la favorita de Italia era Mina, y Dinamarca ofrecía a Gitte. Pero a la estrella femenina más potente de la época se le permitían nombre y apellido: Rita Pavone, la equivalente italiana de la estadounidense Brenda Lee.

frenético en el escenario bebiendo solo leche). Para los comentaristas británicos, es un lugar común burlarse del rock 'n' roll francés, pero estos singles eran equivalentes a cualquier cosa que se producía del otro lado del canal de la Mancha[47].

> «La idea de un inglés cantando blues negro me parece tan ridícula que no puedo tomarme en serio discos como este. Es casi blasfemo. Todos los implicados en el asunto deberían bajar la cabeza de vergüenza».
>
> Reseña en *Jazz Monthly* sobre Lonnie Donegan, diciembre de 1955[n527]

> «El rock 'n' roll está pasado de moda, es más anticuado que los transmisores Aspidistra. La música skiffle será la próxima moda. Estoy seguro. [...] Están convirtiendo las cafeterías londinenses en versiones modernas de las antiguas salas de conciertos».
>
> Noel Whitcomb, *Daily Mirror*, septiembre de 1956[n528]

El disco más incendiario que salió en el Reino Unido en los años cincuenta —el equivalente más cercano a la música más salvaje que estaba saliendo de los Sun Studios de Sam Phillips en Memphis— fue una canción tradicional de los Apalaches del siglo XIX interpretada por un guitarrista de jazz y antiguo soldado nacido en Escocia y criado en el East End de Londres. Nada que se hubiese grabado en Londres hasta entonces se acercaba tanto a capturar el espíritu esencial del rockabilly —nuevo término para designar un rock 'n' roll basado en el country— como «Cumberland Gap» de Lonnie Donegan. Sin embargo, su creador declaraba que odiaba el rock 'n' roll y durante su vida se distanció de la rebelión adolescente que este representaba. Es una de las ironías de la historia musical que un hombre que se consideraba a sí mismo parte de una élite no solo se convirtió en un artista de cabo a rabo, uno de los últimos herederos de la tradición del music hall, sino que además hizo más que nadie en su época por popularizar la guitarra y por animar a los jóvenes a tocar rock 'n' roll.

Donegan ató su bandera al mástil del jazz y después, cuando lo tiraron por la borda, reivindicó el estandarte de otro género y lo rehízo a su imagen y semejanza. El estilo del que se apropió fue el skiffle, cuyo nombre provenía de

---

47. En 1961, Francia sufrió sus propios disturbios de rock 'n' roll. «Los fans arrancaron más de 2.000 asientos», escribió un periodista después de que Vince Taylor tocara en el Palais des Sports, «desencajaron cañerías de la pared y se pelearon entre ellos»[n529].

un blues estadounidense de los años veinte titulado «Hometown Skiffle» (que no se apareció en el Reino Unido hasta finales de 1949). Un *skiffle*, según una referencia sorprendentemente temprana en el *Daily Mirror*, «es una *urban rent party* [fiesta en un domicilio privado], como las que prosperaron en Chicago durante la época difícil de la prohibición estadounidense […], una sesión que duraba toda la noche y en la que había blues y boogie-woogie, pianistas, guitarristas y cantantes de blues»[n530]. Esto sin duda describe el espíritu de «Hometown Skiffle», aunque cuando aparecieron las bandas británicas de skiffle —en medio del auge del resurgimiento del jazz tradicional iniciado por The Dixielanders de George Webb— no había piano, sino tan solo guitarra, banjo y percusión. Y la música no era estrictamente blues urbano, sino una mezcla mucho más amplia de música folk afroamericana, gran parte de la cual había pasado por las manos de cantantes blancos como Woodie Guthrie y Pete Seeger antes de que llamara la atención en el Reino Unido.

Anthony Donegan estaban tan obsesionado con Lonnie Johnson, guitarrista de blues de los años veinte, que se quedó con el nombre de su héroe. Pero la principal inspiración musical del skiffle fue un hombre que había muerto en 1949: Huddie Ledbetter, más conocido como «Lead Belly». Los folcloristas John y Alan Lomax, en busca de la música folk original del Estados Unidos negro antes de que se perdiera para siempre, lo encontraron cuando cumplía condena por homicidio en una prisión de Louisiana[48]. Alguien les señaló a Ledbetter como el mejor cantante de la prisión Angola y los Lomax asumieron que ampliaría su conocimiento con una o dos canciones. Sin embargo, cantó docenas de canciones en una asombrosa variedad de estilos: algunas podían clasificarse inmediatamente como blues, otras como ragtime y otras las Lead Belly las reivindicaba como creaciones propias. John Lomax solicitó al gobierno que liberara al prisionero para el beneficio de la comunidad cultural. Después fizo que filmasen un documental informativo para la serie *The March of Time* que ofrecía una versión mitificada del regreso de Ledbetter a la sociedad civil y de su sumisa obediencia a su nuevo amo. El salvador y el prodigio finalmente se pelearon —Lomax lo describió como «un triple homicida, un borracho, un mentiroso nato y un enorme hipócrita»[n531]— y, al tiempo que los folcloristas hacían otro «descubrimiento» importante en la forma del cantante de blues Muddy Waters, Ledbetter acumuló un catálogo discográfico formidable, que abarcaba desde canciones para niños hasta *field hollers* de la época de la esclavitud.

---

48. Otros folcloristas se pasaron toda la década documentando la música local «auténtica» del continente africano y descubrieron, con gran disgusto, que allí donde una comunidad había estado expuesta a un gramófono de cuerda, los cantantes nativos lo mismo podían ofrecerles una canción de Jimmie Rodgers o una aria operística que cualquier cosa heredada de sus antepasados.

Quizá Lead Belly era el icono perfecto para un género que reclamaba la autenticidad de la música folk tradicional, pero el skiffle también dependía en gran medida de un elemento de bombo y platillo mediático (y del voraz egoísmo de Lonnie Donegan). Es sin duda llamativo que los músicos de skiffle encontraran una excitación exótica en los objetos de la *Americana* y no tuvieran ninguna curiosidad por las raíces folclóricas de las Islas Británicas. Y es que el comienzo de los años cincuenta fue una época en que coleccionistas y cantantes del Reino Unido empezaron a rebelarse contra el colonialismo de la cultura estadounidense y a reivindicar tradiciones más locales. Algunos actuaban movidos por razones políticas, deseosos de preservar la cultura sumergida de la clase trabajadora en una época en la que los historiadores estaban empezando a darse cuenta de que podían indagar más allá de las historias familiares de reyes y primeros ministros; otros simplemente estaban horrorizados ante la banalidad de la música comercial. Así, desenterraron a los cantantes de canciones tradicionales que quedaban y revivieron el proceso de documentar la herencia folclórica del Reino Unido en papel, en disco y en la radio.

A principios de los años cincuenta, la BBC emitió una serie de Francis Collinson y Francis Dillon llamado *The Postman Brings Me Songs*, dedicado a las baladas que recibía su programa semanal sobre asuntos rurales, *Country Magazine*. Pero la figura clave de la recuperación involuntaria del folk británico por parte de la BBC fue A. L. «Bert» Lloyd: cantante, folclorista y comunista. Lloyd preparó una serie de documentales radiofónicos a finales de los años treinta que registraban canciones tradicionales asociadas a profesiones específicas, aunque, por ejemplo, su programa *The Voice of the Seamen*, basado en su experiencia a bordo de un ballenero, pasaba por alto el hecho de que la mayoría de sus compañeros de tripulación preferían cantar antes éxitos de Tin Pal Alley que inmemoriales baladas. Después de la guerra, reclutó al cantante de folk y experimentado actor de radio Ewan MacColl (cuyo nombre real era James Miller) en su cruzada para dar forma a la percepción de la nación sobre su historia musical. MacColl volcó su entusiasmo en una serie pionera de «baladas de radio»: programas que examinaban temas de la vida de la clase trabajadora, como el amor al trabajo, la vida en la ciudad o en el mar, de los viajeros y los soldados. Emitidos entre 1957 y 1964, ofrecían una versión de la música tradicional muy alejada de las elegantes baladas recogidas a comienzos de siglo y más alejada aún de la versión modernizada de la música tradicional americana que dominaba los clubes de skiffle. El trabajo de MacColl y el de otros folcloristas dejó su marca. A partir de finales de los años cincuenta, se estableció una red de clubes de folk (distintos de los de skiffle) a lo largo del Reino Unido (el origen de una elegante tradición que aún perdura hoy en día).

Existen pocos indicios de que Lonnie Donegan se interesara por desenterrar la herencia folclórica del Reino Unido, tanto musical como política. Tampoco destacaba entre sus colegas de la Chris Barber's Jazz Band en 1954. Ocupaba el centro del escenario como una curiosidad durante los intermedios, momento en el que Barber, Donegan y sus colegas cambiaban de instrumentos, tocaban un poco de folk estadounidense y regresaban a la seria tarea de revivir el jazz de los años veinte. Cuando la banda de Barber grabó su primer LP en julio de 1954, una semana después de la sesión inicial de Elvis en Sun Records, dos de las ocho canciones estaban atribuidas a The Lonnie Donegan Skiffle Group. No fueron las primeras grabaciones comerciales de skiffle en el Reino Unido —el grupo de Ken Colyer, al que habían pertenecido Barer y Donegan, se les adelantó un mes—, pero sí las primeras en ponerse a la venta. «¿No es hora de poner fin al uso poco riguroso del término *skiffle* antes de que cambie de significado por completo?», se quejaba el músico de jazz Humphrey Lyttleton cuando se lanzó el LP en 1955. «¡Las canciones de country folclóricas y la música de *urban rent party* no son la misma cosa!»[n532]. La revista *Gramophone* añadió sarcásticamente: «Lonnie Donegan aún suena demasiado como un porquerizo del interior del país»[n533].

Para cuando abrió el primer club de skiffle y blues en Londres, en septiembre de 1955, el álbum ya había sido olvidado. The Round House en Wardour Street formalizó una escena que ya estaba funcionando de manera subterránea en 1954 y 1955: guitarristas aficionados, inspirados por las bandas de Barber y Coyler, se reunían en los sótanos de bares y cafés para intercambiar entusiastas interpretaciones de canciones de Lead Belly y Woody Guthrie. Como observó *Jazz Journal* en noviembre de 1955, «el skiffle se ha convertido en sí mismo en una industria»[n534]. Un mes después, la discográfica dividió el LP de Barber y Donegan en singles en un intento de recuperar algo del dinero del proyecto. «Rock Island Land», una rítmica canción americana interpretada por Donegan y que había sido recogida en 1934 por los Lomax en una prisión de Arkansas (y que más tarde reclamaron como propia tanto Lead Belly como Donegan), comenzó a sonar en la radio porque dos locutores la ponían como una curiosidad navideña y después asombró a todo el mundo cuando se convirtió en un éxito pop en Año Nuevo (como informó Peter Leslie, «sin haber necesitado publicidad ni con bombo y platillo»[n535].

Esto horrorizó a los puristas del jazz: *Jazz Journal* se burló de que «Donegan suena como unos cuantos *hillbillies* intoxicados de regreso de una orgía demasiado extensa»[n536]. Pero para los adolescentes británicos, que a estas alturas no habían escuchado nada más apasionado que «Rock Around the Clock», «'Rock Island Line' sonaba al mismo tiempo imposiblemente extraña y sumamente reproducible con tan solo mínimos conocimientos musicales. Las ventas de las guitarras acústicas se dispararon durante 1956, los estudiantes aprendieron a fabricar un contrabajo con una vieja caja de té y algo de cuerda y cogían «prestadas» las tablas de fregar de sus madres para usarlas como instrumentos de percusión. Aunque resulte extraño, «Rock Island Line» fue un éxito en Estados Unidos y se convirtió así en el primer caso de un artista británico que vendía música negra a un público blanco estadounidense. (Stan Freberg, siempre en busca de buen material para la comedia, de inmediato grabó una sátira hilarante de la actuación de Donegan). No hubo un *boom* del skiffle en Estados Unidos, pero en el Reino Unido la música no solo tuvo éxito, sino que además fue vista por los medios como una sana alternativa al enfermizo gamberrismo de la brigada del rock 'n' roll. Donegan aprovechó el momento para desechar el rock 'n' roll y calificarlo de «timo», aunque un fan replicó que el gran timador del rock 'n' roll era el propio Donegan, pues su carrera nunca habría prosperado si Bill Haley no hubiera acabado con el dominio de los baladistas de la posguerra.

«En el peor de los casos, [el skiffle] se convierte en rock 'n' roll hecho por aficionados», observó John Hasted en el periódico del Partido Comunista Británico, *World News*. «En el mejor de los casos, podría ser el origen de un nuevo estilo de canción nacional del pueblo, con una base realmente popular». Hasted añadía, de forma inconscientemente profética: «Los cantantes británicos casi nunca pueden tener éxito cantando como los negros. No es fácil lograr un acento convincente»[n537]. Declaraciones similares abundaron durante el *boom* del R&B de 1963-1965. Otro crítico de jazz consideró que el skiffle podía engendrar «a los futuros Billie Holiday o Jimmy Rushing británicos»[n538], asumiendo que, una vez superados los encaprichamientos adolescentes con el rock 'n' roll y el skiffle, las *big bands* inevitablemente recuperarían su esplendor de finales de los años treinta. Sin embargo, el éxito de Donegan dio pie a un explosión de música adolescente sin precedentes en la historia de la nación.

Treinta y cuatro grupos participaron en el Concurso Nacional de Skiffle de 1957, que tuvo lugar en Bury St Edmunds, y algunos de ellos incluso osaron empuñar instrumentos eléctricos. Aquella misma semana, un chico de dieciséis años llamado John Lennon actuó en una fiesta de la iglesia en Liverpool —ciudad en la que, cuatro noche a la semana en un almacén remodelado rebautizado como The Cavern, se organizaban conciertos de jazz tradicional, más dos *jam sessions* a la hora de la comida en las que podían participar músicos de skiffle—. El fenómeno estaba tan extendido que la novelista Valerie Hastings escribió un libro para niños titulado *Jo and the Skiffle Group*; el Ejército de Salvación formó su propia banda para tocar música religiosa al estilo folk; el cómico Peter Sellers destruyó el éxito de music hall «Any Old Iron» tocándolo a la manera skiffle; y a las lectoras de la revista semanal *Woman* se les daba consejos sobre cómo prepararse para «su fiesta de skiffle al aire libre[(n539)]» durante el *bank holiday*.

Decenas de miles quisieron participar en aquello. En un momento en el que los manuales de la guitarra estaban dirigidos a quienes preferían la música clásica o querían tocar complejos acordes de jazz, había lugar en el mercado para aquellos que preferían emular a Donegan, Steele o Presley. En la primavera de 1958, a Bert Weedon le dieron una sección llamada «El Rincón de la Guitarra» en el programa de televisión de ITV *Children's Hour*. Se dice que su primera aparición provocó que le escribieran 3.000 cartas. «Les estoy enseñando rock y skiffle, para que puedan acompañarse a sí mismos»[(n540)], explicó Weedon, que aprovechó este entusiasmo para lanzar un manual de enseñanza de guitarra titulado *Play in a Day: Bert Weedon's Guitar Guide to Modern Guitar Playing*. Allí ofrecía consejos sobre cómo tocar skiffle, rock 'n' roll y jazz e incluía una lista de acordes comunes de guitarra y sugerencias de cómo tocar un solo[49].

Cuando los adolescentes empezaron a formar sus propios conjuntos, estaban reflejando lo que ya había sucedido en Estados Unidos, donde tanto el dinero como los instrumentos eran más accesibles para quienes aún no había alcanzado la edad adulta. Muchos jóvenes posaban por primera vez frente al espejo de su habitación, guitarra en mano —o, en su defecto, raqueta de tenis—, imaginando los gritos que provocarían al heredar el público de Elvis. Y aunque la voz rica, juguetona y siempre flexible de Elvis era estrictamente *sui generis*, de igual manera que era imposible imitar la manera de aporrear el piano de Jerry Lee Lewis o reproducir los gritos de Little Richard, otras estrellas del rock 'n' roll ofrecían un blanco más accesible. The Everly Brothers requerían solo un conocimiento de acordes rudimentario y la habilidad de dos chicos para realizar una armonía fraternal con sus voces. Buddy Holly estaba todavía más al alcance, o eso parecía: cualquiera podía intentar emular su tono vocal amanerado e hiposo, y sus canciones, compuestas por él mismo, empleaban acordes básicos de guitarra y juegos de palabras (engañosamente) simples.

«Después de 1955, los aficionados tomaron el mando»[(n541)], dijo el compositor Alec Wilder, lamentando el fin de una época en que Cole Porter, Rodgers,

49. Quienes encontraban el manual de Weedon demasiado complejo podían optar por el Dial-A-Chord, un aparato que no requería ninguna destreza musical, solo la capacidad de girar una rueda de plástico. Los historiadores podrían *Play in a Day* con el libro de Thomas Morley *Plaine and Easie Introduction to Practicall Musicke* (1597), que también se publicó como respuesta al entusiasmo de los aficionados por crear música, aunque el instrumento escogido a finales del siglo XVI era el laúd, no la guitarra.

Hart y sus colegas elevaron la canción popular a alturas de sofisticación poco habituales[50]. Su juicio podía aplicarse igualmente al proceso de grabación en la época del rock 'n' roll, en la que el impacto emocional del disco era más importante que su claridad sonora. Ambas cualidades no eran mutuamente excluyentes, pero el período entre 1956 y 1958 supuso un momento extraño en la historia técnica de la música popular, pues la idea de progreso dio marcha atrás. La meta de la industria siempre había sido producir un sonido más limpio y nítido; así, la grabación eléctrica reemplazó a la acústica, la técnica «ffrr» amplió las frecuencias de las que disponía el ingeniero de sonido y la cinta multipista permitió a músicos y productores pintar con el sonido. De repente, los adolescentes estaban comprando discos en los que no estaba claro si los músicos sabían tocar sus instrumentos (por ejemplo, el tema instrumental de 1958 «Green Mosquitoes», por The Tune Rockers) y en los que el ruido caótico o comprimido hasta formar una masa indistinta era una base aceptable para un éxito. Hubo una explosión de discos en los primeros meses de 1958 —«At the Hop», de Danny and the Juniors, «I Wonder Why», de Dion & the Belmonts, «Jennie Lee», de Jan & Arnie, «Do You Wanna Dance», de Bobby Freeman, «Endless Sleep», de Jody Reynolds— que sugerían que los adolescentes habían tomado el control de una industria de adultos. Simultáneamente, canciones instrumentales de guitarra tan salvajes como «Rumble», de Link Wray, y tan cavernosas como «Movin' and Groovin'», de Duane Eddy (en la que, extrañamente, el propio Eddy no tocaba en realidad), ayudaron a crear un *ethos* del rock 'n' roll que iba más allá de las palabras y las acciones y se adentraba meramente en el reino del *ser*: ser más duro, más ruidoso, más desafiante que todos los demás.

Aquel fue el nacimiento del garage rock, el punk y cualquier otro género en el que el sentimiento trascendía la perfección y la actitud triunfaba sobre la técnica, y lo irónico era que la propia falibilidad de los discos era lo que los hacía tan perfectos. Los fans del rock 'n' roll se podían deleitar con el laberíntico solo de guitarra de Scotty Moore en «Too Much»[51], con la incoherencia anfetamínica de «Get a Job», de The Silhouettes, o con la taimada pronunciación de *peanuts* (cacahuetes) como *penis* (pene) por parte de Eddie Cochran en «Drive-in Show».

Sin embargo, el verano de 1958, cuando muchos de estos discos extraños estaban aún en las listas estadounidenses, fue también el momento en que mu-

50. La revista *Time* sugirió que «una década de discos simplones para niños ha condicionado a los adolescentes de hoy a encapricharse con el igualmente simplón rock 'n' roll»[n542].

51. La explosión de ruido que abre el segundo solo de guitarra en «Hound Dog» de Elvis Presley es quizás la expresión definitiva del rock 'n' roll. Moore admitía que nunca había sido capaz de reproducirlo.

chos expertos declararon que el rock 'n' roll había pasado su época de apogeo, había perdido su emoción y, efectivamente, estaba muerto. Incluso Alan Freed, la persona que había popularizado el rock 'n' roll, tenía cuidado de no pronunciar su nombre en antena. La palabra clave ahora era *beat*... el «gran beat», para Freed; la «música beat», para los productores televisivos en el Reino Unido; enseguida, «teen-beat» (beat adolescente), una descripción que nombraba al público que escuchaba esa música y su característica principal, al tiempo que se despojaba de los verbos sexuales peyorativos y del gamberrismo que supuestamente estaban asociados al rock. Marcaba el comienzo de una época en la que Tin Pan Alley intentó recuperar el control de la industria musical y el pop se volvió más variado y más extraño que nunca.

> «Si le dabas al público lo que quería, podías colarle todo tipo extras: buenas canciones, buenas letras, maestría musical... incluso trozos de verdadero jazz; pero el beat era lo que hacía que la música vendiese».
>
> Ernest Borneman, *Melody Maker*, enero de 1959[n543]

> «Si la música popular es realmente el espejo donde se mira la gente, entonces el rock 'n' roll es realmente una música del pueblo, pues es algo que cualquiera puede cantar [...], se nos invita asistir a una orgía de confesiones, quejidos y sollozos, más vergonzosa que emocionante. Si a esto le añades el ritmo hipnótico y la ausencia completa de habilidades vocales, puede resultar una experiencia bastante demoledora».
>
> Edward Joblonsky, *American Record Guide*, abril de 1959[n544]

Cuando a Elvis Presley lo reclutó el ejército de Estados Unidos en 1958, el trono quedó vacante. Podía haberlo tomado Little Richard, pero se encontraba en lo que la prensa llamó una «fase evangélica», aunque eso no le impidió lanzar su propia línea de perfumes. (¿La primera fragancia? Princess Cheri[52]). Desde Australia llegaban noticias confusas de que Little Richard se había retirado del rock 'n' roll. «Si quieres vivir para el Señor, no puedes además tocar rock 'n' roll», les dijo a los periodistas en Sídney. «A Dios no le gusta»[n545]. Su saxofonista se burló de él diciendo que solo hablaba de boca para afue-

---

52. También existía una línea de lápiz de labios de Elvis Presley son los siguientes colores: rojo cruel, rosa tierno y naranja «hound dog».

ra sobre su fe, y entonces Richard tiró sus joyas en el puerto de Sídney. Regresaría a Los Ángeles, dijo, para que lo bautizase la Iglesia Adventista del Séptimo Día y para «prepararse para el fin del mundo»[n546]. Después afirmó que había cambiado de opinión, desconcertado por el lanzamiento del satélite ruso *Sputnik*. Acto seguido, dijo que el *Sputnik* le había provocado un sueño apocalíptico en el que vio «el mundo arder en llamas y el cielo derretirse por el calor»[n547]. De vuelta en Estados Unidos, empezó a cancelar actuaciones y lo quitaron de las listas de éxitos de la radio. Salió de gira como un evangelista que cantaba gospel y atrajo solo a unas pocas docenas de gente al espacioso Atlanta City Auditorium. Richard no estaba preocupado: se cortó el pelo, porque la Biblia le dijo que lo hiciera, y advirtió a sus fans de que «el rock 'n' roll glorifica a Satán»[n548].

En esta creencia, coincidía extrañamente con el sucesor más evidente de Presley: Jerry Lee Lewis. Nacido en una iglesia de la Convención Bautista del Sur, estaba dividido entre el hedonismo y un miedo mortal a las llamas del infierno. Su música volcaba la fanfarronería de un hombre joven en la tradición del gospel, el country y el boogie-woogie, con sexualidad rezumando en cada compás. «Whole Lotta Shakin' Goin' On», un éxito en todos los mercados imaginables en Estados Unidos —desde el blues hasta el *hillbilly*—, incluso proporcionaba instrucciones para los preliminares y para alcanzar un orgasmo, y condujo a una inevitable continuación: «Breathless» [«Sin aliento»]. Pero el impulso de Lewis se detuvo cuando llevó a su «novia niña» de trece años a Inglaterra. Lo obligaron a que abandonara su gira tras una campaña mediática que buscaba deportarlo. Cuando regresó a su casa, resolvió el asunto con un solo comentario: «Tendrá catorce años en julio. Pero es una mujer DE ARRIBA ABAJO»[n549]. Las fotografías de su novia, apenas pubescente, clamaban otra cosa[53].

Los roqueros parecían atraer el escándalo. «Screamin'» Jay Hawkins (creador de la inmortal «Constipation Blues») se declaró culpable de los delitos de estupro contra una niña de quince años y de posesión de drogas ilegales. Billy Guy, de The Coasters, fue condenado por tener sexo con una menor —la niña en este caso tenía dieciséis años—. A los miembros masculinos de The Platters los descubrieron en una habitación de hotel con tres prostitutas desnudas (y una cuarta en braguitas). A Chuck Berry lo arrestaron primero como sospechoso de un robo (un caso de identidad equivocada) y después por tener un arma oculta, por «zigzaguear con su Cadillac rosa en una carretera

---

53. El cómico *cockney* Tommy Trinder le sacó provecho al furor cuando encabezó el cartel de una fiesta de una iglesia en Southend unos días después de que Lewis abandonara el país: «Siento que no hayamos podido tener a Jerry Lee Lewis para abrir la fiesta», dijo bromeando, «pero desafortunadamente su esposa está echando los dientes»[n550].

de St Louis» y por intentar concertar una cita con una chica blanca menor de edad en un baile de una fraternidad de un instituto. Finalmente, en 1960, lo enviaron a prisión por acompañar presuntamente a una niña de catorce años al estado contiguo con propósitos inmorales. También hubo muertes, por supuesto: Buddy Holly, Ritchie Valens y The Big Bopper murieron en un accidente de avión y Eddie Cochran murió en un accidente de coche durante una gira en el Reino Unido.

Los escándalos del rock 'n' roll británico eran, en su mayoría, más comedidos. El joven roquero Terry Dene estuvo involucrado en una tempestuosa relación con una cantante, Edna Savage. Sus feroces discusiones provocaron que lo arrestaran dos veces por vandalismo. Cuando se alistó en el ejército para hacer el servicio militar, sus mentores asumieron que su reputación mejoraría, como había sido el caso de Elvis, pero a unos pocos días del alistamiento se demostró que estaba sufriendo «una crisis emocional»[n551] y fue trasladado a un hospital militar. Su crisis se convirtió en un colapso nervioso, por lo que rápidamente lo desmovilizaron, tras lo cual en seguida comprobó que su novia ya no quería saber nada de él y tampoco la mayoría de sus fans. Sobrevivió y, una década más tarde, encontró el cristianismo y escribió una autobiografía tristemente titulada *I Thought Terry Dene Was Dead* [*Creía que Terry Dene estaba muerto*].

Tras echar a Marty Wilde de su papel protagonista en el programa de televisión *Oh Boy!*, lo peor que tuvo que soportar Cliff Richard fue un ataque con tomates y huevos podridos durante una actuación de 1959 en el Lyceum Ballroom. «Los chicos que vienen aquí con sus chicas se ponen celosos»[n552], explicó él. Los huevos eran un arma de moda a finales de los años cincuenta: se los tiraron a Shirley Bassey durante una actuación de 1958 en el Chiswick Empire, poco después de que la prensa la acusase de «fingir» un secuestro. Con solo veintiún años, ya la habían regañado por grabar material indecente y se había visto involucrada en un incidente desagradable en el Cumberland Hotel, en Londres, donde estaba alojada con un hombre de treinta y cinco años. Uno de sus antiguos amantes llegó a la suite con una pistola, atacó a su acompañante y después retuvo a Bassey como rehén durante tres horas, disparando ocasionalmente a los muebles. Finalmente, la policía la rescató, pero durante las siguientes vistas su ex alegó con malicia que ella se había «deshecho»[n553] de cuatro hijos de cuatro hombres diferentes. Se vio forzada a admitir que había dado a luz a una hija ilegítima cuando tenía diecisiete años y que su hermana la estaba criando. Pero, aunque que era posible arruinar la carrera de un roquero con este tipo de mala fama, Bassey continuó sin tacha: encabezó las listas de singles británicos en 1959, ganó encuestas de popularidad y gozó de éxito con la crítica en un club de cabaret neoyorquino en 1961.

El Reino Unido no estaba dispuesto a perder a su artista más descarada y sensual sobre el escenario en un momento en el que la mayoría de las estrellas del país eran pálidas imitaciones de originales estadounidenses. Aparte del skiffle y de Tommy Steele, los artistas británicos desaparecieron virtualmente de las listas durante 1956 y 1957, y los únicos momentos convincentes llegaron de la mano de cantantes que se habían formado en la tradición de variedades, como Frankie Vaughan y Alma Cogan. De ahí la sacudida al sistema nervioso adolescente que proporcionó el debut de Cliff Richard, «Move It». Austero, moderno y suave como una bola de billar rodando por el paño verde, fue el primer disco de rock 'n' roll británico que capturó el espíritu rebelde de los estadounidenses (y se podría decir que el último hasta la llegada de Johnny Kidd & the Pirates en 1959).

Era una época en la que en el Reino Unido se esperaba a ver qué se vendía en Estados Unidos y después intentaba copiarlo antes de que el lanzamiento original empezara a tener éxito. Pero la variedad de la música proveniente de Estados Unidos era desconcertante y a menudo los propios cantantes se encontraban a sí mismos en un estudio de Londres intentando imaginar qué podían significar canciones como «My Boy Flattop» y «Green Door». Al menos estaban en su mismo idioma. Intérpretes de otros lugares del mundo se daban cuenta del impacto visceral del rock 'n' roll, el reto estaba en adaptarlo a la cultura de la que provenían. Ayudaba si eran intérpretes para quienes el inglés no era totalmente extraño. Vince Taylor pudo cautivar la escena del rock 'n' roll de Francia porque había nacido en el Reino Unido y se había criado en Estados Unidos; Mickey Curtis, cuyos padres eran ambos anglojaponeses, logró encabezar la moda *rockabiri* en Tokio. Los sudafricanos blancos preferían tomar prestados a sus ídolos de Estados Unidos y el Reino Unido; los sudafricanos negros, despojados de la exposición al rock 'n' roll de los afroamericanos —las canciones que sonaban en la radio de la nación estaban determinadas racialmente—, consideraban que figuras como Bill Haley y Elvis Presley no tenían nada que decirles.

El rock 'n' roll también penetró en el bloque comunista de Europa del Este, llevado por la emisora de radio Voice of America y extendido, después, por el boca a boca. De hecho, la presencia militar de Elvis Presley en Alemania entre 1958 y 1960 animó brevemente al gobierno estadounidense a pensar que el rock podía ser una potente arma cultural contra el marxismo. Como respuesta, olas sucesivas de liberalización y de represión, que en última instancia emanaban del Kremlin, mandaron señales confusas a los ciudadanos de detrás de la Cortina de Hierro. Un año, las autoridades permitían discretamente las influencias occidentales, y al siguiente las obstruían. Bajo la superficie de la cultura comunista, la gente joven mantenía una red semioculta de músicos, fans y sitios donde reunirse. Las bandas rusas manejaban un floreciente comercio clandestino de grabaciones de rock 'n' roll estadounidenses, a menudo «impresas» en postales o en placas de rayos X sacadas de contrabando de los hospitales estatales. Estos «discos de tendencias criminales y vandálicas»[n554] pronto se declararon ilegales. Las autoridades de Moscú se quejaban de que las *big bands* estaban metiendo el rock de contrabando en su repertorio cuando fingían burlarse de él. En Checoslovaquia, Ji í Suchý (una versión menos amenazadora de Bill Haley) cantaba éxitos estadounidenses traducidos en clubes cercanos a la Plaza de Wenceslao. En Alemania del Este, las autoridades permitieron la creación de un baile llamado *lipsi* («una rumba confusa», dijo la revista *Time*[n555]), para disuadir a los jóvenes de que bailasen rock 'n' roll. «A los que bailaban doblando las rodillas los levantaban tirándoles del pelo», relata el historiador Timothy Ryback: «A los que bailaban separados les pegaban y los echaban del bar a empellones»[n556]. Fue necesaria una demostración pública de twist en 1962 por parte del líder del Partido Comunista, Walter Ulbrich, para que se levantara la censura de los bailes occidentales. No ocurrió lo mismo en la Unión Soviética, donde el partido continuó promoviendo solo pasos de baile aprobados oficialmente, como el *moskvichka*, el *terrikon* y el *infiz*. (Solo los oficiales del gobierno los bailaban).

Toda la música estadounidense de la época era considerada indiscriminadamente por los regímenes comunistas como «jazz» o «rock 'n' roll». Pero Estados Unidos era lo suficientemente grande para incluir una docena de tendencias diferentes al mismo tiempo —algunas de las cuales surgían de forma orgánica, otras eran impuestas por Tin Pan Alley y por los editores musicales del Brill Building[54]—. Un motivo persistente a mitad de los años cincuenta era el folk estadounidense, desde «The Ballad of Davy Crockett» en 1955 (la canción de un programa televisivo que inspiró un rico comercio de sombreros y muñecos de Davy Crockett) hasta «The Battle of New Orleans» y «Tom Dooley». Esta última, del Kingston Trio, ayudó a mantener un resurgimiento comercial de la música folk que sobreviviría hasta mediados de los años sesenta, cuando murió ahogado por el material contemporáneo más vívido de cantautores como Bob Dylan y Tom Paxton[55]. Después de The Kingston

54. El Brill Building se encuentra en el número 1619 de la calle Broadway, en Manhattan. Muchos de los compositores de los éxitos de la época, como Carole King y Gerry Goffin, trabajaban en la acera de enfrente, en la oficina de Aldon, ubicada en el número 1650 de Broadway.
55. Esta moda tuvo su equivalente en Alemania Occidental, donde el primer LP que logró vender 100.000 copias fue una colección de baladas de marineros de Freddy Quinn, una estrella del pop de voz melosa. Antes, Quinn había intentado en vano hacerse pasar por mexicano para asegurarse el estrellato en Estados Unidos.

Trio vinieron imitadores como The Brothers Four y The Limeliters, mientras que Joan Baez y Odetta adoptaron una actitud más reverente hacia el material original. Como Estados Unidos se sentía constantemente amenazado en casa y en el extranjero, las baladas sobre su pasado —mítico o no— proveían un tranquilizador sentido de continuidad.

Otra amenaza, la persistencia del rock 'n' roll, dio lugar a que la industria de la música se pusiera de acuerdo para actuar. Las decisiones sobre el gusto popular no podían dejarse al capricho de la opinión pública. Un comentarista británico anunció la noticia en febrero de 1957: «Los expertos dicen que la última moda durará —pese a Bill Haley— como mucho un año más. Ya están en marcha los preparativos para empezar una nueva tendencia. En el Reino Unido, será una música suave, suave, tranquila, perfecta para bailar pegados mejilla con mejilla. En Estados Unidos, se ha decidido probar el ritmo antillano del calipso. [...] [La veterana del vodevil] Sophie Tucker ya se presenta a sí misma como 'Calypso Mamma' y se va a dar un gran impulso a los nuevos discos de Harry Belafonte»[n557]. Como confirmó una publicación periódica de la industria en Estados Unidos: «De repente las discográficas se interesan por las canciones con ritmo de calipso»[n558], especialmente las que estaban orquestando esta tendencia. Pronto los LPs de Harry Belafonte, hasta entonces inéditos en el Reino Unido, empezaron a venderse de contrabando en las tiendas de Londres. Era, dijo un periódico londinense, la «calipsomanía»[n559].

Habían transcurrido veinte años desde los primeros intentos de comercializar el calipso entre el público del Reino Unido y Estados Unidos, y casi cuarenta desde que por primera vez se grabaran canciones en este estilo en Trinidad. Pero sus orígenes se encontraban más allá del Caribe: en África occidental, en la tradición del *kaiso* —una palabra de ánimo que se gritaban entre sí los esclavos que cantaban mientras trabajaban—. En el siglo XX, en Trinidad era música de carnaval, que se improvisaba en las calles o se cantaba en grandes carpas. Como el rap, dependía más de la habilidad verbal que de la originalidad de la música; llevaba agitación política, humor subversivo, obscenidad y orgulloso nacionalismo a lugares a los que los medios convencionales nunca podían llegar. Hacia 1939, en Trinidad se estaban escenificando concursos nacionales de calipso. Muchos de los principales aspirantes al premio, como Lord Beginner y Lord Kitchener, se habían unido al flujo de antillanos que viajaron al Reino Unido en 1948 a bordo del *Windrush*. Beginner deleitó a los reporteros en el puerto improvisando allí mismo, al menos en apariencia, «London Is the Place for Me» [«Londres es el sitio para mí»], aunque la había escrito antes del viaje. A partir de entonces, el calipso se introdujo en la cultura británica a través de rutas inesperadas: traducido al skiffle cuando Johnny Duncan grabó en 1950 el éxito trinitense «Last Train to San Fernando»;

fertilizado mutuamente con el jazz cuando el pequeño número de músicos de bop británicos encontraban trabajo en discos como «Kitch's Bebop Calypso»; incluso adoptado por escritores satíricos británicos cuando el cómico Lance Percival hizo una crónica sobre el calipso en el programa televisivo de la BBC *That Was the Week That Was*. (En París, entretanto, había una variante del calipso introducida por el francoguayanés Henri Salvador, a quien más tarde persuadieron para que escribiera algunas de las primeras canciones de rock 'n' roll francesas, un pecado que nunca se perdonó a sí mismo).

En Hollywood, hubo una avalancha de filmes de explotación del rock, casi todos los cuales (aparte de *The Girl Can't Help It*) giraban en torno a una única línea argumental: estos jóvenes roqueros no son tan malos como parecen. Después le tocó el turno al calipso, con filmes como *Calypso Heat Wave*, *Calypso Joe* y *Bop Girl Goes Calypso*. Estos últimos estaban protagonizados por el autor de «Route 66», Bobby Troup, en el papel de un profesor de psicología que investigaba la «histeria de masas y lo que la mueve». Para demostrar su tesis, persuadía a una cantante de «bop» (de rock 'n' roll, no jazz) de que se convierta a la moda del calipso. «Aquí estamos de nuevo», escribió Barry Ulanov en la revista *Down Beat*. «Otra tendencia, otra moda […], espontaneidad cuidadosamente organizada […], la próxima ola de música popular precisamente planeada […], los gritones de ayer se convierten en los bailarines de los plátanos. […] Es extraordinario que año tras año, década tras década, la máquina perfectamente pulida de la combustión espontánea manufacturada se pone en marcha en nuestra cultura pop sin resistencia alguna». Ulanov concluyó: «Si se puede convertir tan fácilmente a todo un país con una canción y un baile, ¿qué nos dice eso de las susceptibilidades políticas de dicha nación?»[n560].

Incluso Harry Belafonte, el líder putativo de la ola del calipso, se mostraba escéptico: «El calipso se convertirá en una caricatura de sí mismo cuando se suban al carro los que quieren dinero fácil»[n561]. Aquel cantante de clubes mitad jamaicano y mitad martiniqués, que ya era un destacado intérprete en películas «temáticas» de Hollywood, exploró lo que ahora se llamaría *world music*. «Elvis cantaba un tipo de música negra: rhythm and blues», escribió Belafonte en su autobiografía, «mientras que yo encontraba inspiración en canciones folk negras, religiosas y calipso, así como en la música africana»[n562]. Su LP *Calypso*, de 1956, encabezó las listas de éxitos estadounidenses durante siete meses e incluía dos canciones que se convirtieron en *standards* del pop de manera inmediata: «Jamaica Farewell» y «Day-O» (también conocida como «Banana Boat Song»). Belafonte rechazó el material gráfico original que proponía la discográfica: «En los primeros modelos que vi, me habían superpuesto un gran racimo de plátanos en la cabeza. Parecía Carmen Miranda travestida, descalzo, con una sonrisa que enseñaba mucho los dientes, como si estuviera diciendo: '¡Vengan a las islas!'»[n563]. Sus siguientes lanzamientos tocaban superficialmente una variedad de tradiciones folclóricas estadounidenses y caribeñas, lo cual hizo que un crítico británico lo describiera como «la más grande sensación musical del siglo»[n564]. Belafonte fue quien permitió a Bob Dylan grabar por primera vez en un estudio y, más tarde, se convirtió en un símbolo duradero de la lucha por los derechos civiles.

Los cantantes que no siguieron a Belafonte por el camino del calipso intentaron cambiar los ritmos del rock 'n' roll según sus propias posibilidades, a menudo con efectos interesantes, como en el caso de «Crazy With Love», de Guy Mitchell, y «Baby Doll», de Andy Williams. Williams, además, trató de hacerse pasar (a los veintinueve años) por un ídolo del pop adolescente, pero le ganó Tab Hunter, una estrella de cine de dieciséis años, con «Young Love», una canción de country más ligera que el aire. El artículo genuino llegó en febrero de 1957 en la forma de Tommy Sands, de diecisiete años, el primero de una larga sucesión de jóvenes americanos acicalados y poco amenazadores que podían manejarse con un jog-trot si era necesario pero que estaban más cómodos con una balada romántica. Sus sucesores iban desde el actor Sal Mineo, de *Rebelde sin causa* —que, simplemente, no sabía cantar—, hasta Ricky Nelson, cuya versión de «I'm Walking», de Fats Domino, revelaba un talento intuitivo para el rock 'n' roll que le aseguraría una larga carrera. Como para reconocer a estos competidores más jóvenes, Elvis Presley suavizó su estilo para igualarse a ellos y refrenó tanto su sexualidad como a sus guitarristas en «All Shook Up». Cuando regresó, con la afilada «Jailhouse Rock», sonaba verdaderamente amenazador comparado con la vivacidad de Frankie Avalon y Paul Anka.

En un mercado de singles ahora concentrado en los adolescentes y en los hermanos menores de estos, era posible encontrar pequeñas dosis de adrenalina en todos los sabores imaginables. En 1958, nadie sabía lo que se vendería y la novedad lo era todo. La mayor parte de lo que se publicaba parecía extraído directamente de las páginas de la revista *Mad*: coros acelerados en «Witch Doctor» y «Purple People Eater» (y una canción de Joe South en la que ambos monstruos se encontraban), rock de terror («Dinner With Drac»), armonías de matones de esquina («At the Hop»), fantasías de motero («Bad Motorcycle»), canciones instrumentales latinas («Tequila»), llamadas telefónicas de rock 'n' roll («Chantilly Lace»), lecciones parentales («Yakety Yak»), mitología roquera («Johnny B. Goode» y «All American Boy»), sexualidad en bruto («Fever», «I Got Stung») y guías de etiqueta para adolescentes en las que el sexo era definitivamente tabú (la ultraconservadora «Teen Commandments» [«Los diez mandamientos»], cuyo número cuatro insistía: «Desde el primer momento, apártate de todo pensamiento impuro»). The Everly Brothers reflejaban la confusión del romance adolescente, desde la temblorosa seducción de «All I Have to Do Is Dream» hasta la transgresión de la hora de acostarse de «Wake Up Little Susie» [«Despierta, pequeña Sussie»]. The Chordettes incluso mostraron las primeras señales del feminismo en «A Girl's Work Is Never Done» [«El trabajo de una chica nunca termina»]. Y entre todo este caos adolescente, estaba Frank Sinatra, con cuarenta y dos años, como un padre que se ha olvidado del cumpleaños de su hija y ha invitado a sus colegas a jugar unas partidas de póquer.

Había dos hombres que podían salir airosos de esa embarazosa situación, porque incluso en la veintena estaban planeando cómo convertir la atracción que ejercían sobre los adolescentes en una carrera. Bobby Darin empezó como uno de tantos roqueros falsos que irritaban a Jerry Lee Lewis: «Lo único que se oía era a esos Bobbys: Bobby Vee, Bobby Vinton, Bobby Rydell, Bobby Darin. Si te llamabas Bobby, tenías posibilidades de triunfar»[n565]. (No contraer matrimonio con tu prima de trece años también ayudaba, claro.) Darin no parecía mucho más sustancial que Fabian, un chico de quince años a quien contrataron por su atractivo físico —al igual que al héroe de «The Old Payola Roll Blues», de Stan Freberg— y que consiguió varios éxitos sin ser capaz de cantar una nota. La revista *Time* llamó a Fabian «el terror desentonado»[n566]. Bobby Darin, por su parte, como recordó el jefe de Atlantic Records, Ahmet Ertegun, «era una persona con gran ambición y una infinita visión de futuro. No veía límite a su propio potencial. Quería ser un poco de todo. Quería ser un roquero, quería ser un cantante pop al estilo de Sinatra y Dean Martin, quería ser un cantante de folk»[n567]. De «Splish Splash» y «Plain Jane» pasó a «Mack the Knife», cantando con tanto swing como Sinatra... y llevándose a los adolescentes consigo. «Casi todo lo que hago es parte de un plan maestro para convertirme en el artista del espectáculo más importante del mundo», reveló[n568]. Pasó velozmente de los paquetes turísticos de rock 'n' roll a ponerse un esmoquin en Las Vegas, donde Jerry Lewis le dijo: «¿Te das cuenta de que estás solo en tu generación? Sammy, Dean y yo tenemos todos diez años más que tú. A menos que tú mismo te destruyas, no hay nadie que pueda tocarte»[n569]. Él sugería un futuro en el que el swing y los *standards* fueran el destino final de todo roquero de primera fila. Si Elvis Presley hubiese hecho lo mismo y se hubiera pasado los años sesenta con el cancionero de Cole Porter en lugar de con las inanes bandas sonoras de sus filmes, Darin habría sido un pionero en lugar de un disidente.

En el Reino Unido, el equivalente más aproximado de Darin era Anthony Newley, menos convincente que un Elvis o un Sinatra, pero (como Darin) un actor de primera categoría que, a diferencia de este, poseía cierto don para la comedia, experiencia en el music hall y la habilidad para escribir musicales del West End y *standards* perdurables. Sus primeros discos rebosaban personalidad y humor *cockney* y satirizaban el mismo medio que explotaban. Hacia 1962, podía decirse que era el cantante pop más versátil del mundo y quizá podría haber sido capaz de reunir al público de todas las edades que lo había seguido en su juventud y que después se había dividido en segmentos bien diferenciados de adultos y adolescentes. Sin embargo, en un campo cada vez más dominado por las volátiles exigencias de los jóvenes, aquel era un sueño que ni siquiera Elvis Presley o Frank Sinatra podían esperar conseguir.

CAPÍTULO 13

«Es bien sabido que uno de los rasgos más poéticos del carácter del negro es que venera a su río tanto como a su Dios [...]. No hay duda de que la música negra, de cualquier tipo, es a menudo tan fascinante [...] porque ellos siempre creen muy profundamente en su mérito y ponen toda su alma en tocarla.»

Revista *Gramophone*, 1932 [n570]

«El noventa por ciento de las estrellas de hoy en día, incluido yo mismo, no tienen voz, pero tienen alma, ese encanto que emociona al tipo común.»

Nat "King" Cole, 1954 [n571]

El 17 de octubre de 1961, más de treinta mil argelinos y otros originarios del norte de África se reunieron en París para protestar por el toque de queda que se había impuesto a su grupo racial. La manifestación era parte de la campaña del Frente de Liberación Nacional para liberar a Argelia del dominio colonial francés. Las autoridades francesas respondieron con una ferocidad que consiguió que aquel día se recuerde como uno de los más oscuros de la historia moderna del país. Diez mil personas fueron arrestadas antes de que pudieran unirse a la marcha y otras diez mil fueron dispersadas por la policía antidisturbios. Pero varios miles de manifestantes marcharon por el centro de París a orillas del Sena y la policía se enfrentó a ellos con cargas policiales y munición real. Se cree que murieron cerca de doscientos argelinos por heridas de bala o bien ahogados cuando las cargas de la policía los hiciesen caer al río.

Aproximadamente seis mil prisioneros fueron retenidos en el Palais des Sports, donde muchos eran conducidos a los vestuarios y allí golpeados y torturados con porras eléctricas. Tres días después, sin embargo, hubo que trasladar a los prisioneros para que Ray Charles diese comienzo una semana de conciertos en el estadio. Charles, según su compañía discográfica, era un genio y poseía una asombrosa habilidad para canalizar los sentimientos de su audiencia y trasladarlos a la música. «La misma cerilla que os quema a vosotros me quema a mí», explicaba. «Lo que escribo y canto tiene que ver con los tipos comunes y con sus problemas generales»[n572]. No está claro si llegó a saber de las atrocidades que habían tenido lugar en aquella misma sala de conciertos o si la febril atmósfera capturada en un álbum en directo aquella semana estaba coloreada por los ecos de la brutalidad y la angustia. Hubo protestas de estudiantes al final de sus conciertos, pero no porque la policía hubiera torturado y asesinado a manifestantes pacíficos, sino porque Ray Charles se había atrevido a insertar baladas en un repertorio que ellos esperaban que contuviese exclusivamente rock 'n' roll. Ray Charles era ampliamente visto como el representante internacional de un movimiento musical que había asumido proporciones ideológicas: un cambio cultural que combinaba el rhythm and blues con la cruzada por la igualdad y los derechos civiles. «En la música hay un nuevo orgullo racial», decía la revista afroamericana *Ebony* en 1961, «una celebración de los vínculos con África y una orgullosa aceptación del honky-tonk, de las *house-rent parties* y de la gente que dice *dis here* y *dat here*. Una aceptación, en una palabra, de todo lo que condena la clase media estadounidense. Martin Luther King Jr. está también presente en la nueva música, y Little Rock»[n573], donde, en 1957, hubo que llamar al ejército para ayudar a nueve jóvenes negros que se alistaron en el instituto local. ¿Y cuál era el nombre de aquella música cargada políticamente y culturalmente radical? Soul.

Ya en 1928, un artículo en la revista *Gramophone* declaraba que, en los mejores casos, el jazz «tiene *soul*»[n574], es decir, *alma*. Más de veinticinco años más tarde, Ray Charles tenía aquella palabra en la punta de la lengua: «Yo intento mostrar mi alma para que la gente pueda entender lo que soy. Quiero que la gente sienta mi alma»[n575]. En su autobiografía, puso en contexto aquel sentimiento: «Me convertí en mí mismo. Abrí las compuertas, me permití hacer cosas que nunca había hecho antes, creé sonidos que, o eso me dijo la gente, nunca se habían creado antes [...]. Empecé a coger melodías de gospel y a convertirlas en canciones normales»[n576].

Y ahí fue cuando comenzó la controversia. Para Alexis Korner, crítico de blues y, más tarde, pionero del R&B británico, la yuxtaposición de la pasión casi religiosa de Charles y sus propias efusiones sentimentales era algo «casi blasfemo» y «vagamente horripilante» y demostraba su «ausencia de buen gusto»[n577]. Pero en realidad la música negra secular y la espiritual ya compartían ADN desde principios de los años treinta, cuando Georgia Tom, cocreador de la lasciva canción de blues «It's Tight Like That», se convirtió en Thomas A. Dorsey, inventor del gospel moderno. Después de que su mujer muriera dando a luz, Dorsey se sintió impulsado a escribir «Precious Lord, Take My Hand» [«Precioso Señor, tómame de la mano»], que el historiador del gospel Viv Broughton ha llamado «una obra maestra de la himnodia gospel, mitad ascenso espiritual y mitad melancolía de blues»[n578].

Poco después, Dorsey conoció a una joven llamada Mahalia Jackson, cuya carrera él guiaría durante la siguiente década. Jackson grabó un único disco en los años treinta, en el que cantaba con una libertad que no podía encontrarse en ninguna parte de la tradición del blues. Cuando reanudó su carrera en 1946, grabó «Move On Up a Little Higher», una interpretación de puro gospel que contenía casi todo lo que Aretha Franklin tendría que aprender en su vida. Una década después, se había convertido en una celebridad internacional y había puesto su salvación al alcance de todo el mundo. «Perdió a su público negro de manera trágica», dijo de forma despreciativa el productor John Hammond. «Yo diría que poco antes de su muerte estaba tocando para un público que era un setenta y cinco por ciento blanco, si no un noventa»[n579].

Algo que era intrínseco a la tradición del gospel es el intercambio de versos entre el predicador y la congregación, el juego de llamada y respuesta, una estructura reglamentada que parece la viva imagen de la espontaneidad. Ray Charles —al igual que Sister Rosetta Tharpe, cuyo camino en la cuerda floja entre el gospel y el blues en los años cuarenta y cincuenta la llevó a adoptar un áspero sonido de guitarra eléctrica y a grabar su boda en vinilo— no veía ninguna dificultad en aplicar las características del gospel al blues y viceversa (aunque dijo haber rechazado lucrativas ofertas para grabar discos puramente espirituales). Él fue un paso más allá: reformó sutilmente las letras de famosas canciones de gospel para llevarlas al mundo secular, de modo que «This Little Light of Mine» [«Esta pequeña luz mía»] se convirtió en «This Little Girl of Mine» [«Esta pequeña chica mía»]. En 1959, cuando «What'd I Say» actuaba como un crisol de R&B, rock 'n' roll, blues y gospel, Charles no se abstenía de emitir abiertamente los gemidos y gruñidos del acto sexual. «Yo canto con todo el sentimiento que puedo poner, para que así pueda sentirlo yo mismo»[n580], explicó. Solo más tarde se supo que insistía en acompañarse de una larga sucesión de coristas, siempre mujeres, lo que añadía un estremecimiento erótico a su música. Mahalia Jackson probablemente estaba pensando en él cuando declaró: «Algunas de estas discográficas están intentando hacer que el gospel compita con el rock 'n' roll [...]. Pero el gospel no necesita sonidos artificiales, innecesarios y falsos»[n581]. O como Thomas Dorsey se quejó en 1961: «Pongo la radio y no puedo distinguir a los cantantes de gospel de los cantantes de rock 'n' roll»[n582]. Ray Charles probablemente se lo habría tomado como un cumplido.

Si el gospel y Ray Charles fueron los progenitores del soul, el movimiento pronto se convirtió en una fuerza tan política como musical. El «soul» entró en el jazz como una forma de describir la música de artistas como Oscar Brown y Cannonball Adderley, que combinaban una sensibilidad moderna con la voluntad de recuperar recuerdos de una edad aún más oscura: las canciones de trabajo, cánticos religiosos y desesperados espirituales de la época de la esclavitud. Durante décadas, los estadounidenses negros habían medido su éxito en términos de asimilación: cuanto más adoptaban las costumbres de la burguesía blanca, más progresaba su raza a la civilización. (Carl Van Vechten exploró las ramificaciones de este impulso en su novela *Nigger Heaven*). Pero, después de la Segunda Guerra Mundial, la comunidad negra se puso a buscar su propia cultura. Novelistas como Ralph Ellison y Richard Wright se atrevieron a explorar la otredad del americano negro. Actos aislados de rebelión contra el racismo y la segregación encendieron la mecha del movimiento por los derechos civiles. Y muchos ciudadanos negros adoptaron de forma descarada costumbres que antes trataban de ocultar en su esperanza de ser aceptados por la América blanca. Su lenguaje cambió, como señaló la revista *Ebony* en 1961: «El verdadero idioma popular de los negros se ha vuelto *chic*»[n583]. La palabra *funky*, por ejemplo, pasó de ser tabú a gritarse en público. Lo mismo ocurrió con la llamada *soul food*, la comida rústica afroamericana que había sido despreciada por las clases altas pero que representaba lo hogareño, la solidaridad, lo acogedor y el sentimiento de pertenencia: «Berzas, codillo, gallinejas, orejas de cerdo y pies de cerdo». «Soul» equivalía a «comunidad», a negritud, a una raza que no tenía miedo de gozar de su propia cultura. Y muy pronto los críticos tomaron prestada la palabra «soul» para describir la música blanca cuando mostraba influencia de la música negra. En 1962, no solo tenía «soul» Elvis Presley, según una revista de jazz, sino que el cantante italoamericano Timi Yuro tomó prestada la palabra para el título de un álbum.

Para Aretha Franklin, hija de un predicador, el «soul» era la forma que tenía su padre de cantar y declamar desde el púlpito. Para Thomas Dorsey, «soul» era una característica reservada exclusivamente para una forma de música: el gospel afroamericano. El «alma» *(soul)* estaba destinada a Cristo, y el corazón *(heart)* a la política y al romance, de modo que la música secular debía llamarse, en todo caso, «heart music»[n584]. Pero aquello no se quedó en la memoria colectiva. Una objeción más considerada vino del escritor Horton Floyd, en un escrito polémico titulado «Estoy harto del alma». ¿Por qué, se preguntaba, la raza negra elogiaba una cualidad inspirada por su experiencia de esclavitud y segregación? «Al aislar lo que creen que es una característica superior de los negros, lo que hacen es dar credibilidad al dogma de los racistas», argumentaba[n585]; toda idea sobre superioridad racial estaba mal, tanto si era del esclavista blanco sobre el esclavo negro, como sobre el «alma» negra sobre la «carencia de alma» de los blancos. Las preguntas empezaban a surgir en seguida: ¿tenía todo lo negro automáticamente «alma»? Si el «alma» provenía de la opresión y la rebelión, ¿qué pasaría si la comunidad negra estuviese libre de racismo? ¿Tenían razón los musulmanes negros en predicar la supremacía de los negros? O, como rezaba el título de un éxito del cantante negro Ben E. King: «What Is Soul?» [«¿Qué es el alma?»].

En 1963, estaba claro: «soul» era el nombre de la música negra contemporánea, mientras que si cualquier cantante blanco conseguía imitar de forma convincente la pasión y el ritmo de Ray Charles o Aretha Franklin, se decía que cantaba «soul de ojos azules». La tradición del blues, que se remontaba a W. C. Handy y que había sido portada con orgullo por tres generaciones como la expresión emocional de la América negra, era ahora una vergüenza, algo que apestaba a esclavitud y a la aceptación de la inferioridad (lo que muestra lo poco que la gente entendía la ruda rebeldía que anidaba en el corazón del blues). B. B.

King dijo: «Me sentía dolido, muy dolido, porque muy a menudo no tenía amigos, especialmente entre la gente joven [...]. No me apreciaban. Hubo muchas noches en las que me volvía a mi habitación y me ponía a llorar»[n586].

En años posteriores, el soul (al igual que el blues) fue recategorizado y clasificado en géneros ordenados y restrictivos, desde Northern soul hasta uptown soul, deep soul y pop soul. También se volvió hacia atrás y reclamó para sí a los cantantes que dominaban las listas de rhythm and blues tras las primeras explosiones de rock 'n' roll negro en los años cuarenta, a hombres como Bobby Bland, Clyde McPhatter y Little Willie John, que, de modos muy distintos, expresaban las emociones sexuales y los tormentos de la vida diaria de los afroamericanos. Willie John era el más potente (y hoy el menos recordado) de todos ellos: un consumado y consumador mujeriego cuyo escenario solía estar cubierto de ropa interior y llaves de hotel. Dominaba a su público con una actitud que más tarde imitarían James Brown, Tina Turner y, finalmente, el joven Michael Jackson. Cantaba con completa confianza en sí mismo y su voz era capaz de alejarse de la melodía y después regresar a reclamarla cuando era necesario (una cualidad que Stevie Wonder ha comparado con músicos de jazz como John Coltrane y Miles Davis).

Al final, Little Willie John quería ser Frank Sinatra, como Nat King Cole antes que él: ganarse el respeto del público en Las Vegas o en Broadway en lugar de andar peleándose en el llamado circuito de las gallinejas. Cole lo consiguió; John se hundió en trastornos románticos y psicológicos que terminaron por enviarle a la cárcel por asesinato. James Brown podía también cantar una canción de Broadway, pero nunca puso el punto de mira en el cabaret. Su objetivo era ser el hombre más trabajador de la industria del espectáculo, con la banda más en forma y la actuación más fascinante del mundo. En la década anterior a su descubrimiento de las complejas estructuras rítmicas del funk, se concentró en ofrecer una experiencia emocionalmente desgarradora con cada disco y cada concierto[56]. El proceso comenzó con su primer single, «Please, Please, Please», en el que, como exclamó el desconcertado jefe de su discográfica: «¡No hace más que cantar la misma maldita palabra una y otra vez!»[n588]. Si el sentimiento del soul estaba presente, con una sola palabra había de sobra.

«El mercado del R&B al completo está dominado hoy en día por tres factores: grupos vocales que parecen haberse lanzado unos a otros un desafío jactándose de que pueden cantar más desafinadamente que los demás; torturados y tortuosos cantantes de baladas,

---

56. James Brown era un artista original, pero tenía influencias. Años antes de que aprendiera a terminar sus conciertos con la imitación de un ataque de histeria, en los conciertos de Billy Ward and The Dominoes, «la banda al completo se derrumbaba y se ponía a llorar sin parar durante cinco minutos»[n587] mientras cantaban «Have Mercy Baby».

que perderían todo su atractivo si tuvieran al menos una pizca de carácter; e instrumentistas que se hacen famosos por su apariencia personal, que tocan un solo al tiempo que se quitan la chaqueta, los pantalones, la camisa y los dientes, y todo ello mientras cuelgan de una lámpara de araña».

Leonard Feather, *Down Beat*, mayo de 1955[n589]

«Los grupos están empezando a sonar todos iguales. Esos falsetes desquiciados y esas voces de bajo alternándose en una canción suenan igual en todos los grupos. Y qué quieres que te diga, muchacho, están llenos de esos pensamientos de romance de colegio como '¿Por qué me dejaste?' y 'Las estrellas brillan en el cielo' y todas esas chorradas. Al cabo de un tiempo, todo eso te pone de los nervios».

Herman Lubinsky, jefe de Savoy Records, 1958[n590]

El traje era obligatorio, con corbata o pajarita; el pelo debía llevarse alisado o muy corto; las voces en cada grupo estaban ordenadas desde el bajo (cómico, sexual) al falsete (angustiado, vulnerable), pasando por el tenor (romántico) y el barítono (sensual). Sus antecedentes eran los Mills Brothers, con sus instrumentos de jazz vocalizados, y el coro imposiblemente angelical de The Ink Spots. Durante unos doce años después de la Segunda Guerra Mundial, los grupos vocales eran depositarios de emociones que variaban desde los extremos de lo sentimental y lo erótico. Solo cuando todas las permutaciones de la carnalidad y el romance se hubieron agotado, los jóvenes blancos entraron en el juego y tendieron un puente entre la tradición del artista salvaje del rock 'n' roll y el colectivismo de los grupos de rock de los años sesenta.

The 5 Red Caps pusieron los cimientos con dos singles en 1944: la casi a capela «I Learned a Lesson», lenta y piadosa, seguida de «Boogie Woogie Ball», que era una diversión de una banda de esquina callejera. En 1946, The Delta Rhythm Boys bautizaron accidentalmente este capítulo de la historia del R&B —a menudo pasado por alto— cuando sus cantantes de fondo entonaban «doo woop doo-woop» por detrás del jocoso bajo solista de «Just A-Sitting' and A-Rockin'». Pero fueron The Ravens al año siguiente, con «Write Me a Letter», quienes consiguieron que los grupos vocales de doo-woop se clasificaran como rhythm and blues... y como hombres, no como adolescentes. Durante casi un año, reinaron sin competencia, hasta que The Orioles [Las Oropéndolas] lanzaron la etérea «It's Too Soon to Know». A comienzos de los cincuenta, a medida que los grupos con nombre de pájaro parecían engendrarse unos a otros, todo un zoo aviar salió cantando de sus jaulas con The Larks [Las Alondras], The Swallows [Las Golondrinas], The Robins [Los Petirrojos] y The Crests [Las Crestas]. Pero la división entre iglesia y calle, entre buenos y malos, seguía vigente, y un mismo conjunto cambiaba de uno a otro bando en cada disco.

The Orioles evocaban una iglesia con la reverencia de «Crying in the Chapel» [«Llorando en la capilla»], de 1953, a la que siguió «In the Mission of St Augustine» [«En la misión de Saint Augustine»]. La alternativa era un tipo de *two-step* de blues lleno de actitud callejera y mentalidad de blues, que casi siempre chorreaba humor irónico y autoironía, por ejemplo el catálogo completo de The Clovers, que conducía directamente a los dibujos animados musicales de tres minutos de The Robins y, en último término, a The Coasters.

En 1951, había una grupo que podía dominar ambos extremos y alcanzar lugares a donde los demás no se atrevía a ir. Con «Do Something for Me», The Dominoes (liderados por Billy Ward) presentaban una voz solista que ascendía a lo alto y aleteaba, perdida en el ambiguo éxtasis de sus emociones. Aunque Ward se quedaba con el crédito y el dinero, el cantante era Clyde McPhatter, el cual alcanzaba la cumbre de la pasión con «These Foolish Things», que sonaba como si hubiera sido grabada durante un ataque de delirio. No es de extrañar que la revista *Jet* informase de que «las adolescentes tenían ataques de histeria» cuando lo veían actuar[n591]. Pero el mismo grupo podía alternar la agonía sentimental de McPhatter con una canción tan carnal como «Sixty Minute Man» [«El hombre de los sesenta minutos»], en la que el cantante bajo presumía de su extraordinario aguante sexual. Cuando finalmente apareció en el Reino Unido cinco años más tarde, *Jazz Journal* dijo que aquel «feo disco» era «poco recomendable para el tocadiscos privado [...], con él nos hundimos en el sedimento de la industria de la música [...]. Si este disco se parece a algo, es al exhibicionismo indecente»[n592].

Encabezó las listas de rhythm and blues durante más de tres meses. Cuando McPhatter se unió a The Drifters en 1953, cansado de los desiguales arreglos económicos de Ward, The Dominoes consiguieron un nuevo vocalista cuya extravagancia podía con todo, desde la ardiente sexualidad hasta el enamoramiento adolescente: Jackie Wilson[57].

La sexualidad de «Sixty Minute Man» condujo a las famosas canciones sobre «Annie» de Hank Ballard and The Midnighters de 1954, en la que primero Annie le daba a Hank un buen repaso («Work with Me, Annie» [«Muévete conmigo, Annie»]) y después, en un escenario digno de una canción country, Annie se quedaba embarazada («Annie Had a Baby» [«Annie tuvo un bebé»]), dejando a Hank libre para ocuparse de «Annie's Aunt Fannie» [«Fannie, la tía de Annie»]. Tan

---

57. La fiebre que despertaba en sus fans era tan compulsiva que, en febrero de 1961, una de ellas disparó a Wilson en la puerta de su apartamento de Manhattan. «No quería hacerle daño, estoy muy confundida»[n593], decía ella llorando mientras llevaban a Wilson al hospital Roosevelt. No sería la última estrella del pop que ingresarían en el Roosevelt tras recibir un disparo de un supuesto admirador.

solo interrumpía la secuencia para alabar los «Sexy Ways» [«Los modos sexuales»] de otra chica. Unas armonías de coros infantiles no habrían encajado con temas tan lascivos como estos y, en 1953, The Midnighters supieron aprovecharse de un abrupto cambio de estilo entre los grupos vocales: de las baladas y los blues pasaron a tocar dinámico rock 'n' roll. De pronto, los jóvenes blancos estaban también escuchando a aquellos grupos (por ejemplo a The Clovers, cuya canción «Good Lovin'» formaba el esqueleto de «Too Much», de Elvis Presley, mientras que un pedazo de «Lovey Dovey» sería reproducido veinte años más tarde en «The Joker», de Steve Miller). Pero la moda que inspiró a los adolescentes blancos a reunirse en las esquinas e imitar lo que oían en la gramola era la combinación del ritmo del rock 'n' roll con aquel aluvión de sílabas sin sentido... parodiada, inevitablemente, por Stan Freberg. El objetivo de la parodia era el éxito de The Chords «Sh-Boom», de 1954, que unía la canción infantil del siglo XIX «Row, Row, Row Your Boat» (cuya letra decía: «La vida es solo un sueño») con una base rítmica que anticipaba el jamaicano sonido del ska y dejaba libertad a los coristas para que se inventaran todos los sonidos posibles sin llegar a pronunciar una sola palabra reconocible. Desde aquel glorioso momento, había solo un paso hasta «Ling, Ting, Tong» (The Charms), «Chop Chop Boom» (The Dandeliers) y, de hecho, para el himno a la lujuria incoherente de Gene Vincent que era «Be-Bop-A-Lula» y también, años más tarde, para la demostración por parte de The Crystals de que a veces las palabras no son suficientes: «Da Doo Ron Ron».

Hubo numerosos intentos blancos de imitar esta glosolalia del doo-woop, aunque la mayoría de ellos se concentraban en las sílabas en perjuicio del ritmo, por lo que los grupos tenían el aspecto y el sonido de *barbershop quartets* o, quizás, de orfeones universitarios, una categoría en la que se podían incluir las armonías de jazz de The Four Freshmen (una influencia clave para los Beach Boys) y el inofensivo trote de «Standing on the Corner», de The Four Lads. Solo a finales de 1957 lanzó la América blanca su propia tradición de doo-woop, con la banalidad de «Short Shorts», de The Royal Teens, que condujo al machismo de Danny and The Juniors —que mascaban chicle y vestían ropa de cuero— y a la cima de este efímero movimiento: Dion and The Belmonts.

Mientras los chicos cantaban, tocaban y presumían de sus conquistas sexuales, sus equivalentes femeninos eran más comedidas. Las excepciones eran Shirley Gunter and The Queens, que inauguraron la tradición de los *girl groups* negros —una tradición que duraría una década— con la roquera «Oop Shoop», de 1954. Tres años pasaron antes de que tomaran la antorcha The Bobbettes y The Chantels, con canciones como «Mr Lee» y «He's Gone», respectivamente, que acentuaban su juventud y aseguraban que el romance, y no el éxtasis, sería su destino eterno. Esto reflejaba el destino de incontables combinaciones de jóvenes blancas que había imitado a las jazzísticas Boswell Sisters y a las amantes del boogie-woogie Andrews Sisters, un sendero hacia lo asexuado que culminó con las canciones turbadoramente castas de The Cordettes (por ejemplo, «Mr Sandman» y «Born to Be with You»).

Estas chicas, tanto blancas como negras, solo se vestían con los mejores vestidos de baile de graduación. Por ello los judíos Jerry Leiber y Mike Stoller (compositor y productor, respectivamente), que no se veían muy tentados a colaborar con ellas, optaron por declarar su amor por el rhythm and blues produciendo deliciosas películas en miniatura que se vendían por igual entre blancos y negros. Las más coloridas estaban reservadas para The Coasters, que sonaban como un grupo de matones que se hubieran decantado por una carrera en los monólogos cómicos. Los papeles que recibieron —cada línea y cada mueca audible estaba bien ensayada con antelación— crearon estereotipos para adolescentes y hombres tanto blancos como negros, pero fueron creados con tanto amor y tanta habilidad que es difícil verlos como degradantes.

También fueron Leiber y Stoller quienes hicieron evolucionar el rhythm and blues hacia una nueva era de sofisticación cuando maridaron el soul de Ray Charles con un ritmo brasileño y una arremolinada sección de cuerda en el éxito de The Drifters «There Goes My Baby», de 1958[58]. The Drifters reinventaron el single de pop como una dramática viñeta: un apretado fardo de emoción y acción que podía explotar hasta llenar la imaginación del oyente. Lo que ellos lograban mediante sutileza, su protegido Phil Spector lo intentaría pronto con exceso catártico: una estrategia de «tierra quemada» que contrastaba con las minas terrestres cuidadosamente colocadas con que Leiber y Stoller habían salpicado sus paisajes sonoros. En sus (blancas) manos, la música negra se convirtió en una declaración personal en lugar de ser una placa de identidad racial.

Para Ray Charles, cuyo progreso a través de los años cincuenta implicaba realismo urbano y sexualidad, las cuerdas representaban no solo prestigio (Sinatra y Sammy Davis tenía cuerdas también) sino libertad. «Nosotros los artistas de rhythm and blues estamos etiquetados», recordó más tarde. «Las cuerdas estaban fuera de cuestión»[n594]. A finales de los años cincuenta, Charles estaba grabando tanto encantamientos carnales como canciones de Broadway, los primeras acompañados de grititos de éxtasis, las segundas de una orquesta que habría hecho las delicias de Sinatra. A partir de entonces —demoliendo barre-

---

58. Con uno de los arreglos más sorprendentes de los años cincuenta, «There Goes My Baby» no fue el primer éxito con cuerdas. Lo precedieron varios singles de The Platters y también (dependiendo de dónde ponga uno los límites entre los géneros) «Nature Boy», de Nat King Cole. Además, The Orioles y The Cardinals también grabaron varias canciones con cuerdas que no llegaron a entrar en las listas. Pero «There Goes My Baby» fue seguramente la primera canción de pop que usó las cuerdas como un elemento adicional y casi central de la producción en lugar de como una extensión del estado emocional del tema.

ras por donde pasaba—, se propuso tender puentes sobre las barreras raciales y decidió grabar discos de música country. «Después de todo», explicó, »el *Grand Ole Opry* ha estado sonando dentro de mi cabeza desde que era un niño de campo»[n595]. Tendrían que pasar aún dos décadas —y tendría que aprobarse aún la legislación de los derechos civiles— antes de que Ray Charles sonase en una emisora de country, pero en 1962 consiguió cruzar en la otra dirección cuando convenció a los compradores de discos de R&B (y pop) de probar las mejores canciones de Nashville. «I Can't Stop Loving You» encabezó las listas de éxitos durante semanas. «Yo no era consciente de ninguna acción valiente por mi parte o de ningún gran avance», dijo Charles, al tiempo que reconocía que sus canciones country «sonaban en las emisoras negras sencillamente porque estas no tenían otra opción; aquellos discos eran demasiado importantes como para ignorarlos»[n596].

La revolución se cobró un preció. A comienzos de los años sesenta, Ray Charles pasó a ser uno más de toda una generación de estrellas del R&B —cada una con su voz individual— que fueron barridas o apartadas del mundo de la música a causa de accidentes o autolesiones. Gracias a «American Pie», de Don McLean, el accidente de avión en el que murió Budy Holly se recuerda como «el día en que la música murió». Para los aficionados a la música negra, no hubo solo un día de infamia, sino de una procesión de desastres. Comenzó con el accidente fatal de Jesse Belvin en 1960 y continuó con el disparo a Jackie Wilson, la sobredosis de Dinah Washington, el arresto de Little Willie John, la adicción a la heroína que lisió la carrera de Ray Charles, el asesinato de la estrella del gospel convertida en ídolo del pop Sam Cooke y, finalmente, el fallecimiento de Nat King Cole —un hombre que se preciaba de fumar sin pausa para así asegurarse de que su voz conservaba su atractiva ronquera— a causa de un cáncer de pulmón. En su lugar surgió una nueva generación de estrellas negras que no buscaban el origen de su música en el jazz y el blues, sino directamente en los grupos vocales de finales de los cincuenta, el gospel-soul de Ray Charles y la búsqueda constante de nuevas modas de baile, que alcanzaron su demencial apoteosis con el twist.

«Solo tienes que hacer como que te estás secando el culo con una toalla al salir de la ducha mientras apagas una colilla con cada pie».

Chubby Checker, 1960[n597]

«El baile más absurdo del mundo llega al Reino Unido, el baile más absurdo y vivaracho desde el charlestón».

Daily Mirror, octubre de 1961[n598]

Aún en los años cincuenta, muchas publicaciones reseñaban los discos de pop usando un solo criterio: qué paso de baile era apropiado para cada canción. Hasta que el swing y el *jitterbug* rompieron los apretados corsés de la corrección, casi cada canción se describía como un «foxtrot» (a no ser, por supuesto, que fuera un vals) y hasta los bailarines menos experimentados sabían aplicar unos pasos de foxtrot a cualquier cosa que oyeran en la pista de baile. El foxtrot se consideraba respetable, pues implicaba parejas heterosexuales manteniendo contacto físico sin expresar sexualidad. Pero los bailes en los que el cuerpo se movía con total libertad eran más sospechosos moralmente. De ahí el pánico ocasionado por el charlestón y sus sucesores, que fue revivido por las epidemias de baile que trajeron consigo el swing, el R&B y el rock 'n' roll y que mantuvieron con vida el decidido meneo y contoneo del bop, la moda de baile adolescente entre 1956 y 1958.

A medida que el bop perdía su impulso, Hank Ballard and The Midnighters ofrecieron a Estados Unidos un nuevo ritmo implacable que sometía al *hucklebuck* (un efímero baile de moda entre 1948 y 1949) a una renovación simplificadora. La canción que detallaba las instrucciones para bailarlo, «The Twist», solo entró en las listas brevemente en 1959, pero mantuvo su popularidad en Filadelfia, donde el productor televisivo Dick Clark creyó que merecía recuperarse. La canción cayó entonces en el regazo de Chubby Checker, un chico negro de diecinueve años que, de pronto, se vio envuelto en un tipo de tormenta mediática que, aunque en la era de internet sería cosa de todos los días, entonces aún no había sucedido en la música popular. Aunque eso no fue inmediatamente evidente: el twist no parecía sino un baile de moda más y, aunque pronto mató al *Madison* y al *hully gully*, durante algún tiempo el *shimmy* mantuvo su dominio. Cada adolescente de Estados Unidos lo conocía y cada experto de la industria asumió que no duraría más de una temporada. Pero los jefes de Chubby Checker eran astutos y presentaron el twist y a él mismo con un aplazamiento de sentencia. En 1961, grabó «Let's Twist Again», para recordar a la audiencia «lo que hicimos el verano anterior». Su éxito devolvió a «The Twist» a lo alto de las listas estadounidenses y, de pronto, el país al completo pareció perder la cabeza y las inhibiciones. Hubo álbumes que volvieron a lanzarse con el nombre cambiado para aprovechar la locura del twist y de pronto había doce éxitos de twist en la lista de los Hot 100, cinco de ellos en el Top 20. ¿Qué había provocado esta demencia? Sencillamente, una campaña publicitaria del Peppermint Lounge, un bar de moteros en el centro de Manhattan que contaba con su propia banda de twist. Un par de semanas después, los conocedores exhibían sus perlas o sus chaquetas de cuero en el Peppermint, donde la aristocracia británica se mezclaba con cantantes de pop, escritores e incluso la poco dada a aparecer en público Greta Garbo.

En noviembre de 1961, el twist se había dado a conocer en la televisión británica y en una de las más prestigiosas salas de baile de Londres. En París se había «convertido en una especie de enfermedad nacional y había contagiado a todo el mundo, desde niños de tres años en pelele a gente sofisticada de mediana edad en Maxim's»[n599]. En Sudáfrica, donde la mayoría de la población había visto el rock 'n' roll como un asunto estrictamente blanco, el twist fue recibido como la auténtica voz de la América negra. *Melody Maker* afirmó que en 1962 el twist probablemente «devolvería de golpe a las *big bands* a la popularidad»[n600]. «Es de esperar que, este año, en los centros europeos de esquí se considerará una falta de elegancia no saber bailar el twist», decía un reportaje[n601]. Se podían comprar pantalones de twist y zapatos de twist, pero los hospitales informaron de una plétora de hernias discales que sufrían aquellos que lo bailaban sin la debida preparación. Los moralistas advertían de que el twist era «sexo sintético convertido en un enfermizo deporte con espectadores»[n602], el tipo de publicidad que solo se podía comprar con toneladas de dinero. Ni quiera los países comunistas del este de Europa fueron inmunes una vez que Ji í Suchý y Ji í Šlitr grabaron la cacofónica «Semafor twist». El periódico estatal de Rumanía observó con tristeza: «¿Cómo podemos alegrarnos de los locos *jitterbugs* y demás bailes modernos de hoy en día que hacen que nuestros jóvenes parezcan espásticos?»[n603].

Liverpool, según se decía a comienzos de 1962, había demostrado ser resistente al twist, aunque uno de los principales grupos de rock de la ciudad, Howie Casey and The Seniors, sacó provecho con su propia variación, el «doble twist». El grupo se mudó al sur, a Ilford, en Essex, donde comenzó a tocar seis noches a la semana en el club Twist at the Top, situado en un rascacielos, aunque solo lo hizo durante un mes, pues de pronto el twist ya no era una novedad. El toque de difuntos fue probablemente el momento en que un Frank Sinatra de cuarenta y seis años, que en 1962 no era la pareja de baile de ensueño de ninguna adolescente, se subió demasiado tarde a aquel carro (cada vez más lento) y grabó «Everybody's Twisting» [«Todo el mundo está bailando el twist»]. Casi inmediatamente, ya nadie lo estaba haciendo.

De vuelta en Liverpool, mientras tanto, un grupo de rock llamado The Beatles se había apropiado de la canción de los Isley Brothers «Twist and Shout», sin vergüenza de mantener vivo el primer gran triunfo publicitario del pop. El twist había demostrado que mediante un bombardeo de publicidad se podía seducir a todos los grupos de edad y sociales para que entrasen en el mundo de la música pop. Los Beatles pronto iban a demostrar el poder de esa estrategia a una escala global.

«Las discográficas crean montones y montones de personalidades fonográficas sintéticas cada año [...] que fabrican con partes de voces humanas y manipulación electrónica [...]. Los sonidos que se oyen en sus discos tienen tan solo un leve parecido con lo que cantan en el micrófono».

Hi Fi/Stereo Review, agosto de 1962[n604]

«Hoy en día, no hay diferencia entre rock and roll, pop y R&B. La música está completamente mezclada».

Leonard Chess, Chess Records, 1962[n605]

Los primeros estudios sobre el rock 'n' roll en forma de libro —publicados alrededor de 1969, al final de una década tumultuosa y confusa— establecieron mitos que siguen vigentes hoy en día y que merecen ser cuestionados. En el nivel más banal, no es verdad, por ejemplo, que fue el asesinato de John F. Kennedy lo que impidió que el legendario disco de Navidad de Phil Spector se convirtiese en un éxito. (*Fun in Acapulco*, de Elvis Presley, fue publicado el mismo día y vendió más de un millón de copias). Es cierto que el asesinato paralizó las ventas durante una semana, pero cuando estas se reanudaron, docenas de discos estacionales se vendieron muy bien, aunque no el de Spector, que fue víctima de disputas comerciales con el distribuidor y no del dolor de la nación. (Un país que colocó en el segundo puesto de las listas de ventas la gloriosamente incoherente «Louie Louie», de The Kingsmen, no podían estar por completo abrumado por el duelo).

En una perspectiva más amplia, Estados Unidos en los años sesenta se ha calificado a menudo como un desierto musical que esperaba a los Beatles y a sus aliados británicos para cobrar vida. En realidad, cualquier examen sensato de la época sugiere algo muy distinto. Se podría decir, por ejemplo, que el terreno estaba más fértilmente abonado antes de la llegada de los Beatles que después de que la llamada *British Invasion* arrancara indiscriminadamente tanto las malas hierbas como las flores. Tampoco es exacto que las bandas británicas ayudasen a los estadounidenses a redescubrir su propia música negra. Más bien ocurrió al revés: las listas norteamericanas de 1963 estaban llenas de extraordinaria música que se podía calificar como R&B, soul o pop. Como observó irónicamente Berry Gordy, de Motown Records, sobre «Do You Love Me», que alcanzó el tercer puesto en las listas de 1962: «Se grabó como R&B, pero cuando alcanzó la marca del medio millón, ya se consideraba pop. Y si no la hubiéramos grabado con artistas negros, se habría considerado rock and roll»[n606]. Lo que ocurrió entre 1960 y 1963 fue que el rock 'n' roll volvió a sus raíces afroamericanas: se reclasificó como rhythm and blues y después floreció durante más de una década como soul.

Es tentador ofrecer sin más una lista de canciones vitales y excitantes de esa época, desde «Money», de Barrett Strong, a «Let It Rock», de Chuck Berry, pasando por «Think», de James Brown, «Let's Have a Party», de Wanda Jackson, «Shop Around», de The Miracles, «Sugar Bee», de Cleveland Crochet... y eso solo en 1960. ¿Que el rock 'n' roll estaba muerto? La música para adolescentes estaba ofreciendo producciones de tanta calidad —Roy Orbison; Brenda Lee; Gene Pitney; «Summertime», de Ricky Nelson (que, por cierto, es de donde proviene el *riff* de «Black Night», de Deep Purple)— que era una lástima categorizarla con esa etiqueta degradante. Y durante los tres años siguientes llegaron The Beach Boys, Phil Spector, la edad dorada de Goffin/King y Mann/Weil y Greenwich/Barry y todas esas extraordinarias colaboraciones del 1650 de Broadway, Burt Bacharach y Hal David, The Four Seasons, más soul, más *girl groups* blancos y negros, Aretha Frankin, Bobby Bland, Sam Cooke, Marvin Gaye, Mary Wells, una docena de extraños e histéricos bailes de moda con gemas del rock 'n' roll a juego, además de soul latino, como Ray Barretto y Joe Cuba (todo ello la banda sonora del naciente movimiento mod británico)... Además, hubo singles de éxito de artistas de jazz (Dave Brubeck, Mel Torne), grupos británicos (The Tornados, The Caravelles), cantantes de country australianos (Frank Ifield) e incluso una monja cantante (The Singing Nun) —cuyas ventas sí se beneficiaron de la muerte de JFK—.

Había también extrañas señales que apuntaban hacia el futuro y que solo son visibles retrospectivamente. El sonido instrumental de los primeros éxitos de los Beach Boys venía de «Wabash Blues», de The Viscounts (y el sonido vocal estaba influenciado, sin duda, por «Git It», de Gene Vincent). «Only the Lonely», de Roy Orbison, y «Hey Little One», de Dorsey Burnette, presagiaban el pop como melodrama y las futuras carreras de Gene Pitney y P. J. Proby (sin olvidarnos de Connie Francis y su «Malaguena»: el flamenco como telenovela juvenil). «Spanish Harlem», de Ben E. King, debió de provocar el gusto de Burt Bacharach por las melodías sinuosas y zigzagueantes que solo podían cantar los intérpretes más hábiles. Paul Revere and The Raiders se hacían eco del movimiento beatnik con el título (aunque no la música) de «Like, Long Hair». «Underwater», de The Frogmen (con sonidos de ranas para identificarlos) inauguró el sonido de los instrumentales de surf. Little Caesar and The Romans introdujeron la nostalgia instantánea del rock 'n' roll con «Those Oldies but Goodies» [«Aquellas viejas pero buenas canciones»] nada menos que en la primavera de 1961, cuando solo los peces de colores se habían olvidado de lo que había ocurrido unos meses atrás. «It Will Stand» [«Aguantará»], gorjeaban proféticamente The Showmen.

La América adolescente estaba expuesta al R&B puro de gente como Freddie King, Slim Harpo, B. B. King, Jimmy Reed y John Lee Hooker, por lo que no parecía haber necesidad de que los Rolling Stones ofrecieran una lección de historia. Gary «U.S.» Bonds creó el sonido de rock 'n' roll que soñaba John Lennon con «Quarter to Three», como una banda de garaje divisada brevemente a través de una espesa niebla, mientras que todas las necesidades guitarrísticas de Lennon quedaban cubiertas en la propulsiva «Watch Your Step», de Bobby Parker. «I Just Don't Understand», de la estrella de cine adolescente Ann-Margret, era una canción empapada de guitarra *fuzz* por parte del adecuadamente llamado Billy Strange, y pronto siguió la aún más cruda «The 2.000 lb. Bee», de The Ventures. Solomon Burke y Ray Charles combinaban country y soul como si estos fueran primos cercanos, y lo mismo ocurría con el soul y la música latina en «Gipsy Woman», de The Impressions.

Y más signos que miraban hacia el futuro: The Everly Brothers dieron con el sonido de guitarras tintineantes del folk rock con tres años de antelación con la irónicamente titulada «That's Old Fashioned» [«Eso está anticuado»] y después anticiparon a los inminentes Beatles con «How Can I Meet Her». El batería de sesión Bobby Gregg consiguió un sonido creíble como precursor del funk en «Potato Peeler», que luego imitarían Booker T and The MGs. La producción de Spector en «Zip-A-Dee-Doo-Dah», ralentizada a la mitad de velocidad antes de añadir las voces, era una visión gótica del pop como un juguete satánico, y, en ese mismo contexto, «Sun Arise», de Rolf Harris, era un extraño anticipo del insistente sonido cósmico que alimentaría los discos inspirados por el sitar de mediados de los sesenta.

Extraños anticipos por todas partes: la melodía de «Pocahontas», de Neil Young, en «He's a Bad Boy», de Carole King; la vivacidad preadolescente de The Osmonds y de los Jackson 5 en «Killer Joe», de The Rocky Fellers, una *boy band* filipina; «Needles and Pins», Jackie DeShannon, mezclando a Spector, folk, soul, rock 'n' roll y música adolescente en un sonido completamente estadounidense; canciones protesta de Joan Baez y Peter Paul and Mary, antes de que la mayoría de la población supiera que las tropas estadounidense estaban en Vietnam; y el feminismo, gracias a Dios, en los comentarios adolescentes de los *girl groups* y en el descarado mensaje de Leslie Gore en «You Don't Own Me» (escrita por dos hombres).

Todo alcanzó su clímax en otoño de 1963, cuando Phil Spector y el líder de los Beach Boys, Brian Wilson, competían por comprimir más emoción y sonido y actitud de rock 'n' roll y visión apocalíptica e incesante ambición en cada disco, lo que resultó en «Be My Baby», de las Ronettes, producida por Spector, y, de forma más sensiblera, «Be True to Your School», de los Beach Boys. Y después, en enero de 1964 —quince meses más tarde que en el Reino Unido—, los Beatles: después de ellos, nada sería igual.

Nelson Riddle · Love Tide
Romantic seascapes in lush string arrangements

«La mayoría de nuestras mejores canciones tenían lo que yo llamo el tempo del latido del corazón. La música para mí es sexo: todo está relacionado de alguna manera y el ritmo del sexo es el latido del corazón. Normalmente trato de evitar orquestar canciones con un clímax al final. Es mejor hacerla crecer hasta alrededor de dos tercios del camino y después terminar con una sorpresa. Es más sutil. No me gusta terminar soplando y golpeando a toda máquina.»

Nelson Riddle [n607]

CAPÍTULO 14

MÚSICA PARA MODERNOS

«El horrible rock and roll malo se ha terminado. Uno ve un disco como 'Who's Sorry Now', de Connie Francis, y sabe que los jóvenes están comprando mejor música que antes.»

Lou Krefetz, jefe de discográfica, junio de 1958 [n608]

La ecuación «música igual a sexo» nunca había quedado tan vívidamente ilustrada como en «I've Got You Under My Skin», una canción de Cole Porter con arreglos de Nelson Riddle que Frank Sinatra grabó en enero de 1956. Sinatra cabalgaba sobre la vertiginosa sección central hacia un clímax —con uno de los *crescendi* de metales más emocionantes capturados en disco— y después volvía a animarse para un nuevo ascenso. Mientras Frank se deslizaba cómodamente hacia una sensación final de bienestar, Riddle provocaba una última sorpresa: un cambio de tonalidad en el acorde final del arreglo, refrescante como una ducha rápida, que sugería que, a los cuarenta años, Sinatra estaba preparado para empezar de nuevo.

«I've Got You Under My Skin» era uno de los platos fuertes de *Songs for Swingin' Lovers!*, un álbum emblemático de 1956 grabado en la misma semana en la que Elvis Presley exploró por primera vez los reverberantes pasillos de «Heartbreak Hotel». Dos logros artísticos que señalaban dos direcciones totalmente opuestas: uno llevaba descarada sexualidad al mercado pop adolescente y el otro anunciaba el disco como obra de arte. *Songs for Swingin' Lovers!* se etiqueta a menudo como «el primer álbum conceptual», a pesar de que detrás no había ningún concepto aparte de la unificadora y chispeante genialidad de las partituras de Nelson Riddle. Anteriormente, Riddle había compuesto los arreglos del LP de Sinatra *Songs for Young Lovers*, mientras que los anteriores LPs de Sinatra estaban dedicados al trabajo de un único arreglista y director. Ya en 1939, Lee Wiley se había anticipado a la serie *Songbook* de Ella Fitzgerald lanzando álbumes enteros (de 78 rpm) con música compuesta por una sola persona. (Temáticamente, hay argumentos para afirmar que *Songs of a Love Affair*, de la cantante country Jean Shepard y también de 1956, es más coherente conceptualmente que *Songs for Swingin' Lovers*).

El formato álbum —que en su origen consistía en varios discos de goma laca de diez pulgadas contenidos en un solo estuche— había sido una herramienta de marketing para Sinatra desde *The Voice of Frank Sinatra* (1946). *Sing and Dance With Frank Sinatra* (1950) fue su primer disco exento, no contenido en grabaciones anteriores, aunque a esas alturas la popularidad de Sinatra estaba quedándose atrás respecto a rivales como Frankie Laine y Perry Como. Su programa en la cadena CBS-TV fue un fracaso, y su productor, Mitch Miller, le animaba a grabar *novelty songs*. Por eso el catálogo de Sinatra incluye lindezas como «Tennessee Newsboy» (con Speedy West haciendo cloquear su *steel guitar* como una gallina), «The Hucklebuck» (baile «para papás» a cámara lenta) y «Castle Rock» (que demuestra que Sinatra estaba grabando discos de rock 'n' roll —aunque malísimos— tres años antes que Elvis Presley: en julio de 1951, para ser exactos).

Después, según la conocida leyenda, Sinatra saltó de Columbia —el imperio de Miller— al más receptivo sello Capitol, ganó un Oscar por su papel como Maggio en *From Here to Eternity* y se preparó para la inmortalidad de sus interpretaciones vocales. A finales de los ochenta, aún estaba lanzando éxitos («Theme From New York, New York»), algunos de los cuales llegaron a gente que no había escuchado sus álbumes: «Strangers in the Night» y su dúo padre/hija «Something Stupid», de mediados de los sesenta, por ejemplo, y la canción de 1969 «My Way» (que fue, junto a la contemporánea «I've Gotta Be Me», de Sammy Davis, un desafiante himno generacional para quienes tenían más de cuarenta años). Pero lo mejor de Sinatra de los años de Capitol y Reprise está en sus LPs: con frecuencia eran temáticos, a veces con poco fundamento, pero a menudo eran verdaderos alegatos artísticos. Iban desde los lamentos de la mediana edad de *Only the Lonely* y *No One Cares* hasta los ciclos de canciones de años posteriores, *Watertown* y *Trilogy*. Sus álbumes se anunciaban y se publicitaban como capítulos de la vida de un gran artista y un ser humano emblemático: un amante, un padre, un ganador, un perdedor, un estadounidense que envejecía junto a «la generación más grande», como la llamó Tom Brokaw.

Sinatra constituía una parte de la banda sonora compartida de esa generación, pero no toda. Él y sus coetáneos representaban los viejos valores, amenazados por la cultura adolescente, y también los placeres adultos, ya fueran el adulterio, el alcohol, la ruleta o, en el caso de Sinatra, los tratos con la mafia. Desde el material gráfico de sus discos hasta sus ricas orquestaciones, los miembros de aquella generación simbolizaban una sofisticación que habían logrado con dificultad, aunque era merecida y formaba parte del acuerdo entre Estados Unidos y su clase media. Con el *swing* y la chulería de los pasos de baile de Sammy Davis Jr, con la provocadora sensualidad de la voz de Dean

Martin y la despreocupada calma del fraseo de Sinatra, la adultez nunca antes había parecido tan deseable y tan moderna.

Era inevitable que la más duradera y maleable de las estrellas adolescentes compartiera aquellas mismas metas... al fin y al cabo, Sinatra había sido él mismo objeto de los gritos adolescentes. Así que Elvis Presley, cuando volvió del ejército, se puso a grabar en artefactos pop como «It's Now or Never» y «Surrender», en las que sublimaba la temeraria sexualidad de sus primeros éxitos roqueros y la transformaba en seducción adulta. Sus mayores éxitos de los años sesenta los tomó prestados de compositores italianos, para quienes el drama operístico y el romance épico eran una segunda naturaleza. Bobby Darin imitaba a Sinatra, e incluso jovenzuelos como Bobby Rydell y Paul Anka terminaron grabando clásicos de cabaret. En 1960, Presley apareció junto a Sinatra en un especial de televisión y, mientras, Darin y Anka grababan álbumes en vivo en el club nocturno Copa, en Nueva York (y, por supuesto, más tarde Anka escribió la letra en inglés de «My Way»).

Pero fue la generación de mayor edad, los veteranos de la época de las *big bands*, la que estableció el mercado para los álbumes. Los LPs tenían precios de objetos de lujo para adultos (y más aún el equipo necesario para oírlos). A finales de los años cincuenta y principios de los sesenta, figuras como Tony Bennet, Sammy Davis Jr, Dean Martin, Nat King Cole, Ella Fitzgerald, Doris Day, Johnny Mathis y docenas más disfrutaban de lucrativas ventas con discos que a menudo extraían su material de la misma reserva limitada de *standards* y temas de películas de Hollywood recientes. Lo que vendían, en última instancia, era su personalidad vocal y la garantía de entretenimiento de calidad: calidad como sinónimo de producto seguro y conocido, además de estéticamente atractivo. Al comprar un álbum, uno esperaba que tuviera una carátula laminada a todo color, una dirección artística de buen gusto, información en la funda que reforzara las virtudes de tu elección y música que creara y mantuviera un determinado estado de ánimo.

Había otros artistas, además de Frank Sinatra, que ofrecían una banda sonora para toda una vida y que, además, evolucionaban junto al público de maneras a las que él se habría resistido. En Francia, las *chansons* de Gilbert Bécaud, de Jacques Brel y del famosamente atrevido Georges Brassens aportaban sofisticación con un toque de vulgaridad y preparaban el camino para aún más franco Serge Gainsbourg.

El tema del éxito de Brassens de 1952 «Le gorille» —un simio gigante extraordinariamente bien dotado para el acto sexual— habría sido inimaginable en cualquier cultura angloparlante antes de los años setenta. La revista *Time* relató que el repertorio de Brassens describía «las brutalidades de la guerra, los caprichos del amor, la estupidez de la política y las penalidades de ser un sepulturero o una prostituta»[n609]: aquello era la materia de la literatura, no de las baladas romántica.

El mundo de Petula Clark era más respetable. Había sido niña prodigio en el Reino Unido durante la guerra; joven estrella a principios de los años cincuenta; compositora; estrella en Francia, su patria adoptada (por matrimonio), y finalmente, en los años sesenta, la equivalente más cercana en el Reino Unido a un Sinatra o un Bennet, cantantes que podían canalizar su experiencia —a veces amarga— en la manera en que fraseaban una línea. Su equivalente en Japón era Misora Habari, cuya carrera de cuarenta años abarcó todos los estilos, desde el swing al boogie-woogie, el tango, el twist, la sofisticación de cabaret y el *bubblegum pop*. Al igual que Clark, su catálogo ofrece la historia del surrealista progreso del pop desde la época del jazz hasta el swing de los años sesenta encarnada en una sola mujer.

Más importantes incluso para el mercado discográfico eran las colecciones de canciones, bandas sonoras y música de acompañamiento de espectáculos de Broadway y de musicales de Hollywood. («Parece como si las mentes de las discográficas pudieran pensar solo en adornados pastiches de música de los llamados 'rugientes años veinte', canciones de musicales de Broadway o álbumes diseñados para explotar todos los instrumentos de percusión»[n610], se quejaba *Gramophone* en 1962). En los años cincuenta, solo el *Christmas Album* de Elvis Presley (en sí mismo un truco publicitario destinado al mercado adulto) vendió más unidades que el LP del elenco de *My Fair Lady*, con Julie Andrews y Rex Harrison. La banda sonora del filme basado en *Oklahoma!* —el musical de Rodgers y Hammerstein— le puso a la nostalgia rural una música que recuerda a la opereta: calidad, sin duda.

Lo más popular de todo fue *South Pacific*, el álbum realizado por el elenco del musical y después la banda sonora de la película, que escenificaba un drama con (escandalosos) romances interraciales, aunque las relaciones entre un soldado estadounidense y una chica de la isla y entre una enfermera estadounidense y un francés estaban tratadas con cuidado para no irritar al Ku Klux Clan. Este musical era también de Rodgers y Hammerstein y contaba con canciones tan inolvidables como «Some Enchanted Evening» y «Nothing Like a Dame». Sin embargo, el alcance cultural de los musicales de Hollywood se antojaba insignificante al compararlo con la fuerza todopoderosa del equivalente de la India. Allí casi todos los filmes eran musicales y el puñado de «cantantes de playback» que suministraban las voces a los actores que aparecían en pantalla eran estrellas tan potentes como Sinatra o Presley. (Y mucho más prolíficos: Lata Mangeshkar, en una carrera que se extendió desde 1948 hasta 1984, grabó aproximadamente 30.000 canciones para el cine). Los arreglos instrumentales de la llamada «época dorada» de la India (de 1950 hasta mediados de los sesenta) eran tan extravagantes como los dramas sentimentales que decoraban.

Los años cincuenta fueron también la década de la música ambiental o *easy listening*, que el compositor francés Erik Satie llamó «música de mobiliario». (En una ocasión, Satie organizó un recital en el que exigía a la audiencia que hablara mientras él tocaba y, cuando esta insistió en escuchar, él se indignó). La gran mayoría de los álbumes populares de esta época entraban en una de estas categorías. Los autores de *easy listening* de más calidad generaban ventas y lealtad propias de una estrella del pop. Mantovani, por ejemplo, usó la técnica «ffrr» de Decca para hacer que las cuerdas sonaran como una cascada, algo que hizo por primera vez en el hit de 1951 «Charmaine» y que después dominó más de cincuenta discos de éxitos en los siguientes veinte años. La orquestación de su LP de 1958 *Film Encores* era tan opulenta que su efecto era sumamente inquietante, como si unos alienígenas usaran violines como método de hipnosis en masa. Ray Conniff era igualmente popular: su truco era encontrar fragmentos pegadizos, o motivos, bajo la fuerza de atracción obvia de la melodía y acentuarlos. El álbum que lo hizo famoso fue *S'Wonderful*, de 1957, donde aparecían esos corales sin palabras (con cuatro hombres y cuatro mujeres) que constituían su sello. En *Concert in Rhythm*, aplicaba la misma mezcla casi sin resquicios de voces e instrumentos a conocidos temas clásicos. Su único proyecto fallido fue *Dance the Bop*, un álbum de pseudo-rock que era demasiado... quizá no demasiado abrasivo, pero sí estaba demasiado *presente*, era demasiado prominente como para funcionar bien como música de fondo. Los cantantes de Conniff establecieron el patrón para la música ligera que vendría después. Como ha escrito el cronista de la «música de ascensor» Joseph Lanza: «Los coros en la sombra eran tan comunes a finales de los años cincuenta y principios de los sesenta que pocos artistas instrumentales prosperaban sin incluirlos en al menos un álbum y casi ningún cantante pop podía negarse a emplear su poderosa magia de fondo. Aquella forma de cantar iba en sentido totalmente opuesto a la pasión sudorosa del jazz, el soul, el rock y el folk: estos coros entonaban armonías sin palabras o cantaban con una tenue pronunciación para así pasar tan desapercibidos como los tranquilos y soñadores violines que compartían su espacio»[n611]. Comercialmente, el rey de estos corales era Mitch Miller y su grupo de acompañamiento, The Gang —veintiocho hombres que cantaban armonías de fondo en canciones viejas y familiares—, los cuales gozaron de una gran éxito entre 1958 y 1962 con sus álbumes *Sing Along With Mitch*.

Aquel era un arte que exigía un tacto exquisito y hábil marketing. Grupos como The 101 Strings, The Living Strings o The Mystic Moods Orchestra, una vez establecidos, podían prosperar durante décadas, lo cual constituía una prueba constatable del poder de lo que Vance Packard llamó *The Hidden Persuaders* [*Los persuasores ocultos*] en su libro de 1957 sobre la industria de la publicidad. Los pianistas clásicos Ferrante y Teicher hacían también el papel de experimentalistas con el romanticismo precioso, casi obeso, de sus composiciones para teclado, coro y orquesta. «Ellos inventaron una serie de 'aparatos originales' para extender la gama tonal del piano», ha descrito el historiador Joseph Murrells. «Aplicaban a las cuerdas del piano tiras de papel de lija, cuñas de cartón, etc, para obtener efectos poco habituales parecidos a tambores, xilofones, castañuelas, gongs y clavecines, y grababan *novelty songs* en las que metían la mano en el piano para pulsar, rasguear y golpear las cuerdas»[n612]. La inventiva científica y el dominio musical se combinaban para crear estimulación auditiva... aunque no demasiada. Como observó la revista *Reader's Digest* sobre el servicio de Muzak en 1946: «Quienes trabajan utilizando el cerebro se dan cuenta de que esta música reduce la tensión y mantiene a todo el mundo en un estado de ánimo más alegre»[n613] (aunque una minoría de pasajeros en Washington D.C. se quejaron con vehemencia en 1948 cuando las autoridades extendieron el Muzak a los autobuses de la ciudad). Para asegurarse de que el servicio nunca tomaría por sorpresa a sus oyentes, los ingenieros de Muzak «comprimían el rango dinámico a un máximo de veinticinco decibelios (frente a los cincuenta de los LP normales)»[n614].

Quienes compraban discos de *easy listening* —o se refocilaban en su equivalente radiofónico: los llamados programas de «buena música»— no estaban interesados en esa ética del jazz o del rock que consistía en el progreso y la reinvención constantes... o al menos no en cuanto a progreso musical, pues esta era una época de dramáticos cambios en el proceso de reproducción del sonido. Por muy extraño que pueda parecer a cualquiera que haya crecido en una época de cines con sonido *surround* y auriculares en estéreo, la música grabada era un asunto totalmente monoaural antes de finales de los años cincuenta: un altavoz, un canal de sonido. Después tuvo lugar una revolución: dos altavoces, dos fuentes de música separadas: había llegado la época estereofónica.

«Hay una luz en los ojos de todo músico de sesión: el hombre menos importante de la banda ahora está al mismo nivel que el solista, *su interpretación se puede oír*. Ahora toca con un espíritu renovado. El líder de la banda sabe que ahora el mundo entero puede oír a la banda como él siempre la ha oído: estando de pie en medio de ella. Esto es algo con lo que todos hemos soñado pero que nunca pensamos que ocurriría. Esta época se recordará como la época dorada del sonido».

El líder de banda Ted Heath, 1959[n615]

«Cada fabricante se ha inventado algún nombre estúpido nombre para demostrar
que sus grabaciones son más sónicas que las demás».

Revista *American Record Guide*, septiembre de 1962[n616]

En las últimas semanas de 1959, más de dos mil personas llenaron el Portsmouth Guildhall para presenciar una demostración del nuevo sonido estéreo. El compositor y arreglista Stanley Black estaba presente mientras el público estudiaba la música —desde las bandas sonoras del propio Black a fragmentos de óperas de Wagner—, que sonaba a todo volumen en aquel formato dividido artificialmente. Casi treinta años después de que EMI patentara por primera vez un sistema de grabación estéreo, finalmente este se ponía al alcance del público (en el empobrecido Reino Unido un año después que en Estados Unidos).

Cada sello discográfico acuñó su propio lenguaje hiperbólico para describir sus lanzamientos en estéreo: Full Dimensional, de Capitol; 360 Degrees Sound, de Columbia; Visual Sound Stereo, de Liberty; Stereosonics, Living Presence, etc. Decca los superó a todos con el Phase 4 Stereo y su saga de ingenieros de sonido que avanzaban hacia la perfección sonora. El Phase 1 pretendía replicar la experiencia de estar en una sala de conciertos; el Phase 2 permitía hacer trucos que pronto se conocieron en la industria como «música ping-pong», que consistía en que los sonidos saltaban de un lado de la habitación a otro; el Phase 3 suponía sonido «en movimiento», y en el Phase 4 —la culminación de los milenios de la humanidad sobre la Tierra— había nuevos «conceptos de orquestación que incorporaban una verdadera musicalidad de separación y movimiento»[n617]. Era, concluyó Decca, el equivalente a saltar de dos dimensiones a tres. (Afortunadamente para las desconcertadas mentes de los consumidores, Decca nunca llegó a una Phase 5).

Aunque inicialmente se consideró tan solo un truco publicitario, el estéreo pronto fue apreciado en el terreno estético. «Cuanto más espaciosa sea la música y más grande la orquesta», dijo el líder de banda británico Cyril Stapleton, «mayor es la emoción»[n618]. Como muestra, entre 1958 y 1970 se grabaron incontables álbumes de demostración del estéreo. Percy Faith fue uno de los primeros arreglistas que vislumbraron el potencial de alterar el paisaje sonoro con movimientos rápidos o lentos de los instrumentos (aunque un crítico estadounidense rechazó este estilo por considerarlo «música para probar altavoces»[n619]). Capitol Records expuso sus ideas con la serie *Staged for Stereo* [*Orquestado para el estéreo*], en la que presumía: «Es obvio que el ingeniero de sonido se ha convertido en una importante fuerza creativa en la presentación de las ideas musicales»[n620]. Esto dio lugar a una respuesta desdeñosa por parte de *American Record Guide*: «Se está haciendo la música para que se adecúe al medio, en lugar de usar el medio para servir a la música»[n621]. El decano de este estilo era Enoch Light, a quien los medios desacreditaban llamándolo «el rey de la pelota que rebota».

La frase «alta fidelidad» (*hi-fi* para abreviar) se popularizó en 1954 para describir el sonido de los LPs de 33 rpm y se convirtió en sinónimo de los constantes avances en el sonido fonográfico. Era una industria lucrativa: las ventas en Estados Unidos se incrementaron en un 500% entre 1952 y 1955. «Los devotos fans del audio», observaba un reportaje, «insisten en comprar los componentes por separado [...]; el precio puede subir hasta los 2.500 dólares»[n622]. Muy pronto, la idea de que algunos consumidores estaban más interesados en la fidelidad del sonido que en el contenido de los discos se convirtió en un cliché —aunque un cliché irónicamente exacto—, mientras que el extremo opuesto del espectro lo ocupaban quienes usaban equipos antiguos o dañados para satisfacer su pasión por la música. (Se decía, por cierto, que los entusiastas del *hi-fi* eran casi siempre hombres de mediana edad, solteros y con una «personalidad compulsiva»[n623]. En algunos casos, afirmó un psiquiatra clínico, su colección de discos representaba un «harén simbólico»[n624] 59). La industria discográfica siempre vio el mercado de la música clásica como el blanco de sus innovaciones sónicas. Pero la habilidad de pintar cuadros más extensos con el sonido inspiró a artistas de diferentes aspiraciones.

En los primeros tiempos del *hi-fi*, ninguna banda o cantante recibió una aclamación más intensa y generalizada por parte de los críticos que The Sauter-Finegan Orchestra. Formada por dos de los mejores arreglistas de swing, The Sauter-Finegan Orchestra se propuso ocupar la brecha, previamente ignorada, entre la música de baile y la música ligera. Su truco publicitario (cada banda necesitaba uno) era el uso experimental de tantos instrumentos poco ortodoxos como bocas y manos pudiera manejar la orquesta. Su repertorio mezclaba material original con temas clásicos reelaborados y *standards* de pop modernizados. Alcanzó la cumbre de su ambición con la extensa *suite* «Pictures from Sauter-Finegan Land» y con el opulento tema instrumental «Sleepy Village», del que habría podido sentirse orgulloso Brian Wilson, de

59. Un vendedor escribió a la revista *Gramophone* en 1925: «En la mayoría de los casos en los que una mujer viene con su marido a comprar un equipo, a ella solo le interesa el artefacto como 'artículo de mobiliario'. Las capacidades del equipo como instrumento musical no tienen en realidad mucha importancia para ella. Me he dado cuenta de que la gran mayoría de ellas simplemente no entienden el *tono* en absoluto, aunque con frecuencia *fingen* que lo entienden. [...] No paran de hablar cuando suenan los discos más perfectos y se ve que en realidad no entienden la música en absoluto y no quieren entenderla»[n625].

los Beach Boys. Un crítico describió a la formación como «la primera banda cuya existencia ha sido posible gracias al uso extendido del equipo de alta fidelidad»[n626]. «Sonamos horribles en la gramola»[n627], admitía Eddie Sauter. Salían de gira con una «mesa de sonido especial de reóstato»[n628], mediante la cual los arreglistas podían mezclar y remezclar el sonido de su orquesta *in situ*. Sin embargo, mantener de gira la orquesta resultaba ser demasiado caro, por lo que los dos hombres terminaron componiendo *jingles* para agencias de publicidad.

La Sauter-Finegan no fue nunca una banda de jazz —aborrecían la improvisación en el escenario—, pero el líder de banda más polémico de la época de posguerra, Stan Kenton, compartía su voluntad de cruzar fronteras artísticas. La orquesta de Kenton debutó en Nueva York en 1942 y al principio recibió críticas negativas por su tono demasiado serio. En 1946 fue elegida mejor banda del año y se dijo de ella —en lo que quería ser un cumplido— que era capaz de inducir «un estado musical maníaco en un país de amantes de la música cuyos gustos son tan locos y variados como las reacciones violentamente opuestas de cualquier maníaco-depresivo»[n629]. A finales de 1948, Kenton siguió el ejemplo de Artie Shaw y abandonó el mundo de la música en lugar de tratar de satisfacer al conservador público. Esta una reacción representativa de un fan británico del jazz: «Si tocar simultáneamente cinco tonalidades disminuidas […], si reunir a un gran grupo de músicos supuestamente consumados solo para ponerlos a trabajar haciendo efectos de sonido para una pesadilla paranoide, si todas estas cosas tienen como resultado algo que remotamente merece el nombre de jazz progresivo, entonces yo soy una cabra montesa de los Cárpatos»[n630].

Un año después, Kenton regresó y retó a sus oyentes a hacer frente a una gira titulada *Innovations in Modern Music* [*Innovaciones en música moderna*]. (El líder de banda británico Vic Lewis tomó prestado un puñado de arreglos de Kenton y los presentó como «música para modernos»). Algunos encontraron el sonido explosivamente inspirado; otros mostraron su descontento sentándose al borde de la pista de baile hasta que Kenton aceptó desempolvar sus arreglos de swing de la época de la guerra. Entretanto, sus discos se volvieron cada vez más modernistas: fue más allá de la voluntaria politonalidad de las composiciones de Darius Milhaud hasta entrar en áreas por las que Schönberg habría temido caminar, en particular con las *suites* tituladas *City of Light* y *This Modern World*, escritas y arregladas por Bob Graettinger y cuya estructura, según se supo, se planeó usando «cómputos matemáticos, tablas de colores y gráficos»[n631]. *Jazz Journal* respondió con un chiste «progresista»: «Durante un largo intermedio, a un camarero se le cayó una bandeja con platos y tres parejas se levantaron para bailar»[n632]. El jazz no podía ir más allá y hacerse pasar al mismo tiempo por una forma de música popular: a finales de los años cincuenta y en los sesenta, el free jazz sería un área estimulante tanto auditiva como intelectualmente, pero solo como un estilo musical de culto.

> «Siempre tengo una sensación incómoda cuando escucho jazz moderno. Los estadounidenses crearon el jazz moderno a partir de un mundo de nerviosismo, de confusión... y cuando escucho jazz moderno, yo también empiezo a sentirme muy confundido emocionalmente y solo quiero alejarme de él»
>
> Eartha Kitt, 1954[n633]

> «Si es así como va a sonar el jazz en unos pocos años, entonces espero no estar escuchando discos nuevos para entonces».
>
> Crítica de *Jazz Journal* a Ornette Coleman, agosto de 1962[n634]

«He visto a músicos como Miles Davis y Lee Konitz tocando para el mobiliario»[n635], reveló un corresponsal de *Melody Maker* después de una gira por los desérticos clubes de jazz de Nueva York en el otoño de 1956. En 1950, Teddy Wilson anunció que «el jazz está muerto». Stan Kenton se dio cuenta de que «el jazz estaba acabado» en 1964. Y a pesar de esto, aquella fue una época de hitos del jazz: *Birth of the Cool*; el sonido de la costa oeste; *Kind of Blue*; el free jazz; las colaboraciones de Miles Davis con Gil Evans y John Coltrane; la idea de Gunther Schuller de una música que no sería ni jazz ni clásica, sino una «tercera corriente» a mitad de camino entre ambos polos; la reinvención del jazz como música de cámara por parte de The Modern Jazz Quartet; la exploración de la pura autoexpresión libre de Ornette Coleman, Archie Shepp y demás...

No obstante, de forma retrospectiva, es asombrosa la relativa impopularidad de toda aquella música. Incluso *Kind of Blue*, el álbum de jazz más famoso de todos los tiempos, no vendió suficientes unidades como para encontrarse entre los cincuenta LPs más vendidos en Estados Unidos: su renombre se acumuló lentamente, casi por el boca a boca, y muchos oyentes no pudieron comprender al principio la belleza que habían creado Miles Davis y Bill Evans. La riqueza musical de esta época y de las siguientes se introdujo con agónica lentitud en la consciencia colectiva.

Aun así, había un medio artístico en el que el jazz moderno no solo era tolerado, sino que era casi obligatorio. A partir de los años cincuenta, justo cuando el público estaba preparado para aceptar los motivos de la música clásica contemporánea si estos estaban vinculados a las locas payasadas de los dibujos animados de Tom y Jerry, el jazz se convirtió en un accesorio cada vez más familiar para los *thrillers* hollywoodienses, en los que pasó a denotar angustia urbana, tensión, un entorno bohemio y la amenaza de la violencia. Las bandas sonoras de los filmes empezaron a atraer a talentos inconformistas de diversos ámbitos: el arreglista de pop italiano Ennio Morricone, el antiguo músico de la banda de Dizzy Gillespie Lalo Schifrin y —el más exitoso de todos— el músico de jazz convertido en roquero británico John Barry, quien suministró partituras para no menos de once películas de James Bond y cuya colaboración con Shirley Bassey en el tema de *Goldfinger* inauguró la tradición de las estrellas del pop contemporáneas que ofrecían el discurso de presentación de una película. Según parecía, aquel era el futuro del jazz: condenado cada vez más al ostracismo como medio comercial por derecho propio, pero casi esencial como accesorio atmosférico en el cine. El rock, por su parte, comenzó a ocupar el escenario cultural que el jazz había considerado como propio.

Hubo álbumes de jazz que se convirtieron en éxitos después de los años cincuenta: relanzamientos o grabaciones nuevas de las bandas de swing de los años treinta; *Songbook*, la colección de *standards* de Ella Fitzgerald, así como el dúo de esta con Louis Armstrong; un disco ocasional de Kenton o de Ellington; recuperaciones de Dixieland; discos orquestales de Erroll Garner o George Shearing, que ofrecían música ambiental con tenues adornos jazzísticos; además de, inesperadamente, grabaciones en vivo del melodioso trío de Ahmad Jamal, que se vendían gracias a su tema original «Poinciana» y a la familiaridad de canciones como «Cheek to Cheek» y «Secret Love». Pero solo dos fórmulas de jazz conectaron realmente con el público estadounidense, cada una de las cuales demostró que lo que la gente pedía del jazz no era la «libertad de expresión absoluta»[n636] que buscaba Ornette Coleman, sino un sentido del ritmo que fuera entretenido pero no molesto.

Una de las dos fórmulas exitosas era la combinación de solistas de jazz con ritmos latinos; la otra, la música de Dave Brubeck, cuya popularidad y manera de tocar enfurecían a los críticos. «Da la impresión de que el jazz no es su forma natural de expresión», escribió Joe Goldberg; «es como si un hombre que conoce quinientas palabras de francés intentara escribir una novela en ese idioma»[n637]. A quienes creían que el jazz era fundamentalmente una forma de arte afroamericano les molestaba el color de la piel de Brubeck, mientras que el hecho de que su cuarteto incluyera a un bajista negro hacía que algunas salas cancelaran sus actuaciones. Había un acuerdo casi universal sobre que el cuarteto de Brubeck no tenía —no podía tener— swing. Y sin embargo, este

grupo ridiculizado por la crítica logró situar diez álbumes sucesivos entre los
treinta discos más vendidos en Estados Unidos; se convirtió prácticamente en
la única banda de jazz estadounidense de la época que tuvo un efecto comercial en el Reino Unido y en Europa, y, además, su tema «Take Five» logró el
mayor éxito jazzístico desde la época del swing.

Dicho tema estaba incluido en el disco *Time Out*, que —al igual que su sucesor, *Time Further Out*— era una exploración casi mecánica de diferentes compases. Los expertos creían que el público solo respondía a canciones en 4/4
y 3/4 (vals), pero «Take Five» estaba en 5/4 y otro de los singles, «Unsquare
Dance», estaba en 7/4. Sin embargo, estos ritmos estaban vinculados a melodías accesibles, lo cual permitía al público felicitarse a sí mismo por sus osados
gustos sin tener que someterse a atonalidad o disonancia. Su cuarteto también
cuidaba con esmero el mercado universitario.

El gusto de los estudiantes estadounidenses no era siempre predecible (a
diferencia del Reino Unido, donde los alumnos se dividían en entusiastas de
la música clásica y aficionados al jazz tradicional). Los universitarios, que habían constituido un público fértil para el *hot jazz* durante los años veinte y
treinta, optaron por ritmos más suaves en los cuarenta. En 1950, el escritor
Studs Terkel llevó a los campus estadounidenses un espectáculo itinerante titulado *I Come for to Sing*, que dio a conocer el blues de Big Bill Bronzy a
los impresionables estudiantes. Los ecos de aquella intervención persistieron
mucho tiempo, hasta que, durante el resurgimiento del folk de finales de los
años cincuenta, los pulcros The Kingston Trio, The Journeymen y The Chad
Mitchell Trio se convirtieron en los modelos a seguir para la muchedumbre
universitaria.

Sin embargo, en 1957 una encuesta de gran alcance realizada en los establecimientos educativos de Estados Unidos determinó que los músicos más
populares entre los estudiantes no eran tríos de devotos de la música folk que
cantaban armonías vocales, tampoco Brubeck o Broonzy, y ni siquiera Elvis
Presley, sino Mantovani. Había una gran proporción de estudiantes entre el
público en el Newport Jazz Festival, pero el objetivo de estos, más que oír
jazz, era obtener bebidas alcohólicas baratas y sexo fácil, y frecuentemente se
los acusaba de provocar peleas a causa del alcohol.

Mientras que los estudiantes gozaban de los beneficios marginales del jazz,
los padres de muchos de ellos disfrutaban con discos de *easy listening* que pretendían tener ritmo pero que, como mucho, solo se mecían un poco. Eran
colecciones de estrictamente orquestadas y melifluas canciones, interpretadas
por músicos de jazz que nunca se desviaban de sus partituras. Al Hirt, por
ejemplo, cuya forma siempre suave de tocar la trompeta recuerda al jazz de la
misma manera que los dibujos animados de Tom y Jerry pueden recordar al

surrealismo. Quienes tenían una imaginación vívida se atrevían con álbumes que prometían traer a los hogares estadounidenses la selva, los mares del sur o una isla desierta. Les Baxter, un ex arreglista de jazz, se aventuró por primera vez en aquella tierras inexploradas como productor de Yma Sumac —la chica con la «voz prodigiosa» que supuestamente abarcaba cuatro octavas—, una cantante folclórica de Perú que aparecía anunciada como una princesa inca, pese a que sus interpretaciones vocales eran lo bastante exóticas como para no necesitar mayor hipérbole. Baxter publicó más tarde sus propios álbumes «selváticos», como *Rituals of the Savage*, que mezclaba partituras de jazz con una ornamentación vagamente étnica. Pero el exponente más efectivo y exitoso del jazz de los efectos sonoros fue Martin Denny, cuyos dos discos de *Exotica* de 1959 estaban repletos de ruidos de animales y de sutilezas instrumentales que podían haberse sacado de las bandas sonoras de películas antiguas de Tarzán.

Tres años después, sin embargo, la música estadounidense fue visitada por ritmos exóticos cuyo origen podía encontrarse en una ubicación exacta y en un momento preciso en la historia cultural. Para las autoridades brasileñas, hacía tiempo que la música era una herramienta de propaganda internacional. Ahora la nación lanzó un nuevo ritmo en el mundo que tenía unos valores peligrosamente bohemios. La bossa nova no era solo una innovación dentro del jazz, sino también una forma de moverse que, por un lado, era relajada y, por el otro, estaba cargada de una extraña tensión.

«En lo que respecta a la industria discográfica, vivimos en un enorme mundo lleno de bossa».

Revista *Billboard*, octubre de 1962[n638]

«Todo el asunto es bastante aburrido. […]. Ahora parece que la samba tiene swing. ¿Qué demuestra eso? Que la gente del jazz moderno puede tocar largos y tediosos solos sobre un ritmo de samba movido. ¡Estupendo! Prácticamente sin excepción, todos los discos de bossa nova suenan iguales».

American Record Guide, marzo de 1963[n639]

Carnegie Hall, Nueva York, 21 de noviembre de 1962: la sala de conciertos que anteriormente había acogido a Paul Whiteman y Benny Goodman abrió sus puertas a un evento que se anunciaba como «Bossa nova: el nuevo jazz brasileñ)». La publicidad fue tan efectiva que más de mil personas se quedaron en la puerta sin entrar. Sin embargo, el concierto, organizado por el crítico de jazz Leonard Feather, fue un desastre. «Chapucero y poco profesional» [n640], se dijo del concierto, en el que hubo micrófonos mal ubicados en el escenario, músicos en apariencia poco habituados a conectar con el público y un balance de sonido que hacía que la música fuera inaudible. Solo una de las bandas sobrevivió con su reputación intacta: el combo liderado por el saxofonista Stan Getz y el guitarrista Charlie Byrd, que eran además la atracción más en boga en un cartel dividido entre visitantes brasileños y músicos de jazz estadounidenses cautivados por la música brasileña. Su versión instrumental de «Desafinado», la canción de Antonio Carlos Jobim, ya era uno de los singles más vendidos en Estados Unidos y su álbum *Jazz Samba* se convirtió en el primer LP de jazz instrumental que encabezó las listas de éxitos estadounidenses.

La letra de «Desafinado» —escrita por Newton Mendonça y ausente en la versión instrumental de Getz— parodiaba la frecuente crítica al estilo «desafinado» de la bossa nova. La canción, un ingenioso matrimonio de palabras y música, ofrecía una línea melódica tan difícil que los vocalistas tenían que aferrarse a su técnica como podían.

Jobim estaba entre los brasileños nativos que llegaron a Nueva York para el concierto del Carnegie Hall y se quedaron a vivir allí. Otro de ellos fue João Gilberto, que ya había cantado «Desafinado» en Brasil con una intimidad tan sensual como simbólicamente contenida. Pues la bossa nova no era solo un ritmo, ni tampoco una tendencia exótica de la industria de la música global (algo en lo que se convertiría muy pronto), sino un alegato generacional, una filosofía de vida y una negativa rotunda por parte de los jóvenes —en un país que oscilaba entre la corrupción y la dictadura—a mantener la cultura de sus padres.

Si la música popular angloamericana había alcanzado la cumbre de la sofisticación lírica y musical en los años treinta —cumbre que, según los tradicionalistas, ya nunca sería igualada, aunque quizá fue superada en los años sesenta—, Brasil era una cultura en la cual siempre cabía esperar la poesía de sus letristas y melodistas. Sus influencias eran diversas: la machicha, por ejemplo, que llegó a Europa alrededor de la época de la Primera Guerra Mundial, ponía en un crisol el tango argentino, la habanera cubana, la polka europea y el lundu brasileño y de allí emergía un baile que requería que hombres y mujeres apretaran sus cuerpos en éxtasis.

A partir de la machicha surgió la samba, la exportación más duradera de Brasil en el siglo XX: percusiva, alegre, idiosincrásica y diseñada para mover el cuerpo de lado a lado con seductora informalidad. La samba representaba un Brasil idealizado: sonriente, efervescente, irresistible, perpetuamente en movimiento. El arreglista y compositor Pixinguinha llevó la samba a Europa en los años veinte anunciándola como jazz para asegurarse una audiencia. Pero la embajadora más efectiva de la música brasileña antes de la Segunda Guerra Mundial fue también la más polémica. Carmen Miranda se convirtió en una estrella de Hollywood y de Broadway haciendo una caricatura de la etnicidad sudamericana: con la cabeza coronada por lo que parecía una canasta de fruta, ropa escasa y canciones demasiado americanizadas (para el gusto brasileño). Ella respondió a las críticas con una canción amargamente cómica: «Disseram que voltei americanizada» («Dicen que me he vuelto americanizada»). Como ha explicado Caetano Veloso: «Carmen Miranda causó al principio una mezcla de orgullo y vergüenza […], lo opuesto a nuestro anhelo de buen gusto e identidad nacional»[n641].

La samba no era un chaleco de fuerza: podía incluir baladas, canciones para bailar y letras románticas, irónicas o satíricas. Había subgéneros de samba: la *samba-canção* de Río, que era la música de los urbanitas sofisticados; la *samba exaltação*, que consistía en alabanzas a Brasil y a su cultura, y la *samba de morro*: el sonido de las colinas, no de las ciudades, tan tradicional en su reivindicación de sus modestas virtudes como la música country en Estados Unidos. Ary Barroso compuso la samba que tuvo mayor alcance, «Aquarela do Brasil», que Walt Disney usó en la película *Saludos Amigos*, en la que un loro parlante enseñaba al Pato Donald a bailar al estilo brasileño.

La bossa nova surgió del fermento cultural que produjo el gobierno democrático de Juscelino Kubitschek en 1956. Brasil se sumergió con retraso en el modernismo, comprimiendo cincuenta años de desarrollo artístico europeo en cinco. Los artistas brasileños se lanzaron a lo nuevo: primero, el Cinema Nova, y después, inevitablemente, la bossa nova (expresión intraducible que denota un ritmo nuevo con unos valores equivalentes). Al diseccionar el estilo, este revelaba acordes de jazz, la elegancia despreocupada de la *samba-canção* y armonías inesperadas, y al mismo tiempo era el sonido de una joven generación que quería reflejar su identidad brasileña y sus sueños utópicos. Gradualmente, las figuras clave se encontraron unas con otras: el compositor Antonio Carlos Jobim, el poeta Vinicius de Moraes y el guitarrista y cantante João Gilberto, quien firmó el single «Chega de Saudade», que provocó vitriolo contra un estilo desafinado y casi insultantemente perezoso. Tras «Desafinado», según ha explicado el historiador de la bossa nova Ruy Castro, «una obsesión común unió a los jóvenes: librarse del acordeón y coger la guitarra, la cual, por cierto, los podía volver mucho más populares con las chicas»[n642].

João Gilberto, como dijo Miles Davis, «sonaría bien incluso leyendo un periódico»[n643]. Como el de Sinatra, su fraseo era tan preciso y certero como el pulso de un cirujano y mantenía una calma perfecta incluso cuando su guitarra y su voz obedecían órdenes rítmicas diferentes. Su música gradualmente se infiltró en Estados Unidos. Lena Horne fue la primera en enfrentarse a una canción de bossa nova; Sarah Vaughan y Nat King Cole le pisaron los talones. Pero fue Charlie Byrd quien hizo que Stan Getz oyese el LP de debut de Gilberto, con el resultado de que los estadounidenses asumieron que la bossa nova era un tipo de jazz; un ritmo y no una revolución juvenil. Durante 1961 y 1962, muchos músicos en Estados Unidos dedicaron álbumes enteros al sonido de Brasil, con diferentes grados de integridad. El flautista Herbie Mann fue el primero en grabar en Brasil; Paul Winter y Cannonball Adderley vinieron inmediatamente después. Pero estas excursiones «auténticas» quedaban empantanadas por otras iniciativas más interesadas en las ganancias. Singles como «Bossa Nova Baby», de Elvis Presley, y «Blame It on the Bossa Nova», de Eydie Gorme, eran tan auténticos como el tocado de Carmen Miranda y lo único que conseguían era convencer al oyente casual de que la bossa nova no era más que una novedad étnica. Ningún músico de jazz o líder de banda con mentalidad comercial pudo resistirse a la tentación de aprovechar el filón. Tampoco las agencias de publicidad, que vinculaban la etiqueta de bossa nova a cualquier cosa, desde restaurantes hasta líneas de ropa. Hacia 1963, la industria decidió que la bossa nova estaba rancia y se abandonaron los planes de lanzar películas de bossa nova (como *Don't Knock the Bossa Nova*, que habría seguido a *Don't Knock the Rock* y *Don't Knock the Twist*).

En marzo de aquel año, Stan Getz y João Gilberto grabaron un disco de dúos al que añadieron dos canciones de Astrud, la mujer alemana de João. «Garota de Ipanema» era una oda sinuosa a una chica anónima que los compositores de la canción veían todos los días pasar junto a un café. Ya la habían grabado varios artistas brasileros, pero la versión del álbum *Getz/Gilberto* duraba cinco minutos y la voz sin formación de Astrid (ciertamente desafinada, además de fuera de tempo) fue una mera ocurrencia tardía. Pero editaron la canción para crear un single («The Girl from Ipanema») y este vendió millones e hizo que el álbum, *Getz/Gilberto*, permaneciera en las listas de éxitos durante casi dos años. De aquel matrimonio entre Brasil, Estados Unidos y Alemania había salido uno de los discos decisivos de los años sesenta. Después, un golpe de estado respaldado por Estados Unidos derrocó la democracia en Brasil y la bossa nova, con su visión de una sociedad liberada en cuerpo y alma, perdió su patrimonio entre el caos y la represión social que vinieron a continuación.

Esta confusión política pasó desapercibida para Frank Sinatra. Su tardío momento de bossa nova llegó en 1967, cuando grabó un álbum de dúos con

Antonio Carlos Jobim, una colección exquisita en la que el maestro del swing, a los cincuenta y un años, descubrió una nueva forma de cantar, un ritmo nuevo y un vocabulario para reemplazar el que ya había malgastado en cursilerías como «Winchester Cathedral» y «Downtown» (una canción que él mismo odiaba tanto que se burlaba de ella mientras la cantaba). Fue su última invención estilística y marcó el final de una búsqueda en Estados Unidos: el intento de crear una música popular sofisticada y experimental para un público adulto cuyos hijos ya habían descartado esa forma de sofisticación por considerarla obsoleta.

«Cuando tocamos en The Cavern, las chicas hacen cola toda la noche para entrar... es muy halagador. Yo no haría cola toda la noche por nadie. Lo máximo que puedo hacer es esperar el autobús.»

Ringo Starr, 1963 [n644]

CAPÍTULO 15

REVOLUCIÓN AL REVÉS

«La Gente Beatle se preocupa por la ropa pero no está obsesionada por ella [...]. Les encanta el rhythm and blues, el jazz moderno y una pizca de Beethoven. Frecuentan las cafeterías de jazz, donde bailan una mezcla entre *mashed potato* y *twist* [...]. De inteligencia media, poseen cierta educación y tienen opiniones sobre cualquier tema. Viven para el presente y están dispuestos a probarlo todo al menos una vez [...]. La Moda Beatles es amigable, despreocupada, divertida y dispuesta a divertirse. Les gustan los coches rápidos, pasárselo en grande, la pintura, escribir poesía y las películas modernas.»

Revista *Honey*, junio de 1963 [n645]

Como una adolescente enamorada, la industria británica del espectáculo se mostraba patéticamente agradecida por la atención que recibía por parte de la más madura industria estadounidense. Si un importante artista estadounidense se dignaba grabar una canción británica, hacía saltar titulares en la prensa musical. Cuando Frank Sinatra aceptó tocar en Londres y grabar todo un LP con canciones escritas por compositores británicos, fue como si la nación hubiese sido reconocida por un monarca global. (Sinatra tenía tan baja opinión de *Great Songs from Great Britain* que el disco no se editó en Estados Unidos hasta treinta años más tarde).

Los éxitos británicos en las listas estadounidenses, por muy discretos que fuesen, obtenían una atención similar en el Reino Unido. Por todo esto, se despertó una gran excitación cuando Nueva York fue objeto de un asedio de talentos musicales británicos que, como dijo la revista *Billboard*, «está empezando a parecer una migración en masa»[n646]. Era octubre de 1962: cierto grupo de beat de Liverpool acababa de sacar su primer single, pero los artistas británicos a punto de «invadir» Estados Unidos eran el *jazzman* Acker Bilk, el cantante de country Frank Ifield (que había crecido en Australia) y el ídolo adolescente nacido en la India Cliff Richard. Casi un año más tarde, en agosto de 1963, el presentador televisivo de variedades Ed Sullivan vino al Reino Unido (algo que ya era en sí mismo un evento digno de aparecer en los periódicos) para catar lo mejor del joven talento británico. Grabó actuaciones de Richard, The Dallas Boys y Kenny Ball. Richard e Ifield hicieron viajes de ida y vuelta al estudio de Sullivan en Manhattan. Era el mayor ataque coordinado británico al corazón de la industria musical americana, asistido por la escalada por sorpresa en el Hot 100 de los coros retro de «You Don't Have to Be a Baby to Cry», de The Caravelles, que llegó al número tres antes de Navidad.

También en Nueva York, en un concierto en el Carnegie Hall se produjo el caos cuando una velada de artistas italianos encabezada por el grupo de teen-beat Peppino and His Rockers «terminó en un tumulto de fans vociferantes que tuvo que ser sofocado por la policía»[n647]. Ed Sullivan presentó en su programa al hombre que *Newsweek* llamaba «El Rey» y del que la revista *Life* dijo que era un «atronador ídolo juvenil mitad evangelista, mitad Pied Piper y un éxito de los pies a la cabeza»[n648]: el guitarrista de surf Dick Dale. En California, un cartel de cantantes de folk encabezado por Peter, Paul and Mary batió el récord de venta de entradas en el Hollywood Bowl. Mientras tanto, un joven grupo lleno de talento se preparaba para el éxito internacional: The Osmond Brothers, que eran promocionados todas las semanas en *The Andy Williams Show* y que estaban a punto de presentar a su recluta más joven, Donny, de cinco años. Williams y los Osmond obtuvieron numerosas ovaciones en pie durante un concierto en Chicago el día después del asesinato de JFK. «Si consiguiéramos daros un par de horas de placer en este terrible fin de semana, habría valido la pena»[n649], dijo Williams dirigiéndose al público. Quizás como expresión de los sentimientos de la nación, la cantante de cabaret Eartha Kitt lanzó un nuevo single dos semanas después de la tragedia titulado «I Had a Hard Time Last Night» [«Anoche lo pasé muy mal»].

Billboard, la revista estadounidense de la industria musical, al tiempo que se hacía eco de la sorprendente revivificación del rock 'n' roll durante aquella temporada (el rock 'n' roll era, decía, un «cadáver muy animado»[n650]), comenzó a señalar el éxito de grupos británicos desconocidos para los lectores. «¿De Liverpool? ¡Sois un éxito!»[n651], pregonaba en junio de 1963. Los primeros fueron un grupo al que la revista insistía en llamar Gerri and The Pacemakers, el grupo de mayor éxito de Australia, y, con la misma indiferencia por los detalles, «The Beetles». En noviembre, ambos grupos tenían reservada una aparición en el *Ed Sullivan Show*, después de Cliff Richard y Frank Ifield. Y entonces, sin aviso previo, *Billboard* le dio al Reino Unido una extraña alegría por Navidad: «La beatlemanía parece haber despegado en Estados Unidos», anunciaba[n652]. Esto ocurría tres semanas antes del anunciado lanzamiento del primer single de los Beatles en Capitol Records, «I Want to Hold Your Hand», y los estadounidenses apenas habían estado expuestos a su música. La explicación de *Billboard* fue que «el alboroto publicitario que se ha levantado hasta el momento ha cobrado enormes proporciones»[n653]. La compañía discográfica de los Beatles ya había decidido que o se convertían en estrellas en América o se arruinaría intentándolo. Contrató suntuosas difusiones publicitarias y lanzó una campaña que sugería que la estrella de Hollywood Janet Leigh, protagonista de *Psicosis*, iba a cortarse el pelo como los Beatles. (Leigh prefirió no seguir el juego y su lugar lo ocupó «la *starlet*

Gail Stevens»[n654], quien, tras aparecer en una revista de fans de los Beatles, desapareció casi por completo).

A pesar de que el *New York Times* declaró que era difícil que Estados Unidos se interesase por aquel «estilo pasado de moda» que ofrecían los Beatles, «I Want to Hold Your Hand» alcanzó en seguida el número uno. A finales de la primavera de 1964, el grupo ocupaba los cinco primero puestos de los singles más vendidos de Estados Unidos. «El Reino Unido no había tenido tanta influencia en los asuntos de Estados Unidos desde 1775» —el primer año de la Revolución—, según escribió el columnista Jack Maher[n655]. Incluso los adultos ponían canciones de los Beatles en las gramolas para intentar comprender por qué sus hijos estaban tan excitados. El compositor de bandas sonoras Henry Mancini predijo que «los Beatles no durarán. ¿Cómo iban a hacerlo? ¿Cómo podría nadie sostener el ascenso meteórico que los ha lanzado al estrellato?»[n656]. El crítico estadounidense Edward Jablonski sostuvo que el grupo «no ha dejado una marca duradera en nuestra cultura [...]. Su estilo es una parodia inglesa (posiblemente involuntaria) de nuestro estilo popular de música country con una pizca de blues [...], parecen muchachos bastante simpáticos. El hecho de que no saben cantar ni tocar una sola nota buena no importa demasiado»[n657]. El crítico más aturdido de todos, sin embargo, era el cantante de R&B Ben E. King. «Estos chicos, por muy buenos que sean, tocan la misma música que tocaban The Drifters y otra media docena de grupos americanos hace seis o siete años», hizo notar con aire ofendido[n658]. Aquello era una revolución al revés, un audaz paso hacia el pasado.

En 1961, cuando los Beatles aún no habían conocido a su mánager, Brian Epstein, ni reclutado al batería Ringo Starr, el disc jokey de The Cavern Club, en Liverpool, Bob Wooler, ya se había percatado de la asombrosa popularidad local del grupo. Eran, dijo, «lo más importante que había ocurrido en el mundo del rock 'n' roll de Liverpool en años [...] porque resucitaban el estilo originario del rock 'n' roll [...]. Para quienes estaban a punto de ser adolescentes —para aquellos que habían experimentado el impacto del rhythm and blues (el rock 'n' roll en bruto) durante sus años más impresionables— esto era una experiencia, un proceso mediante el cual recobraban y revivían un estilo de música y unos sentimientos asociados que podían identificar con una época [...]. Ahí estaba la excitación —tanto física como sonora— que simbolizaba la rebelión juvenil contra el aburrimiento de mediados de los años cincuenta». Wooler concluía: «No creo que nunca más vaya a ocurrir nada parecido»[n659].

A comienzos de los sesenta, había incontables bandas de rock 'n' roll —bandas de teen-beat, en la jerga moderna— que mantenían viva la fe a lo largo y ancho del Reino Unido. Lo que permitió que los Beatles y otras bandas de Merseyside alcanzasen un impulso tal fue la cultura insular de Liverpool. Aunque Londres determinaba la atmósfera del país, Liverpool había declarado tácitamente su independencia, manteniendo sus propios héroes y obsesiones. Otras ciudades se esforzaban por atraer la atención de Londres, pero en Liverpool, ser conocido en Merseyside era suficiente. Los adolescentes londinenses se percibían a sí mismos como una élite nacional y no veían ningún prestigio en resucitar una moda agotada. De modo que mientras los músicos de Liverpool avivaban las húmedas ascuas del rock 'n' roll, alimentando el fuego con soul moderno y música de *girl groups*, las jóvenes bandas londinenses buscaban algo más voluntariamente elitista: rhythm and blues de Estados Unidos y jazz, música que marcaba a sus seguidores como modernistas, no tradicionalistas.

«El rock desaparece y llega el trad jazz».

Melody Maker, enero de 1961[(n660)]

«Uniformes... ¿es que los trads se han vuelto locos?».

Melody Maker, agosto de 1961[(n661)]

Como aquellos que, a finales de los años cuarenta, querían revivir el jazz dixieland y expulsar el bebop del jazz estadounidense, los decanos del movimiento del jazz tradicional del Reino Unido querían recuperar una edad de oro y consolarse con su esplendor. El *boom* tradicionalista de comienzos de los sesenta coincidió con una nostalgia por una versión romantizada de los años veinte que abarcaba la cultura al completo: *flappers* y gángsters, peinados *bob* y bombines. En manos de los Kenny Ball's Jazzmen y The Temperance Men, el trad jazz era un entretenimiento familiar, tan inofensivo como la pintura negra y los bastones de *The Black and White Minstrels* [*Los minstrels negros y blancos*] o las persecuciones en coche y los disparos del programa de televisión *The Roaring 20's* [*Los rugientes años veinte*].

Y sin embargo el trad jazz había nacido como algo muy serio, según ha observado Jim Godbolt, a manos de personas «obsesionadas con el concepto de pureza instrumental»[(n662)]. Sus orígenes del movimiento en el Reino Unido se podían encontrar en 1943 en los Dixielanders, de George Webb. Sus practicantes rechazaban el maligno saxofón y se preciaban de un íntimo conocimiento de oscuras grabaciones realizadas por un selecto panteón de instrumentalistas de los años veinte. Godbolt ha observado astutamente que aquel fue «el primer ejemplo de una cultura musical absorbida enteramente a través de discos de gramófono»[n663]. El movimiento trad, que alcanzó su punto álgido a comienzos de los años cincuenta —con bandas como las lideradas por Chris Barber y Ken Coyler— y de forma accidental engendró la fiebre del skiffle, atraía a una leal audiencia de estudiantes, bailongos y bebedores. Sus archienemigos eran aquellos que seguían el credo del jazz moderno, y esta enconada rivalidad garantizaba que, a principios de los años sesenta, los festivales británicos pudieran presumir de contar entres sus atracciones con verdaderas batallas campales, cada uno de cuyos bandos culpaba al otro de manchar el buen nombre del jazz. (Estos incidentes palidecían comparados con el saqueo del teatro Olympia de París en 1955 a manos de fans adolescentes del saxofonista de jazz Sidney Bechet).

El *Daily Mirror* ofrecía un útil guía de los bandos en conflicto. «Los fans del trad jazz son por lo general más jóvenes que los mods», revelaba en marzo de 1963, momento en el que el trad jazz había sido ya desbancado de las listas de los más vendidos. «Entre ellos hay niños de colegio, universitarios... y a veces tipos serios de cuarenta años con barba. Los entusiastas del mod jazz tienen por lo general veintitantos y tienen algún tipo de trabajo. Los trads consideran a los mods un atajo de farsantes acicalados que fingen obtener placer intelectual donde no existe. Los mods, por su parte, consideran a los trads una panda de críos a los que les gusta disfrazarse y que no reconocen un sonido barato y comercial cuando lo oyen»[n664].

Hasta 1960, apenas había habido territorio sobre el que discutir. Aparte de recuperaciones caricaturescas del music hall de gente como la orquesta de Billy Cotton y The Big Ben Banjo Band, en los años cincuenta se vendían muy pocos discos de jazz británico. Las excepciones fueron la satírica «Experiments with Mice», de Johnny Dankworth, en la que parodiaba a las principales bandas de jazz moderno de Estados Unidos, y el instrumental de 1959 «Petite Fleur», de Chris Barber (en el que el propio Barber no tocaba). Después, mientras artistas como Emile Ford y Joe Brown —y, en Estados Unidos, The Everly Brothers y Clarence Henry— traducían los éxitos de los años veinte al estilo teen-beat, el público se entregó a una breve pasión por los solos de clarinete. El líder de banda de trad jazz Acker Bilk era ideal para satisfacer esa pasión. Tal como reflexionó Humphrey Lyttleton cuando todo hubo terminado: «Lo peor que podía pasarle al jazz era invadir de pronto el territorio de la música pop. Fue como un conejo invadiendo una pitón»[n665].

Por lo menos, el conejo estaba bien vestido. Acker Bilk fue objeto de la que posiblemente fue la campaña de marketing más sofisticada de la que jamás se había valido un artista musical. Su publicista, Peter Leslie, sugirió que se pusiera un bombín y un chaleco a rayas, lo que lo dotaba de una inconfundible identidad visual. Se anunciaba como «Mr. Acker Bilk» e iba vestido con una variedad de disfraces de época para su LP *The Seven Ages of Acker Bilk*. Entre los eslóganes estaban «No HAY nadie como Bilk» y «Un Acker al día mantiene a raya el bop». Leslie afirmaba que sus fans vivían bajo la sombra de la bomba atómica: «Como el hoy es tan desgraciadamente horrible, todo lo que tenga que ver con el ayer tiene que ser necesariamente mejor»[n666]. Irónicamente, el single más lucrativo de Bilk, «Stranger on the Shore», un exquisito arreglo de clarinete y cuerdas, no tenía nada que ver con el jazz: era un esfuerzo consciente de imitar el éxito de los discos de *easy-listening* de The 101 Strings. Fue elegido como tema principal de un programa infantil de televisión y superó a «Take Five», de Dave Brubeck, como el single de jazz más vendido en el mundo en esa época. También le garantizó a Bilk una audiencia de por vida para sus conciertos, en los que recorría una gama que iba desde el puro trad jazz a algo que se acercaba peligrosamente al rhythm and blues.

Inevitablemente, hubo una película, *It's Trad Dad* (llena de cameos de estrellas del pop); un programa de televisión llamado *The Trad Fad*; un pastiche de un locutor de la BBC, Brian Matthew, titulado «Trad Mad»; un episodio de la comedia televisiva *Hugh and I* que trataba sobre el trad jazz, y un virtual monopolio de las listas de jazz británicas por parte de los señores Bilk, Barber y Ball (interrumpido solamente por Brubeck). El trad jazz también conquistó Europa con las ventas millonarias de «Schlafe mein Prinzchen», de la Papa Bue's Viking Jazz Band.

En el momento del triunfo comercial del trad jazz, un rival más joven y pendenciero le tendió una emboscada. En noviembre de 1962, los expertos aún predecían que el nuevo año estaría dominado por el jazz. En cuestión de semanas, el trad jazz había desaparecido de las listas del Reino Unido sin dejar ni rastro (aparte de las actuaciones de Bilk, Barber y Ball, siempre llenas a rebosar durante los siguientes cincuenta años por sus fieles fans). Por otro lado, los clubes que antes formaban el circuito trad eran ahora bastiones de música beat... o, en el caso de Newcastle, Birmingham y especialmente Londres, de una música mucho más dura y, para sus seguidores, auténtica.

«La música que últimamente atrae a más gente a los clubes de Londres es el puro y simple rhythm and blues».

Melody Maker, noviembre de 1962[n667]

«Todos esos grupos atronadores y mortíferos van a arruinar por completo el movimiento, a no ser que el público se vuelva más selectivo».

Revista *R'nB Scene*, septiembre de 1964[n668]

En marzo de 1962, el *bluesman* oriundo de Mississippi Howlin' Wolf, con su voz cortante como una botella de cerveza rota y sus canciones empapadas de sexualidad y vudú, iba a actuar ante la Staffordshire Society of Jazz Music y en el Hammersmith Palais International Jazz Band Ball. Una enfermedad le impidió volar a Inglaterra y su lugar fue ocupado por los cantantes folk escoceses Robin Hall y Jimmie MacGregor, creadores de la *novelty song* «Football Crazy».

El tipo de música que hacía Wolf era prácticamente desconocido en el Reino Unido, donde una banda liderada por Alexis Korner y Cyril Davies y llamada Blues Incorporated, podían anunciarse en el Marquee, en Londres, como «el único grupo de rhythm and blues del Reino Unido». La estrella del pop Mike Sarne fue uno de los que cuestionaron la noción misma de blues británico: «Es muy peligroso jugar en el terreno de otro [...]. Yo podría encontrar trescientos niños negros en Harlem que cantan blues con razón y mil veces mejor que nadie de aquí. ¿Por qué quieren intentarlo en este país?»[n669].

En septiembre de 1962, a pesar de la advertencia de Sarne, se estaban abriendo clubes de R&B por todo Londres. Georgie Fame ofrecía una mezcla de jazz moderno y blues en el Rik Gunnell's All-Nighter del club Flamingo; Blues By Six tocaban en el Studio 51; los Rolling Stones, en el Woodstock Hotel, en Cheam; The Manfred Manne Mike Hug (*sic*) Quartet mezclaba jazz y blues en el hotel Greenford; mientras que The Dave Hunt's R&B Band, a punto de reclutar a un guitarrista llamado Ray Davis, tocaba en el Chinese Twist Club (cuyo lema era: «Chop chop, velly velly good»). Blues Incorporated siguieron marcando el paso: ochocientos «fervientes fans»[n670] abarrotaban sus conciertos en el Marquee, donde la banda grabó un álbum en directo y donde tocaba música «para bailar el twist, el jive, el jump y el swing y para ponerse al día», o eso declaraba *Melody Maker*. (Esa misma publicación también se preguntaba si Blues Incorporated era la banda más ruidosa del Reino Unido).

«Soy un purista», dijo el líder del grupo, Cyril Davies, preparándose para enfrentarse a quienes querían fundir el R&B con el pop comercial. «No me gusta ver cómo juegan con la música. Sería estupendo usar instrumentos acústicos. Yo prefiero con mucho el contrabajo y la guitarra normal. ¿Pero qué otra cosa se puede hacer en un club de cierto tamaño?»[n671]. Había una presión adicional a la que pronto se tuvieron que enfrentar todas las bandas de blues del país: la avalancha de músicos y fans que, como lemmings, se precipitaban hacia el híbrido de teen-beat y rock 'n' roll de los Beatles. Como observó *Melody Maker* con desaprobación en junio de 1963: «Uno de los grupos de blues más establecidos y respetados ha aparecido de pronto con peinados a lo Beatle y jerséis negros y ha grabado una canción rápida de Chuck Berry titulada 'Come On'»[n672]. Los culpables eran los Rolling Stones. Craig Douglas, cantante de baladas pop, juzgó el single «muy, muy ordinario. No entiendo una palabra de lo que cantan [...]. Definitivamente, no será un éxito»[n673]. Pero en el Station Hotel, de Richmond, los Rolling Stones atraían a una multitud que, «con su fervor, era como una congregación metodista del sur profundo de Estados Unidos»[n674]. Según el siempre vigilante *Melody Maker*, eran «cinco jóvenes que se ven a sí mismos como pioneros de la auténtica música beat en la peligrosa frontera entre el pop y el R&B»[n675].

La noción de autenticidad dominaba por completo la escena R&B británica (y fue parodiada por The Bonzo Dog Band con su pregunta musical «Can Blue Men Sing the Whites?» [«¿Pueden los hombres *azules* cantar el blanco?»]). Aunque todos los aficionados británicos hablaban maravillas de cualquier veterano estadounidense que pudiera estar relacionado con el blues, los florecientes grupos ignoraban el exitoso jump blues y a las estrellas de proto-rock 'n' roll de finales de los cuarenta y preferían el blues «auténtico» que provenía del sur y pasaba por los estudios Chess de Chicago. Incluso en Chess, el catálogo estaba dividido entre artistas dirigidos al público joven (Chuck Berry y Bo Diddley) y aquellos cuya edad y cuya inquietante música requerían un público más maduro y experimentado (Muddy Waters y Howlin' Wolf). Bandas como los Rolling Stones, que llenaban su repertorio con los estilismos roqueros de Berry y Diddley, eran rechazadas por aquellos que tenían gustos más «puros».

La insignia de autenticidad definitiva entre los *bluesmen* blancos, sin embargo, estaba reservada para aquellos que se adherían al culto de un cantante que había muerto hacía unos veinticinco años. «Al principio aquella música me repelía», recordaba Eric Clapton acerca de su adoctrinamiento, «era muy intensa y aquel hombre no intentaba edulcorar lo que estaba intentando decir o tocar. Era algo puro, más que cualquier otra cosa que yo hubiera oído. Después de unas pocas escuchas, me di cuenta de que, en cierto sentido, había encontrado a mi maestro y que seguir el ejemplo de aquel hombre sería la tarea de mi vida»[n676].

El maestro de Clapton, que resonaría en la música de aquel joven inglés desde The Yardbirds hasta John Mayall and The Bluesbreakers, Cream y sus discos del siglo siguiente, era Robert Johnson, que le fue entregado, póstumo y puro, a Clapton y a una asombrada generación de aficionados con el título de «el rey del blues del Delta», tal como rezaba el título de un LP de 1962: *King of the Delta Blues*. Esa antología de grabaciones de entre 1936 y 1937 —ninguna de las cuales había llegado a las ventas de Blind Lemon Jefferson o de Skip James, por no hablar de Leroy Carr o Lonnie Johnson— dejó su marca en una infinidad de artistas, desde Bob Dylan a Keith Richards. Presentada con esmero académico, las notas describían la vida y el arte inquietantes de Johnson en términos psicológicos: «Parecía estar siempre atrapado [...]. Estaba atormentado por fantasmas y por extraños y amenazadores monstruos [...]. Robert Johnson apareció y desapareció, más o menos como una hoja suelta de periódico que el viento arrastra a través de una calle a medianoche»[n677]. No se conservaban fotografías suyas (o eso se creía entonces) e incluso los pocos que lo habían conocido tenían un recuerdo vago de Johnson, el cual vivía atormentado por el miedo existencial («Hellhound on My Trail» [«Un sabueso del infierno me sigue el rastro»]) y por obstáculos insuperables («Stones in My Passway» [«Piedras en mi camino»]), y fue aceptado como la deidad suprema e incuestionable de la tradición del blues. Solo hace poco estudiosos como Elijah Wald han descosido el mito para revelar a un Johnson más humano: alguien que, como el resto de sus coetáneos, robaba versos del repertorio de otros artistas, se ganaba la vida con éxitos de pop e incluso de polka entre sus canciones de blues y (a pesar del esplendor cinematográfico de la escena) nunca vendió su alma en un cruce de caminos o caminó de la mano de Satán. Como documento histórico, sin embargo, el álbum de Johnson era y es extraordinario. Muestra su actitud despreocupada hacia el tempo (legando su herencia de blues de once compases y medio a John Lee Hooker y, después, a Bob Dylan); su temprana maestría con el ritmo del boogie; el repetido *riff* de guitarra que usó para estampar su identidad en el blues; su dominio de varias tradiciones difusas de blues (como si hubiera sido educado en todas ellas), y el modo en que, en su primera grabación para Columbia, «Terraplane Blues», sonaba como si estuviera esbozando las partes de una banda eléctrica, cuando en realidad probablemente nunca oyó (o imaginó) una guitarra eléctrica en toda su vida.

Es intrigante imaginar cuál habría sido la reputación de Johnson si hubiera vivido lo suficiente como para tocar en Europa como Big Bill Broonzy o Muddy Waters, quien, supuestamente, escandalizó a los fans británicos en 1958 al actuar con una banda eléctrica y los decepcionó, a su regreso en 1963, al tocar en acústico. (Las grabaciones de la primera visita disipan este mito, por cierto). La ausencia de Johnson permitió a Eric Clapton fijar la imagen de «un hombre y su guitarra contra el mundo [...], un tipo que estaba completamente solo y no tenía otra opción que cantar y tocar para aliviar su dolor»[n678]: una visión del *bluesman* ideal que tenía mucho más que ver con las necesidades psicológicas de Clapton que con lo que representaba un cantante de blues en su ámbito propio.

Instruidos por esos hechos y esos mitos, una generación de músicos de blues, críticos y profetas blancos se sintieron cualificados para juzgar el valor y la autenticidad de la música que se hacía en Reino Unido. «Está apareciendo clubes por todo Londres que afirman poner R&B y se están formando numerosos nuevos grupos para hacer ruidos de R&B», escribió el redactor de *Jazzbeat* Pat Richards en 1964. «Eso no significa que el ruido que hacen *sea* R&B». Mientras que Blues Incorporated eran, según ellos mismos, «legítimos y honestos», la música de sus imitadores era «deshonesta, superficial y despreciable»[n679].

La deshonestidad de uno era la autenticidad de otro. Como más tarde admitió Eric Clapton: «Yo era muy pomposo en lo que respecta a los grupos de blues blancos [...], mi ego me hacía que lo juzgase correcto en mi caso pero no en el de nadie más»[n680]. Algunos creían que uno solo podía tocar blues si era negro; otros pensaban que también era posible si uno era blanco pero sufría; otros, si uno era blanco pero se había entregado al estudio forense de los artistas negros y sus discos, «atemperando el entusiasmo con un grado de apreciación crítica»[n681], como insistía el periodista Roger Eagle. Aunque los puristas abominaban de los Rolling Stones (algunos fanzines de R&B ni siquiera mencionaban su nombre), el grupo merecía cierto crédito por persuadir al programa de televisión estadounidense *Shinding!* de presentar a Howlin' Wolf, por dar a conocer a John Lee Hooker hasta el punto de que consiguió varios singles de éxito en el Reino Unido y por encabezar las listas británicas con el que era seguramente su single menos comercial: una versión de la canción de Willie Dixon «Little Red Rooster» empapada de guitarra *bottleneck* y sexualidad animal. Unos meses antes, otra banda británica de blues, The Animals, había conseguido la misma proeza con «House of the Rising Sun», una tensa y gutural balada tradicional sobre la vida en un burdel.

Algunos de sus contemporáneos seguían sin estar convencidos: Brian O'Hara, de The Foremost, una banda de Merseybeat, rechazaba a los artistas de blues de Estados Unidos y decía que «tocan mal la guitarra, cantan mal y escriben malas letras»[n682]. Pero la carrera de O'Hara se hundió y el blues se convirtió en la nueva lengua franca del pop británico. Después desapareció: en cuanto su mística quedó destruida por la excesiva familiaridad, la misión de los evangelistas del blues quedó cumplida y perdida en el mismo instante. Igual que había ocurrido en Estados Unidos, el blues del Delta fue sustituido por el R&B urbano y el soul. El blues volvió a ser un culto, cuyos adeptos eran artistas como Clapton, Tony McPhee y Peter Green. En manos de estos, el blues se convirtió en un fenómeno británico, con su propio panteón de divinidades, cada una con una guitarra eléctrica. Sus héroes, los «auténticos» profetas del blues de Estados Unidos, fueron apartados a un lado por estos nuevos mesías, cuyo destino era oscurecer la música que amaban a medida que la transmitían por el mundo.

«¿Me puede alguien explicar por qué los aficionados modernos al jazz tienen que poner sus discos a todo volumen? Creo que mi marido sufre un caso agudo de esta dolencia, que comparte con sus amigos amantes del jazz».

Carta a *Melody Maker*, febrero de 1963[n683]

«El artículo de Donald Zec presentaba a los Beatles como unos rockers zoquetes, pero todos sus fans saben que ellos son mods».

Carta al *Daily Mirror*, septiembre de 1963[n684]

A los quince años, el futuro poeta *underground* e ídolo pop juvenil Marc Bolan apareció en un reportaje de la revista *Town* como uno de los «jóvenes que viven para la ropa y el placer»[n685]. Pero más que por cualquiera de esas dos cosas, Bolan (conocido entonces como Mark Feld) estaba preocupado por personificar los tiempos actuales: ser más contemporáneo, estar más vivo, ir mejor vestido para aquel momento que nadie. Aquello era un régimen agotador, sugería *Town*, y además estaba condenado al fracaso. Desde luego, era más fácil seguir a los fans del trad jazz, a los puristas del blues o a los aficionados al rock 'n' roll de mediados de los años cincuenta, es decir, era más fácil elegir una época dorada del pasado y dedicarse a su supervivencia. Pero aquello no podía satisfacer a los hombres impecablemente vestidos de la generación de Bolan: ellos tenían que ser eternamente modernos[60] y, por lo tanto, la única palabra que podía describirlos era *modernistas* o, en una época en la que cada fracción de segundo contaba, *mods*.

La palabra *modernista* no tenía nada que ver con la idea estética del modernismo, la deconstrucción de las formas artísticas tradicionales por artistas como Picasso, Joyce y Schönberg. Estaba en cambio relacionado con el jazz moderno y bebía tanto de su sentido de lo *cool* como de su imaginería estilística y su tipografía. Miles Davis era un icono para los modernistas, aunque su credo, que consistía en reinventarse continuamente, garantizaba que cualquiera que quisiera encuadrar su propia imagen en un momento determinado de la carrera de Davis pronto se sentiría traicionado o desconcertado. Pero los mods originales amaban o fingían amar el jazz moderno, así como los trajes italianos, las *scooters* y los cigarrillos franceses.

---

60. El llamado «revival mod» que comenzó en torno a 1979 era justo lo contrario: un culto estático consagrado a ser eternamente como sus predecesores de 1964.

Para alcanzar importancia nacional, el movimiento mod necesitaba una banda sonora más accesible y, a medida que, a comienzos de los sesenta, comenzaban a escuchar soul americano además de jazz moderno, los mods encontraron
nuevos modelos de comportamiento que venían de Motown, Atlantic y Stax,
de Detroit, Nueva York, Memphis y Los Ángeles, incluso de Londres, donde
todos esos sonidos (más el exotismo étnico del ska jamaicano o «bluebeat»)
podían oírse en clubes como el Flamingo. La banda residente en ese club en
1964 era The Blue Flames, liderados por Georgie Fame, el único hombre en
Londres capaz de crear un sonido coherente a partir de jazz, blues, soul, ska
e incluso el highlife proveniente de África. A medida que la banda sonora de
los modernistas se alteraba, también se alteraba su identidad, hasta que, en el
verano de 1964, *Jazz Monthly* informó de que «estos aseados jóvenes, con sus
compañeras de rostros pálidos y ojos sombreados, han dado paso a un grupo
de gente de vestimentas menos uniformes y que es al menos en un cincuenta
por ciento no blanca»[n686]. Al final de ese año, Georgie Fame grabó la exuberante «Yeh Yeh», un instrumental de soul latino compuesto por un jazzman
cubano al que añadió una letra escrita por un beatnick afroamericano, que
encabezó las listas, sugiriendo que, al fin y al cabo, el Reino Unido era un país
mod en un mundo mod.

Esta supremacía cultural no se había ganado fácilmente. «Jóvenes se apalean
en ciudad costera: 97 chaquetas de cuero arrestados»[n687], anunciaba el *Daily
Express* tras una explosión de violencia el Sábado de Gloria de 1964 que se extendió desde Clacton a Margate e incluso involucró a excursionistas de fin de
semana que esperaban el ferry que los llevase de vuelta a Ostende. En mayo, en
la festividad de Whitsun, hubo refriegas a lo largo de la costa sur, con Brighton
como foco de vandalismo y de graves lesiones físicas. Las tribus guerreras en-
frentadas eran los mods, vestidos para montar en *scooter* con sus holgadas parkas,
y los rockers, los vándalos vestidos de cuero de la historia del *Express*, cuyas motos eran más potentes que las Vespas y Lambrettas de sus rivales.

Las primeras escaramuzas registradas entre aquellos grupos de jóvenes que
la prensa bautizó como *Scooter Groups* y *Wild Ones* (este último apelativo provenía de una película de moteros con Marlon Brando que aún no había sido
proyectada en el Reino Unido) habían tenido lugar un año antes en el improbable escenario de la Bolsa de Londres. En la primavera de 1963, bandas rivales de mensajeros se enzarzaron en actos menores de violencia cuando
no estaban entregando comunicados vitales sobre el precio de las acciones.
Aquel mes de mayo, las dos tribus se pelearon en la pista de baile del Lyceum
Ballroom, en Londres. A finales del verano, «la guerra de los rockers y los
mods»[n688] estalló en batallas callejeras en el centro de Basildon. Para los medios, esto tenía más atractivo que la guerra entre bandas de delincuentes: la

rivalidad entre mods y rockers parecía ofrecer una fundamentación racional para la violencia alimentada tanto por la testosterona y el sentimiento de inferioridad social como por la afiliación tribal.

«El Dexamyl [conocido como *corazones púrpura*] y la música beat»[n689] fueron ampliamente declarados los culpables de exacerbar estos incidentes. «Cada vez que ocurre algo así, culpan a la música», se quejaba Brian Jones, guitarrista de los Stones. «La música beat no hace que se acumule tensión, sino que ayuda a los jóvenes a desfogarse»[n690]. En opinión del sociólogo Stanley Cohen, las disputas eran provocadas por una minúscula distinción de clase social: «El típico rocker era un trabajador manual no cualificado; el típico mod, un trabajador manual semicualificado»[n691]. Cohen también afirmaba que «la música era mucho más importante para los mods que para los rockers y los *Teddy boys*, que no habían crecido como generación a través de la explosión del rock»[n692]. Por el contrario, un mod anónimo entrevistado en 1964 afirmaba que «los rockers compran más discos. Los mods los mangan en las fiestas»[n693]. La visión de Cohen sobre los *Teddy boys* —manadas de los cuales aún merodeaban por las calles del Reino Unido bien entrados los años setenta— puede haber estado equivocada. La lealtad de los *Teds* hacia las estrellas del rock 'n' roll de los años cincuenta se expresaba cada vez que Bill Haley o Jerry Lee Lewis visitaban el Reino Unido, y Haley, cuya música sonaba cada vez más moderada, provocaba revueltas invariablemente, casi como una insignia de honor. Pero la agresión de los rockers estaba alimentada por la potencia de sus motos, por el machismo prestado de sus chaquetas de cuero y (de forma irónica, dada la subsiguiente prevalencia del porno gay de moteros) por un sentido del machismo que encontraba ofensiva la atención que los mods prestaban a su apariencia.

Los primeros reportajes sobre el tema afirmaban que los Beatles eran mods prototípicos. Cuando le preguntaron a Ringo Starr si era un mod o un rocker, respondió que él era un *mocker* [guasón]. (Los periodistas también afirmaban haber identificado a los *mids*, que eran quienes, por razones financieras, no podían perfeccionar la imagen requerida por ninguna de las dos tribus. Como siempre, había una mayoría silenciosa de jóvenes —que quizá ascendía al noventa por ciento de toda la población adolescente— para quienes el debate de mods contra rockers era irrelevante). Los Beatles, con sus trajes sin solapa, sus botines de tacón alto, su pelo exquisitamente lustroso y su obvia pasión por el soul de Estados Unidos, parecían encajar como mods, pero hay fotos antiguas que identifican al grupo como ex-*Teddy boys*, aunque ninguno de ellos pareciera lo suficientemente robusto como para manejar una moto de 500 cc.

En cualquier caso, a finales de 1963 los Beatles eran demasiado populares —tanto entre adultos como entre los niños más pequeños— para ser los héroes de una liga de autoproclamados elitistas, de modo que la adoración de los mods se trasladó primero a los Rolling Stones y después a The Who y a The Small Faces, cada uno de los cuales sacrificó algo de su prestigio a medida que conseguía una mayor popularidad. (De ahí la devoción de los mods por la inmerecidamente olvidada banda londinense de mediados de los sesenta The Action). El cambio colectivo de gusto en 1964 fue tan rápido que incluso los periodistas que escribían para revistas dirigidas a los mods podían cometer tales errores de juicio como afirmar que Cilla Black y Cliff Richard eran iconos mod o que el ídolo rocker Bill Haley se estaba convirtiendo en el portaestandarte del movimiento en el verano de 1964.

Una constante en los afectos de los mods aquel año era el estilo conocido como bluebeat, por el nombre de una compañía que había aparecido en Londres a comienzos de la década y cuyo objetivo era vender R&B y rock 'n' roll de Jamaica (llamado «boogie jamaicano») a los inmigrantes caribeños que se habían establecido en el Reino Unido. Esta comunidad adoptó el bluebeat como su música y organizaba bailes de bluebeat en Londres y Birmingham. La expresión permaneció idéntica aunque la música cambiaba y lo que sus creadores llamaban «ska» tomó precedencia a comienzos de los sesenta. Para los oyentes británicos blancos, el ritmo desequilibrado del ska era desconcertante y provocaba extrañas especulaciones. Un colaborador del anuario de 1965 de la revista *Boyfriend* que escribía con el pseudónimo «Terry» se aproximó al sonido de Jamaica como si se tratase de un perro peligroso: «Ah, sí, el bluebeat. No estaba muy seguro al principio. No me podía acostumbrar a que las voces estuvieran en una tonalidad diferente del acompañamiento. Sonaba todo mal. Pero cuando algunos grupos británicos comenzaron a tocar bluebeat, entonces fue cuando comenzó a sonar bien. Supongo que el bluebeat original sonaba de maravilla en las playas besadas por el sol de Trinidad»[n694], lo cual quizá era cierto, a pesar de que aquella música se grababa en Kingston, a más de mil millas de distancia[61].

Los mods adoptaron rápidamente el bluebeat como una adición al culto de «un nuevo baile por semana», junto a pasos como el *slope*, el *shake* y el *nitty gritty*. Se abrieron clubes de bluebeat por todo el país y lo conquistaron lentamente de sur a norte. El estilo alcanzó una breve popularidad masiva con el éxito de «My Boy Lollipop» —en la que Millie Small, de diecisiete años, imitaba una canción de R&B de los años cincuenta—, que alcanzó el número dos en las listas del Reino Unido y de Estados Unidos. Por muy alegre y efervescente que fuera «My Boy Lollipop», la mayoría de los oyentes blancos la consideraron poco más que una curiosidad. En lugar de difundir el evangelio

---

61. En el mismo anuario, se recomendaba a las chicas que aprendieran a bailar el vals, el foxtrot y el chachachá, pues sin duda lo necesitarían cuando crecieran y empezaran a asistir a bailes formales.

del ska, la canción aplastó al naciente género y, en los años siguientes, solo los jamaicanos (y los mods) permanecieron fieles a su vivacidad rítmica. Muchos inmigrantes caribeños optaron por acudir a los clubes de soul de Londres después de que estallaran persistentes conatos de violencia en locales de ska como el Ram Jam, el 007 y el Ska Bar.

El furor acerca de los mods y los rockers se apagó durante 1965, aunque en Inglaterra, durante las vacaciones de verano, largas filas de *scooters* seguían acudiendo a Brighton en busca de solidaridad tribal y, quizás, de violencia terapéutica. En junio de 1965, ser moderno parecía estar tan pasado de moda que Pete Townshend, de The Who, considerado uno de los portavoces del movimiento, declaró: «Creemos que el movimiento mod se está muriendo. No queremos hundirnos con él y por eso nos hemos convertido en individualistas»[n695]. De hecho, a lo largo de la década siguiente, la palabra *mod* solo resurgiría en las frecuentes entrevistas que concedía Townshend para hablar sobre la filosofía de The Who, en las cuales esa palabra actuaba como piedra de toque de su propia juventud perdida y de su concepción idealista sobre el potencial del rock. En 1968, veía a los mods como «un ejército, un ejército poderoso y agresivo de jóvenes con medios de transporte» dentro del cual «uno podía ser un empleado de banco, muchacho, y ser aceptado»[n696]. Dos años más tarde, había regresado a la manada y afirmaba de los mods: «Pusimos nerviosa a la clase dirigente, pusimos nerviosos a los rockers, pusimos nerviosos a nuestros padres y a nuestros jefes»[n697]. En 1973, compuso el doble álbum *Quadrophenia* como una exploración de lo que significaba para él el movimiento mod (y, por extensión lógica, para toda la juventud británica). Pero, tal como él mismo recordó, en 1965 «los chavales cumplían veintidós años y perdían todo el interés en la música porque tenían que centrarse en su trabajo en la fábrica»[n698], de modo que el impulso mod de comienzos de los sesenta estaba destinado a morir víctima de la inevitable lucha del pop por dirigirse a los adultos con la misma intensidad que a los jóvenes.

INTERLUDIO: LOS ADOLESCENTES GRITONES

«P: "Tengo quince años y estoy locamente enamorada de una estrella del pop. Sé que si pudiera conocerme se enamoraría de mí."

R: "Querida, cientos de chicas de tu edad se imaginan que están enamoradas de una estrella del pop. No sigas pensando en él, probablemente recibe todos los días cientos de cartas como la tuya"».

Página de consultas, revista *Honey*, marzo de 1963[n699]

«Nunca he visto la mente de la muchedumbre actuar de manera tan hermosa. Fíjate en cómo se retuercen al unísono. Sus gritos son como el ruido de cabras excitadas. La mayoría del público está compuesta por personas jóvenes, que están madurando sexualmente y carecen de una vía de escape para sus impulsos emocionales. La música ha roto sus barreras inhibitorias [...] y oírla en esta atmósfera tiene un efecto sobre el sistema nervioso tan poderoso como el whisky».

Benny Goodman, 1938[n700]

«El otro día me presenté en una actuación de Frank Sinatra y me percaté de un agudo sonido provenía de un grupo de chicas que gritaban. Pensé: ¡qué fácil sería para ciertos manipuladores crear otro Hitler aquí, en Estados Unidos, a través de la influencia de la histeria en masa! Intentan introducir un Hitler poniendo en primer lugar en la mente de la gente la idea de que hombres como Frank Sinatra están bien y que, por lo tanto, el futuro Hitler estará bien».

Carta al FBI, 1943[n701]

«Sigo preguntándome si de verdad me gritan a mí. Sigo preguntándome quién hay detrás de mí que causa todo ese revuelo. Me digo a mí mismo: 'Elvis, eres tú el que hace esto'. Y entonces pienso que es *imposible* que sea yo. No me gusta que me tiren de la ropa y que me escriban con pintalabios en la cara y que quieran que las bese. No le veo sentido a que quieran bailar rock 'n' roll en el techo de mi coche o rajar los asientos. Pero algunas lo hacen y me miran con una mirada muy rara mientras lo hacen. Esa parte me da un poco de miedo».

Elvis Presley, 1956[n702]

«Han dejado claro que solo han venido a oírse gritar. En Manchester, solo quieren oírse a sí mismas».

Cliff Richard, 1963[n703]

[P. J. Proby] explota el sexo para su beneficio, sin darse cuenta de que la mayoría de las chicas que gritan desde las butacas son solo adolescentes».

The Sun, 1965[n704]

«Te criaste en un piso de protección oficial y has estado intentando liarte con esta chica que trabaja como camarera. Y de pronto estás en un teatro con cuatro mil o cinco mil chicas que te gritan para que las elijas».

Adam Faith, 1973[n705]

«A Peter y Marty casi los tiraron del escenario; las chicas se desmayaban de la manera tradicional, caían focos y cascos de policías por el suelo... y apenas se podía oír cantar a The New Seekers en medio de los gritos frenéticos de las fans».

Music Week, 1973[n706]

«¿No te parece que, en estos tiempos, cuando hemos tenido tantos problemas y terrorismo y bombas y otras cosas por el estilo, las jóvenes quieren divertirse y ser felices e ir a un concierto donde puedan gritar, mojarse las bragas y pasárselo en grande? ¿No es eso de lo que trata la música?».

El mánager de The Bay City Rollers, Tam Paton, 1974[n707]

«Después de un rato, me di cuenta de que no se oía ninguna música. El instrumento eran veinte mil mujeres gritando, puro ruido sin adulterar. No importaba lo que yo hiciese allí arriba».

David Cassidy, 1976[n708]

«Se ven a viejas realmente salvajes en los conciertos de James Last. Se vuelven locas [...], casi tanto como con los Beatles. Se ve a todas esas abuelitas gritándole».

Encargado de seguridad de James Last, 1988[n709]

Con la llegada de los Beatles y los otros grupos de su generación, el pop alcanzó cumbres de histeria colectiva que no se podían imaginar antes. Una admiradora de sus tiempos anteriores a la fama en Liverpool se asombró durante un concierto en 1963 en el que cada nota quedaba enterrada bajo los gritos de las chicas. ¿Por qué no escuchan a sus ídolos?, les preguntó. «Hemos venido a ver a los Beatles», contestó una fan. «Ya los oímos en los discos. De todas formas, quizás nos decepcionaría escucharlos en la vida real»[n710].

«El tremendo ruido», podía leerse en la revista Time antes de que el grupo llegara a Estados Unidos, «convierte una actuación de los Beatles en algo levemente orgiástico»[n711]. Eso era quedarse corto. El nivel de excitación en sus conciertos era tal que las butacas quedaban empapadas de orina y de otros fluidos corporales. Los sociólogos hicieron notar que ver a un grupo de pop provocaba orgasmos a chicas que eran demasiado jóvenes para entender lo que sentían. En el *New Statesman*, el doctor David Holbrook confirmó que estaba «dolorosamente claro que los Beatles son una fantasía masturbatoria como las que posiblemente tiene una muchacha durante el acto onanista: las imágenes de chicos afables sonriendo, la música como el zumbido de la sangre en la cabeza, el ritmo, los chillidos, las voces gritando nombres, los clímax»[n712].

Aquella misma revista de temas políticos publicó una lasciva carta de un profesor de una escuela de secundaria para chicos. «Desde que la beatlemanía se ha convertido en una moda», escribió, «he notado un turbador cambio en los muchachos de trece años a los que doy clase. Hace poco quedé consternado al ver a dos de mis alumnos más prometedores caminando de la mano». Y añadía: «Durante un reciente día de lluvia, en el que los pupilos tuvieron que quedarse en la clase durante la hora de la comida, entré en el aula y me encontré con una docena de muchachos congregados en torno a una radio portátil. Tenían una terrorífica falta de expresión en el rostro y movían todos la pelvis rítmicamente. Al verme, me dirigieron las mismas miradas furtivas y avergonzadas que he detectado a veces en los lavabos»[n713].

El observador posiblemente impuso sus propias intenciones sobre el comportamiento de esos chavales, de la misma forma que el comentarista Paul Johnson revelaba sus propios prejuicios cuando describía a los fans de los Beatles como «los menos afortunados de su generación, los tontos, los vagos, los fracasados»[n714]. Los espectadores del programa televisivo de música pop *Thank Your Lucky Stars*, por su parte, despertaban una respuesta aún más vitriólica por parte de Johnson, que tenía entonces treinta y cinco años: «¡Qué abismo sin fondo de vacuidad revelan! Las enormes caras hinchadas a base de golosinas baratas y embadurnadas de maquillaje de cadena de perfumerías, las bocas abiertas y fofas y los ojos vidriosos, las manos dando palmadas mecánicamente al ritmo de la música, los zapatos de tacón rotos, las ropas 'a la moda' baratas y estereotipadas [...]. Qué aspecto tan patético y apático tienen: chicas jóvenes, de unos dieciséis años, vestidas como adultas y ya haciendo cola para servir como carnaza para la explotación»[n715]. Esto era menos sociología que pánico de mediana edad disfrazado de desprecio.

Como observó Brian Jones, de los Rolling Stones: «Parece que inspiramos algún tipo de ansiedad personal en la gente. Les parece que hacemos cosas que a ellos no se les habría permitido. Es una especie de frustración»[n716].

Para una generación que había soportado la guerra, el gasto de energía emocional en objetos aparentemente desprovistos de mérito como los Beatles o los Rolling Stones era a la vez algo espantoso e indecente. Los comentaristas Grace y Fred Hechinger, que eran marido y mujer, veían el rock 'n' roll como «una señal de que los adultos no habían sabido ofrecer a los jóvenes un foco mejor para sus intereses creativos». Aún más deplorable, proclamaban los Hechinger, era la moda de la «adolescencia adulta insidiosa», es decir, la inclinación de los adultos por compartir los banales placeres de sus hijos en lugar de animarlos a que disfrutaran de placeres artísticos más sustanciales[n717].

La relación a tres bandas entre el artista, el fan y el padre o la madre podía ser compleja. En 1964, Anne Hungerford, una chica de quince años de San Diego, había estado tratando de convertir a sus padres al culto a los Beatles cuando se enteró de que los miembros solteros de la banda se habían llevado a sus novias de vacaciones sin que hubiera carabinas presentes. «Me siento traicionada», admitió Anne. «Habíamos convencido a los mayores de que los Beatles eran unos chicos simpáticos y presentables. Y después se van por el mundo con chicas de esa manera y una siente que el mundo entero se le cae encima. Al fin y al cabo, ¿cómo puede una ser fiel a chicos como esos, aunque sean los Beatles?»[n718]. Pero la aceptación pública por parte de los adultos podía condenar a un grupo a ojos de sus seguidores adolescentes: en 1965, el sociólogo Peter Laurie señaló, de forma más bien prematura, que «ahora solo el adolescente más inepto socialmente reverencia a los Beatles. El *establishment* los ha absorbido». Los Rolling Stones, por otra parte, tenían garantizada la desaprobación parental: «Si los Rolling Stones necesitan mostrarse casi obscenos para conseguirlo, lo harán. Ellos saben que no lo son y los jóvenes saben que es solo una impostura; los únicos que se lo creen son los adultos»[n719]. Como para demostrar que los fans de los Stones veían a unos chicos tiernos bajo las máscaras groseras, había chicas muy por debajo de la edad de consentimiento que escribían románticas cartas de amor al grupo: «Eres Mister Maravilloso, Mick, eres guapísimo y quiero casarme contigo. Tengo el pelo rubio (se me está poniendo castaño). Me lo estoy dejando largo. Tengo los ojos grises y pronto voy a cumplir catorce. Si esperas un año más, podemos ir al sur de Irlanda y casarnos allí»[n720].

Mientras que las fans veían a sus ídolos como potenciales compañeros sexuales o románticos, los psicólogos se preguntaban por el significado del pelo largo de los Beatles y sus sucesores. ¿Los dotaba esto de un aire femenino que los volvía menos amenazadores para la chicas pubescentes o prepubescentes? ¿Permitían sus largos rizos que sus fans masculinos los vieran con la misma mezcla de deseo y anhelo que habrían sentido si fueran chicas?

¿Estaban aquellos hirsutos grupos expresando su homosexualidad latente? ¿O, por el contrario, estaban tan seguros de su heterosexualidad que podían permitirse disfrazarla bajo la apariencia de androginia? ¿Acaso tanto músicos como fans estaban atrapados en una demostración mutua de narcisismo tras la cual solo había vacío y duda de sí mismos? Estos intrigantes debates mantuvieron ocupados a los académicos durante los años siguientes, como si los adolescentes y sus ídolos fueran alienígenas que se encontraran fuera de su alcance.

Aunque nadie informaba de este hecho, estrellas del pop como los Beatles podían elegir a la chica que quisieran de entre una inacabable procesión de voluntariosas fans, hasta el punto de que acababan asqueados de la facilidad de sus conquistas. En 1966, de hecho, los Beatles estaban tan hartos de la adulación continua, del implacable horror de las manos tratando de agarrarlos y de los chillidos, del encarcelamiento en habitaciones de hotel y en salas de espera de aeropuertos, de que la música sonase descuidada y quedara sepultada por el ruido... en una palabra, estaban tan aburridos, que decidieron no salir de gira nunca más. Pero los oropeles de la beatlemanía se antojaban irrelevantes y anacrónicos cuando la música y su contenido lírico habían cambiado de forma tan profunda y tan rápida. El nuevo pop pedía ser oído con atención y necesitaba un público preparado para escucharlo.

«Todos los implicados tienen que darse cuenta de que saturar el mundo del disco con cientos de canciones que suenan igual es cortejar el desastre».

Productor discográfico Joe Meek, 1963[n721]

«En un solo punto los sellos discográficos coinciden: de aquí a Navidades, el público se habrá cansado de música de acompañamiento creada por tres guitarras y un ritmo de batería».

Daily Mirror, septiembre de 1963[n722]

Si George Martin, su productor, no se hubiera echado atrás, el segundo single de los Beatles habría sido la canción de Mitch Murray «How Do You Do It». En lugar de ello, la canción la heredaron sus amigos liverpulianos Gerry and The Pacemakers y alcanzó el número uno de las listas, como también una segunda canción de Murray, «I Like It», mientras que una tercera, «I'm Telling You Now», fue número uno en Estados Unidos tras ser grabada por Freddie and The Dreamers, de Manchester. Murray, por tanto, estaba en una posición ideal para escribir un opúsculo titulado *Cómo escribir una canción de éxito*. Como en el caso de Charles Harris medio siglo antes, sus consejos revelaban las limitaciones del estilo que le había hecho famoso.

«Normalmente», declaraba, «trato de escribir una canción con un título pegadizo», título que, preferiblemente, debía aparecer al comienzo y al final de cada estrofa. «Cada canción es, o debería ser, una historia, y la historia debe contarse en etapas simples y directas desde el mismo principio hasta la muerte». Murray proponía un argumento pop ideal: «Chico conoce chica, chico pierde chica, chico recupera chica». La conclusión debía ser feliz o, al menos, esperanzadora: «En estos días, es difícil que venda una canción triste». Su instrucción final ponía fin a cualquier idea de originalidad o novedad: «Si realmente estudiáis el mercado», explicaba a sus lectores, «os daréis cuenta de qué ritmo en particular o qué estilo está en boga en el presente. Usad ese ritmo, pues, sencillamente, es lo que vende»[n723]. Y, según él, siempre vendería.

El libro de Murray inspiró al menos a otro exitoso autor de canciones: Gordon Sumner, alias Sting, quien lo leyó a los trece años. Pero aquellos consejos reforzaban el estereotipo de que todos los éxitos de los grupos beat sonaban igual. La instrumentación podía variar: Gerry and The Pacemakers se jactaban de tener un teclista en lugar de un segundo guitarrista, mientras que otras bandas de Liverpool usaban un saxofón. Pero había un «sonido de grupo beat» inmediatamente reconocible, basado en The Everly Brothers y en Buddy Holly, popularizado por los Beatles y tan dominante durante 1963 que entre un 30% y un 50% de las canciones del top 30 entraban en esos estrechos límites.

Retrospectivamente, es posible encontrar las primeras señales de este sonido en el pop británico anterior a los Beatles: en el terso pop adolescente de «Please Don't Tease», de Cliff Richard; en «I'm a Moody Guy», de Shane Fenton, y en «A Picture of You», de Joe Brown. El debut de los Beatles, «Love Me Do», con sus armonías sensibleras inspiradas en el soul, destacaba por encima de la forzada despreocupación de sus contemporáneos. Pero «Please Please Me», que apareció en enero de 1963, fue el verdadero nacimiento de lo nuevo: tenía más energía que ningún disco británico anterior y la interpretación vocal de John Lennon, casi aterradoramente intensa, estaba acompañada por una novedosa mezcla armónica de voces. Y lo más importante, los Beatles sonaban como una pandilla: convincentes, persuasivos y sexualmente potentes. Aquella sensación de confianza en sí mismos animaba también la por otro lado banal «She Loves You» y aparecía redoblada en «I Want to Hold Your Hand», cuya letra prometía un casto romance pero cuyo impulso rítmico ofrecía algo más fálico[62]. En el verano de 1964, cuando los Beatles eran capaces de llenar un álbum entero con sus propias composiciones, su sonido había cobrado más cuerpo y se había vuelto más económico y la voz de Lennon se había tornado más cínica (sus interpretaciones vocales entre 1964 y 1966 parecían llevar sus propios subtítulos, en los que se leía: «Si piensas que me creo una palabra de todas estas sandeces románticas, tienes que ser idiota»). A partir de entonces, ya estaban preparados para cumplir la predicción que había hecho en el *Daily Mirror* Judith Simons, quien sugirió astutamente, en el otoño de 1963, que «cuando hayan atravesado su presente fase casi amateur, el potencialmente brillante equipo de compositores que forman John Lennon y Paul McCartney crearán música folk moderna que durará»[(n724)]. Y eso fue exactamente lo que ocurrió, una vez que la definición de folk fue ensanchada lo suficiente por su amigo americano Bob Dylan.

En su primer álbum, grabado en febrero de 1963, los Beatles ya habían explorado de forma simplista la noción de solipsismo y de ensoñación diurna en «There's a Place» [«Hay un lugar»]. (Brian Wilson, de los Beach Boys, visitaría de nuevo el mismo escenario de manera ligeramente más turbadora en «In My Room» [«En mi habitación»]). Pero incluso cuando sus letras no ofrecían nada más arriesgado que combinaciones de pronombres personales y la palabra *amor*, los Beatles casi siempre sonaban convencidos de lo que cantaban. Cliff Richard cantaba «Summer Holiday» sin rastro de implicación personal, para que así las fans pudieran esbozar sus propias fantasías. Los Beatles no dejaban otra alternativa al oyente que sucumbir a su poder.

Su sonido lo copiaban ahora no solo los amateurs optimistas, sino también estrellas consolidadas como Johnny Kidd and The Pirates y Adam Faith and The Roulettes —incluso Cliff Richard and The Shadows, que habían jurado mantenerse por encima de la disputa—. Pocos se atrevían a rebelarse contra la norma. Seguramente la decisión más valiente del pop en 1963 fue la elección como single, por parte de Gerry and The Pacemakers, de «You'll Never Be Alone», una balada de Rodgers y Hammerstein extraída del musical *Carousel*, orquestada y épica, que se convirtió en su tercer número uno. «Sabía que ocurriría», coreó la publicación discográfica *Record Retailer*. «Después de todos los *wow-wow-wow* y los *ye-ye-ye*, de todas esas guitarras frenéticas mal tocadas y de todas esas canciones en plan 'te veo en el Palais', volvemos lentamente a los viejos éxitos»[(n725)]. Sin embargo, aquello era una

---

62. Cuando Gerry Mardsen cantaba «me gusta como me haces cosquillas en la barbilla» en «I Like It», de Mitch Murray, era difícil imaginar que el cosquilleo se detenía en la barbilla. Las bandas de Liverpool, después de todo, habían visitado el barrio rojo de Hamburgo.

esperanza tan melancólica como el constante estribillo de que los tiempos de las *big bands* iban a volver. Cuando incluso el Ejército de Salvación empezó a promover a su propio grupo beat, la batalla podía darse por perdida.

Muchos de los grupos beat, de los Beatles en adelante, estaban preparados para aceptar que necesitaban ampliar su público mezclando baladas e incluso algún *standard* de Broadway en sus repertorios. Era una forma de salvaguardar su futuro en un negocio que no parecía ofrecer perspectivas profesionales a largo plazo fuera del entretenimiento ligero: pantomimas, espectáculos de variedades en ciudades costeras, películas cómicas y, finalmente (con pajarita y camisa con chorreras), cabaret. Todos los artistas británicos anteriores había caminado por ese sendero y los Beatles no bromeaban cuando asumían que solo estarían dos, tres o como máximo cinco años en la cumbre.

Al menos Lennon y McCartney tenían la opción de labrarse una carrera como compositores de canciones profesionales, y quizás incluso de componer un musical para un teatro del West End. «Son las únicas dos personas con el talento suficiente como para hacer algo nuevo», dijo Bob Wooler, su amigo de Liverpool. «No creo que ninguno de estos grupos de R&B» —entre los que incluía a los Beatles— «vaya a producir ni una sola canción sobre Liverpool; les daría vergüenza. No ven nada romántico aquí»[n726]. Paul McCartney reveló en 1964 que habían comenzado a esbozar un musical basado en su ciudad natal pero que abandonaron el proyecto cuando se les adelantó Lionel Bart con *Maggie May*.

El comentario de pasada de McCartney sugería unos Beatles diferentes, guiados por un estudiante de literatura inglesa y por un ex estudiante de arte, que se habían hecho amigos de un puñado de «exis» (existencialistas) en Hamburgo. A lo largo de 1964, recién instalados en Londres, los dos Beatles compositores se vieron inundados de invitaciones sociales de miembros del *establishment* británico deseosos de ver de cerca las últimas adquisiciones del zoo humano. Lennon y McCartney gravitaron naturalmente hacia aquellos que eran jóvenes y podían ampliar sus horizontes: fotógrafos como Robert Freeman y Bob Whittaker, el director de cine Dick Lester (que dirigió sus películas de pop art *A Hard Day's Night* y *Help!*), el editor Tom Maschler, poetas beat, cómicos de moda, novelistas bohemios, actores y directores marginales, periodistas y expertos de televisión. Lennon publicó libros con sus escritos y dibujos semi-satíricos y semi-surrealistas; McCartney (especialmente después de comenzar su relación con la actriz Jane Asher) exploró los estrenos teatrales y las exhibiciones de arte del Soho.

Esto era un territorio nuevo para la música pop y amenazaba con derrocar las certezas del sistema de clases británico. Estaba relacionado con el hecho de que los Beatles (y más tarde los líderes de The Who y The Kinks) habían salido del clásico mundo de clase trabajadora del pop y habían entrado en un medio de clase media artística, el cual, hacia el año 1964, también contaba con la cantante adolescente Marianne Faithfull y con Peter and Gordon (Peter era el hermano de Jane Asher y un vínculo fundamental entre McCartney y el primerizo *underground* británico). Como para equilibrar la invasión por parte de los Beatles de la sociedad londinense, las estrellas bien educadas de clase media como Mick Jagger comenzaron a imitar un falso acento clandestino para aumentar su reputación de héroes de la clase trabajadora. Generaciones enteras de etiqueta social quedaron disueltas en cuestión de meses.

fuentes bibliográficas

Se han corregido y/o modificado las curiosidades de grafía y de gramática allí donde era necesario para ayudar al lector del siglo XXI. Se han usado las siguientes abreviaturas para designar publicaciones periódicas y periódicos: *AML – American Music Lover*; *BB – [The] Billboard*; *BM – Black Music*; *DB – Down Beat*; *DE – Daily Express*; *DM –Daily Mirror*; *G – Gramophone*; *IT – International Times*; *MM – Melody Maker*; *NME – New Musical Express*; *RP – Radio Pictorial*; *RS – Rolling Stone*.

Introducción

(n1) Citado en Sanjek, *American Popular Music*, vol. 1, p. 27.

(n2) *Dwight's Journal of Music*, 19 de noviembre de 1853.

(n3) *DE*, 6 de septiembre de 1913.

(n4) *DM*, 15 de junio de 1926.

(n5) *DM*, 13 de marzo de 1928.

Cap. 1: La voz de los muertos

(n6) Kipling, *The Seven Seas* (1895).

(n7) *DM*, 7 de noviembre de 1903.

(n8) *DM*, 16 de mayo de 1904.

(n9) Transcripción judicial, mayo de 1904.

(n10) *New York Times*, 9 de febrero de 1902.

(n11) *New York Times*, 8 de febrero de 1902.

(n12) Publicidad de la Gramophone Company, noviembre de 1904.

(n13) Publicidad de la Anglophone Company, noviembre de 1904.

(n14) Doctor William F. Channing en *Popular Science Monthly*, abril de 1878.

(n15) *North America Review*, 1878.

(n16) Citado en Eisenberg, *The Recording Angel*, p. 55.

(n17) W. S. Meadmore en *G*, mayo de 1935.

(n18) *Talking Machine News*, septiembre de 1918.

(n19) *Telephony*, 18 de diciembre de 1909.

(n20) *Phono Trader and Recorder*, septiembre de 1905.

(n21) *DM*, 13 de septiembre de 1912.

(n22) *DM*, 6 de febrero de 1904.

(n23) *DM*, 17 de marzo de 1904.

(n24) Citado en Behr, *Thank Heaven for Little Girls*, p. 21.

(n25) Se trata de Joseph Tabrar, según aparece en Self, *Light Music in Britain*, p. 37.

(n26) *G*, agosto de 1940.

(n27) Harris, *How to Write a Popular Song*, p. 7.

(n28) *Ibid.*, p. 14.

(n29) *Ibid.*, p. 15.

(n30) *Ibid.*, pp. 12-13.

Cap. 2: Ahora todo el mundo lo hace

(n31) *DE*, 28 de diciembre de 1912.

(n32) *DE*, 7 de marzo de 1913.

(n33) Speath, *History of Popular Music*, pp. 88-9.

(n34) *New York Times*, 18 de febrero de 1892.

(n35) Citado en Abbott, *Out of Sight*, p. xi.

(n36) *Ibid.*, p. 209.

(n37) *Ibid.*, p. 201.

(n38) *Ibid.*, p. 448.

(n39) *Ibid.*

(n40) *Kansas City American Citizen*, citado en *ibid.*, p. 322.

(n41) Schafer, *Art of Ragtime*, p. 28.

(n42) Suisman, *Selling Sounds*, p. 38.

(n43) *Etude*, octubre de 1898.

(n44) *Negro Music Journal*, citado en Berlin, *Ragtime*, p. 42.

(n45) *Ibid.*, 42.

(n46) Citado en Schafer y Riedel, *Art of Ragtime*, p. ii.

(n47) Publicidad de la Orchestrelle Company, noviembre de 1903.

(n48) *DE*, 21 de enero de 1914.

(n49) *DE*, 27 de mayo de 1913.

(n50) Citado en Savigliano, *Tango*, p. 116.

(n51) *DE*, 2 de enero de 1914.

(n52) *DE*, 1 de enero de 1914.

(n53) *DE*, 2 de enero de 1914.

(n54) *DE*, 14 de abril de 1913.

(n55) Berlin, *Ragtime*, p. 44.

(n56) *Ibid.*, p. 43.

(n57) *Ibid.*, p. 44.

(n58) *Ibid.*, p. 46.

(n59) *Ibid.*

(n60) *Edison Phonograph Monthly*, septiembre de 1911.

(n61) *Phono Trader and Recorder*, abril 1912.

(n62) *Ibid.*

(n63) Bergreen, *As Thousands Cheer*, p. 547.

(n64) *Ibid.*, pp. 68-9.

(n65) *Ibid.*, p. 90.

(n66) Freedland, *Al Jolson*, p. 40.

(n67) *Ibid.*, p. 55.

(n68) *Ibid.*, p. 59.

(n69) Catálogo de HMV, 1912.

(n70) *DE*, 7 de septiembre de 1914.

(n71) *DM*, 16 de octubre de 1914.

(n72) *The Voice*, julio-agosto de 1917.

(n73) *DM*, 26 de febrero de 1918.

Cap. 3: Llévame a la tierra del jazz

(n74) *DE*, 30 de mayo de 1918.

(n75) *DM*, 20 de febrero de 1919.

(n76) *DE*, 22 de noviembre de 1918.

(n77) *DE*, 28 de noviembre de 1918.

(n78) *DE*, 18 de junio de 1919.

(n79) *DM*, 7 de febrero de 1919.

(n80) *DE*, 2 de febrero de 1920.

(n81) *Ibid.*

(n82) *DE*, 4 de marzo de 1919.

(n83) *DE*, 5 de marzo de 1919.

(n84) *DM*, 26 de marzo de 1919.

(n85) *DE*, 5 de marzo de 1919.

(n86) *DM*, 15 de marzo de 1919.

(n87) *DE*, 9 de diciembre de 1919.

(n88) Citado en Cartney, *Cuttin' Up*, pp. 134-5.

(n89) *DM*, 4 de agosto de 1930.

(n90) *DE*, 25 de marzo de 1919.

(n91) *DE*, 19 de junio de 1919.

(n92) *DM*, 28 de junio de 1919.

(n93) *DM*, 18 de noviembre de 1919.

(n94) *DM*, 11 de julio de 1919.

(n95) Henry Osbourne Osgood, *So This Is Jazz!*, capítulo 2.

(n96) Mendl, *Appeal of Jazz*, p. 43.

(n97) Catálogo de Victor Records, marzo de 1917.

(n98) *DB*, 1 de julio dc 1949.

(n99) *BB*, septiembre de 1916.

(n100) *Early Jazz*, p. 179.

(n101) Citado en Ogren, *The Jazz Revolution*, p. 94.

(n102) *DE*, 28 de octubre de 1919.

(n103) *G*, enero de 1924.

(n104) *G*, junio de 1925.

(n105) Hamilton, *In Search of the Blues*, p. 33.

(n106) Handy, *Father of the Blues* (1941).

(n107) *Ibid.*

(n108) *Ibid.*

(n109) Murray, *Stomping the Blues*, p. 45.

(n110) *Jazz Journal*, junio de 1957.

(n111) Schuller, *Early Jazz*, p. 367.

(n112) Stewart-Baxter, *Ma Rainey*, p. 16.

(n113) Ilustración del catálogo de Columbia, en *ibid.*, p. 46.

(n114) Ilustración del catálogo de Okeh, en *ibid.*, p. 92.

(n115) Ilustración del catálogo de Okeh, en *ibid.*, p. 60.

(n116) *Vanity Fair*, marzo de 1926.

Cap. 4: Baile-manía

(n117) *DM*, 14 de mayo de 1920.

(n118) *DE*, 30 de octubre de 1919.

(n119) Nelson, *All About Jazz*, p. 170.

(n120) El juez Eve, el cual añadió: «¿Es un instrumento de viento o de cuerda?». *DM*, 20 de enero de 1926.

(n121) *DE*, 5 de julio de 1919.

(n122) *Ibid.*

(n123) Revista *Encore*, citado en Godbolt, *History of Jazz in Britain*, p. 11.

(n124) *DE*, 14 de agosto de 1919.

(n125) *Ibid.*

(n126) *DM*, 10 de noviembre de 1916.

(n127) *Memory Lane*, invierno de 1977/78.

(n128) *Memory Lane*, primavera de 1978.

(n129) Heath, *Listen to My Music*, p. 28.

(n130) Publicidad de Columbia, febrero de 1920.

(n131) Citado en Berrett, *Louis Armstrong*, p. 1.

(n132) Collier, *Reception of Jazz*, p. 16.

(n133) Kenney, *Chicago Jazz*, p. 78.

(n134) Citado en Cohen, *Duke Ellington's America*, p. 77.

(n135) *Saturday Evening Post*, 27 de febrero de 1926.

(n136) Carney, *Cuttin' Up*, p. 125.

(n137) *Radio Times*, 3 de julio de 1925.

(n138) *Time*, 25 de febrero de 1924.

(n139) *Ibid.*

(n140) *Vanity Fair*, octubre de 1925.

(n141) *Memory Lane*, verano de 1978.

(n142) *DM*, 31 de enero de 1925.

(n143) *Time*, 17 de mayo de 1926.

(n144) *G*, enero de 1927.

(n145) M. Savile: *DM*, 5 de octubre de 1927.

(n146) Doctor Farrell, Exeter College: *DM*, 6 de agosto de 1927.

(n147) *DM*, 21 de septiembre de 1927.

(n148) *The Nation*, 23 de junio de 1926.

(n149) Cohen, *Duke Ellington's America*, p. 54.

(n150) Shapiro, *Hear Me Talkin' to Ya*, p. 159.

Cap. 5: El mago del micrófono

(n151) *G*, mayo de 1924.

(n152) *G*, octubre de 1923.

(n153) Citado en Eisenberg, *The Recording Angel*, p. 112.

(n154) *Ibid.*

(n155) Ilustración en Cliffe, *Fascinating Rhythm*, p. 83.

(n156) *G*, mayo de 1935.

(n157) *MM*, marzo de 1926.

(n158) *G*, septiembre de 1933.

(n159) *MM*, marzo de 1926.

(n160) *G*, junio de 1929.

(n161) Giddins, *Pocketful of Dreams*, p. 259.

(n162) *New York Times*, 24 de febrero de 1932.

(n163) *Broadcasting in Everyday Life*, p. 16.
(n164) *Action*, 20 de agosto de 1936.
(n165) *New York Times*, 11 de enero de 1932.
(n166) Baade, *Victory Through Harmony*, p. 136.
(n167) *Ibid.*, p. 139.
(n168) Giddins, *Pocketful of Dreams*, p. 203.
(n169) *Ibid.*, p. 172.
(n170) Young, *Music of the Great Depression*, p. 10.
(n171) *New Republic*, 7 de agosto de 1929.
(n172) Taylor, *Music Sound & Technology*, p. 299.
(n173) Lanza, *Elevator Music*, p, 17.
(n174) Eisenberg, *The Recording Angel*, p. 64.
(n175) Parsonage, *Evolution of Jazz*, p. 40.
(n176) *G*, septiembre de 1926.
(n177) *Radio Times*, 18 de junio de 1926.
(n178) Heath, *Listen to My Music*, p. 37.
(n179) Payne, *This Is Jack Payne*, p. 32.
(n180) *RP*, 15 de enero de 1937.
(n181) *RP*, 12 de febrero de 1937.
(n182) Payne, *This Is Jack Payne*, p. 83.
(n183) *Ibid.*, p. 32.
(n184) *RP*, 29 de noviembre de 1935.
(n185) *AML*, agosto de 1935.
(n186) Bret, *Gracie Fields*, p. 5.
(n187) Publicidad de HMV, finales de 1931.
(n188) Bret, *Gracie Fields*, p. 35.
(n189) *RP*, 27 de noviembre de 1936.

Cap. 6: Blues en la noche

(n190) Cash, *Cash*, p. 51.
(n191) *G*, diciembre de 1931.
(n192) Citado en Woods, *Folk Revival*, p. 14.
(n193) Wolfe, *Tennessee Strings*, p. 8.
(n194) Delmore, *Truth Is Stranger*, p. 98.
(n195) Oliver, *Blues Off the Record*, p. 49.
(n196) McGee, *B. B. King*, p. 11.

(n197) Stewart-Baxter, *Ma Raney*, p. 58.
(n198) *Ibid.*, p. 42.
(n199) McGee, *B. B. King*, p. 10.
(n200) Publicidad de Columbia, 1928.
(n201) Broughton, *Black Gospel*, p. 37.
(n202) *Phonograph Monthly Review*, agosto de 1931.
(n203) *The Music Seller*, octubre de 1931.
(n204) *Variety*, 30 de octubre de 1929.
(n205) Sudhalter, *Stardust Melody*, p. 145.
(n206) Eisenberg, *The Recording Angel*, p. 31.
(n207) *G*, julio de 1929.
(n208) *DM*, 9 de octubre de 1928.
(n209) *Daily Sketch*, 14 de octubre de 1928.
(n210) *The Voice*, marzo de 1930.
(n211) Winifred Bristow: *Picture Show Annual 1931*, p. 22.
(n212) Edward Wood: *ibid.*, p. 52.
(n213) *G*, enero de 1926.
(n214) Lombardo, *Auld Acquaintance*, p. 73.
(n215) *Time*, 30 de mayo de 1932.
(n216) *Ibid.*
(n217) Giddins, *Pocketful of Dreams*, p. 174.
(n218) Wilder, *American Popular Song*, p. 28.
(n219) Steyn, *Broadway Babies Say Goodnight*, p. 105.
(n220) Gottlieb, *Reading Lyrics*, p. 100.
(n221) Wilder, *American Popular Song*, p. 209.
(n222) Thomas, *Fred Astaire*, p. 195.
(n223) Sudhalter, *Stardust Melody*, p. 31.

Cap. 7: Bugle-call Rag

(n224) *RP*, 2 de agosto de 1935.
(n225) *New York Times*, 26 de febrero de 1939.
(n226) Firestone, *Swing Swing Swing*, pp. 156-7.
(n227) *AML*, noviembre de 1935.
(n228) *AML*, junio de 1936.
(n229) Firestone, *Swing Swing Swing*, pp. 156-7.

(n230) *G*, septiembre de 1936.

(n231) *AML*, septiembre 1936.

(n232) *New York Times*, 2 de noviembre de 1938.

(n233) Firestone, *Swing Swing Swing*, p. 242.

(n234) *Ibid.*

(n235) *G*, septiembre de 1936.

(n236) *AML*, octubre de 1936.

(n237) Firestone, *Swing Swing Swing*, p. 197.

(n238) Citado en *Action*, 11 de junio de 1938.

(n239) *BB*, 1 de agosto de 1942.

(n240) *San Francisco Chronicle*, junio de 1986.

(n241) Firestone, *Swing Swing Swing*, p. 96.

(n242) *Ibid.*, p. 148.

(n243) Citado en Maggin, *Dizzy*, p. 64.

(n244) *MM*, 5 de febrero de 1938.

(n245) Firestone, *Swing Swing Swing*, p. 222.

(n246) Sublette, *Cuba and Its Music*, p. 396.

(n247) Sudhalter, *Lost Chords*, p. 587.

(n248) *Metronome*, marzo de 1945.

(n249) *Down Beat*, 20 de mayo de 1949

(n250) *Ibid.*

(n251) *Time*, 26 de septiembre de 1949.

(n252) Hall, *Dialogues in Swing*, p. 149.

(n253) Simon, *Glenn Miller*, p. 73.

(n254) *Ibid.*, p. 119.

(n255) Hall, *Dialogues in Swing*, p. 144.

(n256) *RP*, 8 de enero de 1937

(n257) Andrews, *Over Here, Over There*, p. 108.

(n258) *RP*, 5 de febrero de 1937.

(n259) Sanjek, *American Popular Music*, vol. 3, p. 137.

(n260) Cliffe, *Fascinating Rhythm*, p. 198.

(n261) *G*, abril de 1933.

(n262) *DM*, 14 de junio de 1933.

(n263) *G*, diciembre de 1932.

(n264) *RP*, 6 de noviembre de 1936.

(n265) *Ibid.*

(n266) Self, *Light Music in Britain*, p. 1.

(n267) Citado en *ibid.*, p. vii.

(n268) *DM*, 19 de abril de 1934.

(n269) Spaeth, *History of Popular Music*, p. 513.

(n270) *RP*, 9 de abril de 1937.

(n271) Bergreen, *As Thousands Cheer*, p. 328.

(n272) Ilustración en Krivine, *Juke-Box Saturday Night*, p. 90.

(n273) *Ibid.*, p. 91.

(n274) Citado en Godbolt, *All This and 10%*, p, 19.

(n275) McCarthy, *The Dance band Era*, p. 54.

(n276) *Daily Herald*, 18 de julio de 1932.

(n277) Cohen, *Duke Ellington's America*, p. 121.

(n278) Godbolt, *All This and 10%*, p. 23.

(n279) *Fascist Week*, 18 de mayo de 1934.

(n280) *Blackshirt*, 30 de noviembre de 1934.

(n281) *Blackshirt*, 22 de noviembre de 1935.

(n282) *Action*, 25 de marzo de 1939.

(n283) *Action*, 9 de enero de 1937.

(n284) *Action*, 27 de marzo de 1937.

(n285) *Blackshirt*, 7 de diciembre de 1934.

(n286) Budds, *Jazz and the Germans*, p. 157.

(n287) *Die literarische Welt*, enero de 1926.

(n288) Budds, *Jazz and the Germans*, p. 43.

(n289) Citado en *ibid.*, p. 155.

(n290) *G*, noviembre de 1938.

(n291) *RP*, 26 de agosto de 1938.

(n292) *RP*, 2 de diciembre de 1938.

(n293) *Singapore Free Press*, 19 de enero de 1939.

(n294) *RP*, 27 de enero de 1938.

(n295) *MM*, recorte sin fechar de comienzos de 1939.

Cap. 8: Millones disfrutan como nosotros

(n296) *RP*, abril de 1937.

(n297) Baade, *Victory Through Harmony*, p. 42.

(n298) *G*, octubre de 1939.

(n299) Baade, *Victory Through Harmony*, p. 46.

(n300) *DE*, 15 de enero de 1940.

(n301) *DM*, 19 de noviembre de 1941.

(n302) Baade, *Victory Through Harmony*, p. 135.

(n303) *Evening Standard*, enero de 1940.

(n304) *DE*, 26 de junio de 1941.

(n305) McCarthy, *The Dance Band Era*, p. 140.

(n306) Jordan, *Le Jazz*, p. 230.

(n307) Behr, *Thank Heaven for Little Girls*, p. 270.

(n308) *BB*, 10 de octubre de 1942.

(n309) *BB*, 28 de noviembre de 1942.

(n310) Sudhalter, *Stardust Melody*, p. 243.

(n311) *BB*, 3 de enero de 1942.

(n312) Smith, *God Bless America*, p. 132.

(n313) *BB*, 20 de junio de 1942.

(n314) *G*, junio de 1942.

(n315) *BB*, 18 de julio de 1942.

(n316) *AML*, mayo de 1943.

(n317) *BB*, 25 de julio de 1942.

(n318) *G*, junio de 1944.

(n319) *BB*, 16 de mayo de 1942.

(n320) *BB*, 2 de enero de 1943.

(n321) *BB*, 4 de abril de 1942.

(n322) Kaplan, *Frank*, p. 78.

(n323) *Ibid.*, p. 126.

(n324) *Ibid.*, p. 146.

(n325) *Ibid.*, p. 155.

(n326) Arnold Shaw en Petkov, *Frank Sinatra Reader*, p. 20.

(n327) Martha Weinman Lear en *ibid.*, p. 48.

(n328) Citado en *BB*, 20 de junio de 1942.

(n329) *BB*, 28 de noviembre de 1942.

(n330) *BB*, 5 de diciembre de 1942.

(n331) Alvarez, *The Power of the Zoot*, p. 2.

(n332) *BB*, 2 de enero de 1943.

(n333) Margolick, *Strange Fruit*, p. 80.

(n334) *BB*, 2 de enero de 1943.

(n335) *BB*, 26 de diciembre de 1942.

(n336) *BB*, 18 de septiembre de 1943.

Capítulo 9: Desenganchémonos

(n337) *MM*, 20 de julio de 1946.

(n338) *Metronome*, agosto de 1945.

(n339) Parsonage, *Evolution of Jazz*, p. 25.

(n340) *Music Ho!* (1966), p. 199.

(n341) *Time*, 18 de enero de 1943.

(n342) *Time*, 19 de julio de 1943.

(n343) Gioia, *The Imperfect Art*, p.135.

(n344) *Metronome*, agosto de 1947.

(n345) *Ibid.*

(n346) En *Night Beat*, de ABC-TV, 8 de noviembre de 1956.

(n347) *DB*, 9 de septiembre de 1949.

(n348) Citado en *G*, diciembre de 1947.

(n349) *DB*, 28 de enero de 1949.

(n350) *Metronome*, septiembre de 1945.

(n351) Maggin, *Dizzy*, pp. 94-5.

(n352) Charles, *Brother Ray*, p. 100.

(n353) Maggin, *Dizzy*, pp. 39-40.

(n354) Citado en *ibid.*, p. 171.

(n355) «Harlequin», en *G*, enero de 1947.

(n356) *American Record Guide*, enero de 1947.

(n357) *MM*, 9 de marzo de 1946.

(n358) Brian Rust en *Pickup*, noviembre de 1946.

(n359) *DM*, 25 de enero de 1947.

(n360) Heath, *Listen to My Music*, p. 77.

(n361) *Ibid.*, p. 79.

(n362) *DM*, 25 de enero de 1947.

(n363) Rau, *Stars Off the Record*, p. 33.

(n364) *MM*, 28 de diciembre de 1946.

(n365) *Metronome*, febrero de 1948.

(n366) *Metronome*, mayo de 1950.

(n367) *BB*, 31 de enero de 1948.

(n368) *Time*, 10 de mayo de 1954.

(n369) *Metronome*, febrero de 1951.

(n370) *DB*, 15 de julio de 1949.

(n371) Schafer y Riedel, *Art of Ragtime*, p. 105.

(n372) Godbolt, *All This and 10%*, p. 20.

(n373) Citado en Greene, *Passion for Polka*, p. 235.

(n374) *Ibid.*, p. 244.

(n375) *Metronome*, enero de 1945.

(n376) *DB*, 3 de junio de 1949.

(n377) *DB*, 28 de enero de 1953.

(n378) *G*, febrero de 1952.

(n379) Wren, *Johnny Cash*, p. 7.

Cap. 10: Música para vivir de forma elegante

(n380) *DB*, 22 de abril de 1949.

(n381) Manuel, *Caribbean Currents*, p. 69.

(n382) *Time*, 17 de mayo de 1948.

(n383) *Time*, 25 de marzo de 1946.

(n384) *DB*, 9 de septiembre de 1949.

(n385) *DB*, 7 de octubre de 1949.

(n386) *DB*, 11 de marzo de 1949.

(n387) Citado en Sublette, *Cuba and Its Music*, p. 547.

(n388) *Jet*, 21 de febrero de 1952.

(n389) *DB*, 15 de junio de 1951.

(n390) *Metronome*, noviembre 1953.

(n391) Thompson, *Raised by Wolves*, p. 30.

(n392) *Metronome*, noviembre de 1952.

(n393) *DB*, 29 de junio de 1951.

(n394) *DB*, 20 de abril de 1951.

(n395) *DB*, 26 de agosto de 1949.

(n396) *MM*, 31 de julio de 1948.

(n397) Sanjek, *American Popular Music*, vol. 3, p. 234.

(n398) *G*, marzo de 1949.

(n399) *DB*, 11 de marzo de 1949.

(n400) Michael Levin en *DB*, 30 de junio de 1950.

(n401) *DB*, 28 de julio de 1950.

(n402) *MM*, 12 de octubre de 1957.

(n403) *DB*, 12 de enero de 1951.

(n404) *DB*, 22 de octubre de 1952.

(n405) *Ibid.*

(n406) Citado en Eisenberg, *The Recording Angel*, p. 19.

(n405) *Life*, 20 de diciembre de 1948.

(n406) *Metronome*, julio de 1950.

(n407) *DB*, 30 de diciembre de 1949.

(n408) *Metronome*, septiembre de 1947.

(n409) *G*, septiembre de 1948.

(n410) *DB*, 7 de marzo de 1952.

(n411) *DB*, 21 de mayo de 1952.

(n412) *DE*, 24 de marzo de 1953.

(n413) *DB*, 25 de marzo de 1953.

(n414) *Metronome*, novimebre de 1953.

Cap. 11: Auténtico impulso de rock

(n415) *Jet*, 3 de enero de 1952.

(n416) *DB*, 20 de abril de 1951.

(n417) *Metronome*, junio de 1947.

(n418) *Metronome*, abril de 1948.

(n419) *MM*, 25 de diciembre de 1948.

(n420) *DB*, 2 de diciembre de 1949.

(n421) *DB*, 16 de junio de 1950.

(n422) *DB*, 6 de octubre de 1950.

(n423) *DB*, 12 de enero de 1951.

(n424) Sanjek, *American Popular Music*, vol. 3, p. 248.

(n425) Miller, *Almost Grown*, p,29.

(n426) Whitall, *Fever*, p. 29.

(n427) *BB*, 21 de abril de 1945.

(n428) *Jazz Journal*, marzo de 1952.

(n429) Cohen, *The Record Men*, p. 111.

(n430) Lauterbach, *The Chitlin' Circuit*, p. 131.

(n431) *BB*, 21 de enero de 1956.

(n432) Ralph Gleason en *DB*, 9 de marzo de 1956.

(n433) *BB*, 12 de junio de 1954.

(n434) Guralnick, *Last Train to Memphis*, p. 6.

(n435) *BB*, 15 de mayo de 1954.

(n436) Charles, *Brother Ray*, p. 176.

(n437) Citado en Guralnick, *Last Train to Memphis*, pp. 39-40.

(n438) Heath, *Listen to My Music*, p. 125.

(n439) *Jet*, 6 de mayo de 1954.

(n440) *Cash Box*, abril de 1954.

(n441) *BB*, 24 de abril de 1954.

(n442) *BB*, 2 de octubre de 1954.

(n443) *BB*, 24 de abril de 1954.

(n444) *Cash Box*, febrero de 1954.

(n445) *DB*, 9 de febrero de 1955.

(n446) *DB*, 19 de octubre de 1951.

(n447) Whitburn, *Pop Memories*, p. 102.

(n448) *DB*, 13 de enero de 1954.

(n449) *NME*, 10 de abril de 1976.

(n450) Cohen, *Folk Devils*, p. 183.

(n451) Ellis, *Big Beat Scene*, p. 36.

(n452) Steve Race en *MM*, 5 de mayo 1956.

(n453) *NME*, 30 de marzo de 1974.

(n454) *DB*, 3 de junio de 1953.

(n455) *RS*, 12 de septiembre de 1974.

(n456) *Ibid.*

(n457) Miller, p. 92.

(n458) *Jet*, 14 de abril de 1955.

(n459) *BB*, 28 de mayo de 1955.

(n460) *Jazz Journal*, octubre de 1954.

(n461) *DM*, 21 de julio de 1955.

(n462) *DE*, 3 de septiembre de 1956.

(n463) *DE*, 13 de septiembre de 1956.

(n464) *DM*, 4 de octubre de 1956.

(n465) *DM*, 13 de septiembre de 1956.

(n466) *NME*, 14 de septiembre de 1956.

(n467) *NME*, 17 de noviembre de 1956.

(n468) *DM*, 8 de octubre de 1956.

(n469) *DE*, 12 de septiembre de 1956.

(n470) *Ibid.*

(n471) *DB*, 6 de abril de 1955.

(n472) *DB*, 20 de abril de 1955.

(n473) *Cash Box*, abril de 1955.

(n474) *BB*, 28 de abril de 1956.

(n475) *Cash Box*, abril de 1956

(n476) *DB*, 2 de mayo de 1956.

(n477) *Cash Box*, febrero de 1956.

(n478) *BB*, 16 de junio de 1956.

(n479) *DB*, 26 de enero de 1955.

(n480) *Billboard*, marzo de 1956.

Cap. 12: Motorista malo

(n481) *DM*, 1 de marzo de 1956.

(n482) *NME*, 11 de enero de 1957.

(n483) *Memphis Press-Scimitar*, 28 de julio de 1954.

(n484) *BB*, 6 de noviembre de 1954.

(n485) White, *Bo Diddley*, p. 59.

(n486) Citado en *Jazz Journal*, enero de 1956.

(n487) *Cash Box*, marzo de 1956.

(n488) *NME*, 18 de enero de 1957.

(n489) *DE*, 15 de febrero de 1957.

(n490) *DE*, 4 de diciembre de 1956.

(n491) *The Forty-Fiver*, mayo de 1956.

(n492) Periódico de Minneapolis sin identificar, 13 de mayo de 1956.

(n493) *BB*, 16 de junio de 1956.

(n494) *Time*, 14 de mayo de 1956.

(n495) *NME*, 5 de octubre de 1956.

(n496) *DM*, 5 de julio de 1956.

(n497) *DB*, 28 de noviembre de 1956.

(n498) Fong-Torres, *Hits Just Keep On Coming*, pp. 24-5.

(n499) Poschardt, *DJ Culture*, p. 55.

(n500) Citado en Ellis, *Big Beat Scene*, p. 46.

(n501) *DM*, 5 de septiembre de 1956.

(n502) *DE*, 17 de mayo de 1960.

(n503) *RS*, 19 de abril de 1990.

(n504) *NME*, 28 de diciembre de 1956.

(n505) *DE*, 5 de enero de 1957.

(n506) *NME*, 11 de enero de 1957.

(n507) *DM*, 30 de enero de 1957.

(n508) *DM*, 6 de febrero de 1957.

(n509) *DE*, 6 de febrero de 1957.

(n510) *DM*, 7 de febrero de 1957.

(n511) *DE*, 7 de febrero de 1957.

(n512) *DM*, 16 de febrero de 1957.

(n513) *NME*, 8 de febrero de 1957.

(n514) Citado en Steele, *Bermondsey Boy*, p. 244.

(n515) *NME*, 9 de noviembre de 1956.

(n516) *Radio Times*, 4 de enero de 1957.

(n517) Citado en Ellis, *Big Beat Scene*, p. 102.

(n518) Citado en *ibid.*, p. 27.

(n519) *Radio Times*, 22 de marzo de 1957.

(n520) *DM*, 12 de junio de 1959.

(n521) *Record Mail*, agosto de 1958.

(n522) Leslie, *Fab*, pp. 89-90.

(n523) *DE*, 4 de diciembre de 1958.

(n524) *DM*, 6 de abril de 1959.

(n525) Krivine, *Juke-Box Saturday Night*, p. 137.

(n526) *DM*, 30 de noviembre de 1959.

(n527) *Jazz Monthly*, diciembre de 1955.

(n528) *DM*, 8 de septiembre de 1956.

(n529) *MM*, 25 de noviembre de 1961.

(n530) *DM*, 9 de noviembre de 1949.

(n531) Hamilton, *In Search of the Blues*, p. 121.

(n532) *NME*, enero de 1955; citado en Frame, *Restless Generation*, p. 78.

(n533) *G*, marzo de 1955.

(n534) *Jazz Journal*, noviembre de 1955.

(n535) Leslie, pp. 57-8.

(n536) *Jazz Journal*, abril de 1956.

(n537) Citado en *Jazz Music* 7:6; noviembre de 1956.

(n538) *Jazz Monthly*, septiembre de 1957.

(n539) *Woman*, 8 de agosto de 1957.

(n540) *Record Mail*, junio de 1958.

(n541) Wilder, *American Popular Song*, p. xvi.

(n542) *Time*, 24 de diciembre de 1956.

(n543) *Jazz Journal*, enero de 1959.

(n544) *American Record Guide*, abril de 1959.

(n545) *Cash Box*, octubre de 1957.

(n546) *Ibid.*

(n547) *Cash Box*, enero de 1958.

(n548) *Daily Mail*, 14 de enero de 1958.

(n549) *DM*, 29 de mayo de 1958.

(n550) *DE*, 2 de junio de 1958.

(n551) *DM*, 26 de enero de 1959.

(n552) *DM*, 5 de febrero de 1959.

(n553) *DM*, 12 de diciembre de 1957.

(n554) Ryback, *Rock Around the Bloc*, p. 32.

(n555) *Time*, 20 de abril de 1959.

(n556) Ryback, *Rock Around the Bloc*, p. 29.

(n557) *DE*, 6 de febrero de 1957.

(n558) *NME*, 25 de enero de 1957.

(n559) *DM*, 21 de marzo de 1957.

(n560) *DB*, 2 de mayo de 1957.

(n561) *The Forty-Fiver*, marzo de 1957.

(n562) Belafonte, *My Song*, p. 151.

(n563) *Ibid.*, p. 158.

(n564) *DE*, 14 de marzo de 1957.

(n565) Lewis, *Killer!*, p. 69.

(n566) *Time*, 27 de julio de 1959.

(n567) Evanier, *Roman Candle*, p. 56.

(n568) *Life*, 11 de enero de 1960.

(n569) *Ibid.*

Cap. 13: Soul Food

(n570) *G*, octubre de 1932.

(n571) *DB*, 27 de enero de 1954.

(n572) *Ebony*, septiembre de 1960.

(n573) *Ebony*, diciembre de 1961.

(n574) *G*, diciembre de 1928.

(n575) *DB*, 14 de diciembre d 1955.

(n576) Charles, *Brother Ray*, p. 148.

(n577) *Jazz Monthly*, diciembre de 1955.

(n578) Broughton, *Black Gospel*, p. 50.

(n579) *Ibid.*, p. 54.

(n580) *Ebony*, septiembre de 1960.

(n581) *Jazz Journal*, mayo de 1958.

(n582) *Ebony*, diciembre de 1961.

(n583) *Ibid.*

(n584) *Ebony*, noviembre de 1962.

(n585) *Negro Digest*, abril de 1963.

(n586) *Ebony*, julio de 1979.

(n587) *Cash Box*, mayo de 1952.

(n588) Citado en Whitall, *Fever*, p. 76.

(n589) *DB*, 4 de mayo de 1955.

(n590) *Cash Box*, junio de 1958.

(n591) *Jet*, 13 de agosto de 1953.

(n592) *Jazz Journal*, julio de 1956.

(n593) *MM*, 18 de febrero de 1961.

(n594) Charles, *Brother Ray*, p. 152.

(n595) *Ibid.*, p. 222.

(n596) *Ibid.*, p. 223.

(n597) Citado en Dawson, *The Twist*, p. 34.

(n598) *DM*, 27 de octubre de 1961.

(n599) *DE*, 30 de noviembre de 1961.

(n600) *MM*, 30 de diciembre de 1961.

(n601) *MM*, 6 de enero de 1962.

(n602) *Ebony*, febrero de 1962.

(n603) Ryback, *Rock Around the Bloc*, p. 52.

(n604) *Hi Fi/Stereo Review*, agosto de 1962.

(n605) *BB*, 5 de enero de 1963.

(n606) *Ibid.*

Capítulo 14: Música para modernos

(n607) Citado en Kaplan, *Frank*, p. 706.

(n608) *Cash Box*, junio de 1958.

(n609) *Time*, 13 de noviembre de 1964.

(n610) *G*, junio de 1962.

(n611) Lanza, *Elevator Music*, p. 113.

(n612) Murrells, *Book of Golden Discs*, p. 124.

(n613) Citado en Lanza *Elevator Music*, p. 47.

(n614) *Time*, 30 de agosto de 1963.

(n615) *Records Magazine*, agosto de 1959.

(n616) *American Record Guide*, septiembre de 1962.

(n617) *American Record Guide*, septiembre de 1961.

(n618) *DE*, 4 de diciembre de 1958.

(n619) *American Record Guide*, diciembre 1960.

(n620) *American Music Guide*, enero de 1962.

(n621) *Ibid.*

(n622) *Time*, 28 de febrero de 1955.

(n623) *Time*, 14 de febrero de 1957.

(n624) *Ibid.*

(n625) *Gramophone*, agosto de 1925.

(n626) *High-Fidelity*, junio de 1954.

(n627) *Ibid.*

(n628) *DB*, 15 de julio 1953.

(n629) *Metronome*, enero de 1947.

(n630) *DB*, 14 de enero de 1949.

(n631) *Jazz Journal*, noviembre de 1954.

(n632) *Jazz Journal*, agosto de 1954.

(n633) *DB*, 14 de julio de 1954.

(n634) *Jazz Journal*, agosto de 1962.

(n635) *MM*, 10 de noviembre de 1956.

(n636) *MM*, 15 de septiembre de 1962.

(n637) *American Record Guide*, noviembre de 1958.

(n638) *BB*, 27 de octubre de 1962.

(n639) *American Record Guide*, marzo de 1963.

(n640) *BB*, 1 de diciembre de 1962.

(n641) Citado en Perrone, *Brazilian Popular Music*, p. 39.

(n642) Castro, *Bossa Nova*, p. 147.

(n643) McGowan, *The Brailian Sound*, p. 63.

Capítulo 15: Revolución al revés

(n644) *Honey*, junio de 1963.

(n645) *Ibid.*

(n646) *BB*, 27 de octubre de 1962.

(n647) *BB*, 12 de octubre de 1962.

(n648) *BB*, 28 de septiembre de 1963.

(n649) *BB*, 7 de diciembre de 1963.

(n650) *BB*, 16 de marzo de 1963.

(n651) *BB*, 29 de junio de 1963.

(n652) *BB*, 28 de diciembre de 1963.

(n653) *Ibid.*

(n654) *BB*, 4 de enero de 1964.

(n655) *BB*, 15 de febrero de 1964.

(n656) *NME*, 27 de marzo de 1964.

(n657) *American Record Guide*, abril de 1964.

(n658) *MM*, 29 de febrero de 1964.

(n659) *Mersey Beat*, 31 de agosto-14 de septiembre de 1961.

(n660) *MM*, 7 de enero de 1961.

(n661) *MM*, 26 de agosto de 1961.

(n662) Godbolt, *All That and 10%*, p. 74.

(n663) *Ibid.*, p. 84.

(n664) *DM*, 2 de marzo de 1963.

(n665) *MM*, 1 de agosto de 1964.

(n666) Leslie, *Fab*, p. 117.

(n667) *MM*, 17 de noviembre de 1962.

(n668) *R'NB Scene*, septiembre de 1964.

(n669) *MM*, 22 de septiembre de 1962.

(n670) *MM*, 17 de noviembre de 1962.

(n671) *MM*, 5 de enero de 1963.

(n672) *MM*, 8 de junio de 1963.

(n673) *MM*, 15 de junio de 1963.

(n674) *DM*, 13 de junio de 1963.

(n675) *MM*, 29 de junio de 1963.

(n676) Clapton, *Autobiography*, p. 40.

(n677) Notas del álbum de Frank Driggs para Columbia CL 1654.

(n678) Citado en Schwartz, *How Britain Got the Blues*, p. 74.

(n679) *Jazzbeat*, febrero de 1964.

(n680) Citado en Schwartz, *How britain Got the Blues*, p. 142.

(n681) *R'NB Scene*, junio de 1964.

(n682) *MM*, 14 de noviembre de 1964.

(n683) *MM*, 23 de febrero de 1963.

(n684) *DM*, 14 de septiembre de 1963.

(n685) *Town*, septiembre de 1962.

(n686) *Jazz Monthly*, junio de 1964.

(n687) *DE*, 30 de marzo de 1964.

(n688) *DM*, 18 de septiembre de 1963.

(n689) *MM*, 11 de abril de 1964.

(n690) *Ibid.*

(n691) Cohen, *Folk Devils*, p. 35.

(n692) *Ibid.*, p. 186.

(n693) *Rave*, mayo de 1964.

(n694) *Boyfriend 65 Book* (London, Boyfriend Magazine, 1964).

(n695) *MM*, 5 de junio de 1965.

(n696) *RS*, 14 de septiembre de 1968.

(n697) *Cream*, octubre de 1971.

(n698) *Ibid.*

(n699) *Honey*, marzo de 1963.

(n700) *DM*, 25 de enero de 1947.

(n701) Kaplan, *Frank*, p. 179.

(n702) *Washington Star*, 29 de octubre de 1956.

(n703) *MM*, 16 de marzo de 1963.

(n704) Citado en *NME*, 2 de marzo de 1974.

(n705) *RS*, 15 de marzo de 1973.

(n706) *Music Week*, 20 de enero de 1973.

(n707) *NME*, 2 de noviembre de 1974.

(n708) *NME*, 21 de febrero de 1976.

(n709) *Q*, enero de 1988.

(n710) *Mersey Beat*, 5-19 de diciembre de 1963.

(n711) Citado en *NME*, 10 de enero de 1964.

(n712) Leslie, *Fab*, p. 149.

(n713) Laurie, *The Teenage Revolution*, p. 102.

(n714) Leslie, *Fab*, p. 171.

(n715) *Ibid.*, p. 163.

(n716) *Rave*, abril de 1964.

(n717) Hechinger, *Teen-Age Tyranny*, pp. 112 y 116.

(n718) *Teen Magazine*, octubre de 1964.

(n719) Laurie, *The Teenage Revolution*, p. 84.

(n720) *Rave*, diciembre de 1964.

(n721) *MM*, 31 de agosto de 1963.

(n722) *DM*, 25 de septiembre de 1963.

(n723) Murray, *How to Write a Hit Song*, pp. 4-5.

(n724) *DM*, 25 de septiembre de 1963.

(n725) *Record Retailer*, 26 de septiembre de 1963.

(n726) Leslie, *Fab*, p. 136.

bibliografía

Abbott, Lynn, y Doug Seroff, *Out of Sight, The Rise of African-American Popular Music 1889–1895*, Jackson, University Press of Mississippi, 2002.

Alderman, John, *Sonic Boom, Napster, P2P and the Future of Music*, Londres, 4th Estate, 2001.

Allen, Ray, y Lois Wilcken, eds., *Island Sounds in the Global City, Caribbean Popular Music & Identity in Nueva York*, Urbana, University of Illinois Press, 2001.

Alvarez, Luis, *The Power of the Zoot, Youth Culture and Resistance during World War II*, Berkeley, University of California Press, 2008.

Anderson, Mark, and Mark Jenkins, *Dance of Days, Two Decades of Punk in the Nation's Capital*, Nueva York, Akashic Books, 2003.

Andrews, Maxene, y Bill Gilbert, *Over Here, Over There, The Andrews Sisters and the USO Stars in World War II*, Nueva York, Zebra, 1993.

Apter, Jeff, *Never Enough, The Story of the Cure*, Londres, Omnibus Press, 2005.

Arthur, Max, *When This Bloody War Is Over, Soldiers' Songs of the First World War*, Londres, Piatkus, 2002.

Baade, Christina L., *Victory through Harmony, The BBC and Popular Music in World War II*, Nueva York, Oxford University Press, 2012.

Baddeley, Gavin, *Goth Chic, A Connoisseur's Guide to Dark Culture*, Londres, Plexus, 2002.

Bane, Michael, *White Boy Singin' the Blues, The Black Roots of White Rock*, Londres, Penguin, 1982.

Barrios, Richard, *A Song in the Dark, The Birth of the Musical Film*, Nueva York, Oxford University Press, 1995.

Beaumont, Mark, *The King of America, Jay-Z*, Londres, Omnibus Press, 2012.

Behr, Edward, *Thank Heaven for Little Girls, The True Story of Maurice Chevalier's Life and Times*, Londres, Hutchinson, 1993.

Belafonte, Harry, with Michael Schnayerson, *My Song*, Edimburgo, Canongate, 2012.

Benatar, Pat, with Patsi Bale Cox, *Between a Heart and a Rock Place, A Memoir*, Nueva York, !t books, 2011.

Bergmaier, Horst J. P., y Rainer E. Lotz, *Hitler's Airwaves, The Inside Story of Nazi Radio Broadcasting of Propaganda Swing*, Londres, Yale University Press, 1997.

Bergreen, Laurence, *As Thousands Cheer, The Life of Irving Berlin*, Nueva York, Penguin, 1991.

Berlin, Edward A., *Ragtime, A Musical and Cultural History*, Berkeley, University of California Press, 1980.

Berlin, Edward A., *King of Ragtime, Scott Joplin and His Era*, Nueva York, Oxford University Press, 1994.

Berrett, Joshua, *Louis Armstrong & Paul Whiteman, Two Kings of Jazz*, New Haven, Yale University Press, 2004.

Berry, Chuck, *The Autobiography*, Londres, Faber & Faber, 1988.

Best, Curwen, *Barbadian Popular Music and the Politics of Caribbean Culture*, Rochester, Schenkman Books, 1999.

Best, Curwen, *Culture @ the Cutting Edge, Tracing Caribbean Popular Music*, Kingston, University of the West Indies Press, 2004.

Bindas, Kenneth J., *Swing, That Modern Sound*, Jackson, University Press of Mississippi, 2001.

Bloch, Peter, *La-Le-Lo-Lai, Puerto Rican Music and its Performers*, Nueva York, Plus Ultra, 1973.

Bower, Tom, *Sweet Revenge, The Intimate Life of Simon Cowell*, Londres, Faber & Faber, 2012.

Bradley, Adam, y Andrew DuBois, eds., *The Anthology of Rap*, New Haven, Yale University Press, 2010.

Bradley, Lloyd, *Sounds Like Londres, 100 Years of Black Music in the Capital*, Londres, Serpent's Tail, 2013.

Bret, David, *The Real Gracie Fields, The Authorised Biography*, Londres, JR Books, 2010.

Brewster, Bill, y Frank Broughton, *The Record Players, DJ Revolutionaries*, Londres, DJhistory.com, 2010.

Broadcasting in Everyday Life, Londres, British Broadcasting Corporation, 1939.

Broonzy, William, y Yannick Bruynoghe, *Big Bill's Blues*, Londres, Cassell, 1955.

Broughton, Viv, *Black Gospel, An Illustrated History of the Gospel Sound*, Poole, Blandford Press, 1985.

Budds, Michael J., ed., *Jazz and the Germans, Essays on the Influence of 'Hot' American Idioms on 20th Century German Music*, Hillsdale, Pendragon Press, 2002.

Burton, Humphrey, *Leonard Bernstein*, Nueva York, Anchor Books, 1995.

Butler, Mark J., *Unlocking the Groove, Rhythm, Meter and Musical Design in Electronic Dance Music*, Bloomington, Indiana University Press, 2006.

Calt, Stephen, *I'd Rather Be the Devil, Skip James and the Blues*, Nueva York, Da Capo, 1994.

Cantwell, Robert, *Bluegrass Breakdown, The Making of the Old Southern Sound*, Urbana, University of Illinois Press, 1984.

Carney, Court, *Cuttin' Up, How Early Jazz Got America's Ear*, Lawrence, University Press of Kansas, 2009.

Cash, Johnny, y Patrick Carr, *Cash, The Autobiography*, Nueva York, Harper San Francisco, 1997.

Castro, Ruy, *Bossa Nova, The Story of the Brazilian Music that Seduced the World*, Chicago, A Cappella Books, 2000.

Chanan, Michael, *Repeated Takes, A Short History of Recording and its Effects on Music*, Londres, Verso, 1995.

Chang, Jeff, *Can't Stop Won't Stop, A History of the Hip-Hop Generation*, Londres, Ebury Press, 2007.

Charles, Ray, y David Ritz, *Brother Ray*, Nueva York, Da Capo Press, 2004.

Clapton, Eric, y Christopher Simon Sykes, *Eric Clapton, The Autobiography*, Londres, Century, 2007.

Clayson, Alan, y Spencer Leigh, eds., *Aspects of Elvis*, Londres, Sidgwick & Jackson, 1994.

Cliffe, Peter, *Fascinating Rhythm*, Baldock, Egon Publishers, 1990.

Clover, Joshua, *1989, Bob Dylan Didn't Have This to Sing About*, Berkeley, University of California Press, 2009.

Cohen, Harvey G., *Duke Ellington's America*, Chicago, University of Chicago Press, 2010.

Cohen, Rich, *The Record Men, The Chess Brothers and the Birth of Rock & Roll*, Londres, Profile Books, 2005.

Cohen, Stanley, *Folk Devils and Moral Panics, The Creation of the Mods and Rockers*, Oxford, Martin Robertson, 1980.

Collier, James Lincoln, *The Reception of Jazz in America, A New View*, Brooklyn, Institute for Studies in American Music, 1988.

Cooper, Daniel, *Lefty Frizzell, The Honky-Tonk Life of Country Music's Greatest Singer*, Nueva York, Little, Brown, 1995.

Cope, Julian, *Copendium*, Londres, Faber & Faber, 2012.

Coward, Noël, *The Lyrics of Noël Coward*, Londres, Methuen, 2002.

Crosby, David, y Carl Gottlieb, *Since Then*, Nueva York, Berkley Books, 2006.

Crosland, Margaret, *A Cry from the Heart, The Biography of Edith Piaf*, Londres, Arcadia Books, 2002.

Crouch, Kevin y Tanja, *Sun King, The Life and Times of Sam Phillips*, Londres, Piatkus, 2008.

Currie, Tony, *The Radio Times Story*, Tiverton, Kelly Publications, 2001.

Dawson, Jim, *The Twist, The Story of the Song and Dance That Changed the World*, Winchester, MA, Faber & Faber,1995.

Delmore, Alton, *Truth is Stranger Than Publicity, Alton Delmore's Autobiography*, Nashville, Country Music Foundation, 1977.

Dewe, Mike, *The Skiffle Craze*, Aberystwyth, Planet, 1998.

Echols, Alice, *Hot Stuff, Disco and the Remaking of American Culture*, Nueva York, W.W. Norton & Co., 2010.

Eisenberg, Evan, *The Recording Angel, Explorations in Phonography*, Nueva York, McGraw-Hill, 1987.

Ellis, Royston, *The Big Beat Scene*, York, Music Mentor, 2010.

Emery, Ralph, with Tom Carter, *Memories, The Autobiography of Ralph Emery*, Nueva York, Pocket Books, 1992.

Epstein, Daniel Mark, *Nat King Cole*, Nueva York, Farrar, Straus and Giroux, 1999.

Escott, Colin, y Martin Hawkins, *Good Rockin' Tonight, Sun Records and the Birth of Rock 'n' Roll*, Nueva York, St Martin's Press, 1991.

Evanier, David, *Roman Candle, The Life of Bobby Darin*, Emmaus, Rodale, 2004.

Ewen, David, *Panorama of American Popular Music*, Englewood Cliffs, Prentice-Hall Inc., 1957.

Faith, Adam, *Poor Me, A Candid Self-Portrait*, Londres, 4-Square/Souvenir Books, 1961.

Farrell, Gerry, *Indian Music and the West*, Nueva York, Oxford University Press, 1997.

Feldman, Christine Jacqueline, *We Are the Mods, A Transnational History of a Youth Subculture*, Nueva York, Peter Lang, 2009.

Fidelman, Geoffrey Mark, *First Lady of Song, Ella Fitzgerald for the Record*, Nueva York, Citadel Press, 1996.

Firestone, Ross, *Swing, Swing, Swing, The Life and Times of Benny Goodman*, Londres, Hodder & Stoughton, 1993.

Fisher, John, *George Formby*, Londres, Woburn/Futura, 1975.

Fisher, Joseph P., y Brian Flota, eds., *The Politics of Post 9/11 Music, Sound, Trauma and the Music Industry in the Time of Terror*, Farnham, Ashgate, 2011.

Fong-Torres, Ben, *The Hits Just Keep On Coming, The History of Top 40 Radio*, San Francisco, Backbeat, 1998.

Fowler, David, *Youth Culture in Modern Britain, c. 1920–c. 1970*, Londres, Palgrave Macmillan, 2008.

Fox-Strangways, A. H., with Maud Karpeles, *Cecil Sharp*, Londres, Oxford University Press, 1933.

Frame, Pete, *The Restless Generation*, Londres, Rogan House, 2007.

Freedland, Michael, *Al Jolson*, Londres, Abacus, 1975.

Fritz, Jimi, *Rave Culture, An Insider's Overview*, Chemainus, Small Fry Press, 1999.

Gammond, Peter, ed.., *Duke Ellington, His Life and Music*, Londres, Phoenix House, 1958.

Garratt, Sheryl, *Adventures in Wonderland, A Decade of Club Culture*, Londres, Headline, 1999.

Geijerstam, Claes af, *Popular Music in Mexico*, Albuquerque, University of New Mexico Press, 1976.

Gelatt, Roland, *The Fabulous Phonograph 1877–1977*, Londres, Cassell, 1977.

Gelly, Dave, *Stan Getz, Nobody Else But Me*, San Francisco, Backbeat, 2002.

Giddins, Gary, *Bing Crosby, A Pocketful of Dreams, The Early Years 1903–1940*, Nueva York, Little, Brown, 2001.

Gioia, Ted, *The Imperfect Art, Reflections on Jazz and Modern Culture*, Nueva York, Oxford University Press, 1988.

Glasper, Ian, *The Day the Country Died, A History of Anarcho Punk 1980–1984*, Londres, Cherry Red Books, 2006.

Godbolt, Jim, *All This and 10%*, Londres, Robert Hale, 1976.

Godbolt, Jim, *A History of Jazz in Britain 1919–50*, Londres, Northway Publications, 2010.

Goldman, Albert, *Disco*, Nueva York, Hawthorn Books, 1978.

Gottlieb, Robert, and Robert Kimball, eds., *Reading Lyrics*, Nueva York, Pantheon Books, 2000.

Greene, Victor, *A Passion For Polka, Old-Time Ethnic Music in America*, Berkeley, University of California Press, 1992.

Grillo, Ioan, *El Narco, Inside Mexico's Criminal Insurgency*, Londres, Bloomsbury, 2011.

Groom, Bob, *The Blues Revival*, Londres, Studio Vista, 1971.

Grudens, Richard, *Star Dust, The Bible of the Big Bands*, Stonybrook, Celebrity Profiles Publishing, 2008.

Guralnick, Peter, *Last Train to Memphis, The Rise of Elvis Presley*, Londres, Little, Brown, 1995.

Halberstadt, Alex, *Lonely Avenue, The Unlikely Life and Times of Doc Pomus*, Londres, Jonathan Cape, 2007.

Hall, Fred, *Dialogues in Swing, Intimate Conversations with the Stars of the Big Band Era*, Ventura, Pathfinder Publishing, 1989.

Hamilton, Marybeth, *In Search of the Blues, Black Voices, White Visions*, Londres, Jonathan Cape, 2007.

Hamm, Charles, *Putting Popular Music in its Place*, Cambridge, Cambridge University Press, 1995.

Hancock, John, *Benny Goodman, The Famous 1938 Carnegie Hall Concert*, Shrewsbury, Prancing Fish Publishing, 2009.

Harker, Dave, *Fakesong, The Manufacture of British 'Folksong' 1700 to the Present Day*, Milton Keynes, Open University Press, 1985.

Harris, Charles K., *How to Write a Popular Song*, Chicago, self-published, 1906 [1897].

Heath, Ted, *Listen to My Music, An Autobiography*, Londres, Frederick Muller, 1957.

Hechinger, Grace y Fred M., *Teen-Age Tyranny*, Londres, Gerald Duckworth, 1964.

Hernandez, Deborah Pacini, Héctor Fernández-L'Hoeste, y Eric Zolov, eds., *Rockin'*

Las Americas, The Global Politics of Rock in Latin/o America, Pittsburgh, University of Pittsburgh Press, 2004.

Heylin, Clinton, ed., *The Penguin Book of Rock & Roll Writing*, Londres, Viking, 1992.

Hill, Donald R., *Calypso Calaloo, Early Carnival Music in Trinidad*, Gainesville, University Press of Florida, 1993.

Hopkins, Jerry, *Elvis*, Londres, Abacus Books, 1974.

Isaacson, Walter, *Steve Jobs*, Londres, Little, Brown, 2011.

Jasen, David A., y Trebor Jay Tichenor, *Rags and Ragtime, A Musical History*, Nueva York, Seabury Press, 1978.

Johnson, Bruce, y Martin Cloonan, *Dark Side of the Tune, Popular Music and Violence*, Farnham, Ashgate, 2009.

Jordan, Matthew F., *Le Jazz, Jazz and French Cultural Identity*, Urbana, University of Illinois Press, 2010.

Kaplan, James, *Frank, The Making of a Legend*, Londres, Sphere, 2010.

Katz, David, *Solid Foundation, An Oral History of Reggae*, Londres, Bloomsbury, 2003.

Katz, David, *Jimmy Cliff, An Unauthorised Biography*, Londres, Macmillan Signal, 2011.

Katz, Mark, *Capturing Sound, How Technology Has Changed Music*, Berkeley, University of California Press, 2004.

Katz, Mark, *Groove Music, The Art and Culture of the Hip-Hop DJ*, Nueva York, Oxford University Press, 2012.

Kelly, Sarah, *Teen Idols*, Nueva York, Pocket Books, 2002.

Kenney, William Howland, *Chicago Jazz, A Cultural History 1904–1930*, Nueva York, Oxford University Press, 1993.

Kirby, David, *Little Richard, The Birth of Rock 'n' Roll*, Nueva York, Continuum, 2009.

Kirn, Peter, ed., *Keyboard Presents, The Evolution of Electronic Dance Music*, Milwaukee, Backbeat Books, 2011.

Krivine, J., *Juke-Box Saturday Night*, Londres, New English Library, 1977.

Lahickey, Beth, ed., *All Ages, Reflections on Straight Edge*, Huntington Beach, Revelation Books, 1997.

Laird, Tracey E. W., *Louisiana Hayride, Radio and Roots Music along the Red River*, Nueva York, Oxford University Press, 2005.

Lanza, Joseph, *Elevator Music*, Londres, Quartet, 1995.

Larkin, Philip, *All What Jazz, A Record Diary 1961–68*, Londres, Faber & Faber, 1970.

Laurie, Peter, *The Teenage Revolution*, Londres, Anthony Blond, 1965.

Lauterbach, Preston, *The Chitlin' Circuit and the Road to Rock 'n' Roll*, Nueva York, W.W. Norton & Co., 2011.

Leader, Zachary, ed.., *The Letters of Kingsley Amis*, Londres, HarperCollins, 2001.

Leigh, Spencer, *Everyday, Getting Closer to Buddy Holly*, Londres, SAF, 2009.

Leslie, Peter, *Fab, The Anatomy of a Phenomenon*, Londres, MacGibbon & Kee, 1965.

Leslie, Peter, *A Hard Act to Follow, A Music Hall Review*, Nueva York, Paddington Press, 1978.

Letts, Don, y David Nobakht, *Culture Clash, Dread Meets Punk Rockers*, Londres, SAF, 2007.

Lewis, Jerry Lee, y Charles White, *Killer!*, Londres, Century, 1993.

Lloyd, A. L., *Folk Song in England*, Londres, Lawrence & Wishart, 1967.

Lombardo, Guy, y Jack Altshul, *Auld Acquaintance, An Autobiography*, Garden City, Doubleday, 1975.

Mabey, Richard, *The Pop Process*, Londres, Hutchinson Educational, 1969.

Macan, Edward, *Rocking the Classics, English Progressive Rock and the Counterculture*, Nueva York, Oxford University Press, 1997.

Maggin, Donald L., *Dizzy, The Life and Times of John Birks Gillespie*, Nueva York, HarperEntertainment, 2005.

Malins, Steve, *Depeche Mode, A Biography*, Londres, Andre Deutsch, 1997.

Malone, Bill C., *Singing Cowboys and Musical Mountaineers*, Athens, University of Georgia Press, 1993.

Mann, William J., *Hello Gorgeous, Becoming Barbra Streisand*, Londres, The Robson Press, 2012.

Manuel, Peter, *Popular Musics of the Non-Western World*, Nueva York, Oxford University Press, 1988.

Manuel, Peter, *Caribbean Currents, Caribbean Music from Rumba to Reggae*, Philadelphia, Temple University Press, 1995.

Margolick, David, *Strange Fruit, Billie Holiday, Café Society and an Early Cry for Civil Rights*, Edinburgh, Canongate, 2001.

Martland, Peter, *Recording History, The British Record Industry 1888–1931*, Lanham, Scarecrow Press, 2013.

McCarthy, Albert, *The Dance Band Era*, Londres, Spring Books, 1974.

McGee, David, *B.B. King, There Is Always One More Time*, San Francisco, Backbeat, 2005.

McGowan, Chris, and Ricardo Pessanha, *The Brazilian Sound, Samba, Bossa Nova and the Popular Music of Brazil*, Nueva York, Billboard Books, 1991.

McKagan, Duff, *It's So Easy and Other Lies*, Londres, Orion, 2011.

Mendl, R. W. S., *The Appeal of Jazz*, Londres, Philip Allen & Co., 1927.

Miller, James, *Almost Grown, The Rise of Rock*, Londres, Arrow Books, 2000.

Moore, Carlos, *Fela, This Bitch of a Life*, Londres, Omnibus Press, 2010.

Morrell, Brad, *Nirvana & the Sound of Seattle*, Londres, Omnibus Press, 1996.

Murray, Albert, *Stomping the Blues*, Londres, Quartet, 1978.

Murray, Charles Shaar, *Boogie Man, The Adventures of John Lee Hooker in the American Twentieth Century*, Edinburgh, Canongate, 2011.

Murray, Mitch, *How to Write a Hit Song*, Londres, B. Feldman & Co., 1964.

Murrells, Joseph, *The Book of Golden Discs*, Londres, Barrie & Jenkins, 1978.

Myrie, Russell, *Don't Rhyme for the Sake of Riddlin'*, *The Authorized Study of Public Enemy*, Nueva York, Grove Press, 2008.

Nelson, Stanley R., *All About Jazz*, Londres, Heath Cranton, 1934.

Ogren, Kathy J., *The Jazz Revolution*, *Twenties America and the Meaning of Jazz*, Nueva York, Oxford University Press, 1989.

Oliver, Paul, *Blues Off the Record*, Tunbridge Wells, The Baton Press, 1984.

Oliver, Paul, *Barrelhouse Blues*, Nueva York, Basic Civitas Books, 2009.

Osbourne, Ozzy, *I Am Ozzy*, Londres, Sphere, 2009.

Ospina, Hernando Calvo, *Salsa! Havana Heat, Bronx Beat*, Londres, Latin American Bureau, 1995.

Parsonage, Catherine, *The Evolution of Jazz in Britain, 1880–1935*, Aldershot, Aldgate, 2005.

Payne, Jack, *This Is Jack Payne*, Londres, Sampson Low, Marston & Co., 1932.

Perrone, Charles A., y Christopher Dunn, eds., *Brazilian Popular Music and Globalization*, Nueva York, Routledge, 2002.

Peterson, Oscar, *A Jazz Odyssey*, Nueva York, Continuum, 2002.

Petkov, Steve, and Leonard Mustazza, eds., *The Frank Sinatra Reader*, Nueva York, Oxford University Press, 1995.

The Picture Show Annual 1929–1934, Londres, *Picture Show* magazine, 1928–1933.

Pollack, Howard, *George Gershwin, His Life and Work*, Berkeley, University of California Press, 2006.

Poschardt, Ulf, *DJ Culture*, Londres, Quartet Books, 1998.

Pugh, Martin, *We Danced All Night*, *A Social History of Britain between the Wars*, Londres, The Bodley Head, 2008.

Rau, Rutherford, *Stars Off the Record*, Londres, Eldon Press, 1955.

Redhead, Steve, ed.., *The Clubcultures Reader*, *Readings in Popular Culture Studies*, Oxford, Blackwell, 1998.

Ribowsky, Mark, *The Supremes*, Cambridge, MA, Da Capo Press, 2009.

Rijff, Ger, ed., *Long Lonely Highway*, *A 1950s Elvis Scrapbook*, Ann Arbor, Pierian Press, 1987.

Roach, Martin, *Take That Now and Then*, *The Illustrated Story*, Londres, HarperCollins, 2009.

Robb, David, ed.., *Protest Song in East and West Germany since the 1960s*, Rochester, Camden House, 2007.

Rodgers, Nile, *Le Freak*, Londres, Sphere, 2011.

Rombes, Nicholas, *A Cultural Dictionary of Punk 1974–1982*, Nueva York, Continuum, 2009.

Roth, David Lee, *Crazy from the Heat*, Londres, Ebury Press, 1997.

Russell, Tony, *Blacks, Whites and Blues*, Nueva York, Stein & Day, 1970.

Russell, Tony, *Country Music Records, A Discography, 1921–1942*, Nueva York, Oxford University Press, 2004.

Rust, Brian, *The Complete Entertainment Discography from the mid-1890s to 1942*, New Rochelle, Arlington House, 1973.

Rust, Brian, *The American Dance Band Discography 1917–1942*, 2 vols., New Rochelle, Arlington House, 1975.

Rust, Brian, *Jazz Records 1897–1942*, 2 vols., New Rochelle, Arlington House, 1978.

Rust, Brian, and Sandy Forbes, *British Dance Bands on Record, 1911 to 1945*, Harrow, General Gramaphone [sic] Publications, 1987.

Ryback, Timothy W., *Rock around the Bloc, A History of Rock Music in Eastern Europe and the Soviet Union*, Nueva York, Oxford University Press, 1990.

Sanjek, Russell, *American Popular Music and its Business, The First Four Hundred Years*, 3 vols., Nueva York, Oxford University Press, 1988.

Savage, Jon, *England's Dreaming, Sex Pistols and Punk Rock*, Londres, Faber & Faber, 1991.

Savigliano, Marta E., *Tango and the Political Economy of Passion*, Boulder, Westview Press, 1995.

Scannell, Paddy, y David Cardiff, *A Social History of British Broadcasting. Vol. 1 1922–1939, Serving the Nation*, Oxford, Basil Blackwell, 1991.

Schafer, William J., and Johannes Riedel, *The Art of Ragtime, Form and Meaning of an Original Black American Art*, Nueva York, Da Capo, 1977.

Schuller, Gunther, *Early Jazz, Its Roots and Development*, Nueva York, Oxford University Press, 1968.

Schuller, Gunther, *The Swing Era, The Development of Jazz 1930–1945*, Nueva York, Oxford University Press, 1989.

Schwartz, Roberta Freund, *How Britain Got the Blues, The Transmission and Reception of American Blues Style in the United Kingdom*, Aldershot, Ashgate, 2007.

Self, Geoffrey, *Light Music in Britain since 1870, A Survey*, Aldershot, Ashgate, 2001.

Self, Philip, *Guitar Pull, Conversations with Country Music's Legendary Songwriters*, Nashville, Cypress Moon, 2002.

Shapiro, Nat, and Nat Hentoff, eds., *Hear Me Talkin' to Ya, The Story of Jazz by the Men Who Made It*, Harmondsworth, Penguin, 1962.

Sharp, Cecil, *English Folk-Song, Some Conclusions*, Londres, Novello & Co., Simpkin & Co., 1907.

Shaw, Arnold, *The Rock Revolution*, Nueva York, Macmillan, 1969.

Shaw, Artie, *The Trouble with Cinderella, An Outline of Identity*, New York, Da Capo, 1979.

Siegel, Carol, *Goth's Dark Empire*, Bloomington, Indiana University Press, 2005.

Simon, George T., *Glenn Miller and His Orchestra*, Londres, W. H. Allen, 1974.

Smith, Kathleen E. R., *God Bless America, Tin Pan Alley Goes to War*, Lexington, University of Kentucky Press, 2003.

Spaeth, Sigmund, *A History of Popular Music in America*, Londres, Phoenix House, 1948.

Spence, Simon, *The Stone Roses, War and Peace*, Londres, Viking, 2012.

Steele, Tommy, *Bermondsey Boy*, Londres, Penguin, 2007.

Stewart-Baxter, Derrick, *Ma Rainey*, Londres, Studio Vista, 1970.

Steyn, Mark, *Broadway Babies Say Goodnight, Musicals Then and Now*, Londres, Faber & Faber, 1997.

Stock, Mike, *The Hit Factory, The Stock, Aitken & Waterman Story*, Londres, New Holland, 2004.

Sublette, Ned, *Cuba and its Music, From the First Drums to the Mambo*, Chicago, Chicago Review Press, 2004.

Sudhalter, Richard M., *Lost Chords, White Musicians and Their Contribution to Jazz, 1915–1945*, Nueva York, Oxford University Press, 1999.

Sudhalter, Richard M., *Stardust Melody, The Life and Music of Hoagy Carmichael*, Nueva York, Oxford University Press, 2002.

Suisman, David, *Selling Sounds, The Commercial Revolution in American Music*, Cambridge, MA, Harvard University Press, 2009.

Sullivan, Randall, *Untouchable, The Strange Life and Tragic Death of Michael Jackson*, Londres, Grove Press, 2012.

Sweet, Matthew, *The West End Front, The Wartime Secrets of Londres's Grand Hotels*, Londres, Faber & Faber, 2011.

Tannenbaum, Rob, y Craig Marks, *I Want My MTV, The Uncensored Story of the Music Video Revolution*, Nueva York, Plume, 2012.

Taylor, D. J., *Bright Young People, The Rise and Fall of a Generation, 1918–1940*, Londres, Chatto & Windus, 2007.

Taylor, Timothy D., Mark Katz, y Tony Grajeda, eds., *Music, Sound and Technology in America*, Durham, Duke University Press, 2012.

Teachout, Terry, *Pops, The Wonderful World of Louis Armstrong*, Londres, JR Books, 2009.

This England's Book of British Dance Bands from the Twenties to the Fifties, Cheltenham, This England Books, 1999.

Thomas, Bob, y Fred Astaire, *Astaire, the Man, the Dancer*, Londres, Weidenfeld & Nicolson, 1985.

Thompson, John J., *Raised by Wolves, The Story of Christian Rock & Roll*, Toronto, ECW Press, 2000.

Thornton, Sarah, *Club Cultures, Music, Media and Subcultural Capital*, Cambridge, Polity, 1995.

Tosches, Nick, *Dino*, Londres, Vintage, 1999.

Troitsky, Artemy, *Tusovka, Who's Who in the New Soviet Rock Culture*, Londres, Omnibus Press, 1990.

Tucker, John, *Suzie Smiled… The New Wave of British Heavy Metal*, Church Stretton, Independent Music Press, 2006.

Udo, Tommy, *Brave Nu World*, Londres, Sanctuary, 2002.

Vail, Ken, *Lady Day's Diary, The Life of Billie Holiday 1937–1959*, Chessington, Castle Communications, 1996.

Vail, Ken, *Count Basie, Swingin' the Blues 1936–1950*, Lanham, Scarecrow Press, 2003.

Vernon, Paul, *A History of the Portuguese Fado*, Aldershot, Ashgate, 1998.

Wald, Elijah, *Escaping the Delta, Robert Johnson and the Invention of the Blues*, Nueva York, Amistad, 2004.

Wald, Elijah, *How the Beatles Destroyed Rock 'n' Roll, An Alternative History of Popular Music*, Nueva York, Oxford University Press, 2009.

Waller, Maurice, y Anthony Calabrese, *Fats Waller*, Londres, Cassell, 1977.

Walser, Robert, *Running with the Devil, Power, Gender and Madness in Heavy Metal Music*, Hanover, Wesleyan University Press, 1993.

Weber, Eugen, *The Hollow Years, France in the 1930s*, Londres, Sinclair-Stevenson, 1995.

Weingarten, Christopher R., *It Takes a Nation of Millions to Hold Us Back*, Nueva York, Continuum, 2010.

Whitall, Susan, *Fever, Little Willie John*, Londres, Titan Books, 2011.

Whitburn, Joel, *Pop Memories 1890–1954*, Menomenee Falls, Record Research Inc., 1986.

White, Charles, *The Life and Times of Little Richard, the Quasar of Rock*, Londres, Pan Books, 1985.

White, George R., *Bo Diddley, Living Legend*, Chessington, Sanctuary, 1995.

White, H. Loring, *Ragging It, Getting Ragtime into History, and Some History into Ragtime.*, Nueva York, iUniverse, 2005.

Wilder, Alec, *American Popular Song, The Great Innovators 1900–1950*, Nueva York, Oxford University Press, 1990.

Willens, Doris, *Lonesome Traveller, The Life of Lee Hays*, Nueva York, W. W. Norton & Co., 1988.

Williams, Andy, *Moon River and Me, A Memoir*, Londres, Weidenfeld & Nicolson, 2009.

Winstantley, Russ, y David Nowell, *Soul Survivors, The Wigan Casino Story*, Londres, Robson Books, 2003.

Wolfe, Charles K., *Tennessee Strings, The Story of Country Music in Tennessee*, Knoxville, University of Tennessee Press, 1981.

Woods, Fred, *Folk Revival, The Rediscovery of a National Music*, Poole, Blandford Press, 1978.

Wren, Christopher S., *Johnny Cash, Winners Got Scars Too*, Londres, Abacus, 1974.

Yang, Mina, *California Polyphony, Ethnic Voices, Musical Crossroads*, Urbana, University of Illinois Press, 2008.

Young, William H. y Nancy K., *Music of the Great Depression*, Westport, Greenwood Press, 2005.

Zeldin, Theodore, *France 1848–1945, Taste and Corruption*, Oxford, Oxford University Press, 1980.

Títulos publicados en la colección Ma non troppo Música:

Puro Jazz - Ricard Gili

Gigantes del Jazz - Josep Ramon Jové

Historia del Jazz - Frank Tirro

Guía universal del Jazz Clásico - Josep Ramón Jové y Javier de Castro Fresnadillo

Guía universal del Jazz Moderno - Joan Giner, Joan Sardà, Enric Vázquez

Guía Universal de la Ópera - Roger Alier

Historia de la Ópera - Roger Alier

¿Qué es esto de la Ópera? - Roger Alier

Diccionario de la Ópera - Roger Alier

La Zarzuela - Roger Alier

Bach. El músico sabio - Christoph Wolff

Guía universal del Rock (1954-1970) - Jordi Bianciotto

Guía universal del Rock de 1970 a 1990 - Jordi Bianciotto

Guía universal del Rock. De 1990 hasta hoy - Jordi Bianciotto

Rolling Stones - Stephen Davis

Historia del Rock - Charlie Gillett

Bob Dylan - Paul Williams